# 唐代社会と道教

遊佐昇

NOBORU YUSA

東方書店

# まえがき

題名を『唐代社会と道教』とした。私にとっての興味の中心が中国の風土の中に生き、或いは生きていた人々であり、且つそれらの人々が生みだして、その全体を包んでいた文化と社会そのものにあったこと、それを検証する一つの方法として、唐代を中心とした中国の中世社会の中にその具体的な姿を求めて、それを現代の中国社会に繋げられる視点から考えたことによる。

中国社会、そこに内包される多様な文化を理解する一つの手がかりとして、私には道教の存在が考えられた。ここでは唐代のそれを中心としているが、私の脳裏では、私と同時の時間にいて道教を信仰する、あるいはそれが自らの周囲に存在していることを意識する数多くの人々が浮かんでいる。現在も中国各地に残る数多い道観、そこには春節の期間中には周囲を交通渋滞にまでさせてしまう北京の白雲観があり、これまでに現地への実地調査で行くことができた四川省成都市の周囲、農村地帯にあって今もなおその地の人々の生活と生き方が反映される小規模な道観が思い起こされる。それらの場所には必ず多くの人の姿が重なってくる。

中国の歴史を通じて、道教が関わりを持った人々は、権力の中枢にいたり、或いは富の中心に身を置いて記録に残ってきた人々だけではない。むしろ、名もなく時代の経過の中で忘れられていった多くの人々こそその後ろに見え隠れしている。直接に文献上の記録に残ることがなかったことで見えにくくなっているその姿はどのようにしたら見えてくるのだろうか。農村社会において、或は大勢の人が集まる都市社会の中で、広く民衆を含んだ中国社会の中で道教がそれらの人々とどう関係を持ったのだろか。そしてそれらの社会の中でどのような働きをしてきたのか。私にとっての主たるテーマであった。

あくまで具体的に見うる対象を求め、時代的には隋唐五代時代を中心として、二つの地域に着目して研究を進めた。敦煌（敦煌文献を通しての視点から）と蜀（四川省成都市を中心とした地域）の二つである。その地方性を認識して、あくまでその地域の問題を掘り下げ、特殊な状況を調査する、するとそこには必ず普遍が姿を現すはずである。

道教研究において『道蔵』の存在は重要である。私のここで取った方法は、社会の中で具体的に見えてくる信仰であり、宗教活動そのものにまず目を向けた。その後で、それらの事柄と道教経典がいかに関連しているかを考える順序で考えを進めた。道教が実際に展開された場であり、そこに存在していた人がいた事実、勿論その場は、中国社会であり、中国の地域社会であり、或いはさらに限定的に、ある特殊な風土を共有した地方社会でもある。そしてそこに住む人々である。これらの社会は、視点が特定の地域に入り込めば入り込むほど、それぞれに特別な条件を持っていて、土地も人も他から区別できる特殊性を有しているのだが、大枠では共通項を多く持っていることに気づかされる。

それの一つ一つが中国文化の共通する深層部分の表れと見ていいのかもしれない。そしてそれが一部分にしてもその表れであるのなら、そこには核心となる本質が潜んでいるはずである。それが少しでも取り出せているなら望外の喜びである。

私はとても限られた部分を見ようとしていることを承知している。その限られた部分を見ることから、鳥瞰的に見ても目に入らない重要なものが見えてくることもあると考えている。

道教には、そこに寄り行く人の側からは信仰という接点があり、迎える道教の側からは間口を開けてあると言っていいだろう。信仰にはその場の条件が深く関りを持っている。ある信仰の発生と展開を考えるにあたって、「一般的には～」との考えはもちろん適応できるのだが、その場を併せ見る目は重要である。それが歴史上の今を去ること遠い時代のことであっても、可能な限りは、現在の時間であるにしても、その場に行ってみること、そしてその場における人々の生活を目で見て肌で感じること、そのことが重要だとも考えている。

これまでに幾度となく中国に行き、中国の風土を感じ、そこにある道観を見る機会は数多く得られた。その中で私にとってより多く考えさせられたのが、私にとっては敦煌文献との繋がりからの視点であり、次いで四川省、成都市とそこに住む人々との出会いからの視点であった。その事に気づいて以来、機会を得る毎に少しずつであろうとも資料を集めて調べることを繰り返している。本書は、その一部分となる経過報告でもある。

全体を次の三部の構成とした。

第一部「敦煌と道教」は、敦煌文献中にある道教関連文献を中心に進めた研究である。敦煌文献の基本的な性格に関わることだが、ある特殊な土地に残されたものであるが、その全体は広く唐代を中心とする中国社会の全体を表すものと考えていいと思われることがある。この中にしか残されていない資料が多く存在している。もちろん仏教文献がその中心となる中で道教関連文献の存在は限られた数でしかない。それでも残されていた道教経典は『道蔵』の缺を補うものが存在しており、道教経典、或いは道教教理史の研究おいて重要な役割を果たしている。ただ、本書において取り出したのは、道教経典そのものとしての資料だけにはとどまらない。どちらかというとこれまで見過ごされてきた道教そのものの周囲にある文献を主として取り上げた。その中でも道教者がその教団外の存在である一般社会の人々に布教を行った当時の俗講の実態を表す資料の存在を中心に考察を加えた。敦煌文献の特徴の一つではあるが、文献の作成された年代は唐代、特に唐末期が中心となっている。そのことから、取り扱う時代は必然的にその時代を中心とすることになった。

第二部「四川と道教」は、現在は四川省に属する古くは蜀と称された地域の、その土地に繋がる信仰、特に民間での信仰を中心に扱った。四川省の成都を中心とする地域は、信仰を伴う道教の初めに位置すると見られる五斗米道（天師道）の発生の地であると指摘されているように、道教研究にとって重要な地域でもある。この地方の、かつ限られた地方に生ずる民間での信仰を中心に扱った。そこから道教信仰の発生の力学、或いはその信仰の実態を見ることから、中国社会においての道教の存在を考えてみようとした。これは本論の中で論じていったことだが、唐代社会の中で見られる当時の道教は多く蜀の地域のそれが大きく影響していると私は考えている。この点については、今後さらに詳細な研究を進める必要があると思っている。

第三部「成都と道教」は、四川省の省都であり中国全土の中においても古くから文化的にも特色を持って栄えていた都市成都、その街なかでの道教信仰を中心に扱った。成都は四川省の一部であり、かつその省都として存在する城市であることから、第二部に属してもよいのだが、成都はもう一つの側面として四川省の広い農村地域と比するに、人々が密集して生活する都市としての顔を持っている。これは広く道教が都市の人々との間にいかなる関係を作り、持ち続けてきているのかとの疑問に答えようとした考察の一部分でもある。また、私自身そこに何年かの時間を過ごした土地でもあり、特別な思いも深い。さらにその止まり、過ごした時間の中で通り過ぎただけでは見えないものも見えてきているような気もしている。それを具体化して形として伝えたいとの思いも強くはたらいている。

二〇一五年二月

# 目次

# 第一部　敦煌と道教

# 第一章　敦煌と道教

## （一）　はじめに

敦煌莫高窟の第十六号窟（現在では第十七窟と編号が与えられている）の耳洞窟で、大量の古文書が発見されてから一世紀を超える時間が経った。今では少し前のことになってしまったが、中国では文書発見百周年記念として、「紀念敦煌蔵経洞発現一百周年」と銘打った敦煌展覧会を二〇〇〇年の夏に北京の歴史博物館で開催し、多くの参観者を集めていた。「石窟建築」、「彩塑臨品」、「壁画臨本」、「蔵経洞絵画品」、「文献典籍」、「蔵経洞発現史」等に分けて繰り広げられた展示は、これまでになくパネルを多く用いて、誰にも分かりやすく見やすいものであった。これは国家的プロジェクトによる敦煌学研究が進められることを内外に示したものでもあったと思える。

この展覧会には、敦煌研究院収蔵文書を中心に、国家図書館収蔵のもの等をまじえて中国国内で所蔵する文書も十点以上展示されていた。展覧会の会場で『敦煌―紀念敦煌蔵経洞発現一百周年』と題した豪華なパンフレットが売られており、その中には魏晋南北朝期までには成立していたとされる道教経典『无上秘要』珍字二〇（BD五五二〇）の写真もカラーで紹介されていた。『无上秘要』は敦煌文献に残されていた道教経典中（以下敦煌道教経典と略称）においても、比較的多くの点数が残されているものであるが、それにとどまることなく敦煌道教文献中に残されていた道教経典、および道教に関連する文献は、敦煌の蔵経洞が密封されたと思われる、十一世紀初頭までの道教経典史の研究、さらには道教と当時の社会との具体的な関連を知る上での、貴重な第一級資料となっている。

第一部は敦煌文献をその主たる資料として中国社会の中に広がり、人々の信仰に結びついて存在していた道教について考える。全体として「敦煌の道教」とはせずに、「敦煌と道教」とのタイトルにした。(1) その大きな理由は、敦煌という場所では、それが中世期までの敦煌の街であろうと、街を離れた石窟寺院であった莫高窟であろうと、敦煌を取り巻く一帯の地域では、道教の成立や発展史の上において特に取り出して論ずべき事柄を持っていないことにある。だがこのことは、敦煌文献を用いての道教研究を無意味なものにしはしない。取り上げるべき特殊な事柄が無いことは、別の視点で見れば、敦煌で行われていた道教は、道教の発展、展開に関して特別な関与をすることの無かった中国国内の多くの地域でみられる道教の社会への受容という観点では典型的な姿を見せているはずである。これは逆に特別でも、特殊でもないというその意味においてとても貴重な資料といわなければならない。広く中国社会と道教の関わり合いを考える上での具体的な例証となると考えるからである。

現在でも、中国各地に存在する道観に行ってみると、そこには必ずといっていいほど「有求必応（求め有れば必ず応ず）」の四文字の書かれた額や赤い垂れ幕が見られる。必ずご利益が有りますよとのことだが、このことに現在社会においても道教（道観）と、それを取り巻く社会の人々の関係が窺えると思う。人々が災害に遭い、病に冒され、貧困に苦しみ、日常生活の上で思い通りにならない等と、誰にでも起こりうる困難に立ち向かわざるを得なくなったとき、そこに人々と道教、あるいは道教を取り巻くさまざまな要素との繋がりが生じる。人々が道教、あるいはその道観に置かれる神格や民間の神とどのような接触をするのか。また、道士をはじめとする宗教者達が、それにどのように対応するのか等について敦煌文献の中からも考えてみたい。これらの問題は、とても単純に見えはするが、道教そのものが中国社会の中にあって、そこに生活する多くの人々との関連にこそ、その存在の重要な意味があると見た時には、避けて通れない問題だと思うからである。

## （二）　敦煌文献の新たな整理と公開

現在公開されている敦煌文献は、その所在地を明確にし、併せて検索の便のために一点一点の文書それぞれに略号とナンバーが付けられている。その中でも、ロンドンの大英図書館に在る、オウレル・スタイン将来のスタイン文献（略記号S）、パリの国立図書館に収めるポウル・ペリオ将来のペリオ文献（略記号P）の二つが、早い時期に比較的鮮明なマイクロフィルム（写真）を公開していたことから、その二か所に蔵される文獻を基本資料として研究が進められてきた。その後、台湾から『敦煌宝蔵』[2]が出版され、中国所蔵文献をも含めて、ほぼ全体に近い文献が見られるようになったが、元の写真そのものに問題があったようで、印刷された文献は判読不能に近いものが多く見られていた。

大きな変化が一九九〇年代に起こった。中国において、国外蔵の敦煌文献と国内に散在する敦煌文献をその修復、整理を行ったうえで、これまでには見られなかった鮮明な写真とその提要を付けて公開出版をしたのだ。主なものを以下に上げる。

・『俄蔵敦煌文献』一～一七　上海古籍出版社　一九九二～二〇〇一
・『上海博物館蔵敦煌吐魯番文献』一、二　上海古籍出版社　一九九三
・『北京大学図書館蔵敦煌文献』一、二　上海古籍出版社　一九九五
・『天津市芸術博物館蔵敦煌文献』一～七　上海古籍出版社　一九九六～一九九八
・『上海図書館蔵敦煌吐魯番文献』一～四　上海古籍出版社　一九九九
・『甘粛蔵敦煌文献』一～六　甘粛人民出版社　一九九九
・『浙蔵敦煌文献』浙江教育出版社　二〇〇〇

・『国家図書館蔵敦煌遺書』一～一四六　北京国家図書館出版社　二〇〇五～
・『中国書店蔵敦煌文献』中国書店　二〇〇七

これらの中で、北京にある国家図書館は最大の所蔵先であり、中国における組織的な所蔵機関でもある。そこで所蔵する文献を集める『国家図書館蔵敦煌遺書』は、一四六巻で完結している。

この状況を見ると、敦煌文献研究の最も大きな問題点であった全体の文献を把握できないといった問題は徐々に解消されつつあるといえるだろう。

## (三)　敦煌地域の道教の特徴

敦煌文献を用いて、具体的に敦煌で行われていた道教をその当時の社会と関連付けて考えようとすると、二つの方向が考えられてくる。その一つは道観や道士達の存在を中心に敦煌の地での道教を見ていこうとすることで、この道観でどのような行事が行われ、どのように地域社会と接触を保っていたのか。また、道士についていえば、道士は地域社会出身の者であったのか、あるいは中央社会を含めて、敦煌地域以外の所からやってきた者たちだったのか、そして彼らが敦煌の地の人々とどのような接触をしていたのか等の問題に回答を与えていくことである。もう一つは、道観での道教活動の枠に入りきれない事柄について検証してみることで、具体的には道教の儀式、儀礼、あるいはその範囲を超えて一人歩きをして民間社会の中に定着してしまったものであったり、民間で行われている信仰、民間行事等についてのさまざまな事柄について、敦煌文献自体が枠組みのない文献群であることを最大限に活用することで、敦煌文献を除いては記録に残されることのなかった様々な事柄を丹念に検討し広く見て行くことから、人々の生活に入り込んだ道教の要素を明らかにしていくことである。これらの点を中心に、まずは敦煌地域の道観を中心とした道教活動の一面から見ていくことにする。

敦煌は仏教都市として紹介されてきたことが多い。だがこのことは、仏教以外の文化が敦煌に存在しなかったことを意味するものではない。中国の支配下にある時期の敦煌は、中国の中原地域から離れた西の外れにあるものの、その街は漢人を中心とした中国文化をその最も基本として成り立っていた街であった。S二二九五『老子変化経』の題記には、

大業八年（六一二）八月十四日
經生王儔寫、用紙四張
玄都觀玄壇道士履校
秘書省寫

と見えており、この写本は長安の国立道観である玄都観で書写され、その後敦煌にもたらされたものである事が分かる。この写本には題記の後に「浄土寺蔵経」との所蔵印が押されている。これは敦煌の仏教寺院浄土寺の所蔵印で、敦煌にもたらされた後に押されたものである。このように敦煌地域は、異民族の支配下におかれた時期を除いて、中国の中原地域や蜀（四川省）を中心とする西南地域との間において、人や文化の交通は活発に行われており、道教も中原や蜀の地域で行われていたその影響下にあったといっていいであろう。当然の如く、中国各地の都市と同じくいくつかの道観も開設されていたはずである。これまでにも、上記した敦煌道経研究の一環として、経典の題記や後書きを綿密に調査することから、いくつかの道観名や道士の存在も明らかになってきている[3]。

道観についていえば、題記の記述から少なくても神泉観、白鶴観、開元観、冲虚観の四つの道観が敦煌社会に存

在していたと思われ、さらに同じく敦煌文献中の籍帳（戸籍簿）を調査する中から、霊図観の存在も浮かび上がってきている。(4) また、題記中から道観名を見出せるものの、その場所についての記述が無いことから、敦煌に存在していたとは断定できずにいるものもあって、もういくつか増やして考えることが出来るのかもしれない。ただ、その存在は確かめられるものの、それぞれの道観について、その規模や観の運営について等のさらに知りたい事柄については、まだよく分からない部分も多い。『旧唐書』巻四〇、地理志、河西道によれば、七世紀中頃の敦煌の戸数は四二六五戸で、人口は一万六二五〇人であったという。このような規模の地域において、その地の道観や道士たちが地域の人々とどのように接触を行っていたのだろうか、とても興味のある問題である。

また、これは道観ではないが、地誌の「沙州都督府図経巻三」（P二〇〇五）に、「四所雑神」として、次ぎのように「土地神」、「風伯神」、「雨師神」、「祆神」の四つの神格を祀った廟の存在していたことが分かる。

土地神

右、在州南一里、立舎、画神主、境内有災患不安、因以祈焉。不知起在何代。

風伯神

右、州西北五十歩、立舎、画神主、境内風不調、因即祈焉。不知起在何代。

雨師神

右、在州東二里、立舎、画神主、境内亢旱、因即祈焉。不知起在何代。

祆神

右、在州東一里、立舎、画神主、総有廿龕、其院周迴一百歩。

これら四ヶ所の廟の中には、それぞれに神格が描かれていたようで、「祆神」（ゾロアスタアー）を除けば、それらはすべて中国の各地に存在する伝統的な中国固有の神格であり、「土地神」は何事かの災難の折に、「風伯神」は風が順調に吹かない時に、「雨師神」は大旱魃の時にと、それぞれの神格の持つ職能に合わせて祈願に行く所であったようだ。前の三つの廟は、漢族がこの地に集団として居住するようになれば、当然作られてくる廟であり、漢族が風土、気候の異なる地に来ても、自分達の習慣を持ち続けていたことを意味している。これらの廟の規模であるが、「祆神」の項に、「その院の周囲一百歩」というのを見ると、とりわけ大きなものではなかったようだ。

## （四）後書きから見た敦煌道教経典

元来敦煌にあっても道教経典は、道観を中心に保管され、用いられていたものと考えてよいのだが、敦煌文献全体についていえば、仏寺に保管されたものが伝わったと考えられていることから、その中に含まれていた敦煌道経を、そのまま当時の社会に流通していた道教経典の典型として見るには、検討を要するであろうことは当然のことである。だが、残されていた経典自体から見れば、その当時の社会に広がっていた経典であることだけは事実であり、それらの道教経典に書かれる題記や識語には、社会の人々との繋がりの一端を見せてくれていると考えることはできよう。

巻の末尾に盟文の書かれた道教経典がある。大淵忍爾博士は、「盟文は授経者の本貫、生年月日、名前等を含めて、一定の形式に従って授経前に、写経生によって作製され、某岳先生が授経する際署名するという形式であったと解される。なお経の本文と盟文とも手蹟を異にするが如くで、本文は豫め相当数を書写して置いたものであろう(5)」と指摘されている。その通り盟文は一定の形式にそって書かれていて、一つ一つに特別な特徴を示すものではないが、敦煌の地域名が書かれた文字上からも、敦煌の地で行われたであろう授経の様子が窺われる。

盟文の初めに書かれる授経を受けた者と、文末近くに書かれる授経を行った者を中心に図に示して見てみることにしよう。

| 文献 | 人名 | 性別 | 年齢 | 出身地 | 紀年 | 授経の道士 | 授経の経典 |
|---|---|---|---|---|---|---|---|
| P.2347 | 唐真戒 | 女 | 十七歳 | 敦煌県 | 七〇八 | 北岳先生閻□明 | 無注本道徳経 |
| P.2350 | 李无上 | 男 | 二十七歳 | 敦煌県 | 七一四 | 中岳先生張仁□ | 十戒経 |
| 貞松堂 | 陰志清 | 女 | 十一歳 | 敦煌県 | 七一四 | 中岳先生張仁□ | 十戒経 |
| S.6454 | 張玄碩 | 男 | 二十七歳 | 敦煌県 | 七五一 | 中岳先生馬遊□ | 十戒経 |
| P.2417 | 索栖岳 | 男 | 三十一歳 | 敦煌県 | 七五一 | 中岳先生馬遊□ | 無注本道徳経 |
| P.2735 | 呉紫陽 | ？ | 五十七歳[6] | 敦煌県 | 七五七 | 中岳先生張仙翼 | 無注本道徳経 |
| P.3770 | 王玉真 | 男 | 十六歳 | 敦煌県 | 七五七 | 中岳先生索崇術 | 十戒経 |

ここでは文書に書かれる年次に従って並べておいたが、この中からもいくつかの興味ある問題が見えてくるようになる。経典を授かったのは、男女それぞれに亘っているが、皆敦煌出身の者たちであった。また、年代的にはその前後を含めているが、唐の玄宗の時代が中心になっており、西の辺疆地域に位地する敦煌においても、最も安定して栄えていた時代にあたっている。このことは別の見方をすれば、敦煌においてもこの時代は中央、或は交通のあった蜀の文化の影響を強く受けていた時期ということになる。資料上では、年代的な限定はあるものの、敦煌でも敦煌出身の者が道士になることはあったと見てよいようだ。

これらの人々が、どのようなことから道教経典の授経を受けたのかは上掲した文からは見えてこない。そこで、この外の敦煌道教経典に書かれる識語を通してその点について考えて見ることにしたい。

## （五）道教経典の写経

敦煌道教経典の中で、その写本点数の最も多いのは『太玄真一本際経』であり、百点以上に達している。その中に何点か写経の目的を記したものがある。

（a）儀鳳三年（六七八）三月廿二日三洞女官郭金基、奉爲亡師敬寫本際經一部、以此勝福資益亡師、惟願道契九仙神遊八境（S三一三五）

（b）証聖元年（六九五）閏二月廿九日、神泉觀師氾思荘發心敬寫、奉爲一切蒼生、同会此福（P二八〇六）

（c）冲虚観主宋妙仙入京寫一切經、未還身故、今爲寫此經（貞松堂蔵本）

これら記載を見ると、（a）、（c）は亡くなった師の為、（b）は人々の為にとの違いはあるものの、共に供養と祀福の目的で書かれていることが分かる。また、これまた比較的多い点数を残す『无上秘要』を見ると、以下に示すようにほぼ同じ内容の識語の書かれているのが見える。

（d）開元六年（七一八）二月八日沙州燉煌県神泉觀道士馬處幽幷姪道士馬抱一、奉爲七代先亡及所生父母法界蒼生、敬寫此經供養（无上秘要　P二三七一）

（e）開元六年（七一八）二月八日沙州燉煌県神泉観道士馬處幽幷姪道士馬抱一、奉爲七代先亡所生父母法界蒼生、敬寫此經供養（无上秘要　P二六〇二）

（f）開元六年（七一八）二月八日沙州燉煌県神泉観道士馬處幽幷姪道士馬抱一、奉爲七代先亡所生父母及法蒼生、敬寫此經供養（无上秘要　P二八六一）

（g）開元六年（七一八）二月八日沙州燉煌県神泉觀道士馬處幽幷姪道士馬抱一、奉爲七□□□及所生父母法界蒼生、敬寫□□□□（无上秘要　P三一四一　□部分は写本破損による欠字部分）

（h）開元六年（七一八）二月八日沙州燉煌県神泉觀道士馬處幽幷姪道士馬抱一、奉爲七代先亡及所生父母法界蒼生、敬寫此經供養（无上秘要　S八〇）

（i）開元六年（七一八）二月八日沙州燉煌県神泉観道士馬處幽幷姪道士馬抱一、奉爲七代先亡及所生父母法界蒼生、敬寫此經供養（无上秘要　北京　珍字二〇（BD五五二〇））

沙州燉煌県神泉観道士馬処幽と姪の道士馬抱一によって供養のため敬写された『无上秘要』に書かれる識語の内容は、ほとんど同文である。ただ、仔細に検討するなら、それぞれの写本により文中に「及」の字が抜けていたり、別の場所に用いられたりしている。あるいは、（f）では「界」の字が抜けているなどの違いを見出すことが出来る。これらは書写の際のミスと思われ、そこに意図があるとは思われないのだが、少なくとも、これらの写経は先祖父母の供養の為に行われたことだけは確かのようだ。これらの題記から窺えることは、道教経典の書写は、仏教経典で行われる写経の行為と異なるものを持っていたとはいいがたいように見える。このことだけで結論を出すのは危険であるが、その他の文献中に示される状況から見ても、敦煌の人々において道教に求められていたことは、仏教に求められていたことと大きな違いを感じさせるものではなかったように思われる。さらに注意すべきことは、『无上秘要』に見られる識語の日付が全て二月八日となっていることである。

## (六)　敦煌の仏教と道教

敦煌の街を含めた一帯は、仏教色の強い地域であったものの、道教もその他の中国の地域と同様に存在し活動していたことをここまで見てきた。敦煌におけるこの両者の関係についても限られた資料ではあるが、その中から窺い見ることができる。

前節で注意を促した二月八日の日付は、敦煌における道教の活動、及びそれと社会との関係を考える上で、じつはとても興味深い方向を示していたのである。

S一四四一文書は、願文を中心に、「雲謡集雑曲子共三十首」、「維摩詰経講経文」等、二十一篇の文の書かれる写本となっている。その願文中に「二月八日文」と題されるものがある。文は「法王誕迹、托質深宮、是(示)滅雙林、広利郡(群)品。王宮孕靈、寔有生於千界、逾城半夜、求無上之三身」と始まることからも分かるように、仏教者において用いられたもので、釈迦の生誕を記念して挙行される法会において宣読されたものと見られている。この「二月八日文」と目される文は、敦煌文献の中にP二二三七、S五九五七等にも見ることが出来る。(7)

また、P二九四〇には「斎琬文一巻」が書かれている。斎琬文というのは、別に嘆仏文ともいわれ、斎儀の際に宣読される斎文の起草者の参考になるように、斎文様式を並べたものと思われている。ここでは斎文を十に分類して目次を挙げているが、「一、歎仏徳」として、

王宮誕質　四月八日
踰城出家　二月八日
轉妙法輪　正月十五日

現歸寂滅　二月十五日

の四つの日とその斎文が挙げられている。また、P二〇五八には「二月八日逾城」と題される文も見られている。
これらのことを見て行くと、神泉観道士馬処幽と姪の道士馬抱一が供養のため経典を敬写したとする二月八日は、仏教において斎事の執り行われる日に当っており、この日の日付が道士において用いられたことは、決して単なる偶然とは考えられない。このように仏教の斎事の行われる日は、敦煌の道観内においても、何らかの行事が行われていたと考えるべきであろう。このことは、敦煌で行われていた道教の性格の一面を表していると見てよいと思う。だが、道教自体には、ここまで見てきたような正規の道観を中心として行われた活動だけでは捉えきれない側面があり、この点についても視野を広げておく必要があるだろう。
唐末五代の道士杜光庭に『道教霊験記』の著作がある。そこには多くの唐五代期を中心にした道教信仰の実態といえる記述が見られている。その巻十一に「張乾曜天蓬呪験」があり、登場するのは成都の道士であるが、敦煌節度使の息子の発病から道士が関わっていく様子が記述されている。

成都至眞觀道士張乾曜、精奉香火、虔誠齋法、首冠於衆人。節度使燉煌李公、有男無疾暴卒、擧體猶暖。倉惶之際、不知所爲、召醫巫禁術者數十人、皆不知救理之法。良久、請乾曜到、告以食卒之事。乾曜素無他術、止於精奉經科而已、情理既切、因請劒水爲敕、水噴灑了、焚香念天蓬呪一百餘遍。卒者忽能運動、良久乃蘇。（中略）李公令此郎君依乾曜入道。

成都の至真観の道士張乾曜は、香火を奉げ、斎法を執り行うことにかけては、人に抜きん出ていた。敦煌の節度使の李公に息子がいた。その息子が突然死んでしまった。身体はそれでも温かいままであった。取り乱してしまって、どうしてよいのかも分からず、医者や巫、はては術使いなど数十人を呼び寄せたが、誰も救うすべを持たなかった。その後で、乾曜を招き、突然死んでしまった事情を告げた。乾曜はもとよりほかに方法があるわけではないので、一心に経を唱えた。それが頂点に達した時、剣と水とを持ってこさせ、清めた水を吹きかけ、香を焚き天蓬呪を百数回唱えると、死者の体は忽ち動き始め、しばらくして蘇生した。（中略）李公はその子を乾曜に弟子入りさせた。

これを見ると、一部の道士は社会の中で重病、あるいは不可解な病にかかった者の治療行為を行っていたことが窺える。このことは敦煌社会を含めて、中国社会の人々と道観、道士の繋がりを考える上で重要である。私も一九九七年の九月に四川省成都市郊外の崇州市にある上元宮という道観を訪れた時に、居住の道士が、人々の評判を聞いて訪ねて来た癌で成都市の病院に入院していたという人に、その人の話をよく聞いてあげた上で、漢方薬を調合して渡していたのを見たことがある（『明海』第六号、一九九五・三）。すべての道観、道士に云えると断言できることではないが、道観、道士と地域社会の人々との繋がりに関して、医療行為とそれに伴う精神的支援はその重要な要素の一つに挙げてよいであろう。

**【注】**

（1）金岡照光「敦煌と道教」『道教・第三巻』平河出版社　一九八三。
（2）黄永武編一四〇冊。一九八一年九月～一九八六年八月、新文豊出版公司。
（3）大淵忍爾『敦煌道教目録』「付録」福武書店　一九七八。
（4）金岡照光「敦煌写本に見られる道観について」『東京大学文学部　文化交流研究施設研究紀要』第七号　一九八五。

（5）大淵忍爾『敦煌道教目録』「十戒経」福武書店　一九七八。また、以下の道教経典の後書き等の引用に当たっては、大淵忍爾『敦煌道経目録篇・図録篇』（福武書店　一九七八）に多大な恩恵を蒙った。
（6）写本を見ると、元来は「一七歳」と書かれていた文書に、「五」と「歳」の文字を書き加えて、「五十七歳」と年齢を変えている。いかなる意味で行われたのかは不明。
（7）黄徴等編『敦煌願文集』岳麓書社　一九九五。

# 第二章　民間信仰と鎮宅神

## （一）はじめに

本章では、敦煌の民間社会で行われていた鎮宅神に対する信仰を取り上げ、人々の生活と道教とが結びついた具体的事象に考察を加え、その上でその信仰が必ずしも敦煌地方の地域性において現れたものではなく、広く中国社会全体の理解につながるものであることを検証する。

S六〇九四文書は、王重民氏の『敦煌遺書総目索引』（以下『総目索引』と略称する）中の「斯坦因劫経録」では「高潤郷百姓高延晟延《ママ》祭宅文」と題され、ライオネル・ジャイル（Lionel Giles）氏の『Descriptive Catalogue of the Chinese Manuscripts from Tunhuang in the British Museum』（以下『ジャイルズ目録』と略称する）では、'prayer'（祈禱文・願文）として分類されている写本である。『ジャイルズ目録』によれば、S六〇九四文書は、二六・五センチメートル×二二センチメートルの大きさをもつとあるが、マイクロフィルムに写されたものから見れば、下半分に破損がはげしく、ほとんど断片と表現し得る程度の形態を示している写本である。

後述の便宜上、「翻刻」を写本の行数のまま示し、次いで標点を附し、誤字の訂正を行ったものを「校録」として掲載し、最後に試訳を付けた。

【原文】

1. 維歳次甲戌正月己亥朔廿二日庚申洪
2. 潤郷百姓高延晟謹以酒酌之奠敬□
3. 宅神之靈伏堆（惟）神延晟居宅己□
4. 福裕不解忌□（謱）修治宅舎不自□
5. 朱雀後觸玄武左□青龍右□
6. 伏龍土苻（府）深有過失今日屈请（請）
7. □（壓）己後宅舎安寧凶□
8. 主人家口大少延年□

【校録】

1. 維歳次甲戌、正月己亥朔廿二日庚申、洪
2. 潤郷百姓高延晟、謹以酒酌之奠、敬□
3. 宅神之靈、伏堆（惟）神、延晟居宅己□
4. 福裕不解忌、□（謱）修治宅舎、不自□
5. 朱雀、後觸玄武、左□青龍、右□
6. 伏龍土苻（府）深有過失、今日屈请（請）、
7. □（壓）、己後宅舎安寧凶□
8. 主人家口大少延年□

※（　）内は筆者校。

【訳文】

維れ歳次は甲戌、正月己亥の朔の二十二日庚申。洪潤郷の百姓高延晟は、謹んで酒酌の奠を以て、宅神の霊に敬□す。伏して神に惟るに、延晟の居宅は己に…（缺）…福裕にして忌を解せず。謾んで宅舎を修治し、不自…（缺）…朱雀、後は玄武に触れ、左は青龍に□、右は…（缺）…伏龍・土府、深く過失有らば、今日屈して請う…（缺）…已後宅舎は安寧、凶□…主人の家口大少延年…（以下缺）

前述したように、写本の状態も良好ではなく、下半分に破損部分も見られる上に、読み取り難い字もあることで、十分には内容を把握しにくい。しかし、全体を通してみると、鎮宅の霊験があると信じられている神に、宅舎の修理を行う報告と、併せて家族の延寿を願って書かれた願文の一種であると思われる。

この写本の内容について考察を加える前に、この文書が何時頃書かれたものであるのか、またどのような人物によって書かれたのかという点について推定しておく必要があると考える。

まず、書写年代であるが、これは一行目に書かれる甲戌の年が、西暦の何年に当るかを陳垣氏の『二十史朔閏表』等の工具書に照らし合わせて考えればよいのだが、これがにわかには決め難いのである。結論から先に言えば、『ジャイルズ目録』の比定する九一四年に当るのが、最も妥当な所であろうと思われる。と言うのは、一行目に書かれる紀年を見ると、

維歳次甲戌正月己亥朔廿二日庚申

とあるように、甲戌の年で正月一日が己亥に当り、正月二十二日が庚申に当る年は、敦煌文献の書写年代の下限と

考えられている十一世紀中頃以前の年には見当らないからである。しかし、このようなことは敦煌文書に書かれている日付の場合、それも唐末五代以降のものにおいてはなおさら特別のことではない。この点について藪内清博士が、

敦煌暦のばあいには、暦書の日付けが、中央の官暦で推算された朔閏と必ずしも一致しない。これは唐末のころから敦煌が吐蕃の支配を受けたり、また独立の小政権ができ、そこでは中国の官暦が使用されなかったために、中国暦と敦煌暦とのあいだに日付の相違があることは、すでに周知の事実である。(1)

と言っておられるように、異った暦書が使用されていた為に起ったことと考えられよう。更に藪内博士は、

敦煌暦は宣明暦による計算ではない、それがいかなる暦によって計算されたかはいまのところ全くわからない。(2)

とも言っておられる。そうすると、S六〇九四文書に書かれる干支の紀年から、実際の年次を推定するのは困難なことのようだが、藪内博士が前掲引用文の中に、日付が中央の官暦と必ずしも一致しなくなるのは唐末以降であるとも言っておられる点に注意すれば、S六〇九四に書かれる甲戌の年は、少なくても唐末以降の年で、敦煌文献の書写年代の下限と考えられている十一世紀中頃以前の間にあると考えればよいことになる。すると、九一四年の甲戌の年は、正月一日が戊戌に当り、二十二日が己未に当ることから、S六〇四九文書に書かれる正月一日が己亥、二十二日が庚申に当たる日付と一日のずれですむことになり、ほぼこの年と考えられるようになる。

結局、私はこのS六〇九四文書の甲戌の年を九一四年（後梁の乾化四年）に比定しようと思うのだが、この願文

が正月二十二日の庚申の日に書かれていることに注意を向けたい。この点については後述する。

次にこの文書を書写したと思われる「洪潤郷百姓高延晟」なる人物についてであるが、「洪潤郷百姓」とあることから見て、特殊な人物（宗教的な場にいた人物）ではなく、ごく一般的な立場にいた民間人と考えてよろしいと思われる。更に「洪潤郷」なる地名は、敦煌文書に頻見する敦煌の地名である。ここでは一例のみ挙げておくと、Ｐ二三四七文書の題記に、

沙州敦煌縣洪潤郷長沙里女官清信弟子唐眞戒…

と見られる如くである。

以上のことから、Ｓ六〇九四文書に書かれる記述は、当時において宗教的な特殊な立場にいた人物が書写したのではなく、敦煌県在住のごく一般的な人物によって書写されたものとして考えられよう。つまりそのことは、この写本の記述そのものが当時の社会の中で特殊なものではないと考えられる一応の根拠として考えられると思われるし、またそこに書かれる内容は十世紀の初め頃に敦煌地域で実際に民間で広がっていた信仰の一側面を端的に物語るものとして考えられるのである。

## （二）鎮宅神の信仰

前節で一応写本の性格について述べたので、次に写本の二行目以降に書かれる記事の内容について考えてみたいと思う。

写本に書かれる原本とその試訳については前掲したが、その中に祈願の対象と思われる神に「宅神之霊」と書かれたものと、「伏惟神」として書かれていたものとで、二つの「神」があった。この両者が同一のものを意図していたのか、それとも別のものであるのかについては、それらが書かれるすぐ前の部分にわずかではあるが破損部分があるので、はっきりした断定を下すことはできない。しかし、一方は「宅神之霊」といい、もう一方はただ「神」とのみ言っていることから、二つのものと考えることもできるが、そうすると一方の「宅神之霊」には、「謹以酒酌之奠、敬□宅神之靈」とあったように、供えものを捧げるが、もう一方の「神」には、「伏惟神」として、以下に書かれる願い事その他を願い出るだけとなり、これもまたおかしなことになるので、「宅神之霊」と「神」とは同一のものであると考えたい。

しかし、このような書き方をしているのは、やはり何らかの意味をもつものと考えるべきであろう。この点については、この時点以前から伝わってきていた「宅神」とされる特定の神格をもたない漠然とした信仰対象が、後世に鎮宅霊符神が真武神とされる如く、特定の対象神をもつ信仰に移り変わる過渡期に書かれたことによっているのではないかと考えている。

「宅神」という考え方は、中国では古くからあったらしく、南北朝．北周の庾信の「小園賦」の一節に、

　　鎮宅神以薶石、厭山精而照鏡、
　　宅神を鎮めるに以て石を薶め、山精を厭めて鏡に照らす。

とあることによってもそれを窺うことができる。この宅神を鎮めるのに石を薶《う》めるというのは、同じく南北朝、梁の宗懍の撰になる『荊楚歳時記』にも書かれていたらしく、守屋美都雄博士がその著作『中国古歳時記の研究』で

次の二例を佚文として挙げておられる。

大石鎮宅、主災異不起、宅經、取大石、鎮宅四隅、荊楚歳時記、十二月暮日、掘宅四角、各埋一大石、爲鎮宅、

大石もて鎮宅す、災異の起こらざるを主る、宅経に、大石を取りて、宅の四隅を鎮めると、荊楚歳時記に、十二月暮日、宅の四角を掘り、各々に一大石を埋めて、鎮宅を為すと、

（宋『政和證類大観本草』巻三・大石鎮石）

荊楚歳時記、十二月暮日、掘宅四角、各埋一大石、爲鎮宅、

（宋『歳時広記』巻四〇・埋大石：明李時珍撰『本草綱目』巻一一）

守屋博士が佚文として示されるこの二例が全く同じ語句から成っていることから見て、元来の『荊楚歳時記』には含まれていた事項として考えて無理はないであろう。そうすると、『荊楚歳時記』を撰した宗懍は六世紀中頃から七世紀初の頃の人であるから、この行事は当然その頃以前より民間で行われていたことと考えられよう。

しかし、『荊楚歳時記』に書かれていた行事内容は、本章で問題としているS六〇九四文書に書かれる記述内容と相違している。図式化して示すと、次のようになる。

| | 行事内容 | 時 |
|---|---|---|
| 『荊楚歳時記』 | 掘宅四角、各埋一大石、爲鎮宅 | 十二月暮日 |
| S六〇九四文書 | 謹以酒酌之奠、敬□宅神之靈、 | 正月一日己亥朔二十二日庚申 |

このことを見ると、『荊楚歳時記』の行事内容と、S六〇九四文書から考えられる十世紀初め頃の敦煌で行われ

ていた行事内容とは必ずしも一致していない。後者は前者を直接継承したものではなく、全く別の起源によるものとも思われるが、変化の過程とも考えられる。この点については、まだ私には十分な説明が出来ない。今後の課題としておきたい。本章で前述してきた信仰を、私は仮りに鎮宅神信仰と呼ぶが、この鎮宅神信仰は唐五代から宋にかけて大きな変化をとげたのではないかと思っている。以下この点について、S六〇九四文書の内容を分析しながら後述していこうと思う。

## （三）民間での真武神

前節で「伏惟神」と書かれていることに注意を向けたが、ここで考察を加えておきたい。「伏して神に惟るに」と訳しておいた部分であるが、「宅神の霊」でもあるここの「神」にまだ特定の神格名が書かれていない点である。鎮宅神というと、後世では真武神が夙《つと》に知られる所である。そこで鎮宅神としての真武神が、いつ頃からどのような経過で信仰の対象とされるようになったのかについて見ておきたいと思う。この点については、吉岡義豊博士が「妙見信仰と道教の真武神」(3)と題する論文で詳述しておられる。要略すると、

眞武と鎭宅霊符が結びつくのは南宋以降である。その結びつきは、眞武神が福神と考えられていた、そのことが民衆によってこの二つを積極的に結びつけたのであろう。

ということになろう。

結局、真武神と鎮宅霊符が結びつくのは、南宋以降であることから、S六〇九四文書が書かれた頃には、鎮宅神

としての真武神に対する信仰はなくて当然である。しかし、S六〇九四文書の六行目に「玄武」の名が見えていることから、真武神と鎮宅霊符の結びつき、またそこに至るまでの過程という面では、別の見方ができるのではないかと思う。

そこで、六行目を以上の視点を踏まえて再度見直してみると、「朱雀、後觸玄武、左□青龍、右（以下缺）」となっていた。ここには通常四神と称されている「朱雀・玄武・青龍・白虎」のうち「白虎」を缺いた三神が書かれているが、「右」と書かれる以下が缺損となっていることから、四神が列挙されていたと考えることはできよう。すると、この部分は『礼記』曲礼上の、「行前朱鳥、而後玄武、左青龍、而右白虎」と書かれる部分と関連をもつことは指摘できよう。『礼記』曲礼上に見られるこの部分は、通常君主の軍行の際の旗印と理解されているようである。そうすると、S六〇九四文書の記述も「神」を四方からとり囲む旗印についての記述とも、またそこから発展して単なる随神として記述されただけのことであるのかとも考えられるが、続く六行目に、「伏龍・土府」[4]とあり、八行目に「主人家口大少延年」とも書かれていることを考えると、敦煌本S九八〇・S六八八四・北京本麗字七二号（BD四〇七二）[5]等に見られる冥界神を列挙して、延年益寿を願って書かれる題記と同様の意図で書かれたものであるのかとも思われる。これらの題記は、ほぼ同じ形式で書かれているので、基本形式があり、そこから書き写されたものであると思われるのだが、一例をあげると次のようなものである。

敬寫金光明最勝王經一部十卷
右己上寫經功德、並用莊嚴、太山府君、平等大王・五道大神・天曹地府・伺命伺錄・土府水宮・行病鬼王・並役夫・府君諸郎君・及善知識・胡使錄公・使者十部曆官・舅母・關官・保人可韓・及新三使・風伯雨師等、伏願哀垂、納受功德、延年益壽、（S六八八四）

右己上の写経功徳は、並に荘厳なるを用う、太山府君、平等大王・五道大神・天曹地府・伺命伺録・土府水宮・行病鬼王・並に役夫・府君諸郎君・及び善知識・胡使録公・使者十部暦官・舅母・関官・保人可韓・及び新三使・風伯雨師等、伏して哀垂せられんことを願う、功徳を納受し、延年益寿せん、

このような道仏混淆ともいえる資料と併わせ考えてみると、当時において民間では冥界神に対する信仰が広く行われていたと推測されよう。そうすると、S六〇九四文書にも若干見られる冥界神を列挙して延年益寿を願う書式はその反映とも考えられてくるのである。

結局のところ、S六〇九四文書には破損があることから、何故四方神が願文の中に取り入れられているのか、また何故冥界神が書き込まれているのかについては、断定的なことは言えないのだが、少なくても当時民間で行われていた信仰が、混然一体となった所で成立していた信仰の一形態であると考えることはできよう。

しかし、それら諸神のなかに「玄武」の名が見えることに、前述したように私は注意を向けたい。そこで後述の必要のため、「玄武」について若干の私見を混じえながら考えてみたいと思う。

## （四）玄武神

「玄武」の起源については異説[6]も多く、よく分らないのだが、ごく一般的に考えると、『史記』天官書や『漢書』天文志に、「北宮玄武」とあることや、『後漢書』巻一三王梁博の「赤伏符曰、王梁主衞、作玄武」、の注に、「玄武、北方之神、龜蛇合體」とあることや、『論衡』巻三物勢第一四に、「北方、水也、其星、玄武」とあることなどから、亀蛇合体の体をもつ北方神と考えられていたのと同時に、北方の星宿と関連をもつものとして考えられていたと思

われる。また、これは後代のことになるが、一九八〇年に吉林人民出版社から刊行された『中国文学』第一分冊に、(7)

明清時、眞武廟中玄武眞君的造像是、披散頭髪、穿黒衣、左手持北斗七星旗、右手仗劍、黒臉、赤足、左足踏龜、右足踏蛇、

明清の時、真武廟中の玄武真君の造像は、披散頭髪、黒衣を穿て、左手に北斗七星旗を持ち、右手には仗剣、黒臉、赤足、左足に亀を踏み、右足には蛇を踏む、

と書かれているように、明清の時においても、北斗七星と関わりをもつものとして民間で理解されていたと思われる。

このように、「玄武」北方の星宿、とりわけ北斗七星と深い関連を示していることは、「玄武」と道教における北斗信仰との関連を暗示しているはずである。

北斗に対する信仰は夙に知られる所であるが、以下に列挙する、道教経典に見られるように司命神として考えられていたと思われる。

北方消災解厄

北斗居中央、而旋廻四方、主一切人民生死禍福、

北斗は中央に居り、而して四方に旋廻し、一切人民の生死禍福を主る、

（「太上三十六部尊経」・大清境中精経、『道蔵』日一八・一九）

在天則爲天帝、在人間乃爲司命、又爲北斗七元使者、主人壽命長短、富貴貧賤、掌人職錄、
天に在りては則ち天帝と為り、人間に在りては乃ち司命と為る、又た北斗七元使者と為り、主人の寿命の長短、富貴貧賤、人の職録を掌る、
（「太上霊宝補謝亀王経」、『道蔵』乃一八〇）

北斗落死、南斗上生、
東曰、南北二斗、主人生死、有善功者、三官列曰、南斗卽度三界之難、拔九幽之苦、宣告魔王、不使破敗、人之行惡、三官卽列曰、北斗卽告下魔王、魔王卽收入魂、付九幽之役、萬劫无期、長淪惡緣、當爾之時、无善无惡、北斗除死籍、南斗上生命、幽棲曰、北斗者、卽斗之第六星、主落其死籍、南斗卽斗之第五星、主生錄也、
北斗は死に落ち、南斗は生に上る、
東曰く、南北二斗は、人の生死を主る、善功有る者、三官列して曰う、南斗は卽ち三界の難を度し、九幽の苦を抜き、魔王に宣告し、破敗せしめず、人の悪を行うや、三官卽ち列して曰う、北斗は卽ち魔王に告下し、魔王は卽ち魂を收入し、九幽の役に付す、萬劫无期、長く悪縁に淪む、その時に当り、无善无悪、北斗は死籍を除し、南斗は生命を上る、幽棲曰く、北斗は、卽ち斗之第六星なり、其の死籍に落つるを主る、南斗は即ち斗の第五星なり、生錄を主るなり、
（「元始无量度人上品妙経四注」巻二、『道蔵』寒三八・三九）

特に三番目の資料として示した「元始无量度人上品妙経四注」は十一世紀後半の道士陳景元の編集であり、注に見られる「東曰」の「東」は南斉初期の学者厳東のことである。(8) また、そこに見られる南斗は生を主り、北斗は死

を主るという考え方は、「捜神記」巻三の管輅の説話にも見られる。管輅の説話は、南斗と北斗が碁を打っている所へ行って酒食を提供して寿命を延ばしてもらったという粗筋の話で、よく知られている説話の一つだが、上述のことを併せ考えるとこの考え方は古くから民間に広がっていたと思われる。更に、管輅の説話の末尾に、

南斗注生、北斗注死、凡人受胎、皆從南斗、過北斗、所有祈所求、皆向北斗、

南斗は生に注し、北斗は死に注す、凡そ人の受胎するは、皆な南斗に従い、北斗に過ぐ、あらゆる祈りの求むる所は、皆な北斗に向う、

として、祈りはすべて北斗にするという記述もあり、古くから民間において北斗が信仰の対象として考えられていたことは、確かであろうと思われる。

そうすると、北斗の信仰と「玄武」とが混然一体となる可能性は十分に考えられる所だが、唐五代においては、まだ「玄武」が北斗信仰を媒介として民間で信仰の対象となっていた事実を示す資料は、寡聞な範囲でしかないが、見あたらないように思われる。しかし、宋代になると、趙彦衛の『雲麓漫抄』巻九に、

朱雀・元武・青龍・白虎、爲四方之神、祥符間避聖祖諱、始改元武爲眞武、元冥爲眞冥、元枵爲眞枵、後興醴觀得龜蛇、道士以爲眞武現、繪其像爲北方之神、被（披）髮黑衣、仗劍踏龜蛇、從者執黑旗、自後奉祀益嚴、加號鎭天佑聖、或以爲餘虜之讖、

朱雀・元武・青龍・白虎は、四方の神為り、祥符間に聖祖の諱を避け、始めて元武を改め真武と爲す、元冥を真冥と為し、元枵を真枵と為す、後ち興醴観に亀蛇を得て、道士以て真武の現わると為し、其の像を絵いて北

方の神と為す、被（披）髪黒衣、仗剣亀蛇を踏む、従者は黒旗を執り、これより奉祀すること益々厳に、鎮天佑聖と加号し、或は以て余虜の讖と為す、

とあるように、「元武」すなわち「玄武」は「真武」と名を改め、道士によって具体的に画像化され、北方の神とされて、信仰の対象にされるようになる。これは『雲麓漫抄』の記事だけを見ると道士が作為的に行ったことのように思われるが、「太上説玄天大聖真武本伝神兕妙経」巻一に、

披髪洗足、賜建皁纛玄旗、躬披鎧甲、功成而攝踏龜蛇囘天、而天稱元師、世號福神、

披髪洗足、賜りて皁纛玄旗を建て、躬に鎧甲を披け、功成りて亀蛇を摂踏して天に回る、而して天に元師と称し、世に福神と号す、

との記述があることから見て、宋以前から徐々に民間で「玄武」に対する信仰が広まっていたのを、道士がひろいあげたと考えるべきであろう。そして、道士が信仰の対象として具体的に民間に示すことによって、急速に信仰の対象としての真武神が、広く民間に侵透していったものと思われる。

結局、S六〇九四文書に書かれる「玄武」は、まだ民間信仰の対象としての位置を占めるには至っておらず、例えば「元始无量度人上品妙経四注」に、

有青龍・白虎・朱雀・玄武・師子・白鶴、羅列左右、

青龍・白虎・朱雀・玄武・師子・白鶴有り、左右に羅列す、

とあるような、神格の回りをとりまく随神の性格をもったものとして書き込まれたものと思われる。しかし、唐五代の頃から「玄武」のもつ北方神としての性格、及び北斗七星との関連から、司命神としての性格が付加され、次いで宋代以降に鎮宅霊符神として、信仰の対象となっていったのではないかと思われる。

それでは、鎮宅霊符と「玄武」が結びつくのに、いかなる経路があったのかということであるが、私はこの両者が結びつくのに、間接的にも、そして直接的にも重要な役割を果したのは、庚申信仰ではなかったのかと考える。その点に検討を加える為に、再度S六〇九四文書に眼を戻そうと思う。

## （五）鎮宅霊符神と道教

S六〇九四文書が書かれた日が、庚申の日であったことに注意を向けたいと前述した。ここで、そのことについて検討を加えようと思う。

『道蔵』に「太上秘宝鎮宅霊符[9]」と題される経典がある。これは吉岡博士の指摘によると[10]、古い伝承に連なることはたしかであるが、道蔵本の成立は南宋以降であるとされるものである。この経典の中に、鎮宅霊符神が下降して、民間を遊行するといわれる、所謂聖降の日が書かれている。それと同じく聖降の日を説く経典で道蔵に収められている『太上説玄大聖真武本伝神咒妙経』と対比して次に表示することにする。

| 太上秘宝鎮宅霊符 | 太上説玄大聖真武本伝神咒妙経 |
| --- | --- |

| | |
|---|---|
| 正月初七日 | 同 |
| 二月初八日 | なし |
| 三月初三日 | 同 |
| 四月初三日 | 同 |
| 五月初五日 | 同 |
| 六月初六日 | 同 |
| 七月初七日 | 同 |
| 八月十三日 | 同 |
| 九月初九日 | 同 |
| 十月二十一日 | 同 |
| 十一月初七日 | 同 |
| 十二月二十七日 | 同 |

この表を見ても分るように、S六〇九四文書に書かれる日付の一月二十二日はこの二つの経典で見る限り、聖降の日にはなっていない。しかし、同じ『道蔵』に収められている『道門科範大全集』巻六三に見られる「真武霊応大醮儀」には、

眞君（北極天眞武靈佑聖眞君）昔奉天尊教敕、凡甲子・庚申・毎月三七日、下降人間、受人醮祭、察人之善惡、

真君（北極天真武霊佑聖真君）昔天尊の教敕を奉じ、凡そ甲子・庚申・毎月三七日に、人間に下降し、人の醮祭を受け、人の善悪を察す、

とあり、毎月の三七日の外にも、甲子・庚申の日が聖降の日として取り上げられている。そうすると、ほぼ似通った聖降の日を示している「太上秘宝鎮宅霊符」・「太上説玄大聖真武本伝神呪経」と、甲子・庚申の日も取り上げられている「真武霊応大醮儀」とでは、どちらが古い形を伝えているのか、またそれぞれいつ頃の成立になる経典であるのかという点が問題となる。これについては、前述したように前者の経典の一つである「太上秘宝鎮宅霊符」を吉岡義豊博士は南宋以降の成立とされている。すると当然同系統の内容を示す「太上説玄真武本伝神呪経」も、同時かそれ以後の成立と考えられよう。しかし、後者の「真武霊応大醮儀」を収める『道門科範大全集』巻六三には杜光庭の名も見えていることから、唐末五代をさかのぼらない資料によったものと考えることもできよう。また「真武霊応大醮儀」に見られる記述の方が、明らかに唐末五代の資料であるS六〇九四文書の内容と符合している。そうすると、後者の「真武霊応大醮儀」に書かれる内容の原形は、唐末五代の頃にすでに成立していたと考えられよう。

そこで、改めて「真武霊応大醮儀」に書かれる内容を見ると、庚申信仰を説く道教経典の内容に似通っていることに気付く。例えば、甲子・庚申の日については、『雲笈七籤』巻八二庚申部に、

　　庚申夜視尸蟲法

　用甲子日除三尸法

とが並べて記載されており、「太上洞淵神咒経」巻一五(11)には、

　曾無善慈、唯只悪生好殺、被三尸注簿、七魄錄名、常以甲子・庚申、奉入天曹案内、

　曾て善慈無く、唯只だ生を悪み殺を好む、三尸に簿に注せられ、七魄録名せらる、常に甲子・庚申を以て、奉じて天曹に入りて案内す、

とあって、甲子・庚申の日に人の善悪を三尸が天曹に報告する特別な日としているが如きである。また、この「太上洞淵神咒経」は大淵忍爾博士の『敦煌道経—目録篇』を見ても分るように、敦煌文献中に数多く残されている経典である。それと同時に宮川尚志博士が「本経（大上洞淵神咒経）の内容が魏晉の民間信仰・伝説と比べて関連性が強いということに注意せねばならない」といっておられるように、「太上洞淵神咒経」は、民間信仰的要素の強い経典であったことを考え併せれば、この経典は唐から五代にかけても、民間信仰に大きな影響を与え続けていたと考えることもできよう。

それでは何故庚申信仰と鎮宅神信仰とが深い関連性を示しているのかということであるが、これは庚申信仰も鎮宅神信仰と同様に、北斗信仰と密接な関連性をもつものであったことにその理由が求められよう。この点については窪徳忠博士に「庚申信仰と北斗信仰」[13]と題される論文があり、それに詳しいので詳説することは避けるが、庚申・甲子の両日をともに重視することにその理由の一端があるのである。そうすると、鎮宅神信仰と庚申信仰は北斗信仰をその媒介として結びつくようになったと考えてよいと思わる。しかし、このような考え方は、あくまで形式的なことであり、現実の民間信仰の現場では、鎮宅神信仰と庚申信仰は、不可分なものとして、言葉を変えていえば、鎮宅神信仰は庚申信仰の一つのバリエーションに近い形で唐五代の民間に広がっていたのではないだろうか。

そこで、庚申信仰が唐から五代にかけて、民間にいかなる形で広がっていたのかという点に視点を向けてみよう。しかし、その点については窪博士に『庚申信仰』等の著作があり、そこに詳述されているので、本章では敦煌の地ではどうであったのかという点に的をしぼって考えてみたいと思う。

結論から先に言うと、庚申信仰が実際に守庚申、もしくは庚申待として敦煌で行われていたことを示す資料は、私の見た範囲の敦煌文献の中では見つかっていないし、また社文書等にも、庚申信仰を背景として集まりを設けたと指摘し得る記述もないようである。しかし、このことは敦煌に庚申信仰が及んでいなかったことを意味するのではない。これは、敦煌道教文献、広く言えば敦煌文献のもつ性格に原因があると思われるのである。例えば、敦煌道教文献そのものが、すでに指摘されているように[14]、道教経典が書かれていることによって残されていたものであったのではなく、仏教者により紙背が再利用された等ことによって残される幸運を得たという特殊な性格をもつものであり、更にその書写年代の下限も、現在公表されている文献で見るならば、S二七三五文書に記載される至徳二載（七五七）という年号が最も遅いものであり、そこから七八一年に始まる敦煌を吐蕃が占領する時期以前に書写されたものと推測されるのである。しかし、このことが仮りに吐蕃占領期を境にして道教経典が民間から姿を消していったことを意味していたにしても、民間に侵透していた道教（民間信仰）が同時に無意味なものとして民間でも切り捨てられていったことを意味しない。

金岡照光博士が「仏説観弥勒菩薩上生兜率天経講経文」に見られる次の文を引いて、

若説天男天女、壽量大難算數、全勝往日麻仙、也越當時彭祖。人々咸盡天年、個々延經劫數、朝々長處花臺、日々不離寶樹、天人個々壽難思、長鎮花臺沒歇時、王母全成小女子、老君渾是阿孩子[15]、…

若し天男天女の、寿量大いに算数し難しと説うも、全て往日の麻仙勝れり、また当時の彭祖を越えたり。人々咸天年を尽くし、個々延く劫数を経たり、朝々長く花台に処り、日々宝樹を離れず、天人個々の寿思い難く、長く花台に鎮んじ歇きる時沒し、王母も全くの小女子と成り、老君も渾く是れ阿孩子たり[16]、…

「道教の神仙と対抗しながら、民衆の望んでいる不老長生の希望にこたえようとしている意識が、はっきりとあらわれているのであります[17]」といわれているように、敦煌においては、民間信仰、あるいは道教に対する信仰も、仏教側が取り入れて、言わば道仏混淆ともいえる仏教を民間に提示するような結果をもたらしただけで、民間での信仰はいつも変わらず根強く受け継がれていったと思われる。そのように考えれば、庚申信仰が実際に具体的な形で敦煌でも行われていたことを示す資料は、前述したように敦煌文献中に見当らないが、敦煌文献中にある「故円鑑大師二十四孝押座文」(18)に、

須憂陰隲相寧折、莫信妻兒説長短、
自是意情無至孝、却怨庚申有相妨。
須らく陰隲の相い寧折するを憂いて、妻兒の長短を説うを信じる莫かれ、
自ら是れ意情に至孝無きに、却って庚申の相い妨げる有るを怨む。

という記述が見られ、庚申信仰については当然誰もが悉知していることが前提となるような表現で取り扱われている。つまりこれは、敦煌の地でも庚申信仰は広く知られ、かつ信仰のあったことを示すものであると思われる。

## (六)　まとめ

最後にS六〇九四文書に戻るが、結局この文書は、南宋以降に盛んになる鎮宅霊符神としての真武神信仰が、いかなる経過で民間に定着していったのかという問題に対して、一つの見解を与えてくれる資料であると思う。つまり、民間における信仰は当然のことながら、さまざまな要素が混入し混淆して成り立ってゆくものである。鎮宅霊符神としての真武神信仰も、北斗信仰・庚申信仰がその成立過程の中で大きな役割を果していたことを示す資料

として見ることができるということである。

ただ、本章では直接触れることはできなかったが、唐の不空訳と伝えられている「北斗七星護摩秘要儀軌一巻」(19)にも、

是以祿命書云、世有司命神、毎至庚申日、上向天啼、陳説衆人之罪悪、重罪者則徹算、輕罪者去紀、

是こを以て祿命書に云う、世に司命神有り、毎に庚申の日に至りて、上りて天に向いて啼き、衆人の罪悪を陳説す、重罪なる者は則ち算を徹り、軽罪なる者は紀を去る、

という記述も見え、庚申信仰を考える場合にはことに有名な「抱朴子」巻六微旨篇に見られる、

是以到庚申之日、輒上天白司命、道人所爲過失、又月晦之夜、竈神亦上天白人罪狀、大者奪紀、紀者、三百日也、小者奪算、算者、三日也、

是を以て庚申の日に到れば、輒ち上天して司命に、道人の為す所の過失を白う、又た月晦の夜、竈神亦た上天して人の罪状を白う、大なる者は紀を奪う、紀は、三百日なり、小なる者は算を奪う、算は、三日なり、

とほぼ同じ内容を示している。こうしてみると、民間信仰が成立し普及してゆく過程の中で密教の果たした役割も大きいものがあると言わねばならないと思われる。

## 【注】

(1)『中国の天文暦法』二、スタイン敦煌文献中の暦書。
(2)同右。
(3)『智山学報』第十四輯　一九六六。
(4)伏龍については、『容斎随筆・五筆』伏龍肝に「所謂伏龍者、竈之神也、」とあってこれも冥界神の一つと考えられる。
(5)金岡照光「敦煌文献に見られる諸神諸菩薩信仰の一様相―題記・追善文・願文を主として」(『吉岡博士還暦記念道教研究論集』一九七七)参照。
(6)野尻抱影『星と東方美術』参照。恒星社厚生閣　一九七一。
(7)五三〇頁。
(8)福井文雅「柳存仁『唐以前のゾロアスター教とマニ教の活動の形述』についての方法論」(『池田末利博士古稀記念東洋学論集』一九八〇　参照。
(9)『道蔵』寒三八・三九。
(10)吉岡義豊「妙見信仰と道教の真武神」『智山学報』第一四輯　一九六六。
(11)『道蔵』始一七〇・一七一、制一七二・一七三。
(12)「晋代道教の一考察『太上洞淵神呪経』をめぐりて」『中国学誌』第五本　一九六九。
(13)『民族学研究』二一・三。
(14)大淵忍爾『敦煌道経―目録篇』(一九六〇)の総説を参照。
(15)『敦煌変文集』六五一―二頁。
(16)『敦煌変文集』六五一―二頁。
(17)『続シルクロードと仏教文化』所収の「敦煌写本と民衆仏教」一九八〇。
(18)『敦煌変文集』八三六頁。
(19)『大正蔵』二一巻。

# 第三章　「董永変文」と道教

## （一）はじめに

西域の地、あるいは仏教都市と目される敦煌にも、道観や道士の存在があり、広い意味での中国の他の地域と変わることのない民間での信仰も存在していたことをここまで見てきた。敦煌文献を用いての道教研究には、他の資料を用いては見えてくることのなかった事例を浮かび上がらせることができる特別の価値が指摘できる。本章以降では、中国中世社会には存在していたものの、その後時間の経過とともに資料の伝承も途絶えてしまったと見られる様々な、道教に関連する民間文芸、あるいは道教の布教事業である俗講の存在とその中で用いられていたであろう作品について取り上げる。

敦煌文献中のＳ二二〇四文書には、「董永変文」、「太子讃」、「十无常」、「父母恩重讃」、「十勧鉢禅関」が連続して書写されている。これらの作品の中で、文書の冒頭に書かれる「董永変文」だけが写本に題名の記載がないので、『敦煌変文集』[1]の用いる擬題で示した。

もっともこの作品を「董永変文」と呼んでいいのかという点については、文学研究の上から大きな問題となる。金岡照光博士は『敦煌文学文献分類目録』[2]で、この作品について、変文とは断定できないとして、「董永伝」との擬題を与え、「Ⅲ韻文体、1長歌類」に分類している。だが、その後を含めて中国で刊行された敦煌変文の覆録本は、「董永変文」をその仮の題に充てている。[3]本章では以下、最も一般的に用いられていることから、「董永変文」

の題を用いることにする。この作品を含めて、敦煌文学文献の分類は、それぞれの文学形式についてより理解を深めることに繋がることから、最も興味を引く問題の一つであり、次章以降にも問題点を絞りつつ考えていく。

本章では、「董永変文」が董永を中心とする話の部分と、董仲を中心とする話の部分との二つの話で構成されていることに着目し、元来主題を異にする二つの話が何故貼り付けられて一つの話とされるようになったのかについて考える。この問題について、具体的には唐代の中国社会において、董仲がどのような人物として、あるいは、どのような存在として、当時の社会に生活していた人々に意識されていたのかを解明する作業によって進めていく。

## （一）「董永伝」について

記述の必要上、「董永伝」のあらすじを示しておく。全編七言の百三十四句の韻文で構成されているが、冒頭に置かれる以下の六句は、この作品全体がいかなる意図を持って作られたのかを説明する、前置き部分となっていて、特に重視する必要のある所である。

人生在世審思量、暫時吵鬧有何妨、
大衆志心須淨聽、先須孝順阿耶孃、
好事惡事皆抄錄、善惡童子每抄將、
人生れて世に在れば審に思量せよ、暫時の吵鬧何の妨げ有るや、
大衆志心もて須らく浄聴すべし、先ず須らく阿耶嬢に孝順なるべし、
好事悪事皆な抄録し、善悪童子毎に抄将す、

「大衆志心須浄聴」とあるところを見ると、主に語りに用いられたものと思われるが、この後の話は、大きく分けると、(a) 董永を中心とする話 (第七句~第百句)、(b) 董仲を中心とする話 (第百一句~第百三十四句) の二つの部分に分けられる。

まず、(a) 董永を中心とする話の部分は、突然の父母の死にあった董永が、自分の身を売って葬式の費用に充てた。その親孝行の行いに感じた天が天女を遣わし、董仲と夫婦の契りを交わして、共に借金の返済にあたらせるが、所期の目的を果たした後、天女は天に帰ってしまうという話である。この話の部分については、金岡博士に論考があり、漢代すでに流行していた董永故事に基づいていること、さらに、(1) 孝子伝 (2) 遇仙神婚伝 (3) 売身伝の三つの要素を共通にする話が、この話以外にもあることを指摘している。[4]

次に、(b) 董仲を中心とする話が続くが、この部分がここでは特に興味を示す部分となる。天女の残して行った子供の董仲は、七歳になると母に会いたい気持ちが強く、父の董永の許しを得て母を探しに出た。董仲はすぐに孫賓の所へ行き、卦をたててもらう。孫賓から天女が天から水浴に舞い降りてくること、その中の紫の着物を持つのが母と教わり、母と会うことが出来たとの話になっている。

この (a)、(b) 二つの話を見ると、話の筋としては繋がりを持ってはいるものの、話全体を覆う主題としてはそれぞれに異質なものがあり、話を作り出して行く過程がそれぞれにおいて異なっていたのではないかと思われてくる。先に掲げた冒頭の六句に照らし合わせて見ても、そのまま続く (a) 話は、孝子伝をその話の柱にしていることから、はっきりとした整合、連続性を感じることが出来るが、(b) 話では、最後の六句を見ても、

天火忽然前頭現、先生失却走忙忙、

將爲當時總燒却、檢尋却得六十張、
因此不知天上事、總爲董仲覔阿孃。
天火忽然として前頭に現れ、先生失却し走りて忙忙、
將にこの時総て焼却せりと為うも、検尋するに却に六十張を得たり、
此れ因り天上の事を知らざるは、総て董仲の阿嬢を覔めたるが為なり。

となっていて、孝を説き、善事を進める内容にはまったくなっていない。これは別の系統の話としてあった（a）、（b）二つの話を繋げたことから起こった不整合、不連続性と言うことが出来ると思われる。

ここで（b）の話について若干の分析を加えておきたい。

（b）の話については、夙に類似の話として、敦煌本句道興『捜神記』第二十三田崑崙の話の存在が指摘されている[5]。後述の必要の為に、その概要を示す。

田崑崙が水浴していた天女の着物を隠して、天に帰れないようにして天女と夫婦となり、一人の子供（田章）をもうけた。田崑崙は西に旅に出るにあたって、天衣を母のベッドの下に隠したが、天女はそれを見つけて、天衣を着て天に帰ってしまった。子の田章は五歳になったが、いつも母を思って泣いていた。それを見た董仲先生は、田章に母が天から水浴に降りてくることを教えた。田章が池のほとりで待っていると、母が天より降りてきた。田章を見つけた母は天に連れ帰った。天公は血の繋がった子（外甥）と知ると、憐れみの心を起こし、方術技芸を学習させ、「汝將我文書八巻去、汝得一世栄華富貴、儻若入朝、惟須慎語（汝は我が文書八巻を將ちて去れ、汝は一世の栄華富貴を得ん、儻若し入朝すれば、惟だ須らく語を慎しむべし）」と諭して地上

にもどした。地上に戻った田章は、たちまちの内に天子に召されて宰相となった。ところがその後、殿内で不始末をしでかして、西荒の地に流罪となった。

（b）の話との類似性について再度細かな分析をすることは避けるが、これまでにも指摘をされて来たように、同じ系統に属する物語であることは確かなことと思われる。類似性のある筋立ての中で、特に興味を引くのは、次に示すように、どちらの話も天上から天の文書を貰って、地上に帰ってきていることにある。

「田崑崙話」
汝將我文書八巻去、汝得一世栄華富貴、

（b）の話
將取金瓶帰下界、捻取金瓶孫賓傍、天火忽然前頭現、先生失却走忙忙、將爲當時總燒却、検尋却得六十張、

この天の文書を持ちかえってきたことと、殿内で不始末をしでかして、西荒の地に流罪となったとされることは、興味のある問題である。後で触れることにする。

## （三）　董仲について

ここで董永と天女の間に生まれたとされる董仲について考えておきたい。

（a）話の董永故事については、漢代よりすでに成立し流行していたことが確かめられる。また、「董永変文」の

淵源と考えられている劉向編『孝子伝』や晋の干宝の二十巻本『捜神記』を見ても、董仲についての記載は見当たらず、董永故事の話の中に董永の子供としての董仲が登場してくるのは、「董永変文」が初めてのようである。だが、宋以降になると、『清平山堂話本』「董永遇仙伝」での董仲舒のように、仙女との間に生まれた子供が、母に会うというのは全体の話の中でも、興味として大きなウェイトを持つようになって行くようだ。

では何故、「董永変文」の時点において董永の子供として董仲という人物が書き加えられて行ったのであろうか。この問題を解くカギは、当時の社会の宗教状況との関連にあるのではないかと考えている。「董永変文」における董仲の特徴は、これまで見てきたように、天公の血を受け継いだことをその原因とする異能者としての存在である。異能者としての董仲の存在は、中国社会の中で語り継がれてきている。

（1）　董仲君　『太平広記』巻七十一「董仲君」出王子年拾遺記
（2）　董仲君　『神仙伝』巻十
（3）　董仲君　『歴世真仙体道通鑑』巻七
（4）　董仲君　『仙苑編珠』巻下

（1）は、漢武帝が亡くなった李夫人に会いたいと董仲君に願いを求めた。董仲君は、黒河の北、対野の都の石で夫人の像を作れば神異が起こると言って、石を取りに行き、十年して帰ってくる。その石で工人に像を彫らせると、まるで生きているが如きであった。帝は喜んだが、董仲君は近づいては危険と帝を諫めて、帝が夫人の像を見た後、バラバラにしたという話である。

（2）、（3）、（4）はどれも同系の話で、董仲君は臨淮の人で、若い頃より行気錬形して、百余歳になっても老けることはなかった。あるとき無罪の罪で誣告され、牢に繋がれたが、死んだふりをし、腐乱して蛆がわいた。牢役人が担ぎ出すと、生き返って尸解仙となって去ったという話である。
（1）の話は、実在した人物董仲舒とすり合わせた話の作りになっているが、董仲君なる人物は中国社会で異能者として語り継がれていたと言って差し支えないように思われる。

## （四）董永変文の成立

私は董永故事に、同時に社会に伝えられるようになっていた田崑崙の話を接合させて「董永変文」が作り出されたのではないかと考えるのだが、その際に、子供の名前を田章から、董永と同じ姓を持ち、社会の中でよく知られていた董仲の名に変えたのだと考えている。

その直接のきっかけは、社会の中に董仲に対する信仰が行われていたことにあると思われる。

敦煌文献Ｐ三三五八文書は、「護宅神暦巻」と題記のされる写本で、さまざまな符とその効能が書かれている。その中に、

董仲神符、凡人家宅舎不安、六日ム（某）日不息、田留不茂、銭財不聚、八神不安、以桃木板長一尺書、此玄宅四角大吉利、
董仲の神符、凡そ人家宅舎安からず、六日某日息わず、田留れて茂らず、銭財聚らず、八神安からざれば、桃木板長一尺を以て書せる。此の玄宅四角大いに吉利ならん。

との記載がある。[6]文字を正確に判読できない部分もあるが、董仲神符が社会の中に広がり行われていた反映と言うことは出来よう。また、同じくS五七七五文書にも、P三三五八文書と類似の記載と思われるものがあるが、文書の下半分が切れてなくなっていている上に、写本の状態もよくなく読み取りにくい文字も多い。それでも、次のように、

董重（仲）舒神符、但有人万在身………朱書此符頭上頂戴而行常云獲（S五七七五）

董重（仲）舒、凡人家内不収、○生不曾息、愁万容………宅舎七神不安咸浮遊、桃板一尺、打宅四角（S五七七五V）

董仲舒曰、若人家………不得令人心恐不知宅淮捨……汝其身上佩之能○生吉……（S五七七五V）

董仲舒の神符であることだけは、かろうじて分かる。この二つの文書を照らし合わせて見ると、董仲神符と董仲舒神符とは同じものであったと言ってよいようである。つまり、敦煌文書を通してではあるが、民間社会での信仰においては、董仲と董仲舒の二人は区別されていなかったようである。

この董仲（董仲舒）信仰は、いつ頃の社会で行われていたのであろうか。S二六一五文書に次のような記載が見られ、その点について大まかにではあるが回答を用意してくれる。

奉諸（請）十方諸仏、諸○（菩薩）、羅漢、聖僧、一切神祇、奉請房山長、李老君、孑（孫）賓、董仲、葉浄、本部禁師、即聞呼即至、聞請即來、助弟子威力、

十方諸仏、諸菩薩、羅漢、聖僧、一切神祇に奉請す、房山長、李老君、孫賓、董仲、葉浄、本部禁師に奉請す、

即ち呼ぶを聞けば即至り、請うを聞けば即来り、弟子の威力を助けんことを、

ここに見られるのは、敦煌文書の題記によく見られる、願いを聞き届けてもらうために当時の社会で信仰のあった神格の名を並べて列記したものだが、この中に「孫賓、董仲、葉浄」とあることに注目したい。

一つには「董永変文」に「董仲、孫賓」の名が出ていたのは、単なる作者の混乱から来たのではなく、当時の社会で信仰のあった者の名を用いたと言う、はっきりとした意図があったと思われることであり、もう一つは、「葉浄」の名と共に並べられていることから、だいたい唐末頃に行われていた信仰と思われることである。(7)

## （五）董仲への信仰

この董仲信仰をもう少し具体的に示してくれる資料がある。

唐の初めに著された法琳の『弁正論』巻六に、(8)

道士畏鬼符云、左佩太極章、右帯昆吾鐵、指日即停暉、擬鬼千里血、董仲造黄神越章殺鬼、又造赤章法亦殺人也、

道士畏鬼符に云う、左に太極章を佩し、右に昆吾鐵を帯び、日を指せば即ち暉きを停め、鬼の千里血に擬す、董仲黄神越章を造り殺鬼し、又赤章法を造る亦た殺人なり。

とある。ただこれには少し説明が必要で、原典引用に用いた『大正新修大蔵経』五十二巻に収録される『弁正論』

巻六の当該部分には、「董仲」の文字は見当たらない。しかし、注記に、本文の校勘として用いる宋、元、明の刊本には「董仲」の文字があるとしており、元来、記述のあったものとして考えて差し支えないようである。

このように見てくると、董仲に対して唐の初め頃には、社会の中に上記引用文に見られるような符を媒介とした信仰が行われていたことを指摘することができる。

それでは、その信仰とは具体的にはどのようなものであったのであろうか。「董仲造黄神越章殺鬼、又造赤章法亦殺人也」とある記載に注目して、「黄神越章」と「赤章法」について具体的に見ていきたい。

まず「黄神越章」について見ると、『抱朴子』登渉篇に、

古之入山者、皆佩黄神越章之印、其広四寸、其字一百二十、以封泥著所住之四方各百歩、則虎狼不敢近其内也。行見新虎跡、以印順印之、虎即去、以印逆印之、虎即還、帯此印以行山林、亦不畏虎狼也。不但只辟虎狼、若有山川社廟血食悪神能作福禍者、以印封泥、斷其道路、則不復能神矣。

古えの山に入る者は、皆黄神越章の印を佩す、其の広さ四寸、其の字一百二十、以て泥に封じて住する所の四方各百歩に著くれば、則ち虎狼も敢て其の内に近づかさるなり。行きて新しき虎の跡を見れば、印を以て順に之に印すれば、虎即ち去る、印を以て逆に之を印すれば、虎即ち還る、此の印を帯びて以て山林に行けば、亦虎狼を畏れざるなり。但只に虎狼を辟くのみならず、若し山川社廟の血食する悪神の能く福禍を作す者有らば、印を以て泥に封じ、其の道路を断たば、則ち復た能く神たらざるなり。

とあり、山林の中で、虎狼の害から守ってくれる役目を持つ符であり、また、悪神にも効き目があるとされる符で

ある。

次に「赤章法」について見てみると、『雲笈七籤』巻十二、「上清黄庭内景経」仙人章第二十八の「火兵符図備霊関」とある本文の注に、

赤章、斬邪錄、皆役使三五火兵。

赤章、斬邪録、皆に三五火兵を役使す。

とあるのが見える。この注の部分をもう少し先まで見ていくと、

又衛靈神咒曰、南方丹天、三気流光、熒星転燭、洞照太陽、上有赤精開明靈童總御火兵、備守三宮、即火兵三五家事也、

又衛霊神咒に曰く、南方丹天、三気流光し、熒星転燭し、太陽を洞照す、上に赤精開明霊童総御火兵有り、三宮を備守す、即ち火兵三五家事なり。

とあるのが見える。この注の部分は、同じ『雲笈七籤』巻四十七に見られる『秘要訣法』「櫛髪呪」に、同文が見られ、元来の出典をそこに求められるようだ。いずれにしても「赤章」というのは、三五火兵を使役して邪神を退ける効能を持った符と思われる。

こう見てくると、「黄神越章」、「赤章法」共に道教内部で用いられていた符から発したものと言うことができ、従って董仲への信仰も道教と密接に関連して成立していた信仰と言うことが出来ると思われる。

## （六）　董仲信仰の起源

ではこの道教との密接な関係を示す董仲信仰は、その起源をどこに持つものであったのだろうか。この問題を考えるに当って、興味深い資料がある。

『太平広記』巻二百十四「八仙図」に、西蜀の道士張素卿が八仙の真形八幅を描き、後蜀の孟昶に献上したとの記事があり、その八仙は、「李己、容成、董仲舒、張道陵、厳君平、李八百、長寿、葛永璝」であったという。また、宋の黄休復『益州名画録』の「張素卿」の項に、「簡州開元観画容成子、董仲舒、厳君平、李阿、馬自然、葛玄、長寿仙、黄初平、葛永　瓉、董子明、左慈、蘇耽十二仙君像、各写当初売卜、売薬、書符、導引、時真」とも出てくる。ここの「董仲舒」は「董仲」と見てよいと思われ、「各写当初売卜、売薬、書符、導引、時真」とあるところから見て、董仲舒は「書符」の姿で描かれていたと考えられよう。これらの仙人は、『益州名画録』では十二人と数が多いが、後に蜀の八仙と呼ばれる仙人たちとなる。その後、明の楊慎は『升庵集』巻四十八で、「蜀八仙」と題し、譙秀の『蜀紀』を引いて、八仙のそれぞれについて短文の説明の入ったものを記載している。その内、董仲舒については、

董仲舒、亦青城山隠士、非三策之仲舒也、

董仲舒、亦青城山の隠士なり、三策の仲舒に非るなり。

とあって、青城山の隠士であったとしている。この董仲舒については、これ以上跡を追うのは困難であるが、嘉慶

『四川通志』巻十八山川　潼川府に、

古樓山、在縣東三十里、董仲眞人修錬、於上有石室、郷人禱雨輙應、
古楼山、県の東三十里に在り、董仲真人の修錬、上に石室有り、郷人雨を禱れば輙ち応ず、

とあり、巻一六八人物　仙釈　潼川府にも、宋代の項になっているが、

董仲、『舊通志』潼川人、今城北有董仲讀書巖、相傳以爲仙去、
董仲、『旧通志』の潼川人なりと、今城北に董仲読書巌有り、相い伝う以て仙去を為すと、

とあるのが見え、この四川省潼川（現在の三台県）地域で行われていた董仲信仰との関連も無視できるものではないであろう。

このように見てくると、唐代から五代期にかけて、蜀の地方に董仲（董仲舒）の信仰が存在していたことは指摘することができ、その内容も符に関連していた形跡も見られる。

董仲信仰の存在は、上記以外にも見ることができ、『大明一統志』巻六十六　安陸州仙釈にも見ることができる。

董仲、漢董永之子、母乃天之織女、故仲生而靈異、數篆符鎮邪怪、嘗遊京山潼泉、以地多蛇毒、書二符以鎮之、其害遂絶、今篆石在京山之陰、
董仲、漢の董永の子、母は乃ち天の織女、故に仲生れながらに霊異あり、数ば篆符して邪怪を鎮める、嘗て京

山潼泉に遊び、地に蛇毒の多きを以て、二符を書し以て之を鎮める、其の害遂に絶ゆ、今篆石京山の陰に在り、

これを見ても、董仲は符を書く事で邪怪を鎮めたり、毒蛇の害を除いたりしている。この文中に「書二符以鎮之」とあるのは、上に見てきた「黄神越章」と「赤章法」に対応している可能性もあるのではないだろうか。

## （七）まとめ

本章では「董永変文」が、二つの異なった要素を持つ説話を張り合わせることによって成り立ったとの考えを最初に示した。前半の「董永」を中心として展開する話は、漢代以来、中国社会で語り継がれた「羽衣説話」と総称される説話の一つと言ってよいであろう。だが、「董永変文」になって初めて登場してくる「董永」の話は、今回考証して来たように、唐末五代期の社会に董仲信仰が存在していたことによって、前半部の「董永」の話の後に付け加えられるようになったものと思われる。この話がどこで、どのような人物によって作られたのかは、まだ断定できる段階にはないが、予測を述べるならば、蜀（四川省）の地にその強い要素があるように感じている。実際、敦煌文献中の道教関連文献を見ていくと、そこには蜀の地との関係を強く示唆するものが多い。これはただの偶然であるとは思えない。この点に関心を示して次章以降でもさらに検討していく。

**【注】**

（1）王重民等編　人民文学出版社　一九五七。

（2）金岡照光編　東洋文庫　一九七一。
（3）『敦煌変文注』項楚著　巴蜀書社　一九八九、『敦煌変文校注』黄征、張湧泉校注　中華書局　一九九七。
（4）「敦煌本〝董永伝〟試探」『東洋大学紀要　文学部篇』第二〇集　一九六六。
（5）注（4）参照。
（6）文書の存在は、西野貞治「敦煌俗文学の素材とその展開」『人文研究』大阪市立大学文学会　一〇巻、十一号　一九五九に指摘がある。
（7）第一部第四章　葉法善と葉浄能。
（8）資料の存在は、前掲『敦煌変文注』が指摘している。

# 第四章　葉法善と葉浄能

## （一）　問題点の所在

敦煌文献S六八三六文書に「葉浄能詩」と仮題される写本がある。この「葉浄能詩」は『敦煌変文集』[1]にも収録されており、金岡照光博士は『敦煌出土文学文献分類目録附解説』[2]で「散文体、俗文類」に分類されて、「天師と道士葉浄能の物語。道教説話」と言っておられ、吉岡義豊博士は『スタイン将来大英博物館蔵敦煌文献分類目録道教之部』[3]の「其他〈経名未詳〉」の部で取り上げられ、「葉浄能という道士のすぐれた法術を説いたもので伝記小説類の一種である。内容はすべて道教にかかわるものであるが、分類上は文学作品の中で扱うべきものである」とされ、概して説話、小説として文学的見地から取り扱かわれてきているように思われる。

しかし、「葉浄能詩」は後述するように、『道蔵』所収の「唐葉真人伝[4]」と題される唐代の著名な道士葉法善の伝と構成、形態及びその内容においても著しく類似していることが指摘でき、その成立に密切な関連を有していたことが考えられる。また、文学的見地においても、講経文、変文等の作品群との関連、ひいては道教の唱導文献との関連を考える際の重要な要素を持った作品と考えられ、多方面からの分析を必要としている。本章では、これまで考えられてきたように「葉浄能詩」は唐代文学及び敦煌俗文学を研究する上での資料としてあるだけではなく、唐代の道教の構造及びその実態を考える上でも重要な資料となるものであると思われるその点に注目し、葉法善の伝が「葉浄能詩」に変化してゆく過程を通して、唐代の道教の構造と実態の一端を見ていきたいと考えている。また、そこに見られる蜀の地との繋がりを示す展開には、もう一つの広がりを生ずる問題として注意を払うべきものがあると考えている。

## （二）「葉浄能詩」と「唐葉真人伝」

「葉浄能詩」と題されるのは、実は擬題であるのだが、これを文学作品として見た時、その全体を形態上の構成から見ると、いわばプロローグ、エピローグに当る部分と、それにはさまれた十の説話部分[5]と、その後に付け足しのように書き残される四言を主とする三十八句から成る偈の部分で成り立っていることで、他の敦煌出土文学作品と比して特殊な形態をもつ作品として考えられている。

そのことから、小川陽一氏は先行する類似の説話を主人公、場所、時間に統一づけることによって長編の小説に組み立てられたものと考えられ[6]、張錫厚氏は「葉浄能詩」とあるのは「葉浄能話」の誤りであるとして、後代の話本と結びつけて考えようとしておられる[7]。

私は「葉浄能詩」が唐代の道士葉法善の伝と密切な関連の上に成立したものであると考えていると前述した。以下にその点について考察を加えてゆきたいと思う。

葉法善の伝である『道蔵』本「唐葉真人伝」がいつ頃成立したかについては、南宋の理宗の淳裕（一二四一―一二五二）という年号がその序に書き込まれていることから見て、南宋の頃、それも十三世紀の中葉と考えてよいように思う。

しかし、それはあくまで『道蔵』本「唐葉真人伝」の成立時期を示しているのであって、そこに収録される葉法善の伝、碑文、表奏文などがその時点で作られたということにはならない。序の中にも

余出守括蒼、有表兄張君道統、爲沖眞羽士、一日訪余、出示葉天師傳、

余守括蒼を出る、表兄張君道統有り、冲真羽士と為る、一日余を訪れ、葉天師伝を出示す、

とあるだけで、張道統がその作者であるとはいっておらず、本文中にも

詰文藏於麗水之沖眞、今以李邕所作碑誌及眞人前後表奏・批答・制誥・世系、悉輯録于后、

誥文麗水の冲真に蔵さる、今李邕作る所の碑誌及び真人前後の表奏・批答・制誥・世系を以て、悉く后に輯録す、

との記述も見られることから、南宋の時に行われたのは、すでに存在し冲真観に伝えられていた葉法善の伝や、その他残されていた葉法善に関する資料の編集であったようである。

そこで、その原本である葉法善の伝の成立時期が次に問題となるが、『太平広記』巻二十六の「葉法善」の項（以下『広記』本「葉法善」と略称する）がその内容からも、その用いられる表現からも作品として長短の差こそあれ明らかに同一の系統を引く作品となっていることが指摘できる。

試みに七歳の時、江中に溺れ三年返らなかったとある部分以下を次に比較して示しておこう。

「唐葉真人伝」　　　　『広記』本「葉法善」

年甫七歳、識量温雅、

| | |
|---|---|
| 貌古老成、父熟視之、 | |
| 曰、汝幼勤苦、老必 | |
| 雅貴、於是涉江而遊、 | 溺於江中、 |
| 三年不返、家人謂、 | 三年不還、 |
| 已溺亡、及還問其故、 | 父母問其故、 |
| 則曰、二青童引我、 | 曰、青童引我、 |
| 飲以雲漿、留連許時、 | 飲以雲漿、故少留年、 |
| 年十歳、有善人倫者、 | 太上頷而留之、 |
| 子以日角月淵、隆準 | |
| 僂背、脩上促下、當 | |
| 爲帝王之師、及弱冠、 | 弱冠身長九尺、 |
| 身長九尺、額有二午、 | 額有二午、 |
| 性純潔、自小不茹葷、 | 性淳和潔白、不茹葷、 |
| 獨處幽室、… | 常處幽處、…… |

このような共通性は、ほぼ全篇にわたって見られる。これは明らかに共通の型となった文献があって、そこから書き改められたものとなっていることを示していよう。そうしてみると、『広記』本「葉法善」に次のような記述の見られることに注意が向けられる。

除害殄凶、玄功遐被、各具本傳……
其餘追岳神、致風雨、烹龍肉、祛妖僞、靈效之事、具在本傳、此不備錄……

つまり葉法善の伝には本伝と呼ばれる伝がすでに存在していたのである。すると両者はその本伝によって成立したものであり、『広記』本「葉法善」はそれを簡略化したものと考えられ、「唐葉真人伝」の伝の部分の方が記述の詳細な点から見て本伝に近いものということができよう。

すると、この葉法善の本伝とはいかなるものであったのかが次に問題となるが、『新唐書』芸文志に、「劉谷神葉法善傳二巻」の記述が見られ、『通志』道家書目に、「葉法善傳一巻　劉谷神撰」の記述が見出せる。ここで撰者とされる劉谷神であるが、『老子』に出典をもつ谷神との名は号か字であろうと思われるものの、具体的にいつ頃のいかなる人物であるかは分らない。しかし、『新唐書』に記される「葉法善伝」二巻が前述した本伝に当ると考えてよろしいと思う。

更に、「葉法善伝」が『新唐書』では二巻であったのが、『通志』になると一巻となっていることに注意が向けられる。『通志』の成立するのは十二世紀であるが、その頃には一巻本となっていたということで、「唐葉真人伝」の成立する十三世紀中頃に伝わっていたのも一巻本であったと考えられるのである。

結局、「唐葉真人伝」の伝の部分も「葉法善伝」の簡略本となっていたようである。それでは、「葉法善伝」二巻はいつ頃成立していたのであろうか。

それを考えるに当って、『広記』本「葉法善」に示されている出典の記述が成立の時間に対しておよその見当を与えてくれる。『広記』本「葉法善」の末尾に、「出仙傳拾遺及集異記」と出典の記載がある。『仙伝拾遺』はいうまでもなく、唐末五代の道士杜光庭の撰になるが、もう一つの『集異記』は薛用弱の撰になるものである。薛用弱についても詳しいことは分らないが、『新唐書』芸文志に「薛用弱　集異記三巻」と記載され、その注に「字中勝、長慶光州刺史」との記述が見られることから、長慶年間（八二一―八二四）に光州刺史の職にあった人物と思われる。そうすると、正確な年代を指摘することはできないまでも、九世紀の初頭には『集異記』が成立していたと考えられよう。「葉法善伝」は当然『集異記』より前に成立していなければならないことから、その成立は遅く見ても九世紀の初頭にまでさかのぼることができ、葉法善の卒したと思われる開元八年（七二〇）から多めに見ても百年に満たない、死後さほど時間を経ていない時期に成立していたと考えられる。

そうすると、もう一方の「葉浄能詩」がいつ頃成立したのかを問題としなくてはならないが、はっきりと断定する資料に乏しい。しかし、詳細は後述に譲るが、私は唐末から五代にかけての頃の成立になると考えている。

そこで、以上のことを図式化してみると、

葉法善　―（百年以内）―「葉法善伝」二巻　―（ほぼ百年）―「葉浄能詩」

となり、ほぼ百年の時間を隔てて「葉法善伝」二巻から「葉浄能詩」が作製されていることに気付く。この百年の時間に私は注目したい。この百年の間に「葉浄能詩」が作製される必然性、言葉を換えていえば、その間に唐代の道教自体にその書き変えが行われてしかるべき変化があったのではないかと考えるからである。

その点について述べる前に、「葉法善伝」二巻から「葉浄能詩」が作製されたと考えるその根拠を先に示しておくことにしよう。

## （三）「葉浄能詩」の分析

「葉浄能詩」は、いわばプロローグとエピローグに当る部分と、話の中心となる十の説話部分と、最後にだけ書かれる偈の部分から成り立っていると前述した。そこで、それぞれに分解して、「唐葉真人伝」と『広記』本「葉法善」との比較を加えながら見てゆくことにする。

まず、プロローグに当る部分であるが、会稽山会葉観で道士となった浄能は、日夜修行に勉めた結果、神人より符本一本を授かり、術を自由にあやつれるようになる。時に唐の開元年間、玄宗が道教に傾倒していたこともあって、浄能は長安へと旅立つという話になっている。ここにはかなりの簡略化が見られるものの葉法善の伝に見られる修行、伝授、得道の記述に相当していると思われる。

第一話の長安に向う途中で、常州無錫の県令張令の妻が岳神にさらわれて急死したのを浄能が符を用いて蘇生させる話に対しては、ほぼ同様な話として「唐葉真人伝」の張尉の妻の話が挙げられるが、死んで生き返った張尉の妻を尸媚の疾と見抜き張尉を助けたという結末になっており、厳密には全く同一の話とはいえない。しかし、「唐葉真人伝」には「若入柱隠形、淩室化鶴、追岳神、致風雨、靈驗之事、不可殫述（入柱隠形、淩室化鶴、追岳神、致風雨の若き、霊験の事、殫述すべからず）」とあり、『広記』本「葉法善」にも、「其餘追岳神、致風雨、烹龍肉、祛妖僞、靈驗之事、具在本傳、此不備録（其の余追岳神、致風雨、烹龍肉、祛妖偽、霊験の事、具に本伝に在り、此こに備録せず）」などと記載のあることから、「葉法善伝」二巻には本来記載のあったものと思われる。

第二話は、長安の策賢坊の娘が野狐の精にとりつかれて気狂いになったのを、浄能がその娘を剣で三段に切りつけて救うという話である。この話は「唐葉真人伝」では二つの話となっている。一つは揚州において長史夫人の腹を剣で切り開いて病を取り出した話であり、もう一つは狐にとりつかれた中書侍郎の女を救う話である。この二つの話を合成したものと思われる。

第三話も二つの話に分けて考えられる。一つは浄能が銭塘江で符を用いて悪蜃を退治し、仙薬をとってきて玄宗に進上する話であり、一つは浄能の術を信じない玄宗の寵臣高力士は玄宗に奏し、浄能を試そうとして地下道を掘り、その中で五百個の太鼓を打たせて妖声と称したが、浄能はそれを見破り、符を用いて地下に大蛇を出現させ、太鼓を打てなくさせたという話である。この二つの話はそのままそっくり二つの話として「唐葉真人伝」に記載されている。

第四話は、浄能は玄宗との酒宴の際に道士をよびおこして興をそえるが、突然浄能はその道士の首を切り落してしまう。ところがその首は酒甕の蓋であり、道士は酒甕に描いた絵であったという話である。この話は全く同一の話が『広記』本「葉法善」に見られる。

第五話は、夢の中で龍の肉を食べたという玄宗の話を聞いて、浄能は符を用いて神人に龍の肉をもってこさせたという話である。この話に対応する話は見当らないが、第一話と同じく『広記』本「葉法善」に「其餘追岳神、…烹龍肉、…靈驗之事、具在本傳、此不備録」、とあることから見て、「葉法善伝」二巻には本来記載のあった話と思われる。

第六話は、開元十三年の旱抜の際、玄宗の命によって雨乞いをする話であるが、「唐葉真人伝」に同様の話が見られる。

第七話は、開元十四年の一月十五日に、浄能は術を用いて玄宗を瞬時のうちに蜀都へ案内し、観燈させた話であるが、これも同様の記載が「唐葉真人伝」及び『広記』本「葉法善」に見られる。

第八話は、玄宗の皇后に子供がないことから、玄宗は浄能に天曹と地府に子供ができるかどうかを尋ねさせたという話になっているが、この話には対応する話は見当らない。そこで、第一話や五話と同じく本来「葉法善伝」二巻に記載のあった話なのかとも考えられるが、私はこの話とあとの第十話の話は「葉浄能詩」の作者によって付加された話ではないかと思っている。この第八話と類似の話は『太平広記』の中に二つ見い出せる。巻三〇〇の「葉浄能」と巻三八七の「岐王範」の項である。この二つの話で注目されるのは、両者とも葉浄能の話となっていることである。これについては後述したい。

第九話は、八月十五日の夜に、浄能が術を用いて玄宗を月の宮に案内する話であるが、これは「唐葉真人伝」にも『広記』本「葉法善」にも同様な記載が見られる。

第十話は、浄能が符を用いて玄宗寵愛の宮女を毎夜自分の道観につれだすが、それと気づいた玄宗に殺されそうになり、柱の中へ身を隠し、そのまま大羅宮へ帰ると告げる話となっているが、第八話の項で触れたように同様の話は見当らない。この話だけはこれまでの話と比べて、浄能の行動に異質な点がみられ、唐突の感をまぬがれない。全体の話に結末を導く意味で「葉浄能詩」の作者によって、「唐葉真人伝」に「若入柱隱形、…靈験之事、不可彈述、」とあったように、本来「葉法善伝」二巻に記載のあった「入柱隠形」の話をもとにして書き加えられた話であるように思う。しかし、ここに大羅宮へ帰るとして葉法善の伝に見られる昇仙の記述と対応した記載のされていることは注記しておく必要があろう。

エピローグは、玄宗は浄能が自分のもとを去ってよりのち、日夜思慕し、寝食安からざる日々を送っていた。そうこうするうちに、たまたま家臣から蜀川のそばで大羅宮に帰る途中だという浄能と出会ったという報告を受けた。それを聞いた玄宗は、蜀川を望んで涙を流しながら言ったとして、三十八句の偈が最後に書かれるという構成になっている。写本では次いで「葉浄能詩」と書かれて終っている。この話については、結末を用意した第十話の話自体「葉浄能詩」の作者によって付け加えられたものになっていたことから、葉法善の伝の結末とはいささか趣を異にしている。しかし、偈が最後にだけ出てくる形態については「唐葉真人伝」も全く同一の形態となっているのである。

「唐葉真人伝」では、開元八年に一〇七歳で昇天したと書かれる後に、法善は詩を残していってたとして遺詩三首が書かれ、続いて御製の偈が書かれているのである。そうしてみると、これは推測になるが、「葉浄能詩」と書かれるのは、最後にだけ書かれる偈に対しての題であるか[8]、或は「唐葉真人伝」に見られたように続いて書かれる予定であった葉浄能の遺詩についての題であったとも考えられるのである。

こう見てくると、前述したように「葉浄能詩」は先行して存在していた「葉法善伝」二巻をベースとして成立せしめられたものであると考えてよいと思われる。そして「葉浄能詩」は、現在考えられているよりも更に道教色の強い「葉浄能伝」とでも題されるべきものではなかったかと思われるのである。

ところで、「葉浄能詩」の成立を唐末五代の頃と考えていると前述した。これは初め口語体を混じえる文体の上からの推測であるにすぎなかった。ところが、この推測を確信に変える資料が敦煌文献中に存在していることを発見した。

S四二八一文書は、前後ともに欠落しており、上下に破損が見られ、約十六行にわたって残されているだけのほとんど断片というべき文書であるが、この文書は上述してきた私の考えに重要な示唆を興えてくれた。

この文書に対して吉岡博士は『スタイン将来大英博物館蔵敦煌文献分類目録道教之部』[9]の「其他〈経名未詳〉」の部で取り上げられ、「仙伝の一種」といっておられ、大淵忍爾博士は『敦煌道経目録類』[10]の「失題道経類」の其の他として取り上げられ、「仙伝の一部であるが何人の伝か不明。…（中略）…宮廷と関係を持った道士の伝であろう。」といっておられる。

大淵博士は前掲書で十世紀の写本であるといっておられるが、その点については文中に「先朝寵焉」とあることから、五代以後の書写になることは確実で、これは動かし難い。

何故この断片の仙伝に注目するのかというと、その記述の一部が「唐葉真人伝」即ち葉法善の伝に一致しており、他の部分の記述もおおむね「唐葉真人伝」の記述に相応しているからである。次にその一部を比較して示しておくことにする。

S四二八一

（缺）五中毒殆死、又見
昔青童、曰、天臺苗……
……（缺）……
言畢印至、印其腹、
殊悶絶、良久割（缺）、
遠訪苗君、…

「唐葉真人伝」

十五中毒殆死、又見
青童、曰、勾曲仙人
天臺茅君、飛印相救
言畢印至、印其腹、
良久割如、遠訪茅君、…
…

こうしてみると、二三字句に異同は見られるものの、S四二八一文書の記述は、葉法善の伝の摘記かもしくはそれをベースにして成立した作品であることは間違いのない所であると思われる。更に、S四二八一文書の記述は、前掲した部分を除いてかなり簡略化された記述となっているが、この記述が簡略化されていることにも注意が向けられる。敦煌文献中に他にも同様の例のあることが金岡照光博士によって報告されているからである。

金岡博士はS一六二五V文書の「仏図澄和尚因縁」と題される写巻が「高僧伝」巻九神異上（『大正蔵』五十巻）「仏固澄」の摘記であることを指摘され、[11] それに「因縁」の名が付されていることから、それが「語り物」として演ぜられる際の摘記ではなかったかと推測しておられる。そうすると、このS四二八一文書には、題名こそ欠落して残されていないが、「仏図澄和尚因縁」の類と同様の目的で書写された可能性も考えられる。つまり、このS四二八一文書は「葉浄能詩」が葉法善の伝から成立してゆくその過程を示すものと考えられるのである。それは自ずから「葉浄能詩」の成立時期を確定し、また、「葉浄能詩」が「語り物」の台本であったことをも示すことになるのである。この点については後述することになろう。

このように見てくると、葉法善と葉浄能とは同一人物で、時間の経過を伴う伝承の中で葉法善の名が葉浄能の名に変化していったのではないかとの疑問も生じてくる。次にその点について考えてみることにしよう。

## （四）葉法善について

まず、葉法善について見ると、開元八年に卒したことが「唐葉真人伝」及び新旧『唐書』に記載されている[12]。この卒年をもとに「葉浄能詩」の記述を見てみると、前述した物語りの大要を記した部分にも示しておいたが、第六話は開元十三年のこととなっており、第七話は開元十四年のこととなっていた。これをそのまま信用すると葉法善と葉浄能は別人ということになる。しかし、これは宮廷内で活躍した葉浄能なる道士が仮に実在していたにしても、「葉浄能詩」の作者によって書き換えることが可能なことであり、とりわけて根拠とはならない。そもそも葉浄能なる人物自体、「葉浄能詩」では玄宗の治下開元の頃に活躍した人物として記述されているものの正史には全く記載がなく、私の知る限りでも唐から五代までの資料に限ると、「葉浄能詩」を除けば、後述するS二六一五文書に葉浄としてその名が見えるのと、前述した『太平広記』の中に「広異記」を出典とした話に二度その名が出てくるだけで、どうも実際に宮廷の中に入り込んでいた人物としては疑わしいようである。やはり、私は「葉浄能詩」における葉浄能なる人物は葉法善の事跡をかりて産み出された人物であると考えたい。しかし、それは「葉浄能詩」

の作者によって架空の人物として葉浄能が産み出されたと結論づけるということではない。前述したように葉浄能なる人物の記録が残されているからである。

『太平広記』に二度その名の見えていた葉浄能は、玄宗治下の頃の人物となっており、子供の有無を占うことを専門とした道士であった。この子供の有無を占うことを専門としていた道士であったことが、その事跡以上に葉浄能の名を有名にし、更には信仰を受ける対象にまで民間で広がりを見せてゆくようになっていたのではないだろうか。事実、葉浄能が信仰の対象となっていたことが指摘できる記述がＳ二六一五文書の中に見い出せるのである。[13]

奉諸（請）十方諸佛、諸大井（菩薩）、羅漢、聖僧、一切神祇、奉請房山長、李老君、孑（孫）賓、董仲、葉浄、本部禁師、卽聞呼卽至、聞請卽來助弟子威力、

十方諸仏、諸菩薩、羅漢、聖僧、一切神祇に奉請す。房山長、李老君、孫賓、董仲、葉浄、本部禁師に奉請す。即ち呼ぶを聞けば即ち至り、請を聞けば来たり弟子の威力を助け、

ここで「葉浄」というのは、明らかに葉浄能のことであろう。この葉浄能は『太平広記』に二度その名の出てくる葉浄能につながると思うものの、以上のことからだけでは何故葉浄能が葉法善の事跡をかりて一体化され、「葉浄能詩」の主人公にまでされたのかの説明には不十分であろう。

しかし、ここに興味ある指摘ができる。「浄」と「静」の形も似た一字のみ異なる「葉静能」なる人物が実在している。以下に列挙するように、葉静能撰及び葉静能が関与して成立したと記される書が多数見つかるのである。

（一）、葉靜能　太上北帝靈文三卷（『新唐書』藝文志）

（二）、大易誌圖參同經一巻 玄宗與葉靜能、一行問答語（『宋史』藝文志）
（三）、北帝靈文三巻 唐道士葉靜能撰（『通史』道家書目）
（四）、太上北帝靈文一巻　唐道士葉靜能撰（『通史』道家書目）
（五）、九眞皇人九仙經一巻 唐葉靜能撰、羅公遠、僧一行注（『通史』道家書目）
（六）、天眞皇人九仙經一巻　鼂氏曰、天皇人爲黄帝説、一行、羅公遠、葉法靜注、云云（『文献通考』神仙家書目）
（七）、眞龍虎九仙經 羅、葉二眞人註（『道藏』洞眞部、方法類、珠上、一一二）

この中で現在しているのは（七）の一点に止まるが、これは（五）、（六）で示したものと同一のものであると思われる。それはともかく、この「静」の字を用いる葉静能なる人物についてであるが、唐代の記録を見ると、韋后の時に国子祭酒となった人物に葉静能なる道士のいたことが記されている。しかし、次に示すように、中宗を毒殺し、殤帝を立て、自ら摂政に臨んだ韋后の一派として、玄宗に誅されてしまう人物である。(14)

六月帝（中宗）遇毒暴崩、…（中略）…時京城恐懼、相傳將有革命之事、往往偶語、人情不安。臨淄王（玄宗）率薛崇簡、鍾紹京、劉幽求領萬騎及總監丁夫入自玄武門、至左羽林軍、斬將軍韋璿、韋播及中郎將高崇於寢張。…（中略）…分遣萬騎誅其黨與韋溫、溫從子捷及族弟嬰、宗楚客、弟晉卿、紀處訥、馬秦客、葉靜能、楊均、趙履温、衞尉卿王哲、太常卿李珽、將作少匠李守質及韋氏武氏宗族、無少長皆斬之。（『舊唐書』巻五一、后妃列傳）
六月帝（中宗）毒に遇い暴に崩ず、…（中略）…時に京城恐懼し、相い傳えて將に革命の事有らんとすと、往往偶語し、人情不安なり。臨淄王（玄宗）は薛崇簡、鍾紹京、劉幽求を率え、萬騎及び總監丁夫を領いて入るに玄武門自りし、左羽林軍に至りて、將軍韋璿、韋播及中郎將高崇を寢張に斬る。…（中畧）…萬騎を分遣し、其の黨と章温、温の従子捷、及び族弟嬰、宗楚客、弟の晉卿、紀處訥、馬秦客、葉靜能、楊均、趙履温、衞尉卿王哲、太常卿李璵、將作少匠李守質、及び韋氏、武氏の宗族を誅す、少長無く皆な之を斬る…

すると、前掲した㈡、㈤、㈥、㈦に記載されているように玄宗、一行、羅公遠などと共に注を付けたり、問答をしたりすることは不可能なことになる。それでは、この葉静能はいったいいかなる人物なのかということになるが、史実を記す記録を見る限り、玄宗の時に宮廷に出入りをした人物として葉静能なる人物は見当らない。そこで、『太平広記』巻二十二「羅公遠」の項を改めて見てみると、玄宗の前で羅公遠、葉法善、金剛三蔵の三人が術競べをしたことが書かれている。こうして見ると、どうもこの葉静能は葉法善のことではないかと思われてくるのである。更に、既に唐代において葉法善と葉静能の名が混乱して用いられていたと記す記録もある。唐の大中年間（八四五―八五九）頃の人物と思われる趙璘の「因話録」巻五に次のような記載が見られる。

有人撰集怪異記傳云、玄宗令道士葉靜能書符、不見國史、不知葉靜能、中宗朝坐妖妄伏法、玄宗時、有道術者、乃法善也、談話之誤差尚可、若著于文字、其誤甚矣、

有る人怪異記傳を撰集して云う、玄宗道士葉靜能に令して符を書かしむ、國史に見えずと。葉靜能は中宗朝に妖妄に坐して法に伏せしを知らざるや。玄宗の時、道術有る者は、乃ち法善なり。談話の誤差は尚ほ可なるも、若し文字に著わしたるや、其の誤まり甚だしきなり。

また、これは後世のことになるが、葉静能の著作として前掲した（六）の『文献通考』の記載には、葉法静として明らかに法善と静能の名に混乱をきたした名を見せていた。

こうして見ると早くも唐代において葉法善と葉静能との間には、趙璘が『因話録』でいうように混乱が生じており、それが後世まで引続いていたということができよう。

しかし、これは果して単に伝承過程において生じた偶然による誤りなのであろうか。前掲した著作がすべて葉静能の名になっていることを見ると、どうもそれだけのこととは考えにくい。もし葉法善に著作があったのなら、法善の名を冠した著作が一点でも残されていないのは不自然である。これらの著作はどうも葉法善の事跡にことかりて、後に葉静能撰及び注として、後に擬作されたものと考えるのが最も妥当な所ではないだろうか。

この問題にしても「葉法善伝」が「葉浄能詩」に書き変えられたのと同一の問題としてあるように思われる。それと関連して考えてみることとしたい。

実在した葉静能は、前述したように韋后の時に国子祭酒となった人物であったが、同時に『旧唐書』には「善符禁小術」と記され、『新唐書』には「善禁架」と記されており[15]、いわばマジックを専門とした道士であったようである。しかし、唐代以降、数多く書かれる仙伝の中にその記載は見当らない。これは葉静能の最後が問題であったからであろうと思われるものの、道教教理の面で問題とするに足る人物ではなく、単なるマジシャンであったことにもその要因があるように思われる。しかし、単なるマジシャンであり、政治上で問題を起したことによって、その記録が文字の上で抹殺に近いかたちをとったにしても、逆に民間の伝承の中では、その最後の悲劇性を伴って十分な興味をもって伝えられてゆくのではないだろうか。ここで前述した開元の頃の道士葉浄能を思い起こしてもらいたい。ほぼ同一の時期に不可思議な術を用いる葉静能、葉浄能の話が民間に広がったとすれば、「静」、「浄」はそもそも音の上からも、字体の上からも混同され易い文字であることにより、同一人物化されるのは至って当然の結果であるといえよう。まして、前述したように葉浄（静）能には、その名が民間に広がっていたのみならず、信仰を受ける対象にまでされていた形跡も見られた。しかし、葉浄能、葉静能には信仰を受ける神格に相応すべき輝かしい事跡が残されていない。それに反して葉法善には、遅く見ても九世紀の初頭にはその伝が作製されていたように豊富な事跡があった。そこで葉浄（静）能がその信仰を背景として葉法善の事跡をかりて、意図的に同一人物化されていったのではないだろうか。

## （五）葉法善の道教

前章までに葉法善、葉静能、葉浄能の三人が一体化されていったと考えることを述べた。ここで視点を変えてそのことが行われる背景となった唐代の道教の実態を葉法善の道教者としての位置関係を通して考えてゆくことにしたい。

葉法善の道教思想については、明らかに彼の著作とされるものが残されていないので、道士としていかなる教理を受けついでいたのかという点に注目して、「唐葉真人伝」の記載の中から（1）いかなる師に教えを受けたか、（2）いかなる神格の降臨にあい、いかなる法を受けたのかという点を中心に考えてみることにしたい。

まず、直接教えを受けたか、或はそうであったと思われる人物を列挙することにしよう。

（一）　予章の万法師

（二）　青城の趙元陽

（三）　嵩高の韋善俊

（四）　蒙山の一羽士

（五）　天台の司馬練師

初めに師とした万法師であるが、万法師とは『歴世真仙体道通鑑』巻三十一に記載のある万振のことであろう[16]。万振は『神仙通監』を見ると、符呪を専門として、隋の文帝、唐の太宗、高宗に召された道士で、欒巴の徒と称していたようである。欒巴は『神仙伝』に記載のある欒巴のことと思われるが、彼もまた符術を専門とした道士のようで、道教教理に関与した人物ではないようである。いずれにしても、万法師から受けたのは、

詣豫章萬法師、求練丹、辟穀、導引、胎急之法、但熊經鳥申、吐故納新、湌松茹朮、無榮於世、豫の章萬法師を詣ね、練丹、辟穀、導引、胎急の法を求める、但だ熊經鳥申、吐故納新、湌松茹朮は、世に榮えること無し、

とだけあることから見ても、単に術的なものに止まったと思われる。

次に青城の趙元陽であるが、彼についてはよく分らない。しかし、遁甲、歩玄の術を受けたとだけ書かれることから見ても、ここでも術的なものを受けたに止まろう。

その次は嵩高の韋善俊である。韋善俊についての記録は多く残されているが[17]、その記載は大同小異であり、術士的な要素の多い人物であったようである。記載も八史、雲蹻之道を伝えられたとのみ記すだけである。

またその次に蒙山の一羽士であるが、これは当然のことだがどのような人物であるかは分らない。仙書一巻と神剣一口を授けられたことが記されるだけである。

実はこの後に、後述する三神人の降臨にあうのだが、ここまでを一応修行の第一段階とすると、これ以前は術を中心として葉法善は求め、また授けられてきたようである。

最後に天台の司馬練師、即ち司馬承禎であるが、彼は第十三代の上清派宗師であり、ここで直接上清派の影響を受けることになったと思われるが、それは法善が三神人から伝授を受け、高宗に召されて後のことであり、師事したのではなく、対等の立場としての会見であったとの記述がなされている。その後、次に示すように、

将弟子入西山、洪崖先生學道之所、居渉三年、行上清隱法、
弟子を將いて西山に入る、洪崖先生學道の所なり、居渉すること三年、上清の隱法を行う、

と書かれることにもなるが、後述するようにこれはあくまで後日的な変化であると思われる。

こうして見てくると、法善の道教を考える上で最も重要なのは、三神人の降臨であると思われる。これを境にして法善は修業時代を終えるのである。

降臨した三神人は、そのそれぞれが法善に伝授している。それを次に示そう。

第一の神人：
神人曰、汝但復坐勿恐、太上遣吾喩汝、汝合得道。蓋昔是太極紫微左仙翁、領校簿書、籙諸仙及天下得道之士名字、增年滅筭、一月三奏。緣汝失謹、曾於休暇之日、遊乎八荒、因茲降下人世。更修功累德、行滿之日、當復汝仙位。今汝行三五盟威正一之道、誅斬魑魅妖魔、救護羣品、惠施貧乏、代天行理。但以陰德爲先、不須別有貢告。吾有祕法、欲相傳授、須清齋三日、無使世人知。受吾口訣、不得文字相付、恐傳非人。輕泄帝旨、罪

延七祖、不得上升、即以符劒封印授之、
神人曰く、汝但だ復た坐して恐るること勿れ、太上吾を遣わして汝を喩らしむ、汝合に道を得るべし、蓋し昔は是れ太極紫微左仙翁、校簿書を領め、諸仙及び天下得道の士の名字を籙し、增年滅筭し、一月に三たび奏す。汝は謹を失い、曾て休暇の日に、八荒に遊べるに縁り、茲れに因りて人の世に降下せり。更に修功累徳し、行滿の日に、當に汝の仙位に復すべし。今汝三五盟威正一の道を行い、魑魅妖魔を誅斬し、羣品を救護し、貧乏に恵施し、天に代りて理を行う。但だ陰徳を以て先と爲し、別に貢告有るを須いず。吾に祕法有り、相い傳授せんと欲す。須らく淸齋すること三日なるべし。世人をして知らしむこと無かれ。吾が口訣を受くるも、文字の相付を得ず、人に非るに傳わるを恐れるなり。帝旨を輕泄せば、罪七祖に延び、上升を得ず。即ち符劒封印を以て之を授く、

第二の神人：
又一神人曰、卿今退眞、下生人生、宜廣建功德。更受五獄符圖、天皇大字、及三一眞經、黃庭紫書、八景素書、歩躡罡紀、秘密微妙。但是三洞上清上法、上眞須精進修習、晨夕無替、及長存。五千文統理人道、明察天地、勿致軽泄、道當自成。
又一神人曰く、卿今眞を退き、人の生に下生す、宜く廣く功德を建てるべし。更に五獄符圖、天皇大字を受けよ、三一眞經、黃庭紫書、八景素書、歩躡罡紀に及びては、秘密微妙なり。但し是れ三洞上清上法なり、上眞須らく精進修習し、晨夕替ること無く、長存に及ぶべし。五千文は人道を統理し、天地を明察す、軽泄を致すこと勿れ、道當に自ら成るべし。

第三の神人：

又一神人曰、至道微妙、非此能言、要當守一。屏去驕淫、毎以鳴鍾撃鼓、調理三關、導引吐納、服内外丹、常掲存日月、開閉門戸、朝修太上、則當朱光潜照、無英、白元自來守護。黄老奏書、功成行滿、必當升擧。汝受此言、修行不倦、後期欲至、即許氏旌陽君宅北山峯(18)、重復相見。

又一神人曰く、至道は微妙、此れ言う能わず、當に一を守るべきを要す。驕淫を屏去し、毎に鳴鍾撃鼓、調理三關、導引吐納、服内外丹を以て、常に日月を掲存し、門戸を開閉し、太上を朝修すれば、則ち當に朱光潜照し、無英、白元自ら來りて守護す。黄老に奏書し、功成り行滿つれば、必ず當に升擧すべし。汝此の言を受けて、修行倦まず、後期の至らんと欲せば、即ち許氏旌陽君宅北山峯(19)に、重ねて復た相い見えん。

三神人の口伝を全文引いたのは、それぞれについて検討を加えたいためである。まず、第一の神人の口伝から考えてみよう。

第一の神人の口伝が三神人の口伝の中で最も大きなウェイトをもつと考えられるが、そこから分ることは、法善はもと仙界にいたが、「汝は謹を失い、曾て休暇の日に、八荒に遊べるに」より人間界に降下させられていたことであり、その神人を遣わしたのは太上（老君）であること、そして仙界にもどるために「三五盟威正一之法」を行えと告げられたことである。この「三五盟威正一之法」とは、明らかに正一盟威のことで、正一派の法である。

次に第二の神人が授けた経典について見てみることにしよう。改めて列記すると

五嶽符図

天皇大字

三一真経
黄庭紫書
八景素書
歩躡罡紀

である。第二の神人の言の中で気になることは、これらの経典を「但是三洞上清上法」といっていたことである。しかし、以上の二神人の伝授は、吉岡義豊博士によって隋からおそくとも唐のはじめまでには成立していたとされる[20]「正一修真略儀」（『道蔵』正一部、肆上、九九〇）に記される正一派の伝授とほぼ相応しているのである。以下に示しておこう。

正一經
正一朝眞儀
正一齋儀
關奏章表儀
閲籙儀
醮籙儀、
此已上儀注科文、具正一經、其八節、甲子、庚甲、本命、三曾、三元、朔望日、或朝禮、或醮閲、或言功奏章、
各具本儀、依師授法、行之、
右已上爲正一盟威一部、次進受洞眞、參爲中法法儀、具三道奏道料、

眞文三巻
諸天内音
靈宝眞文
五法五巻
八景天書
老君六甲祕符
靈宝五符
五嶽眞形圖
三皇内文
西嶽公禁山文
己上竝各依本文、存思修奉、
此中法部、是爲洞玄、參于上法、具三洞奉道科目、正一籙、巳釋其文、既歴要門、感應斯驗、參乎中法、具如科條、然三洞靈文、非不周細、修行之要、在於服氣、云云

以上に引いた「正一修真略儀」は、既に吉岡博士によって「本書は明らかに『三洞奉道科戒儀範』の影響を受けて作られたものである。もしも詮索的にみるならば、『儀範』は上清派の著作であるから「法次儀」のところにわずかの説明がある以外は正一派のことに言及するところがない。そこで正一派の立場から『儀範』のそのような欠陥を補うために本書が作られた、ともいえる。また『儀範』の論説に合わせるために、すなわち迎合的な意図をもって本書が作製された、といえよう[21]」といわれているように、上清派の科儀書である『三洞奉道科戒儀範[22]』と密

切な関連の上に成立したものである。吉岡博士はまた「正一派と呼ぶのは、このような（民間における信仰の強い）天師道教団の中で、ある程度思想や教理の面において秩序のある訓練を受けたグループと考えてよいであろう。その意味で正一派は上清派の教理とも無関係ではない」とも言っておられることからみても、葉法善が授けられた経典に対して神人が「但是三洞上清上法」といっているからといって、ここで葉法善の受けたのが上清派の伝授であるということにはならない。そうでなく上掲した「正一修真略儀」に見られた前半部、即ち「右己上正一盟威一部」とある部分を第一神人に授けられ、第二の神人より「此中法部、是洞玄、参于上法、具三洞奉道科目」とある後半の部分を授けられたと見るべきではないだろうか。つまり、法善は正一派の伝授を受けた道士であったと考えられるのである。

最後の第三の神人の口伝からは、（一）「要當守一」、（二）「無英、白元自來守護」とあることに注意が向けられる。

守一については、吉岡義豊博士に論考があるので[23]ここに再説しないが、博士は五、六世紀のころ陶弘景を中心に大成せられた上清派の中へ大きく取り込まれ、上清派教団の修行の中心にすえられたといわれ、また、後の道教において守一は上清教系道教が専有化して、天師道系においては、ほとんど問題にしないともいわれている。しかし、前述したように葉法善の受けたのが正一派の伝授でありなから上清派の影響を強く受けていたことを思い起こすと、少なくとも唐代中期頃の天師道教団、正一派においては、かなりの割合で上清派の教理が入り込んでいたと見るべきであって、これを逆に見ると、ある程度思想、教理面で訓練を受けて伝授を受けていたと思われる正一派の道士達は、その独自性を半ば失っていて、上清派の道士達とほとんど変わらなくなっていたと思われる。しかしこのことは六朝期以降民間で伝統的に信仰を受けていたとされる天師道系の道教も同一の路をたどったことを意味しない。後述することにするが、これとは別の次元で考えるべき問題である。

次に「無英、白元自來守護」とあったことであるが、無英、白元は東晋の書とされる華僑撰の「紫陽真人内伝」(24)（『道藏』洞真部、記伝類、翔下、一五二）に次のように記載のあるのが見える。

黄老君曰…（中畧）…小有爲白元君、大有爲无英君、見白元君、下仙之事也、可壽三千年、若見无英君、乃爲眞也、可壽一萬年。

黄老君曰く…（中畧）…小は白元君と爲る有り、大は无英君と爲る有り。白元君を見るは、下仙の事也、壽三千年なる可し、若し无英君を見れば、乃ち眞と爲る也、壽一萬年なる可し。

また、後文にも无英君、白元君は黄老君の左右に処しているとの記載も見える。(25) そうすると、第三の神人の言葉は「紫陽真人伝」の記載がその背景となっていると思われる。そこで、「紫陽真人伝」の性格が問題となるが、撰者の華僑が『真誥』巻二二に上清派の元祖許氏と姻戚関係にあったことが書かれていることから見て、上清派に伝えられていたもののように思われる。この点については、守一を論じた部分で取り上げたのと同一の問題でもあるので改めて再論はしない。

ここまで「唐葉真人伝」の記載にもとづいて、葉法善を正一派の道士と見るに至った経過を述べてきたが、更に注意されるのが、法善には子供のいたらしいことである。「歴世真仙体道通鑑」巻十四の「葉蔵質」に、

道士葉藏質、字含象、處州松陽人、法善之裔也。

とある。この「法善之裔也」とあるのは、単に血縁関係があったというだけのことであるのかも知れないが、「唐

葉真人伝」によると、法善が出家した道士となるのはかなり遅く、高宗に召されて後のことである。ちなみにそれは三神人の降臨を受けてより、かなりの時間を経て後のことでもある。するとそれ以前においては、道教者であっても妻帯していたと考えることもできよう。この妻帯の問題については、玄宗の初め頃、太清観主史宗らが勅を奉じて撰した『一切道教音義妙門由起』（『道蔵』大平部、儀上、七六〇）「明開度」引『奉道科戒営始』に見られる次の記述が注意に価する。[26]

所以稱之爲道士者、以其無爲世事、務營常道故也、竝受道威儀、心行異俗、演茲玄化、暢彼皇風、是以不拜王侯、長揖天子、今之道士、卽出家道士、當於国主、當盡忠盡禮、至於宰輔大臣、公侯牧伯、皆須敬揖。

之を稱して道士と爲す所以は、其の世事に無爲なるを以てなり、常道を務營するが故なり。竝に受道威儀、心行俗と異にし、茲に玄化を演じ、彼の皇風を暢ぶ。是を以て王侯を拜せず、長く天子に揖す。今の道士、即ち出家道士なり、国主に當たるも、當に忠を盡し禮を盡すべし、宰輔大臣、公侯牧伯に至りても、皆に敬揖を須う。

ここには今の道士は「出家道士」であると書かれている。この『奉道科戒営始』は、前述でも触れた『三洞奉道科戒儀範』のことである。その成立については、梁末頃から初唐までの間として諸説紛紛として未だ定説はないものの、[27]前述でも触れておいたように、葉法善の頃までには成立していたと見てもよいであろう。この『三洞奉道科戒儀範』は、上清派の科儀書である。すると葉法善の受けた三神人よりの伝授が上清派のものであったのなら、その時点での出家は当然のことになる。しかし、法善の出家はその時点でなされていない。高宗に召された後のことである。すると法善は初め正一派の伝授を受け、高宗に召されて後に上清派の伝授も受けるようになったと見るべきであろう。そうしてみると、前述したように司馬承禎を訪ねることや、その後に上清の隠法を行うに至ったことなどが不自然なことではなくなるのである。

さて、そのような葉法善であるが、後世どのように見られていたであろうか。序に北宋の徽宗の年号である政和六年（一一一六）と記載のある『太上助国救民総真秘要』（『道蔵。正一部、対九八六―九八七）の巻四に次のような記述が見られる。

骨隨靈文、唐葉法善天師所傳、出自漢正一天師之遺法也。功驗神奇、莫可擬測、舊以九符、常用傳授、其餘隱祕、莫不聞見、臣昔於九符之外、復得十符。謹續本文之次、別成中卷、稍闡元綱、以廣妙用也。其於條律、自如舊本、載之于後云耳。

骨隨靈文、唐葉法善天師の傳えし所なり、漢正一天師の遺法より出ずるなり。功驗神奇、擬測す可き莫し。舊くは九符を以て、常に傳授に用いたり。其の餘隱祕なるも、聞見せざる莫し、臣昔九符の外に、復た十符を得たり。謹んで本文の次に續け、別に中卷と成す、稍しく元綱を闡らかにし、以て妙用を廣めんとするなり。其の條律に於けるや、自ら舊本の如く、之を後に載す云云。

ここには、はっきりと葉法善は漢の正一天師の遺法を伝えると書かれている。『太上助国救民総真秘要』自体序に、

臣竊聞、太上開化運眞氣、以育群生、正一傳宗、闡明成而顯幽隷、然則神章妙典。

臣竊かに聞くならく、太上開化し眞氣を運び、以て群生を育む、正一傳宗、闡明成りて顯幽隷う、然らば則ち

神章の妙典なり。

とあって、正一派の道士の撰になるようである。

こう見てくると、葉法善自身もとは正一派の道士としく伝授を受けていたのが、宮廷に入るようになると上清派の道士に変身しているようである。この葉法善に行われた変化は、後日葉法善に「金紫光祿大夫鴻臚郷越国公」の称号が贈られているように、宮廷内における保身、栄達を意図したものであったようである。法善は百歳まで生きたとされ、道士として稀有な存在ではあるが、どうもこのような人物は、中央の政治と密接に関与する唐代の道教史上においては、重要な位置を占めこそすれ一般社会で信仰の対象となる人物とは隔たりが生じてしまうのではないか。

## (六)　葉法善の伝から「葉浄能詩」へ

ここで先に提示しておいた葉法善の伝が「葉浄能詩」に書き変えられたその背景を考えて本章の結びとしたい。結論から先に述べると「葉浄能詩」の成立に葉法善の伝がそのベースとして用いられた背景には、葉法善がもとは正一派の道士であったことが挙げられようし、また、「葉浄能詩」を作製したのは、民間における天師道教団に属する者であったと考えられるのである。

「葉浄能詩」が道教色の強い「語り物」であったと思われることは前述した。これは言葉を換えていえば、道教側の宣教用としての目的をもっていたということでもある。その点について「葉浄能詩」に見られる次の記述が注目されよう。

玄宗皇帝及朝廷大臣、歡（歎）淨能絶古超今、化窮無極、暴書符録（籙）、〔□〕聖幽玄、人門（間）罕有、莫側（測）變現、與太上老君而無異矣(28)

玄宗皇帝及び朝廷大臣、淨能の絶古超今を歎ず、化して無極を窮め、暴書符籙、〔□〕聖幽玄、人間に罕に有り、変現を測る莫し、太上老君と異なる無きなり(29)。

ここに見られる太上老君の取り扱いは最上のものとしてであり、信仰を背景としていることは、それが民間におけるものであるだけになおさら否めないであろう。その太上老君と「無異」とされる葉浄能も、やはり太上老君への信仰と同列の方向をもつ存在であったことも否めるものではないであろう。この信仰が具体的に見られたものが前掲したS一六一五文書の記述であったのである。太上老君が出てくるからといって、すぐさま天師道の信仰を背景としているとは断言できないが、前述したように六朝期以来、天師道系の教団が民間で根強い信仰を得ていることはすでに指摘のある所である。そうではあるが、その実態となると、民間レベルの宗教状況を表わす資料に欠けるところである。しかし、敦煌文献中に唐末から五代にかけての僧雲辯の「十慈悲偈」と題される「偈」が残されている。そのうちの一作「道流」に、

道流若也起慈悲、仙鶴靈龜歩歩随、未省合和傷命藥、不曾吟咏諷人詩、書符專覓邪魔教、錬藥常尋病士醫、一行好心無退改、因茲滿國號天師(30)、

道流若し慈悲を起さば、仙鶴靈龜歩歩随う、未だ省《かつ》て合和せず傷命の薬、曾て吟咏せず諷人の詩、書符もて専ら覓む邪魔の救い、錬薬して常に尋ぬ病士の醫ゆるを、一たび好心を行へば退改する無し、茲に因りて滿國天

師と號す、

として、唐末五代の宗教の状況をうかがわせる描写がある。これを見ると、僧侶の側からの見方とはいえ、いいかげんな道士も存在していたようであるが、末句に「因茲滿國號天師（茲に因りて滿國天師と號す）」とあることから見ても、天師道系の道教が社会に広がっていた様子がうかがえよう。

こうして見ると、上清派が隆盛であったとされる唐代の道教においても、民間では天師道系の信仰が影をひそめながらも持続されていたということができ、それが唐王朝の衰える唐末五代において民間社会において再度活性化していったということができるようである。そしてそこに「葉浄能詩」の作製される背景も求められると思われる。

**【注】**

（1）人民文学出版社、一九五七。
（2）東洋文庫、一九七一。
（3）東洋文庫、一九六九。
（4）洞神部、譜録類、孝下、五五七。
（5）説話部分を十に分けるのは『敦煌変文集』（注1参照）に始まる。
（6）「葉浄能詩の成立について」『東方宗教』十六　一九六〇。
（7）『敦煌文学』上海古籍出版社、一九八〇。
（8）金岡照光「変・変相・変文札記」『東洋学論叢』Ⅱ、一九七七。
（9）注（3）参照。
（10）福武書店、一九七八。

(11) 注（8）参照。
(12) 『旧唐書』巻一九一方伎列伝。『新唐書』巻二〇四方伎列伝。
(13) 西野貞治「敦煌俗文学の素材とその展開」『人文研究』一〇―一一　一九五九。
(14) 「唐葉真人伝」に付される「世系之譜」及び『広記』本「葉法善」では、葉静能は葉法善の叔祖にあたるとして血縁のあったことが記されている。
(15) 『旧唐書』巻五一后妃列伝。『新唐書』巻七六后妃列伝。
(16) 万法師について宮川尚志博士は、鄭棨の「開元伝信記」に記載のある万迴のこととされておられるが（「唐の玄宗と道教」『東海大学紀要文学部』三〇）、『太平広記』巻九二、異僧六に分類記載のあるように、仏教者であり、練丹、辟穀等の術を授けるのにふさわしい人物ではないようである。
(17) 『仙伝拾遺』巻五、『三洞羣仙録』巻五、『仙苑編珠』巻下、『高道伝』巻二、『歴世真仙体遺通鑑』巻三六、『太平広記』巻四七（『仙伝括遺』を引く）。
(18) 許氏旌陽君とは浄明道の始祖とされる許遜のことであろう。許遜については秋月観暎博士の研究（『中国近世道教の形成』創文社、一九七八）に詳しい。
(19) 注（18）参照。
(20) 『道教と仏教第三』第二章三洞奉道科戒儀範の研究。国書刊行会、一九七六。
(21) 註（18）参照。
(22) 『道蔵』本は『洞玄霊宝三洞奉道科戒営始』（太平部、儀、七六〇―七六一）に作る。
(23) 『道教と仏教第三』第四章道今日の守一思想。国書刊行会、一九七六。
(24) 吉岡義豊『道教経典史論』第一編第三章三紫陽真人内伝。国書刊行会、一九五五。
(25) 註（23）参照。
(26) 尾崎正治「道士―在家から出家へ」『酒井忠夫博士古稀祝賀記念論集―歴史における民衆と文化』国書刊行会、一九八二。
(27) 吉岡義豊、福井康順、大淵忍爾、秋月観暎博士に説がある。
(28) 『敦煌変文集』（注（1）參照）。
(29) 『敦煌変文集』（注（1）參照）。

(30) 陳祚龍「関於五代名僧雲辯的『詩』与『偈』」『敦煌学海深珠』台湾商務印書館、一九七九。項楚『敦煌詩歌導論』新文豊出版、一九九三。

# 第五章　道教と唱導　―ＢＤ一二一九文書を通して―

## （一）はじめに

北京国家図書館蔵ＢＤ一二一九文書は、その外見的形態として前部・後部ともに欠損部分が見られるが、その残存部分を含めて計ると六五六・三×二七・二センチメートル、十八紙からなる部分を現存している。全体に草書体の文字が用いられ、一行が二二～二五字からなる五〇〇行が確認できる写本である。上下部分の所々にも欠損部分があり、用紙の中間にも幾つかの個所に穴のあいた欠損が見られることを除いて、全体に汚れやシミも少なく文字もほぼ判読可能な状態が保たれている比較的状態のよい文献資料である(1)。

この写本の現在の状態は最近行われたと思しい補修作業を経たことによってもたらされたもので、この写本が最初に一般に公開された時点における黄永武編『敦煌宝蔵』(2)に掲載された写真で見ると、冒頭部は写本の欠損部分が折り曲がりまくれ上がったりしていることを含めて撮影効果の良くない写真であった。結果、そのことから写真に生ずる陰影が強く影響して、黒く塗りつぶされたように見えてしまう部分が多く見られるなどの現象が生じていて行数の確認も難しく、内容の詳細な検討も困難な状態であった。この時点での整理番号では「列〇一九／北八四五八」の番号が与えられていた。

この文献資料について、これまでの取り扱われ方の経緯を簡単に振り返ってみると、大淵忍爾著『敦煌道経　図録編・目録編』(3)には収録がなく、黄永武編『敦煌宝蔵』で初めて「消災滅罪宝懺」との題が与えられた。その後行われたと思われる修復作業を経て、王卡著『敦煌道教文献研究』(4)所収の「敦煌道教文献簡明目録」では、「道教相関文書（官方文書／法事文書／詩文集等）」に分類して「道教布施講経文（擬）」との題が与えられ、初めて「撰人不詳、似出於唐末五代」との説明を加えられて、道教に関する注目すべき文献として認識されるに至った。

写本自体、冒頭部と末尾部分を欠いていて、題名の記載がないことからこれまでに上記のように「消災滅罪宝懺」或いは「道教布施講経文（擬）」との擬題が与えられてきているが、このような仮につける題名はその文献全体の内容及び性格を情報として表示する重要な役割を果たす問題でもあり、当然研究者による今後の利用に直接繋がる事柄であることから、その内容を誤りなく、かつ適切に表すものであることが望ましい。写本のほぼ全体が読み取れる状態となり、その内容はこれまで存在していたことは確認されていたものの、その具体的な実際の作品が指摘されないでいたことから研究の進まないでいた道教での唱導について大きな手がかりを与える文献であると考えられるようになった。その意味において、その内容についても改めて検討する必要があり、其の結果に即応して題名（擬題）についても再検討し、今後の研究に供する必要があると思われる。

このＢＤ一二一九に関して、周西波氏により「敦煌写本巻ＢＤ一二一九之道教俗講内容試探」(5)が発表されている。これはＢＤ一二一九の校録を載せた上に、引用経典及び四話含まれる説話の分析を含めて本格的にこの写本を取り上げた最初であり、かつ本格的な研究であるのだが、付録として供された録文の作成は『敦煌宝蔵』所載の写真に基づいて作成されたようで、特に『敦煌宝蔵』の写真自体に見られる写本冒頭の破損部分等の不鮮明さをそのまま反映し、行の読み取りに混乱を起こしている。修復された写本の写真が公開されるに至って、再度検討すべき点が多く見られるようになったことは否めない。しかし、この研究及び録文から触発された事柄は少なくない。特に草書体であるために墨でつぶれて判読しがたい文字もまま見られる写本を読み解く上でその録文の存在は、大きな指標となったことを記しておきたい。その後、周西波氏が前掲の同論文をその著書『道教霊験記考探—経法検證与宣揚』[6]の中に再録された。これを見ると、論文の本文中に一部加筆があるが、録文については手が入れられていないように見える。

筆者はこの写本の内容に興味を持ち、筆者独自による録文の作成を目指して二〇〇六年夏から数度に亘って北京国家図書館善本室において写本の実物を閲覧する機会を得て[7]、二〇〇六年二月に刊行された『敦煌遺書・第十八冊』に掲載された写真と照合して録文を作成した。[8]

## （二）ＢＤ一二一九文書の性格

ＢＤ一二一九の内容を検討するにあたって、先にも簡単にふれたが改めてこの写本に対するこれまでの取り扱われ方とその経緯について詳細に触れておく必要があるだろう。その後で、この文献全体の内容について検討を加え、そこからこれまでこの文書に与えられてきた擬題についても、文の形式から考えていきたい。

この文献が注目されるにいたった経緯は、中国国家図書館蔵の文献の修復とその整理とが進み、王卡氏によって作成された「敦煌道教文献分類目録」中の「（十一）道教相関文書」にＢＤ七六二〇とＢＤ一二一九の二点の文書を並べて「道教布施発願講経文（擬）」との擬題を与えて、以下に示す解説を与えたことが大きく寄与している。王卡氏はこの二つの文書について、ＢＤ一二一九の項で「木笔书写、笔迹同ＢＤ七六二〇、原当为同一抄本、但不直接连续。残存经文五〇二行（木筆での書写、筆跡はＢＤ七六二〇と同じ、元来は同一の写本であったものと思われる。ただ、直接繋がってはいない。経文五〇二行が残されている）」ともう一つの別個にナンバーが与えられている写本ＢＤ七六二〇との関連についての判断を示したうえで次のような説明を加えている。

前二十馀行内容为道教忏悔发愿文。第二十三行称："敬白四众等：贫道向者为施主男女读经、忏悔行道、□□□□、德寿圆满、唯未受戒"云云。以下开始详细讲述道教经文戒律、每段讲完后、又另以"重白大众、贫道……"开头、再次开讲。语言极为通俗琐碎、大致为劝勉道众礼拜天尊、奉道受戒、写经造像、发愿施捨等等。所讲经文有《本际经》、《定志经》等道教经书、亦常引佛教经变故事为喻、或用"优婆夷"等术语。可见此系模仿佛教的道场讲经文。（按唐宋之际中国佛寺道观均盛行"俗讲"、用通俗口语对信众宣讲经书义理及神异故事。记录俗讲内容的文本称作"变文"、对宋元话本、弹词等民间文学的发展有重要影响。敦煌遗书中迄今发现的变文、多为佛教讲经文或讲唱民间世俗故事的变文、道教变文已知者仅有话本《叶净能诗》（S.6836）。以上抄本的发现、可弥补道教经文空白、是研究唐宋之际道教宫观信仰活动的珍贵资料。）

前の二十余行の内容は道教懺悔発願文である。第二十三行に「敬白四衆等、貧道向者為施主男女読経、懺悔行道、□□□□、徳寿円満、唯未受戒」云々といっている。以下詳細に道教の経文、戒律を講述し、各段を話し終えると再び「重白大衆、貧道……」で始めて、再び講述し始める。言葉は極めて通俗的で瑣末である。おおむね道衆に礼拝天尊、奉道受戒、写経造像、発願喜捨等々を勧めるものとなっている。講ずる経文は「本際経」、「定志経」等の道教経典であるが、また常に仏教の経変故事を引いて諭したり、時に「優婆姨」等の術語も用いていて、仏教の道場講経文を模倣したものであることが分かる。（唐宋の際に、中国の仏教寺院や道観で「俗講」が盛んに行われ、通俗的な口語を用いて信徒に経書の義理や神異故事を語って聞かせていた。俗講の内容を記録した文を「変文」と称し、宋元話本、彈詞等の民間故事の発展に対して重要な影響があった。敦煌遺書中にこれまで発見された変文は多く仏教講経文あるいは民間世俗故事を講唱する変文であり、道教変文で既に知られたものとしては、わずかに「葉浄能詩」（S六八三六）があるのみである。以上の抄本の発見は、道教経文の空白を補うものであり、唐宋の際の道教宮観での信仰活動の重要な資料である。

これを見ると、このＢＤ一二一九に見られる文全体についての基本的な見解として「可見此系模仿仏教的道場講経文（仏教の寺院における講経文を模倣したものであることが分かる）」として、この文もまた講経文であるとの判断を示している。この文献内容に対する判断とは別に、用語の認識として「変文」を「俗講の内容を記録した文」とし、「講経文」を「仏教寺院における講経の文」とし、また「仏教講経文」は「変文」に含まれるものとの概念にて語が用いられている。その用語に対する考え方にも注意を向けておきたい。また、上記の考え方に基づく故であろうが「葉浄能詩」（Ｓ六八三六）が道教変文であるとの考えが示されている。この点については、私自身の考えも同様であるが、更に議論・検討を加える必要があると考えている。

周西波氏は、ＢＤ一二一九とＢＤ七六二〇が同一の筆跡になる同一の写巻であるとの王卡氏の見解に対して、前掲の論文において両者の写本写真を比較できるように提示したうえで、似ているが草書の字体の上ではっきりと異なる文字があることと、一行の字数に相違があることを挙げて、「二者雖同属斎会講経之記載、但是応非同一写巻（二者はともに斎会講経の記載ではあるが、しかし同一の写巻ではない）」と同一の写巻ではないことを実証的に示した。それでも写本に書かれる文の形式については、ＢＤ七六二〇との内容的な関連性については肯定的に受け入れているようで、次のようにいうに止めている。

ＢＤ七六二〇明確提到是布施齋會的講經、ＢＤ一二一九則未見齋會性質的説明、只籠統的説「建齋行道講經」等等、但是保存的内容遠比ＢＤ七六二〇豐富、價值更勝ＢＤ七六二〇。

ＢＤ七六二〇は明確に布施斎会の講経に触れているが、ＢＤ一二一九には斎会の性質についての説明は見られなく、大まかに「建斎行道講経」等等といっているだけである。しかし、保存されている内容はＢＤ七六二〇に比べてはるかに豊富で、その価値はBD七六二〇よりさらに勝る。

これを見ると、周西波氏はBD一二一九とBD七六二〇とはほぼ同様の内容的性格をもったものとして考えておられるようで、結果として王卡氏がBD一二一九とBD七六二〇の二つの写巻を合わせて提示した「道教布施発願講経文（擬）」の題名については基本的に受け入れていると思われる。

その上で、後日著書中に再録した論文中において、最初に発表された論文にはなかった道教俗講儀式に関する考えを述べた次の一段の文章を書き加えて発表されていることにも注目する必要がある。(9)

道教俗講儀式内容也受到佛教影響，鄭師阿財即比對法藏P三〇二一＋三八七六写巻第一七三―一七七行對「太上皇陛下」、「皇帝」、「皇后」、「諸王」、「公主」祈福發願文詞，與佛教齋會講經説法中的莊嚴回向文之性質與功能是相同的。又比對法藏P二八〇七「釋門文範」與P三七七〇「俗講莊嚴回向文」，以明二者形式一致，内容相似，當屬同一性質之文書，是與俗講相關之文獻，並正可作爲P三〇二一＋三八七六的佐證，證明其性質必屬道教齋會俗講的文獻遺存。也可見道教俗講的文獻對佛教模倣的内容情形。

道教俗講儀式の内容もまた仏教の影響を受けていて、鄭阿財先生は仏国蔵のP三〇二一＋三八七六写巻の第一七三―一七七行での「太上皇陛下」、「皇帝」、「皇后」、「諸王」、「公主」に対する祈福発願文詞と比較照合して、仏教斎会講経説法中の荘厳回向文の性格と功能に共通しているとした。また仏国蔵P二八〇七「釈門文範」とP三七七〇「俗講荘厳回向文」を照らし合わせて、二者の形式が一致し、内容が相似していることを明らかにし、同じ性質の文書に属すべきもので、俗講に関連する文献であり、これらはともにP三〇二一＋三八七六の証拠となるもので、その性質は必ず道教斎会俗講文献の遺存であることを証明した。ここにはまた道教の俗講の文献が仏教に対する模倣の内容の様子も見て取ることができる。

周西波氏がここに提示しようとしているのは、鄭阿財氏の論を引用しての道教の俗講に対しての見解である。それとは別にＢＤ一二一九とＢＤ七六二〇の二つの写本は、別個の写本であることは間違いない。また、両氏ともに指摘しているこの二つの文献は、鄭氏の指摘するＰ三〇二一＋三八七六を含めて、これまで具体的な文献資料に欠けていた道教の俗講に関するものであることも疑い得ないものであると思われる。周西波氏も師の鄭阿財氏の考えを引用して俗講、さらには道教の俗講が仏教のそれを模倣することから始まったとの見解を示している。王卡、周西波両氏の上記の用語についての考えは必ずしも一致しているものとは思えないのだが、そのことと直接関連する問題として仏教、道教に関わる「俗講」そのものについて、また仏教、道教に関わる「講経文」、「変文」についての術語としての定義付けが十分に日本、中国、台湾の研究者間においても相互に了解されていない現状が存在しているのではないかとの思いをさらに強くした。道教の俗講に関する文献が三点発見されている現在、これらの点に関しての齟齬を埋めるべく議論を起こしていく必要があるのではないかと考えている。

ここまでＢＤ一二一九とＢＤ七六二〇との二つの文献を取り出してきたが、この二つは一つの文献が分断されたものではなく、また、Ｐ三〇二一＋三八七六の一部分であることもなく、元来よりそれぞれに別個の文献であると考えてよいようである。本稿ではＢＤ一二一九を主として検討することにする。ＢＤ七六二〇、Ｐ三〇二一＋三八七六の内容についても興味深いものがあり、相互の関連から考えていくべきことがあるのだが、この章では触れない。ＢＤ七六二〇については、次章において別に論ずる。

## （三）唱導の文献

ＢＤ一二一九写本に書かれる文の内容は、現存している冒頭から末尾に至るまで内容的に連続していると見ることには異論のないことと思う。その上で全体を見渡してみると、その全体の内容に関して、あるいはその細部の表現方法に関して、またその全体に見られる構成に関して等、さまざまな見地から見て興味深いものを持っていることが挙げられる。これらの問題についてはそれぞれにおいて別の観点から取り上げるべき重要な要素を含んでいる。最初に文献全体の大きな性格として、この文全体が聴衆を前にして語られたものの台本としてあったと考えているが、その点について検証しておく。

最も如実に語られたものの台本と考える根拠を示してくれる要素として、文中に見られるそれを具体的に示す記述と文中に頻用される聴衆への呼びかけ語、語りかけの言葉の存在が挙げられる。後者の呼びかけ語についてはかなりの用例があり、全体の分析を行うに関しても重要な要素としてあるので、次に続けて取り上げたいと考えている。先にその場の聴衆に対して、その場の状況に応じて語りかける意図で用意されていたと思われる表現を取り出してみることから考えていきたい。

ａ　施主等各々斂容正坐、合掌當心。只如牛犢畜生、四蹄八甲、頂戴兩角、口中横骨、不解分䟽、向毛袋中生長。如此衆、隆見道場、亦不解收心斂掌。

施主等各々斂容正坐し（姿勢を正して）、合掌当心せよ（胸の前で合掌せよ）。只だ牛犢畜生の如きは、四蹄八甲、頂戴兩角、口中横骨にて、分䟽を解さず、毛袋中に生長す。此くの如き衆、道場に隆見す、亦收心斂掌を解さず。（37～39）

b　貧道謬廁玄門、猥參黄服、濫承訓功。佩靈文玉簡金篇、龍章鳳篆、眞經妙法、荼戒科儀、並獲披尋、未能依奉。枉蒙推拔、昇此高筵、宣暢玄風。誰知源際、所以恐貧道德薄、未能弘益、願不拔免、詎可默然。今合道場施主既能歸依三寶、心無浮散、共乞聲稱善、以證志誠、即請三稱无量大善。稱者是滅惡之因、聲尚不齊、心焉能同等。今法座之下、且有三種人聽法、何名爲三種人、一者身心俱至、二者身心俱不至、三者身至心不至。

（253 ～ 259）

貧道玄門に謬廁し、黄服を猥参し、訓功を濫承す。霊文玉簡金篇、龍章鳳篆を佩し、真経妙法、荼戒科儀、並披尋するを獲るも、未だ依奉する能わず。枉蒙推抜、此の高筵に昇り、玄風を宣暢す。誰が源際を知らん、所以に貧道の徳薄く、未だ弘益する能わざるをを恐れ、願いたるも抜免せられず、詎ぞ黙然たる可し。今道場施主を合して既に能く三宝に帰依せしむ、心に浮散無く、共に声称善を乞い、以て志の誠なるを證さん、即ち請う三たび无量の大善を称せんことを。称する者は是れ滅悪の因なり、声尚お斉しからず、心焉ぞ能く同等ならんや。今法座の下、且く三種の人法を聴く有り、何をか名づけて三種の人と為すか、一は身心倶に至れり、二は身心倶に至らず、三は身至るも心至らずなり。

c　見座大眾、使心開意解、體道見眞、万禍不生、百邪自泯。合道場善男女等、舉手彈指、齊聲誠禮於經法。

（351 ～ 352）

座の大衆を見るに、心開いて意解し、道を体し真を見しむれば、万禍生ぜず、百邪自ら泯びん。合に道場善男女等、舉手弾指し、声を斉て誠もて経法を礼すべし。

d　敬白道場四眾等、此非市店、何須乱語。乱語之人、必定獲罪。

道場の四衆等に敬白す、此こは市店に非ず、何ぞ乱語を須んや。乱語の人、かならず罪を得ん。

ここに挙げた四例の文中、特に傍線を引いた部分に注目すると、aに「施主等おのおの姿勢を正して正坐して、胸の前で合掌せよ」、「このような衆は、道場内に多く見られる」とあり、bに「今、法座の下に、三種の人が法を聞こうとしている」とあり、cに「座の大衆を見るに」、「合に道場の善男女等よ」とあり、更にdには「ここは市中の店ではない、勝手なおしゃべりは慎みなさい。勝手なおしゃべりをしている人は、かならず罪を得るであろう」等との表現が見られることによっても明白であるように、法座に上って聴衆を前にして語られることを前提に作成されたものと考えてよいだろう。dの表現はとくに現場感覚が強く感じられる。かといって速記にて記録したものと考える必要はないだろう。その当時の俗講の開かれた場では、人々のおしゃべりやざわめきがいつもあり、それを想定して挿入された語で、この文全体はあくまで台本として作成されたものと考えるべきものと思う。そうではあっても俗講の場の雰囲気を直接伝えているであろうその表現は、俗講そのものの社会における存在を考えるにあたって貴重な資料となるものである。

次に聴衆に向かって用いられた呼びかけ語についても分析を加えつつ見ていくことにしよう

## (四)　呼びかけ語からの分析

その場に参加していた聴衆に対して呼び掛ける、呼びかけ語は一つではなく、いくつかの語が用いられている。結論から先に言えば、それを取り出して分析を加えてみると、呼びかけ語の変化は、語られる内容の変化と巧妙に一致していることが見出される。

呼びかけの語は全部で七〇例を摘出できた。それを図式化したものが以下の表である。

《呼びかけ語用例表》

| 呼びかけの中心語 | 使用された呼びかけ語 | 通し番号 | 使用数 | 合計数 |
|---|---|---|---|---|
| 弟子 | 弟子衆等 | 1、2、3、4、5、6、48 | 7例 | 9例 |
| | 弟子 | 7、56 | 2例 | |
| 時衆 | 時衆等 | 8 | 1例 | 3例 |
| | 時衆 | 61 | 1例 | |
| | 道場時衆 | 62 | 1例 | |
| 施主 | 施主男女 | 9、13 | 2例 | 28例 |
| | 施主 | 10、11、12、17、19、20、24、25、26、27、28、29、31、34、36、44 | 16例 | |
| | 施主等 | 15、16、18、21、23、37、45、67 | 8例 | |
| | 諸施主等 | 35 | 1例 | |
| | 道場施主 | 46 | 1例 | |
| 大衆 | 大衆 | 14、59 | 2例 | 5例 |
| | 道場大衆 | 30、33 | 2例 | |
| | 道場大衆等 | 40 | 1例 | |
| 男女 | 善男子善女人 | 32 | 1例 | 18例 |
| | 道場男女 | 38、51、52、53、54、55、58、62、63、64、65、68 | 12例 | |
| | 男女 | 39、50 | 2例 | |

| | | | | |
|---|---|---|---|---|
| | 道場如□女 | 41 | 1例 | |
| | 是男是女 | 57 | 1例 | |
| | 道場善男女等 | 60 | 1例 | |
| その他 | 如此衆 | 22 | 1例 | 7例 |
| | 道場諸人等 | 47 | 1例 | |
| | 道場諸人 | 49 | 1例 | |
| | 有煞生之者 | 42 | 1例 | |
| | 敬白道場云云 | 43 | 1例 | |
| | 道場四衆等 | 66 | 1例 | |
| | 道場善知識等 | 69 | 1例 | |

表としてまとめたものを見ていくと、「弟子」、「施主」、「男女」を中心語とする語が多く用いられていて、「弟子」との呼びかけが冒頭部に、「施主」との呼びかけ語がそれに続く前段部分に、まず「弟子」が用いられ、たくみに「施主」との呼びかけに変化し、説話部分を挟んで後段部分では「男女」との呼びかけ語が多く用いられてくるようになることが見て取れる。これはこの文の内容の展開から見た構成と密接な繫がりを持っている。

## (五) 文の構造

ＢＤ一二一九に展開されている文の構造的特徴としては、文の中間に文書全体の三分の一を占める割合で、そ

れぞれ出自の異なる四つの説話が連続して記せられる部分のあることが挙げられる。その点に注目して構造的に大きく分けると、

前段―説話（四話）―後段

という構成になっている。そのうち前段の部分も詳細に見ると、比較的短い同じリズムを持つ同一表現を繰り返す導入部分と本文部分とに分けて考えることができ、説話を挟んでの後段部分もその本文部分とその後に引き続く「問い―答え」の構造を持つ問答部分とに分けて考えることができる。結局、この文は構造的には具体的に以下に示すように五つの部分に分けて考えることができる。

1　導入部分（第一行～一五行）〈呼びかけ語一～六〉
2　前段本文（第一五行～七二行）〈呼びかけ語七～三七〉
3　説話部分（第七三行～二四九行）〈呼びかけ語三八～四二〉
　第一話（七三行～一二八行）〈呼びかけ語三八〉
　第二話（一二九行～一八〇行）〈呼びかけ語三九、四〇〉
　第三話（一八一行～二三三行）〈呼びかけ語四一〉
　第四話（二三四行～二四九行）〈呼びかけ語四二〉
4　後段本文（二五〇行～四三一行）〈呼びかけ語四三～七〇〉
5　問答部分（四三二行～五〇〇行）〈呼びかけ語無し〉

ここに示される構成は、明らかに意図した形式に則って作成されたものと考えられるもので、重要な問題を提起

している。この点については1～5の部分それぞれに対する検討を行って、全体を見通した上で考えていきたいと思う。

先に示した呼びかけ語を文の構成と対応してみると、

1　導入部分—「弟子」用例九例中の六例
2　前段本文—「施主」用例二八例中の二八例
3　説話部分
第一話—「道場男女」の一例
第二話—「男女」、「道場大衆等」の二例
第三話—「道場若□女」の一例
第四話—「道場内有煞生之者」の一例
4　後段本文—「男女」一八例中の一四例
5　問答部分—無し

このように見てみると、1導入部分では「弟子」の語を用いて語りかけ、2前段部分では「施主」の語を用いて語りかけ、3説話部分と4後段部分では「男女」の語を用いて語りかけを行っている全体としての構成上の特徴が見て取れ、呼びかけ語は段落ごとに主意を持って話されている内容と密接にかかわりがあると考えることができよう。また、同様の意から5の問答部分に呼びかけ語が一例も見られないことは、この部分はこの文作成時点ではこのままの状態で聴衆に話しかける想定での作成ではないことを示していると考えられ、これも全体の構成上から見た意味合いについて考えていくこと手がかりになってくると思われる。

## （六）導入部分について

まず始めに導入部分の構成について検討する。
写本は開頭部分が破損した状態となっているが、残される写本の冒頭部は、

弟子衆等懺悔已後、…得如斯願、報道慈恩

というパターンの繰り返しに基づいて作られているのが見て取れる。取り出して見ると次のような繰り返しがなされているのが分かる。

1　弟子衆等懺悔已後、願常□□□恒聞正法、常得見経、常得遇法。善善相逢、悪悪相離、身心清浄□□□□煩悩消滅、智恵開發。得如斯願、報道慈恩。

2　弟子衆等懺悔已後、断六情彰、去六欲、浄根明識云々。第一願取色不眼、第二願聲不入耳、第三願取味不入口、第四願取想不入意、第五願取氣不入鼻、第六願取欲不入身。弟子衆等去此六取、即得六識分明、六根清浄、當之来生、出離三界廿八天、得登四梵天宮、受大快楽、得如斯願、報道慈恩。

3　弟子衆等懺悔□後、願合家男女、受年無病、得度三災、免離九幽、厄凶年俟歳。願不耳聞、父北子南、更莫逢遇。得如此願、報道慈恩。

4　弟子衆等懺悔□□、合家男□□之中、頭頭不痛、額不熱、床上□莫□病兒、獄中莫有繫囚。常聞説法、莫聞哭聲。得如斯願、報道慈恩。

5　弟子眾等懺悔已後、願罪鄣消除、離苦解脱。有縁男女、同上法船、出離苦海、同登道岸、至无爲果、同法味藥、除愚癡病、同度法橋、離生死□、□得法水、洗除清浄、内外光明、猶寶珠、一无瑕穢。得斯願、報道慈恩。

これを内容の面から見ると、「弟子眾等懺悔已後」と呼びかけた後に、参加している聴衆が共通して持っているであろう願い事を五回に分けて言い、その後でそれぞれを「得如斯願、報道慈恩」と受けて締めくくるという構造で五回繰り返されているといえる。

分かりやすくするために、それぞれに見られた願い事の部分だけを取り出してみると、

一回目　願常□□□恒聞正法、常得見経、常得遇法。善善相逢、悪悪相離、身心清浄□□□□煩悩消滅、智恵開發。
二回目　断六情彰、去六欲、浄根明識云々。
三回目　願合家男女、受年無病、得度三災、免離九幽、厄凶年倹歳。
四回目　合家男□□之中、頭頭不痛、額不熱、床上□莫□病兒、獄中莫有繋囚。
五回目　願罪鄣消除、離苦解脱。

となっていて、まず開口一番に示される願い事は特別な状態や状況にある人のみを対象にしたものではなく、ごく一般的な当時の社会の人々全体としての願いを並べている。これは表現を変えて言えば、当時の社会における人々の生活の中で必然的に起きる願望であるといってよく、更にいえば、時と場所を選ぶことなく時代を超えて人々の

共感を得る普遍的な願いといってもよいだろう。

このような人々に一回一回共感を得ながら進められていく願いごとの繰り返しの表現は、その場にいる聴衆をある一定のリズムの中に巻き込んでいく効果をもっているということができ、話の語りだしに用いて話者の世界へ聴衆を引き込んでいく手段として有効な働きを示したと思われる。このような部分がその最初にあることから考えると、この文書は最初の部分に破損欠落があることが形態上からはっきりと判断されるが、その欠落部分はさほど多くはないと思われ、現存の冒頭部はその文の最初に近い部分であると考えてよいように思われる。

冒頭に置かれるこの短い部分は、語りの始まりの部分で、同じく敦煌文献中から発見され研究が進められた変文・講経文等の講唱文芸に当てはめてみると、その役割としては講座の開頭に置かれて、まだざわついている人々に場の始まりの注意を促し、かつこれから語ろうとする内容に入り易い糸口を人々に与える意図で語られたとされる、これも敦煌文学文献中に見られる「押座文」に当たる構成要素をもった部分であったと考えてよいと思う。

この入り方がある形式を代表するものであるのかについて、或いは道教関連の俗講で常用されたものかどうかについても、まだ他に用例を見出していないので断言は避けざるを得ない。同じ意味で、このまま同様な作りを持つ道教経典は見当たらないようで、道教経典のある形式をそのまま受け継いだものとも思われないのだが、印象的に用いられている「報道慈恩」の表現に着目すると『太上洞淵神呪経』にそのきわめて類似する用例を見ることができる。さらに視点を広げて、世の苦しみから願い事を並べて「報道慈恩」で締めくくる文の構造についても関連付けてみると『太上洞淵神呪経』(10)に見られる説き方とよく似ていることが指摘できる。

『太上洞淵神呪経』巻十一　三昧王召鬼神呪品の冒頭部分は、

元始天尊以上皇二年建辰之月八日日中時、於元陽上宮、爲大羅諸天大梵天帝、四極高眞、九天元王、三天眞皇、説『洞玄靈寶大有至眞自然智慧淨誡妙經』。法事既畢、乃更命召三炁天君、五老上帝、九官眞仙、四方無極三十六天帝、飛天神王、九地土皇、三界官屬、神霄大魔前後圍繞、飛行太空、廻駕來降菀利之天碧海之崖方諸宮内洞淵池上、坐五色飛龍蓮花之座、將說法要、救度三界五道一切蒼生、放身威光、普照十方一百八十海諸龍宮殿、酆都暘谷水會之府、風澤九地三十六地土皇宮殿、仙眞大聖領籍之府及三十六洞天、各有日月星辰、官屬人民、六畜鳥獸蟲魚、自謂安樂。

として、元始天尊が元陽上宮において大羅諸天大梵天帝、四極高真、九天元王、三天真皇のために『洞玄霊宝大有至真自然智慧浄誡妙経』を説き、法事が終わると、更に三炁天君、五老上帝、九官真仙、四方無極三十六天帝、飛天神王、九地土皇、三界官属を召しだした。神霄大魔が前後を囲繞し、太空を飛行して、菀利之天碧海之崖方諸宮内洞淵池上に降り、五色飛龍蓮花の座に坐り、法要を説き、三界五道一切蒼生を救度しようとすると、その身からは威光が放たれ、普く十方一百八十海諸龍宮殿、酆都暘谷水会の府、風沢九地三十六地土皇宮殿、仙真大聖領籍の府及び三十六洞天を照らし、それぞれに日月星辰がある官属人民、六畜鳥獣虫魚は自ら安楽を告げたと始まっている。その後で凡俗の世界の者が救護を求めているとした上で、

於是衆中東上九天飛天神王、名曰三昧威德、智慧相好、具足力攝諸魔、天神龍鬼大明、呪術善權方便、隨機利益、從座而起、領諸眞人蔚明羅王及三十六天小王拘婁王等、同整衣冠、倶起作禮、叩頭自博、長跪稽首、上啓道君、

衆中から東上九天飛天神王が座から立ち上がり、諸真人蔚明羅王及び三十六天小王拘婁王等を領いて、皆で衣冠を

整え、倶起作礼し、叩頭自博し、長跪稽首して道君に申し上げたとの設定を受けて、最初に「我等積善深厚、奉遭大聖（我等善を積むこと深く厚ければ、大聖に奉遭し）」として、ここに集う者どもは苦しみから逃れているものの、「諸凡夫」の世界で起こっている悲惨で苦しい現実のあり様を以下のように表現し訴える場面が導き出される。

見諸凡夫、學與不學、不顧宿命、不遵經法、是非紛亂、四見昬迷、六情所染、心不自專、造惡之時、無所畏懼。或復恐怖、叫喚神鬼、爲其救助。或上引三光七祖先亡以爲盟誓、更相馳競、無有終始、六親相殘、傷殺無道。或刀兵饑饉、憑恃威力、聚合群眾、殺害無辜。一切人鬼禽獸之類、臨命終時、戀其室宅、愛惜本身、心迫情切。或起惡心、或發惡願。因尋本誓、隨其所在、屍血所染、骨肉所附、炁噓目視、皆生惡業因緣、魂爽相習、報對無窮、既不善入靈寶智慧自然法誡、何可濟免。或謂精爽、心色微細、光景聲炁之所感激、因乘六天故炁。五酉百精、九醜八風、五行衰盛、依附精光而生災害、瘟疫毒癘、百病因起、債主寃家、口舌誹謗、遭逢者眾。城邑治舍、村居山澤、哭聲相尋、凶精轉熾、人心怖懼、益生寒熱、寒熱起內、病生於外。或禱祠宇、故炁不正之鬼、追尋血食、妄說吉凶、不聞正道、不知歸向、不見經教、不識本眞。留連百精、結罪三官、沈淪五道、自生自死、終天無脫。或五斗星官告變災禍、水旱風雨不順四時、刀兵疫疾加其凶炁、國主憂懼、百姓塗炭、無有濟拔。

諸凡夫を見るに、学ぶと学ばざるとも、宿命を顧みず、経法に遵わず、是非紛乱し、四見昬迷し、六情染まる所、心自ら専らにせず、造悪の時、畏懼する所無し。或は復た恐怖し、神鬼に叫喚し、其の救助を為う。或は三光七祖先亡を上引し以て盟誓を為し、更に相い馳競して、終始有る無く、六親相い残い、傷殺無道なり。或は刀兵飢饉、威力を憑恃し、群衆を聚合して、無辜を殺害す。一切の人鬼禽獣の類、命終る時に臨みて、其室宅を恋し、本身を愛惜し、心迫情切なり。或は悪心を起こし、或は悪願を発す。因りて本誓を尋ぬるに、其の所在に随い、屍血染む所、骨肉附す所、炁噓目視するに、皆な悪業因縁を生じ、魂爽相習、報対無窮なれば、既に善く霊宝智慧自然法誡に入らず、何ぞ済免す可けんや。或は精爽を謂い、心色微細に、光景声炁の感激する所、因りて六天故炁に乗る。五酉百精、九醜八風、五行哀盛、精光に依附して災害を生じ、瘟疫毒癘、百病因起し、債主冤家、口舌誹謗、遭逢する者衆し。城邑治舍、村居山沢、哭声相い尋ぎ、凶精転熾、人心怖懼、益々寒熱を生じ、寒熱内に起り、病い外に生ず。或は祠宇に禱るも、故炁不正の鬼、血食を追尋すれば、吉凶を妄説し、正道を聞かず、帰向を知らず、経教を見ず、本真を識らざるなり。百精に留連し、罪三官に結ばれ、五道に沈淪し、自生自死し、終天脱する無し。或は五斗星官告変災禍し、水旱風雨四時に順わず、刀兵疫疾は其の凶炁を加え、国主憂懼し、百姓塗炭なるも、済抜有る無し。

その後で、最後に、

我等今日蒙聖尊威力、受任神王。所有見聞、願得安養、報道慈恩。
我等今日聖尊の威力を蒙りて、神王に受任す。見聞有るところ、願うらくは安養を得んことを、報道慈恩。

と締め括っている。ここでの「報道慈恩」の意味合いは、衆中から東上九天飛天神王が座から立ち上がり道君に多くの人の受けている救われることのない苦しみを累々と訴えた後に、私たちは救われた場所にいるが、そうではない「諸凡夫」の世界に安養を与えたまえと願いを申し述べた後で用いられていることからみても「いつくしみを賜らんことを」との意味合いにとっていいものであろう。

簡潔な表現でその場にいる人々に注意を促し意識を向けさせようとして冒頭に置かれていると考えていいであろう導入部分と『太上洞淵神咒経』の開頭部分をそのまま比較するのは無理もあるが、神格に人々の受けている苦しみを告げ述べた後に「報道慈恩」と締め括って其の救いの及ばんことを願う構成法は、『太上洞淵神咒経』の構成が意識下にあって作成されているとみて大過ないことと思われ、この文の作成者及び聴衆においても『太上洞淵神咒経』との密接な繋がりがあることを見ておく必要があるだろう。

## （七）前段部分について

前段部分は、上記した場の開始を報せる導入部分を承けて「年年歳歳、常見道場、日日時時、恒聞經法、…願令此耳常聞天尊説法、一心奉行、更不退轉。…願弟子従今身盡未来際、常發如此善願、莫生退轉。不生退轉者、頭面云云。（年年歳歳、常に道場に見れ、日日時時、恒に経法を聞き、…願わくば此の耳をして常に天尊の説法を聞き、一心に奉行し、更に不退転ならんことを。…願わくば弟子今従り身の尽くる未来際に、常に此この如き善願を発し、退転を生ずる莫からんことを。退転を生ぜざる者、頭面云云」と、さあ始まるぞとばかりに人々の意識を引き入れる常套句の羅列から始まっている。その後に次のようにこの段の主題が提示される。写本自体の欠損もあって読みにくい部分ではあるが、

敬白時眾等、貧道向者爲施主男女、讀経懺悔行道□□□□功徳悉□圓滿。惟未受戒、既其焼香燃燈、轉経行道、何假受戒。只爲施主、…是故貧道欲爲施主受天尊金口所説大乘經戒、施主男女至心諦聽。

この衆等に敬白す、貧道はさきに施主男女の為に、読経懺悔行道□□□□功徳悉□円満。惟だ未だ受戒せず、既に其の焼香燃燈、転経行道するも、何ぞ受戒に仮らん。只だ施主の為め、…是の故に貧道は施主の天尊金口所説大乗経戒を受くるを為さんと欲す、施主男女よ至心に諦聴せよ。

と語りかけが始まる。まず呼びかけ語が、「時衆（この衆）」から「施主（布施をする人）」にすぐに言い換えられていることに巧みな演出を見る。この段でのもっとも重要な意図は「施主」に「天尊金口所説大乗経戒」の受戒を促すことにあるのは明白である。この後に、『太玄真一本際経』[11]、『太上洞玄霊宝智慧定志通微経』[12]等の道教経典を繰り返し引用して、受戒を行うことがどれほど重要なことか、そしてその身にどれほどの益をもたらすのかを切々と説く内容になっている。

ここまで見てきたように此の前段部分での主題は聴者に受戒を勧めることにあるとみてよいのだが、この段に九か所に及ぶ経典引用が見られていることが、この文献の形式を考える上で重要な問題となってくる。この段での結論を言えば、これらの引用はすべての個所で特定の経典の内容を聴衆に分かりやすく伝えようという意図でその一部、或いはその一段落を引用して用いられているのではなく、更には、ある特定の経典それ自体を解釈する内容でも、またその作りともなっていない。あくまで受戒を聴者に意味づける論拠として、複数の経典において引用者の意に沿う部分をのみを取り出して用いられている点にその特徴がある。この問題は、この文献自体の性格を考える上において重要な問題となってくるので、全体の構成を見た上で改めて取り上げることにする。

## （八）説話部分について

説話部分では第一話から第四話に至る四つの話が続けて述べられている。この四つの説話はこの前に置かれて人々に受戒を勧める前段部分と説話の後にきて人々に布施を求める趣旨を持つ後段部分に挟まれるかたちで置かれているが、この文献の構成上、いかなる意味合いから見ても中心部分と思われるこの位置に置かれていることにまず重要な意味と意図とがあると考える。全体に人々に語って聞かせる形態を持つこの文献の構成上、ここに説話を並べて聴者へ語りかけるのは人々に飽きさせることなく、さらに話す内容にいま一段高い説得性を持たせるために置かれていると考えることが、一つの理解の仕方ではあるだろう。経典の引用を行いつつの説明だけでは、以下にリズム感よく話す語り手であっても聞き手には飽きが生じてしまう。構成上における変化と面白く語られる説話自体の面白さがここにきて改めて人々の心をつかんでいくように考えられていると言ってよいだろう。ただ、ここに残されている説話自体の表現に注目すると、説話自体の持つ興味深く人々の意表を突く内容的な面白さと裏腹に、聴衆に聞かせるための十分な演出と脚色がなされているようには見えない。まだ説話の筋が書かれているだけに近いものと言っていい。この部分は実際に人々を前にして話されるときには、話し手による脚色がなされ、耳に入りやすい言葉に変えられて話されたはずで、その点こそが次に考えていく必要のある部分である。

この四つ説話のそれぞれの個々における分析と、これらの説話が語りの場でいかなる形態をとったのか、或いはとったと思われるかについては、敦煌変文を視野に入れて文学的な観点も含めて考える問題であり、別途考えたいと思っている。ここでは全体の構成上における位置づけのみに注意を払うことに止めておきたい。それでもこの説話が全体の構成の中でこの位置にあり、かつ欠く能わざる構成要素となっていたであろうことは、一つ一つの説話の後にそれぞれ次のようなまとめの一言が付け加えられていることから見て間違いないことであろう。

第一話

我等凡夫五逆者多、孝順者少、如功德豈不修。只看幸樂夫人兒擧心賣田、閻羅王以早知判昇天堂。道場男女、願莫行此五逆不孝□□爲耶娘散施貧窮、廣建功德。願我父母不見刀山、不見劍樹、不見灌湯、不見爐炭。願不入磨坊地獄。見在道場、擧手彈指、合常（掌）當心、是阿娘孝順子者、煞稱无上尊。

我等凡夫五逆の者多く、孝順の者少なし。功徳の如くも豈に修めざらん。只だ幸楽夫人の児を看るに挙心に田を売り、閻羅王以て早に知り判じて天堂に昇らしむ。道場男女よ、願わくば此の五逆不孝□□行う莫かれ、耶娘の為に貧窮に散施し、広く功徳を建てんことを。願わくば我が父母刀山に見わず、剣樹に見わず、灉湯に見わず、爐炭に見わざらんことを。願わくば磨坊地獄に入らざらんことを。いま道場に在るものは、挙手弾指し、胸の前に合常（掌）し、是のごとく阿娘の孝順の子は、煞いに无上尊を称えよ。

第二話

男女行善、□□□心得□内外道場大眾等、是阿娘慈孝者、煞稱无上尊。

男女善を行い、□□□心得□内外道場大衆等、是のごとく阿娘の慈孝なる者、煞いに无上尊を称えよ。

第三話

見在道場若□女各各歸依、當有如此。並皆懺悔、を同心同願、造像寫經。

いま道場に在る若□女各各の帰依すること、当に此くの如きこと有り。並に皆な懺悔し、心を同じくし願いを同じくして、造像写経せよ。

第四話

父母恩重、昊天難報、道場之内有煞生之者、悉來懺悔。

父母の恩は重く、昊天は報じ難し、道場の内に煞生の者有れば、悉く来りて懺悔せよ。

第一話で「是のごとく阿娘の孝順の子は、煞いに无上尊を称え」ることを説き、第二話で「是のごとく阿娘の慈孝なる者、煞いに无上尊を称え」ることを説き、第三話で「各各の帰依し、…並に皆な懺悔し、心を同じくし願いを同じくして、造像写経せよ」と説き、第四話で「悉く来りて懺悔せよ」と説いて聞いている者たちの心を高揚させ、説かんとする内容が心に入って行きやすくしている。

このように見てくると、実際の場における運用上においてこの四つの話は、その時々の講座の場の状態で取捨されて話されていただろうと想像されはするが、あくまでその基本は四つの話を続けて話すことを前提に構成されていたと考えたほうがいいようだ。

## （九）後段部分について

説話のすぐ後に続く後段は、文字だけを見ても前段の三倍強の量を持つことから、その構成は最初から直截的にその主となる意を出すことはなく、前段と同様に二六ヵ所に亘って経典を引用して述べる主意に確証を与えつつ、一つ一つ段階を追って全体の核心に迫る構成で徐々に人々を説得していく方法が採られている。それを順を追ってみていくと、

1　无上三代天尊についての説明

无上三代天尊とは──過往大慈元始天尊
　　　　　　　　──見在大慈虚皇天尊
　　　　　　　　──当来救苦大極天尊

2　善を行うことの勧め

善を行う──大羅天に昇り、不生不死となる。
悪を行う──六道に淪み、地獄の苦にあう。

3　三宝に帰依することの勧め
　太上無極大道に帰依し
　経に帰依し
　師に帰依す
ここでの三宝は仏教を指すのではなく、道教にそのまま取り入れての使用。

4　三捨をはっきり理解する
　第一捨身
　第二捨命
第三捨財—三捨之中、財最輕薄、又是身外之物（三捨の中、財最も軽薄にして、又是れ身外の物）
この中で日常生活を変えることなく行え、また行いやすいのが財捨である。

5　布施の理解
　道場男女、既知三捨、須明布施。布施法、以觀善爲本、以濟苦爲心。

道場の男女よ、既に三捨を知るなれば、須らく布施を明らかにすべし。布施の法は、以て善を観（あらわ）すを本と為し、以て苦を済うを心と為す。

6　大乘の法を明らかにして、真人戒を持するようにせよ
先須度持眞人所行三種大戒。何者爲三、一者從今身至成道身、盡未來際、於其中間斷一切惡。二者從今身至成道身、盡未來際、於其中間修一切善。三者從今身至成道身、盡未來際、於其中間度一切眾生。是名眞人三種大戒。眞人者、所有功德如牛跡中水。持眞人戒者者、所有功德如大鵰鳥。持仙人戒者、所有功德猶如片鸎。持眞人戒者、以有如是无量无邊不可思議大大功德。

先ず須らく真人行う所の三種の大戒を度持すべし。何をか三と為すや、一は今身従り成道身に至るまで、尽未来際に、其の中間に於いても一切の悪を断て。二は今身従り成道身に至るまで、尽未来際に、其の中間に於いても一切の善を修めよ。三は今身従り成道身に至るまで、尽未来際に、其の中間に於いても一切の衆生を度せ。是れ真人三種の大戒と名づく。真人は、有する所の功徳は牛跡中の水の如し。真人戒を持する者は、有する所の功徳は大鷗鳥の如し。仙人戒を持する者は、有する所の功徳は猶お片鸜の如し。真人戒を持する者は、以て是くの如く无量无辺不可思議大大功徳有り。

このように1から6に至る段階を順を追って見てくると、6の真人戒を持することが最後に来て、最も重要とする構成ではあるが、その実この段階はたどり着くにやさしい位置ではない。理想としての到達目標であったと考えてもいいであろう。この後段において聴衆が感銘を持って身に感じたのはそのひとつ前の5の布施の勧めであったと考えていいのではないだろうか。そしてそれは聴取者の現在においても実行可能なことでもあるとの意味においても重要なことであった。

この段の構成と内容において見ておきたいのは、「三宝」をそのまま道教での用語として用いていることであり、「大乗」の語を「道教」を意味する語として用いていることである。これは仏教からの影響であると考えるのは勿論のことだが、むしろ見方を変えて、意図的に用いることからことさらに仏教との違いを感じさせずに聴衆を素直に場に引き込み、これまで有していたであろう仏教での知識をそのまま引き入れて、それと真っ向から対立するものでないことを感じさせ、その土台に乗ることで容易に道教者として伝えたい意を解させることができることから用いられたとも考えられるのではないだろうか。

続いてこの写本の最後に位置している問答部分が来る。これまで検討してきたことから見てみても、この問答部分は写本の最後にあると同時にこの唱導の台本の構成上においても最後となるものと考えてもいいようだ。

　現写本上には「問曰云、何得知一切万法並是虚妄、无有定實」と「問曰、若无我者、行住坐臥、言語談笑、誰使□」の二つの問いとそれに対するそれぞれの「答」が見られるが、尾欠である写本の形態上から更に「問曰…、答…」の形態が続いていたことも考えられないことではないが、写本の尾部が急に行を詰めて文字を小さくして引きつめて書かれていることを見ると、用紙が終わりに近づいたことからの所作と考えられなくもなく、ほぼ写本の最後に近い部分と考えてもよいように思われる。

　この最後に位置する部分は、これまでに語られていた部分のように万人向きのやさしくわかり易い表現と用語が用いられて進められてきた内容と趣を異にして、表現も硬く、用語も必ずしも不特定多数の多くの人を想定したものとは思えない変化が見られる。必ずしも毎回唱導の場でとり行われていたこととは考えないでもいいのではないだろうか。ここの内容については別に取り上げることにしたい。

## （十）　引用経典の分析

　前章までにＢＤ一二一九は特定の経典を取り上げて、それをやさしく噛み砕いて分かりやすくして、座に集まった人々に講経する（つまり「講経文」）形態を持つもではなく、聴衆に伝えようとする特定の明確な意図を持ち、その意図に沿って複数の道教経典の引用を行いつつ語りを進めていく内容的構成となっている。その伝えようとする意図は明確で、広く一般的に「受戒」と「布施」の勧めとその効用を説き聞かせる内容であると言ってもよいだろう。このことから文の形態として、またその文の持つ趣旨から見ても「講経文」に分類するのはふさわしくないと考えていることはすでに述べた。この点ついては以下に検討を重ねて後文にて再度触れることにしたい。この文書の重要な意味合いの一つは唐代社会で行われていた道教の俗講の様子をそのまま伝える内容を持つ文書であることにある。その点に注目して、一度これまでの概念を離れて、「俗講」で講じられたものとの認識に立って、改めてその形式について考えてみることにしたい。

そこでまず、複数の引用経典に注目して、その引用経典の分析から、この文献の持つ宗教的背景に目を向けていくことにしたい。この文書に引用される経典の分析、就中その絶対多数を占める道教経典を分析することからこの文書がどのような傾向を持つ者、或いは者達から作成されたのかを見ていくことができるのではないかと思う。そしてそれは取りも直さず当時の民間に行われていた道教の具体的実体の姿でもあると考えられよう。この作業を経て唐代の一般社会に浸透していた道教が多様な姿を持っていたことをあくまで想定しておく必要はあるものの、それでもその具体的姿の重要な一面が見えてくるのではないかと考えている。

先にも述べたが、この文の特徴は仏教用語と道教用語を混在して用いつつ、全体を通しての意思としては、道教の布教、特に受戒と布施を行うことが重要な意義を持つことを幾つかの面から分かりやすく説いた内容を持っている。大きく見ると、その中に用いられている用語は多く元来仏教で用いられたものであるのだが、それが仏教用語の借用として意識されていたかについては、更に詳細な検討を要するものではあるが、道教側の行為及び其の価値を理解させるために使われており、あくまでも説く内容は道教者として受戒と布施を行うことの重要さを説いていて、その事を通じて道教の価値観を伝えることに意義を持つものであったと思われることも先に指摘しておいた。

更に大きな特徴として挙げられることは、経典の引用が多用されていることである。全体として意図された趣旨に沿って語られ、その論理が展開していくのだが、その論旨が取り出されるごとに其の根拠を示すために経典の引用が多用されていることである。経典名を明らかににしての引用が見られる半面、ただ「経云」、「真人曰」などとのみ示すだけで引用される経典も少なくない。また『易』、『尚書』、『礼』、『論語』などの中国社会における伝統的な儒教に関わる経典の引用と明記されるのは一箇所のみではあるが「仏教《経》曰」とあるもの、そのほかに仏教経典の引用をしたと思しき数箇所の引用を除くと全てが道教経典からの引用である。これはこの文献が示す大きな特徴であり、この引用経典の分析とその検討を通してこの唱導の台本が当時のいかなる道教勢力をその背景に持っていたのか、あるいは見方を変えれば、当時の一般的中国社会の中でどのような道教思想が受け入れられ流通していたのか、これまで知られることの少なかった具体的な様相としての一面に対して確実な理解を我々に示してくれることと思われる。以下に詳細に検討を行っていきたい。

明らかに引用を行うと明記する箇所を取り出して見てみると、経典名を明らかにした上での引用があるだけでなく、経典名を表示することなくただ「経云（経に云う）」、「真人曰（真人曰く）」などとして引用が行われている箇所に分かれることに気づかされるのだが、その双方を合わせて文献中に現存している部分の中において数えるだけで三六箇所を数える。これはあくまで表面上からも見える引用と明記された箇所についてのみのことで、この他至る所にある特定の道教経典が念頭にあって用いられたと思われる語や文の構造が指摘できることはすでに指摘した。これらのことを合わせて考えることから、この文全体を通して見た大きな特徴が見えてくるのではないだろうか。

次いで、その用語、文構成、及び全体を通して見た構造上の特徴を、文の内容とその制作意図の面から見ていくと、聴衆に伝えようとする内容の絶対的重要性を確認するために多くの経典を引用しつつ話を進めていく方法が文の基本的骨格となっていることが分かってくる。このような方法が俗講における語りの一つの形式であった可能性も考えられ、さらに慎重な検討を必要とするものであるが、現時点でＢＤ一二一九文書全体の性格を見ると、これはあるジャンルにおける一つの完成された形式によって作成された決定稿として考えるより、完成に向けて制作された稿本の性格をもったものであったのではないかと私は考えている。この点については、後文で検討する。

経典等の引用であることを表示したものだけを表にして列挙してみると見てみると以下の表1のようになる。

表1

| 番号 | 写本行数 | 引用の表記 |
|---|---|---|
| 1 | 29行 | 《本際経》云 |
| 2 | 34行 | 《経》云 |
| 3 | 43行 | 《経》云 |
| 4 | 46行 | 《本際経》云 |
| 5 | 47行 | 《定志経》云 |
| 6 | 47行 | 又 |
| 7 | 52行 | 《経》云 |
| 8 | 60行 | 《経》云 |
| 9 | 285行 | 《経》云 |
| 10 | 291行 | 《経》云 |
| 11 | 317行 | 《経》云 |
| 12 | 318行 | 《経》云 |
| 13 | 318行 | 仏教《経》云 |
| 14 | 324行 | 《度人経》云 |
| 15 | 330行 | 故真人曰 |
| 16 | 357行 | 《大戒経》云 |

| | | |
|---|---|---|
| 17 | 361行 | 《霊宝経》 |
| 18 | 363行 | 《本相経》云 |
| 19 | 364行 | 《定志経》云 |
| 20 | 366行 | 《経》云 |
| 21 | 368行 | 《易》云 |
| 22 | 368行 | 《尚書》云 |
| 23 | 368行 | 《礼》云 |
| 24 | 380行 | 《経》云 |
| 25 | 381行 | 《十戒経》云 |
| 26 | 382行 | 《正一経》云 |
| 27 | 385行 | 《経》云 |
| 28 | 387行 | 如《経》中所明 |
| 29 | 394行 | 《経》云 |
| 30 | 396行 | 《度人経》云 |
| 31 | 396行 | 《昇玄経》云 |
| 32 | 399行 | 《経》云 |
| 33 | 403行 | 《昇玄経》云 |
| 34 | 403行 | 《請問経》云 |

| | | |
|---|---|---|
| 35 | 472行 | 曾子曰 |
| 36 | 500行 | 《経》云 |

上記の例以外に、第四五行目に「然只个經曰、並是天尊金口所説、（然しこの経に曰うは、どれも天尊の金口より出たお言葉）」との表現が見られるが、ここはそのすぐ直前にある引用3での経典を指していて直接に引用文を導きだしての使用と思われることから、直接の引用は三六例となる。

こう見てくると、全三六例中に経典名が示されての引用（A）が儒教経典の三例と第六例の（又）としてすぐ前の引用《定志経》を指すことが明白な例を含めて一八例見られ、経典名は示されずに「経云」、「真人曰」などとして具体的な経典名を挙げずに引用（B）が行われていたのが一九例見られていて、ほぼ半数の個所で経典名を示すことのない引用が行われていることが見て取れる。

ここには構成上において（A）、（B）を分ける何か意図されたものがあるのであろうか。また、（B）の経典には、経典名を示さない何らかの共通した理由が考えられるのだろうか。まずはこの点から手始めに検討を加えていきたい。

そのためには、最初に（B）の経典個々においていかなる経典からの引用であるのかを、困難な作業であるのだが、引用部分をもとにその出典をできるだけ明らかにしていく作業が必要となってくる。

さらに経典名が示されての引用（A）のグループにおいても、経典のフルタイトルが用いられず略称で示されていることが多く、まずは（A）、（B）いずれのグループにおいてもその出典を明らかにして把握しておく必要があるだろう。以下に示す表2が全ての引用部分に対して、現存する経典を対照してその出典経典名と、その出典個所を可能な限り求めたものである。

表2

| | 写本での行数(13) | 写本上での引用を示す記載 | 写本上での引用文 | 対応する現存経典名、出典個所 | 引用されたと思われる部分 |
|---|---|---|---|---|---|
| 1 | 29行 | 《本際経》云 | 天尊遺教、戒勸分明、努力勤修、早求解脱、勿懐憂惱、虚喪善功。 | 『太玄真一本際経』(『道蔵』太平部。山田本、巻第二付属品)(14) | 天尊遺教、戒勸分明、努力勤修、早求解脱、勿懐憂惱、虚喪善功。説是語已、即與侍從還返玉京。諸餘神仙、十方來者、各禮道君、一時而退。 |
| 2 | 34行 | 《経》云 | 此法實玄妙、免汝九祖役、是其人不授令人與道隔、授与非其人、見世被考責、死墮三塗中、万劫悔无益、 | 『太上洞玄霊宝智慧定志通微経』(『道蔵』洞玄部本文類) | 人誦曰、此法實玄妙 免汝九祖役、是其人不授令人與道隔、非人而趣授、見世被考責死墮三塗苦、萬劫悔無益、 |
| 3 | 43行 | 《経》云 | 是其人不受、令人與道隔。 | 『太上洞玄霊宝智慧定志通微経』(『道蔵』洞玄部本文類) | 人誦曰、此法實玄妙 免汝九祖役、是其人不授令人與道隔、非人而趣授、見世被考責死墮三塗苦、萬劫悔無益、 |
| 4 | 46行 | 《本際経》云 | 元始天尊在長樂舎中鶱木之下、 | 『太玄真一本際妙経』(山田本、巻一護国品) | 是時元始天尊、七月十五日、於西那玉國、鬱察山、浮羅之岳、長樂林中、度一切人民。天尊與諸弟子、眞□上聖、及諸天帝、天龍鬼神、雜類人等、倶還長樂舎中。鶱大之下、自然踊出、太玄眞一九光瓊障七寶之座。 |

| | | | | | |
|---|---|---|---|---|---|
| 5 | 47行 | 《定志経》云 | 天尊在七寶紫微宮説十種戒法 | 『太上洞玄霊宝智慧定志通微経』（『道蔵』洞玄部本文類） | 靈寶天尊靜處玄都元陽七寶紫微宮、…天尊曰雖得此訣當以十戒爲本 |
| 6 | 48行 | 又 | 天尊、又以開皇元年七月一日午時、於西那玉國、鬱察之山中、浮羅之岳、長桑林中、授太上道君智惠上品大誡法文。 | 『太上洞真智慧上品大誡』（『道蔵』洞真部戒律類） | 元始天尊、以開皇元年七月一日午時、於西那玉國、鬱刹之山、浮羅之嶽、長桑林中、授太上道君智慧上品大誡法文、 |
| 7 | 52行 | 《経》云 | 見之悲傷、念之在心。 | 『太上玄一真人説三途五苦勸戒経』（洞玄部戒律類） | 心懐陰悪、其罪深重、致招今對、萬劫當得還生賤人之中、身嬰六極、或抱殘病、或生業疾、以報宿怨、其因如此、道見之悲傷、哀念在心 |
| 8 | 60行 | 《経》云 | 三師啓玄扇、廣開甘露門、以長生術、方便證迷昏。 | 『太玄真一本際経』（山田本、道性品巻第四） | 爾時道陵斂容正色、答曰、…而説頌曰、三師啓玄扇、廣開甘露門。賜以長生術、方便拯迷昏。 |
| 9 | 285行 | 《経》云 | 信不足於不信。 | 『老子』第17章、23章 | 17章：太上下知有之、其次親而誉之、其次畏之、其次侮之、信不足焉、有不信焉、23章：同於道者、道亦樂得之、同於德者、德亦樂得之、同於失者、失亦樂得之、信不足焉、有不信焉、 |
| 10 | 291行 | 《経》云 | 如轝無轝。 | 『老子』第39章、王弼注本 | 故致數輿無輿、 |

| | | | | | |
|---|---|---|---|---|---|
| 11 | 317行 | 《経》云 | 於彼浄土、相好嚴儀、處此多惱、形同下。斯和光同塵、不殊凡俗。 | 『老子』第56章 | 和其光、同其塵、是謂玄同。 |
| 12 | 318行 | 《経》云 | 道而見傳告無窮。 | 『老子』葛仙公序 | 應道而見傳告無窮常者也 |
| 13 | 318行 | 仏教《経》云 | 品居七身云云、 | 不明 | 不明 |
| 14 | 324行 | 《度人経》云 | □經二偏、盲者目明。 | 『太上洞玄霊宝無量度人上品経法』巻一（洞真部玉訣類） | 元始天尊玄坐空浮五色獅子之上、說經一偏、諸天大聖同時稱善、是時一國男女聾病、耳皆開聰、說經二偏、盲者目明、 |
| 15 | 330行 | 故真人曰 | 師之恩也、恩過父母、深逾天地。 | 『抱朴子』巻十四勤求 | 明師之恩、誠爲過於天地、重於父母多矣 |
| 16 | 357行 | 《大戒経》云 | 常行大慈。 | 『太上洞真智慧上品大誡』（『道蔵』洞真部戒律類） | 天尊言、修奉諸誡、毎合天心、常行大慈、 |
| 17 | 361行 | 《霊宝経》 | 眞人苦云云。第二云云。第三捨財者、乃至囫城妻子、頭目髓腦、 | 『太上洞玄霊宝業報因縁経』巻之五（『道蔵』洞玄部本文類） | 布施品第十三、道君曰、布施有三等、功德無量、人天得大利益不可思議、一者施法、二者施身、三者施財、…一者内財、頭目髓腦、毛髮皮肉、無所悋惜、以施於人、二者外財、國城妻子、 |
| 18 | 363行 | 《本相経》云 | 明王學道、因施囫城妻子、捨慳貪之心。 | 『太上妙法本相経』？ | 不明 |

| | | | | | |
|---|---|---|---|---|---|
| 19 | 364行 | 《定志経》云 | 樂静信供養山中道士、賣兒供法以是捨財、三代得道合有六人。 | 『太上洞玄霊宝智慧定志通微経』（『道蔵』洞玄部本文類） | 原文は同一ではないが、内容が同じである。要約して次に示す。、裕福な樂淨信夫妻が山中の道士に多く財を施し、その子法解は道士に多くの施與を行い供養し、その二人の子供胤祖と次胤のうち下の子次胤を跡継ぎのいない姨に与え多額な礼金を得ても道士の供養に供したとの話があり、その三代六人を言っている。 |
| 20 | 366行 | 《経》云 | 名与身熟親、身与貨熟多、多藏必厚亡。 | 『老子』第44章 | 名与身熟親、身与貨熟多、得与亡熟病、是故甚愛必大費、多藏必厚亡。 |
| 21 | 368行 | 《易》云 | 吉凶悔悋於者生。 | 『易経』繋辞下 | 吉凶悔吝者、生乎動者也 |
| 22 | 368行 | 《尚書》云 | 富不与奢、期而自至。 | 『尚書』周書・周官 | 位不期驕、錄不期侈、『旧唐書』魏徴傳に「富不與奢、期而奢自至」とある。 |
| 23 | 368行 | 《礼》云 | 積而能散。 | 『礼記』曲礼上 | 積而能散、 |
| 24 | 380行 | 《経》云 | 生施有悔、死必无功。 | 『大上洞玄霊宝天尊説済苦経』（『道蔵』洞玄部本文類 | 生施有悔、死必無功、 |
| 25 | 381行 | 《十戒経》云 | 不得非義財。 | 『虚皇天尊初真十戒文』（洞真部戒律類） | 非己之財、不妄取、非義之財、不苟得、 |

| | | | | | |
|---|---|---|---|---|---|
| 26 | 382行 | 《正一経》所明 | 惠施者、一切爲心最難明。 | 不明 | 不明 |
| 27 | 385行 | 《経》云 | 得其人、把手而付之。不得其人、千金不傳。 | 不明 | 不明 |
| 28 | 387行 | 如《経》中所明 | 用金龍、金鈕、金環、金錢、文繒、命綵。 | 『太上洞玄霊宝智慧定志通微経』（『道蔵』洞玄部本文類） | 法用金錢二万四千、…本命紋繒、…金鈕一雙、卿受此經、當依冥界法信、所用金錢、文繒等物、皆令如式、 |
| 29 | 394行 | 《経》云 | 此法實玄妙。 | 『太上洞玄霊宝智慧定志通微経』（『道蔵』洞玄部本文類） | 上方空中有人誦曰此法實玄妙　免汝九祖役 |
| 30 | 396行 | 《度人経》云 | 輕泄漏慢、殃及九祖。 | 『霊宝無量度人上品妙経』巻一（『道蔵』洞真部本文類） | 此經微妙、普度無窮、一切天人莫不受慶、无量之福、生死蒙恵、上天所寳、不傳下世。至士齎金寳效心、盟天而傳。輕泄漏慢、殃及九祖、長役鬼官、 |
| 31 | 396行 | 《昇玄経》云 | 三代天尊、十方衆聖、常保護經法、利益一切、開度群生。 | 『昇玄経』 | 不明 |
| 32 | 399行 | 《経》云 | 信不足、有不信 | 『老子』第17章、23章 | 9参照。 |

| | | | | | |
|---|---|---|---|---|---|
| 33 | 403行 | 《昇玄経》云 | 非謗之人、當獲悪瘡亞癩之病。 | 『昇玄経』（校本『昇玄経』山田本・巻次未詳（2）pp.243、P2445） | 若復有人非謗此經者、其人罪考、累世瘖啞、聾盲跛躃、愚癡顚狂、七祖受考、無有解脫。 |
| 34 | 403行 | 《請問経》云 | 當被悪鬼煞之、復生邊地、不遇法門、雖保人形、盲聾瘖啞。 | 『請問経』 | 不明 |
| 35 | 472行 | 曾子曰 | 吾日三省吾身。 | 『論語』学而篇 | 曾子曰、吾日三省吾身、 |
| 36 | 500行 | 《経》云 | 若復有人捨家妻子、 | 『太玄真一本際経』（『要修科儀戒律鈔』への引用から。『道蔵』洞玄部戒律類） | 本際經云、若復有人捨家資財、或賣妻子、市諸香油種種法具、及以齋食供養資給、持此經人所得功德最爲無量、 |

以上の表に示したように、（Ａ）グループにおける現存教典と対照したフルタイトルの経典名およびその出典個所の確認ができた。また困難な作業であったが「経云」等とあるだけで引用がされていた（Ｂ）グループのほとんどを、その基づく経典とその出典個所とを照合することができた。

結果として見えてきたことは、「経云」とするのみで引用が行われていた（Ｂ）グループの経典には、いくつかの指摘しておきたい特徴があったことである。まず挙げられるのは、それらは聴者の人々に知られていないマイナーな経典であるが故、あえて経典名を挙げなかったわけではなかったこと、また経典名を出すことに何らかの問題が生じるが故に経典名を伏せたわけでもないことが分かった。次にこれは更に重要なことであるが、経典名を示さないのはその引用が曖昧な記憶に基づいたが故であったり、出典となる経典が無いなどのいい加減な対処が行われていたことを原因としているのでもないこともほぼ確認できた。そこで改めて（A）、（B）の両グループに分けて経典名を挙げた対照表を示して、さらに具体的な検証を試みてみる。

**表3　（A）グループ**

| 本文上での引用経典名 | 番号 | 現存経典における経典名 |
|---|---|---|
| 『本際経』云 | 1 | 『太玄真一本際経』巻二 |
| | 4 | 『太玄真一本際経』巻一 |
| 『度人経』云 | 14 | 『霊宝無量度人上品妙経』巻一 |
| | 30 | 『霊宝無量度人上品妙経』巻一 |
| 『定志経』云 | 5 | 『太上洞玄霊宝智慧定志通微経』 |
| | 19 | 『太上洞玄霊宝智慧定志通微経』 |
| 『昇玄経』云 | 31 | 『昇玄経』 |
| | 33 | 『昇玄経』 |
| 『大戒経』云 | 16 | 『太上洞真智慧上品大戒』 |
| 『霊宝経』云 | 17 | 『太上洞玄霊宝業報因縁経』巻五 |
| 『本相経』云 | 18 | 『太上妙法本相経』？ |
| 『十戒経』云 | 25 | 『虚皇天尊初真十戒文』 |
| 『正一経』云 | 26 | 不明 |
| 『請問経』云 | 34 | 『請問経』 |

| | | |
|---|---|---|
| 《易》云 | 21 | 『易経』繋辞下 |
| 《尚書》云 | 22 | 『尚書』周書・周官 |
| 《礼記》云 | 23 | 『礼記』曲礼上 |

**表4（B）グループ**

| | | |
|---|---|---|
| 真人曰 | 15 | 『抱朴子』巻一四勧求 |
| 曾子曰 | 35 | 『論語』学而篇 |
| 《経》云 | 9 | 『老子』17章、23章 |
| | 10 | 『老子』39章、王弼注本 |
| | 11 | 『老子』56章 |
| | 12 | 『老子』葛仙公序 |
| | 20 | 『老子』44章 |
| | 32 | 『老子』第17章、23章 |
| | 2 | 『太上洞玄霊宝智慧定志通微経』 |
| | 3 | 『太上洞玄霊宝智慧定志通微経』 |
| | 29 | 『太上洞玄霊宝智慧定志通微経』 |
| | 8 | 『太玄眞一本際経』巻第4 |
| | 36 | 『太玄眞一本際経』 |
| | 7 | 『太上玄一真人説三途五苦勧戒経』 |

| | | |
|---|---|---|
| | 24 | 『太上洞玄霊宝天尊説済苦経』 |
| | 27 | 不明 |
| 又 | 6 | 『太上洞真智慧上品大戒』 |
| 如《経》中所明 | 28 | 『太上洞玄霊宝智慧定志通微経』 |
| 仏教《経》云 | 13 | 不明 |

まずグループ（A）について見てみると、「《本際経》云」として「太玄真一本際経」の引用が二箇所、「《度人経》云」として「霊宝無量度人上品妙経」の引用が二箇所、「《定志経》云」・「又」として「太上洞玄霊宝智慧定志通微経」の引用が二箇所（その他に「《定志経》云…又」としての引用を示す（表2）7の例があるが、現在の「太上洞玄霊宝智慧定志通微経」には符合する部分が見出せず、類似の表現を持つ「太上洞真智慧上品大戒」からの引用として処理した）あり、また「《昇玄経》云」として「昇玄経」の引用が二箇所見られることを除いて、その他の経典はすべて一箇所の引用に留まっている。絶対的な多数とは言い切れるものではないが、この複数回の引用が行われた経典には、他の経典にも増してこの文の作成者、或いは語り手との間に何らかの接近した関係があると考えることができよう。

さらにグループ（B）の経典名を明らかにしないで引用された経典の経典名を見ると、そこにも明らかな傾向があることが指摘できる。複数の用例を持つことに着目して表にしてみると以下のような結果が得られる。

| 経典名 | 引用通し番号 | 引用数 |
|---|---|---|
| 『老子』 | 9、10、11、12、20、32 | 6例 |

| | | |
|---|---|---|
| 『太上洞玄霊宝智慧定志通微経』 | 2、3、28、29 | 3例 |
| 『太玄真一本際経』 | 8、36 | 2例 |
| 『太上玄一真人説三途五苦勧戒経』 | 7 | 1例 |
| 『太上洞玄霊宝天尊説済苦経』 | 24 | 1例 |
| 『太上洞真智慧上品大戒』 | 6 | 1例 |
| 『抱朴子』巻一四勧求 | 15 | 1例 |
| 『論語』学而篇 | 35 | 1例 |
| 仏教《経》云 | 13 | 1例 |
| 不明 | 27 | 1例 |

このように見てきてはじめてただ「《経》云」として引用されていた経典の出典の分析が重要なポイントになっていたことに気づかされる。(Ｂ)の経典にのみ見られる特徴として、『老子』関連文献が六点と最も多く、なおかつ(Ａ)には一つも含まれていないことが分かった。その理由はいくつかの要素が含まれているのであろうが、最大の理由としては『老子』自体が最も基本的で重要な経典として考えられていたことから、わざわざ経典名を示さずとも話し手にはもちろんのこと、聞き手においてもすぐに判断できるか、聞いたことがあるとの近親感のあるフレーズとして存在していたことによると判断するのがもっとも妥当なところであろう。

実はこの問題は、経典名を示さずに三か所にわたって引用される「太上洞玄霊宝智慧定志通微経」と二か所で同じく経典名を出さずに引用される「太玄眞一本際経」にも同様の指摘ができるようだ。

此の結果を表1のもともと経典の題名が示されていた引用経典の表に、Bグループの中で引用経典名が分かったものを加えてみると、次のような結果が出てくる。

| 経典名（おおよその分類を含む） | 引用経典ナンバー | 合計件数 |
| --- | --- | --- |
| 『太上洞玄霊宝智慧定志通微経』 | 2、3、5、19、28、29 | 6例 |
| 『老子』 | 9、10、11、12、20、32 | 6例 |
| 『太玄真一本際経』 | 1、4、8、36 | 4例 |
| 『霊宝無量度人上品妙経』及びその関連経典 | 14、17、24、30 | 5例 |
| 『昇玄経』 | 31、33 | 2例 |
| 『抱朴子』 | 15 | 1例 |
| その他の道教経典 | 6、7、16、18、25、26、27、34 | 8例 |
| 仏教経典 | 13 | 1例 |
| 儒教経典（一般的な中国古典） | 21、22、23、35 | 4例 |

六例から四例までと引用回数の多い経典、すなわち『老子』、『太上洞玄霊宝智慧定志通微経』、『霊宝無量度人上品妙経』及びその関連経典、『太玄真一本際経』、及び二例を数えた『昇玄経』は、この中の『太上洞玄霊宝智慧定志通微経』を除いて、これまでの研究により唐代社会にて盛行した経典であること、また敦煌文献中にも多く残されている経典であることが分かっている(15)。

## （十一）　道教布施受戒唱導文

ここまで見てきて、ＢＤ一二一九文書の内容は、道教の布教、なかんずく受戒と布施を求めることを主眼としたもので、聴衆を前にして語られたものの台本であると考えてよいと思われる。その上でこの文書の内容を表すに適当な題を考えてみたい。本写本にこれ迄与えられていた題を整理してみると、前掲したように以下の二つがある。

Ａ　「消災滅罪宝懺」　黄永武編『敦煌宝蔵』第一一〇冊、新文豊出版公司、一九八四・六

Ｂ　「道教布施発願講経文」　王卡著『敦煌道教文献研究―宗述・目録・索引』中国社会科学出版社、二〇〇四・一〇

Ａの「消災滅罪宝懺」は、その題名自体が「消災滅罪のため僧侶や道士が祈禱のとき口に出して唱える経文」の意味で、必ずしも本文書の内容を適切に表しているとは考えがたいといえよう。まだ写本自体が修復前の不鮮明な状態の写真として公開された時点で本文の内容を大まかに把握したうえであくまで仮の意味で付けられた題名と考えていきたい。もう一方の王卡氏による「道教布施発願講経文」は、その修復作業を経たうえで、その内容を判断して付けられた題名と思われる。題名に「道教布施発願」とあるのは内容把握のうえでそのまま十分に説得性があるのだが、それを「講経文」であるとするのには重要な問題が含まれており、今後の敦煌文献を用いる文学文献研究、仏教・道教文献研究に及ぶ重要な問題につながることから、検討を加える必要があると思われる。

先に引用した王卡氏の「敦煌道教文献分類目録」中におけるＢＤ一二一九の解説中に「変文」と「講経文」についての考え方が示されていた。再度その部分を取り出して整理すると、

変文―唐宋の際に、中国の仏教寺院や道観で「俗講」が盛んに行われ、通俗的な口語を用いて信徒に経書の義理や神異故事を語って聞かせていた。俗講の内容を記録した文を「変文」と称し、

講経文―講ずる経文は「本際経」、「定志経」等の道教経典であるが、また常に仏教の経変故事を引いて諭したり、時に「優婆姨」等の術語も用いていて、仏教の道場講経文を模倣したものである…

ということで、「変文」とは「俗講の内容を記録した文」であり、「講経文」とは「道場講経文」との用語から見て「寺院で講経する際に用いられる文」との広い意味に使用されているように感じられる。ここに文学研究から見る立場との、もしくは日中両国間の研究者間での用語に関しての不統一、もしくはすれ違いがあるように感じられる。

敦煌文献中で「変文」、「講経文」と題名中に用いられる場合においては、これまでの研究成果として一つの学術用語であり、文学的観点から見たある形式を踏まえた文を指して用いられてきている経緯がある[16]。

同じく敦煌文献中から発見された仏教文学のジャンルに分類される文献中に「長興四年中興殿応聖節講経文」（P三八〇八）と「講経文」の名を真題に残す写本があったことから、「敦煌変文」等の講唱体の文献研究に画期的な役割を果たした『敦煌変文集』[17]においても、類似の形式を残す文献を「仏説阿弥陀経講経文」、「妙法蓮華経講経文」、「維摩経講経文」等のように「……講経文」と擬題を付け、これまでに認識されていなかった新しい文学形式の発見として、「変文」、「押座文」などと共に相互に関連する形式をもつものとして、文学的観点から此の形式に関しての研究が進められ、学術用語として一つの形式を表す語として用いるようになった経緯がある。これらの研究の動向を踏まえて金岡照光博士が文学形式の一つとして定義付けを次のように行われた[18]。

講経文体とは、まず冒頭に経典の一句が引かれ、それに続いてその経文を分かりやすくパラフレイズした散文が述べられ、その後に、その散文を要約した五言あるいは七言の韻文が歌われる。それが終わると再び経の一句、散文、韻文とくり返されるのである。このように「経―白（散文）―唱（韻文）」という三段構成になっているのを講経文体というのである。これは経典を一句一句解り易く説きかつ歌って聞かせる説法の形式を反映した文体と考えられる。

だが、これにはある程度の自由に変化させる幅があり、次のようにも補足的な説明もされている。(19)

講経文は、蔵経の経句を全部あるいは一部を原句および順序に忠実に援引していくが、「白」と「唱」はかなり恣意的に潤色、補筆がおこなわれていたもので、その「白」「唱」の自由性、流動性の中に、単なる経典の注疏にとどまらぬ文学性、民衆性が含まれていて、一個の独立した故事となりうる可能性を有していたことがわかる。いずれにせよ、「経」「白」「唱」三段の構成による「講経文」類は、経を引きつつ、かなり自由なパラフレイズによって講説した講唱演出の実態を反映した写本…

もう一つ見逃せない重要なポイントがある。それはこれまで「講経文」として分類されてきた文は、ある特定の経典を分かりやすく説き聞かせる内容を持つものであった。このＢＤ一二一九の文は『太玄真一本際経』、『太上洞玄霊宝智慧定志通微経』等の複数の道教経典それぞれの一部を引用して、語る内容に根拠づけを行う用いられ方であり、この文全体の内容は「経を講ずる」ことにあるのではなく、聴衆に受戒であり、布施でありを勧める内容が主眼となるものであることに本質的な相違がみられる点である。因みに先に掲げた「長興四年中興殿応聖節講経文」は、その題名に特定の経典名は見られないものの尾題に「仁王般若経抄」と記されるように「仁王護国般若波羅蜜多経」を説き聞かせる講経文となっている。

勿論、「講経文」との語は「道場講経文」等として「仏寺などにおいて講経の際に用いられる文」の意で一般的な用語として用いることも当然可能なわけだが、写本の題名に使用するとなると、ここでは詳細な立証は長くなるので避けるが、敦煌文献中から初めて発見されて、その後一つの文学形式と広く認識されるようになった「変文」と表記する擬題の当て方と同様に、文献の題名に擬題として用いるには、広い意味での一般的な用語としてではなく、「変文」が基本的にはある特定の主題を持った全体の文が形態上において基本的には韻文と散文とが交互に用いられて、その場にいる聴き手に向かって語りかけた文についてのみ専門用語として用いるべきであると考えるのと同様に、写本の擬題に用いる際には、文学文献の形式を指して用いる「講経文」との混同が起きてしまいかねなく避けて用いたほうがよいように思う。

それではどのように取り扱うべきかとの議論になるのだが、これまでにも同様のジャンルの文献に用いられていた用語で「唱導」との用語がある。これは夙に澤田瑞穂氏が提唱されてきていたものだが、講唱体の文献を広く含んで用いることができる。

寺院文芸の根基となるもの、数え来ればおほよそ三、一に轉讀、二に讃唄、三に講経、この三法門であって、更に講経にやや前二者を撮合して唱導あり、後にはいよいよ平俗化して唐代の俗講となり、寺院を出て宋代の説経あり、また俗講の正系を伝えるものに明清及び現時の宣巻がある。(20)

また、これを図式化して以下のようにも示しておられる。

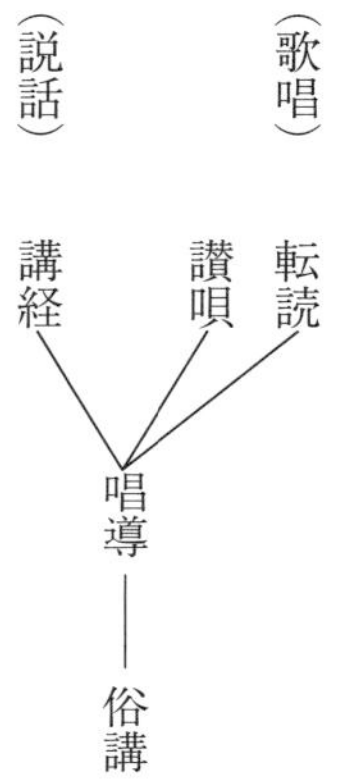


「唱導」の用語については、荒見泰史氏に論考[21]があり、「仏教（ときにその他の宗教も包括する）の教義を用いて俗人を教導する宗教活動で、〝説経〟、〝講経〟、〝法談〟等の俗人が行う宗教活動も包括する」と用語としての定義づけをされている。この「唱導」の語は元来仏教でも用いられていて「教えを説いて人を導くこと[22]」の意を持つ言葉である。ここではある一定の構成を持つ文について用いられる術語としての「講経文」ではなく、広く講唱体文献を指して用いることのできる「唱導」を用いて「唱導文」と仮に題することが適当ではないだろうか。

それでは、どのような題を考えるべきかであるが、その内容が、広い階層の者に対しての道教の布教にあると思われること、具体的には道教戒の受戒の勧めであり、また布施の重要さを説くことを目的として作られたもので、かつ講唱体の文献と思われることから、その内容にそって「道教受戒布施唱導文」とするのが相応しいと考えている。

**【注】**

（1）『国家図書館蔵敦煌遺書・第十八冊』中国国家図書館編　任継愈編、北京図書館出版社、二〇〇六。

(2) 黄永武編、一四〇冊、一九八一年九月～一九八六年八月、新文豊出版公司。
(3) 『敦煌道経・目録編』一九七八年三月。『敦煌道経・図録編』福武書店　一九七九。
(4) 二〇〇四年一〇月。中国社会科学出版社。
(5) 第七届唐代文化学術検討会、会議論文。二〇〇五。
(6) 『道教霊験記考探―経法験證与宣揚―』文津出版社有限公司　二〇〇九。
(7) 北京国家図書館における写本の調査には、同館古籍室副館長林世田氏の協力が得られた。記して感謝の意を表したい。
(8) 「中国国家図書館蔵ＢＤ一二一九（列一九／北八四五八）『道教懺悔布施願文（擬）』校録」科学研究報告書『敦煌文献中に見られる説話資料の基礎的研究』研究代表者荒見泰史　二〇〇九。本稿に掲載したものは、一部訂正を行っている。
(9) 注（6）参照。
(10) 『道蔵』洞玄部一七〇―一七三。
(11) 『道蔵』本は完本ではなく、山田俊氏が「校本『太玄真一本際妙経』」（『唐初道教思想史研究―「太玄真一本際」の成立と思想』平楽寺書店　一九九九）を刊行している。
(12) 『道蔵』洞玄部一六七。
(13) 注記した行数は写本をそのまま録文した行数を示している。
(14) 注（11）参照。「校本『太玄真一本際妙経』」を用いた時には、「山田本」と略称した。
(15) 注（11）参照。
(16) 『講座敦煌九巻　敦煌の文学文献』金岡照光編　一九九〇。
(17) 王重民等編。人民文学出版社　一九五七。
(18) 『敦煌の絵物語』東方書店　一九八一。
(19) 『敦煌出土文学文献分類目録附解説―スタイン本・ペリオ本―』東洋文庫　敦煌文献研究委員会　一九七一。
(20) 澤田瑞穂著「唱導文学の生成」（『仏教と中国文学』国書刊行会　一九七五。
(21) 「敦煌的唱導文学文献―以《仏説諸経雑縁喩因由記》為中心探討―」『項楚先生欣開八秩頌寿文集』中華書局、二〇一二・九
(22) 『仏教語大辞典　縮刷版』中村元著、東京書籍　一九八一年。

# 附録　ＢＤ一二一九の翻刻と校録

## 【凡例】

（１）中国国家図書館蔵敦煌写本ＢＤ一二一九（列一九／北八四五八）の翻刻と校録である。作業にあたっては『国家図書館蔵敦煌遺書・十八冊』所収の写真に基づいて進めた。その際、写真上からは確認できない赤字での書入れの有無や、破断上にわずか残された文字の判別等において、中国国家図書館で三回（二〇〇四年八月、二〇〇七年三月、二〇〇八年九月）の調査を行った。

（２）写本の欠損により判読できない文字は□で表示し、文字数の判断できない大きな破損部分については□…□で示した。文字の識別はできるが判読できなかった文字については■で表記した。また、使用した文字は可能な限り写本によったが、印刷の都合上一部の俗体や缺画になる文字については、通行の文字にあらためてある。なお、「無」と「无」に関しては、両者が混合して用いられている。このような場合において、強いて統一をすることなく使用される字体をそのまま用いた。

## 【翻刻】

1　滅　弟子眾等懺悔已後願常
2　恒聞正法常得見經常得遇法善善相逢惡惡相離身心清淨
3　□□□□煩惱消滅智惠開發得如斯願報道慈恩　弟子眾等懺悔
4　已後斷六情彰去六欲淨根明識云々　第一願取色不眼　第二願聲不入耳
5　第三願取味不入口　第四願取想不入意　第五願取氣不入鼻

第六願取欲不入身　弟子衆等去此六取即得六識分明六根清淨當之來生出離三界廿八天得登四梵天宮受大快樂得如斯願報道慈恩弟子衆等懺悔□後願合家男女受年無病得度三災免離九幽、厄凶年儉歳願不耳聞父北子南更莫逢遇得如此願報道慈恩弟子衆等懺悔□□合家男□□之中頭頭不痛額不熱床上□莫□病兒獄中莫有繫囚常聞説法莫聞哭聲得如斯願報道慈恩　弟子衆等懺悔已後願罪鄣消除離苦解脱有緣男女同上法船出離苦海同登道岸至无爲果同法味藥除愚癡病同度法橋離生死□□得法水洗除清淨内外光明猶寶珠一无瑕穢得斯願報道慈恩　年年歳歳常見道場日日時時恒聞經法靈津妙□漑灌身□眞糧實資藏府三災九厄无敢侵百毒五瘟清淨□□□□觀天尊具足相好願令此耳常聞天尊説法一心奉行更不退轉願令此鼻常聞微妙香氣捨諸臭穢令此舌常食法味甘露之食不噉衆生之肉願令此身恒被天尊法服行坐无畏□□□極願令此心成就道行怨親平等發大慈心愍衆生猶如赤子願弟子從今身盡未來際常發如此善願莫生退轉不生退轉者頭面云云　敬白時衆等貧道向者爲施主男女讀經懺悔行道□□□□功德悉□圓滿惟未受戒既其燒香燃燈轉經行道何假受戒只爲施主无□始遺智惠初開須藉戒之防衛戒之爲用其如□□□馬之着轡猴之戴鏁馬之若不安轡則馳走東西猴若不戴□□□由□□□不持戒則心有擧縁亦□施主農家田種欲使苗稼滋茂須爲疆界若爲疆則得善□增長荒草不侵若不爲疆界則荒草競侵□□□暴□量故當可解是故貧道欲爲施主受天尊金口所説大乗經戒施主男女至心諦聽本際經云天尊遺教戒勤分明努力懃修早求解脱勿懷憂苦虛養善功行者優婆姨欲受戒者頭面云云稱善　重白大眾貧向來欲爲施主等受戒即今意者還復未能何故如此爲施主等未有眞心所以得知貧道勸施主合掌當心合者少不合者多遺擧手彈指彈者小少不彈者亦多□觀之足明□心受戒經云此法實玄妙免汝九祖役是其人不受令人與道隔授與非其人見世被考責死墮三塗中萬劫悔无益。施主等幾非受戒人貧道何勞強□經戒勸施主受持自身獲罪隆然■可貧道一人墮三塗不可□施主如許人沈淪地獄施主等各々斂容正坐合掌當心只如牛犢畜生四蹄八甲頂戴兩角口中横骨不解分踈向毛袋中生長如此眾隆見道場亦不解收心斂掌況施主等處在人身刑容端正相■然運手動足皆得在不能至心合掌任念稱楊施主若能至誠者隨逐阿師念无上尊二七遍云々不可思議施主始來並有眞心受戒也貧道勸合掌即合掌遺稱揚則念聲不絶可不是有心受戒始作如此經云是其人不受令

44 人與道隔施主既有眞心若爲得不爲施主受戒貧道何能爲施主
45 受戒只爲施主作个傳語人可以然只个經云並是天尊金口所説非
46 關貧□能何以得知案本際經云元始天尊在長樂舍中騫木之
47 下説三善行戒受左玄眞人又案定志經云天尊在七寶紫微宮
48 説十種戒法天尊又以開皇元年七月一日午時於西那玉國鬱察山中
49 浮羅之岳長桑林中授太上道君智恵上品大戒法文道君幾得其
50 戒乃爲將此戒開悟群生爲諸男女解災却患拔諸苦根令使
51 生者見□身脱八難死者勸樂飲食天堂以義尋經所以如此。
52 今日殷懃勸令受戒者何故經云見之悲傷念之在心故遣明戒
53 度入法門道場大眾欲受戒□□須請五方護戒天尊爲戒主
54 五方天尊東方有尋聲救苦天尊南方有大慈悲天尊西方觀
55 身化生天尊北方有光明並照天尊中央有法門廣度天尊云々
56 今日請五方天尊者欲似何物似行者家宅相似若四面牆牢、
57 賊不得入中有好家長即當大小無優家長四面牆都成有五今時所請
58 其義亦然施主以此思量各各隨逐阿師請五方天云々向來請五方
59 天尊以□□□請三師爲證明戒師所請師名者何　第一眞人鬱羅
60 翹　第二眞人光好言　第三眞人眞定　所請三師者何　故經云
61 三師啓玄扇廣開甘露門以長生術方便證迷昏以此思量故當可解
62 天尊云々善男子善女人能發自然道意來入法門受我十戒十四持

63 身之品則爲大道淸信弟子
64 敬白道場大眾貧道謬居法侶濫處玄門質漏情疎虚移景宿學
65 不稽古觸事無知遇蒙大聖慈恩得預經法雖復尋文數墨至
66 理難明蓋由法重人軽義深難側（測）向來愧恥無自寧既蒙施主■可下
67 流延及□□馮心委命行道轉經惟推恐宣吐不精更招僭失諸施主
68 等勿以□□閒參差即生轉慢今日施主乃能惠心發功行外彰深
69 悟玄空知身三寶營建道場□□深□□□興隆九族欲使人人無
70 病大小平安必須各各割捨外縁存心聽法勿作俗心外想馳境是非耽
71 染色聲邪念妄起嫉妬嫣慢心懷恚努（怒）徒在道場終無益也。
72 願施主等各各至心
73 雍州經陽縣有一幸樂夫人年到十三上嫁十五上生顆兒年垂十七、
74 遂則夫亡因此守一顆兒更不改嫁年垂卅五爲此孤兒成婚索得
75 新婦成就解了不得多時幸樂夫人遂則即染患不經七日命
76 欲終即□□兒兒□進前來阿孃小來養育兒是我今日定不活
77 是你慈流孝順看努力好生活兒阿娘身唯有四腰裙不須與我着
78 爲我向市賣却修營功德共汝暫別千萬努力即將命終其慈流孝順
79 兒一依孝法七日不食送殯埋既了即還家百日持孝六時哭泣極以
80 摧悲□翦蔽無人出外爲家經營遂賣孃所留裙却得三貫五百
81 錢日□中糴米喫盡不得營造功德百日既周其兒依法頭渫墜

82 □毛□□杖還向墓所檢校墳陵擧聲號哭兒不孝阿嬢遶墓三
83 ■哭聲不絶其母感兒見自身出宜至前頭語兒言我聞兒哭聲
84 徹我□我耳故出看兒共汝別已來家中作勿生活若爲得食飲
85 周濟其兒心中惛悶一憘一摧不能懽悦惑道是夢想惑道我嬢
86 得迴惑道是狐魅其母察得其情即報兒言我是汝母汝是我子
87 不須驚怕阿嬢前頭極以快活我宮殿自然聞兒哭喚我故來看
88 汝阿嬢將兒暫往我室宅觀看一迴能不去不兒兒道能阿嬢兒既能
89 去爲阿嬢合眼須臾中閒行可卄餘里即到前頭兒開眼見宮殿赤柱
90 白壁莊嚴極妙其兒問母此是何宮殿其母答言此是我宅在其
91 中衣食自然今故將兒往觀看其母語兒兒只向此門底立莫入我少時
92 即來看兒阿嬢來遲有一袍袴女子拏一盤飯來將餧汝汝莫喫食其
93 兒待母良久不來見一袍袴女子拏一盤飯物來極以香美其女子問言
94 朗君是幸樂夫人兒以不兒報言是夫人在内極以優慮朗君故遣兒
95 來送飯朗君喫其兒報憶母語不許我食兒極飽不喫娘子其
96 女報言朗君奇大不是朗君食此飯是慈流孝順兒朗君若不食即是
97 五逆不孝子其兒聞此語諫人不滿千伐樹不至萬行遂坐受食拏得
98 飯椀始欲向口其食變成猛火卅餘里趁燒人其兒火燒、擧聲大哭阿嬢
99 其火遂攝還來到門又見女子還在門道兒問言好子向蒙賜食極
100 以馨香何以變成猛火卅餘里燒人何意其袍袴女子答言此是閻羅王

101 宮殿朗君阿孃在此城中受苦一日一夜萬生萬死一日十二時恒食此飯故遣我
102 來告汝□□苦痛兒聞此語悶絶擗地良久乃生喚言阿孃兒不孝遣
103 阿孃受苦日夜萬死萬甦還復死阿娘閻羅王即聞其哭聲呵唱前
104 頭左右何爲得生人入宮殿號悲大哭急捉將來閻羅王言你有何事
105 來到我此處兒分踈大王慈流是幸樂夫人兒阿孃將兒來此語兒道受
106 語據□聞阿孃在磨坊地獄中受大苦惱遂即號洮大哭觸悟大王身負萬
107 死閻羅王處分遂遣牛頭獄卒開磨坊獄門緒其小兒阿孃刑（形）體合成人身
108 將來見已□□聲罵□□个婦女是你只爲前緣煞害猪羊鵝鴨不少你
109 身命□□□是爲勿將个小兒向我宮内號悲大哭幸樂夫人遂即分踈新
110 婦年□□□嫁十五□□一顆兒年到十七夫主將亡守寡不嫁養孤兒爲
111 其成婚□□煞害猪羊鵝鴨不少遂遣新婦受此宿殃被配磨坊
112 獄中受大苦惱新婦生存之時唯有四腰裙遣兒修造功德不爲新
113 婦修營致使如■受斯苦惱新婦故將兒來親自眼見切痛悲深
114 上天所□大王語言業受未盡還向磨坊獄中苦其兒施還母子悲酸不
115 □□□已唱言去將去兒送還母依或磨坊獄中受苦兒復得還人中
116 □□□□見阿孃受苦家中唯有廿畝田賣却十畝得十一貫錢將五貫
117 □□□□□造像營造既周設齋度功德又了其兒遂向佇哭杖向
118 墓所號悲大哭阿孃阿孃兒五逆不孝阿孃尒時有一老母年垂百歳前進
119 問兒□□□聞兒哭聲極致悲哀哭何之事慈流報言阿婆兒阿孃

120 死經至一百餘日不修功德今被配在磨坊獄中受大苦惱極以楚酸阿婆
121 兒家燋爇唯廾畝田今賣十畝修造功德慶賀並周今欲到墓所看阿娘
122 一迴其阿婆報言兒更莫去汝發心之、閻羅王先已擧筆判汝阿
123 娘以昇上界兒問阿婆言若爲得去婆報兒言我是天帝釋天故遣我
124 來報汝知之我等凡夫五逆者多孝順者少如功德豈不修只看幸樂
125 夫人兒擧心賣田閻羅王以早知判昇天堂道場男女願莫行此五逆
126 不孝□□爲耶娘散施貧窮廣建功德願我父母不見刀山不見劍
127 樹不見灌湯不見爐炭願不入磨坊地獄見在道場擧手彈指合
128 常〔掌〕當心是阿娘孝順子者煞稱无上尊
129 李方賢者夫妻有一个兒共相怜愛如掌中珠口中氣徑由兩歲阿娘
130 行時抱行坐時抱坐一夜中間三度喚兒磨娑撫怕（拍）恐兒不安春日春時春
131 □□至冬時□……□蓋身香湯沐浴願得長生日日燒香乞兒致惠阿娘
132 □……　□見兒歡憘大笑喚兒取餅恩愛怜深恍惚中間
133 □……　□百節曾寒頭面酸疼喘粗口苦飯食不美日日瘀
134 □……　□■其病面色漸青藥不能醫飯不能食悲聲氣
135 □兩眼□□□社奴社奴我身定不成人共兒永別阿孃與兒永劫相別兒好住阿娘
136 怜兒口難□□恐畏於後無人知兒飢渴騃兒騃兒啼母啼淚洛（落）無數尒時又
137 喚社奴阿孃妾今欲追命向君首罪生平強健之日偏心於社奴是無母子年極
138 初小即專命好好看社奴還如妾在之日好住努力妾有一面鏡留與社奴道

139 阿孃鏡社奴長大之日成婚之時道社奴阿孃欲死分付留與兒新婦但得此鏡還
140 見社□□□相似君脱索後妻努力曾社奴即是大願縦其入地獄莫將亡人
141 鏡照後妻面上粧莫憎我社奴好住好住即抱社奴頭分別涙出無數一手抱社奴
142 □上一手□□辤妾獨自黄泉下於是兩手莫空眼裏无光口中無氣即辟
143 生人■化李方妻死已後社奴年小無衣可着行住坐臥更不離阿
144 耶恰至夜頭中間社奴哭耶亦不覺逐（隨）兒啼哭抱將向田鋤耒背上負兒
145 □或坐地上肦禾兒還匍匐逐耶南經至冬月風冷霜寒泉凝冰結山林彫落
146 百草瘀黄寒風三般兩般直入屋内嚴霜十度五度經入宅中父子相抱
147 兩涙雙流念憶亡妻託何道社奴悲哭深憶於孃縦有姉妹可見豈
148 如社奴母在之日未至冬以作冬衣未至春時春衣成就自社奴母死
149 已來衣裳破碎無人爲作一針冷霜嚴寒誰謂將綿蓋體平章親
150 □即□後妻其妻初來之時一月兩月甚怜社奴經於二年忽生
151 一子後母兒年一歳遂起兩心後母共家母平章恐社奴長大欺我母子若爲
152 作計令使自亡後妻阿孃云汝欲療理極成大昜唱言社奴忽患心痛風□
153 加枉熱不知憶母爲是實枉私地期剖將與刀汝父問時皆言枉乱一句
154 妄言煞汝不虚于時社奴耶來入堂坐妻來相告社奴患枉狀似心熱
155 不知憶母爲是實枉日夜思量恐成大病社奴阿耶忽聞此言何忽何忽
156 定是汝療理我兒致使如此後妻聞語忽嗔脣青面赤張口指天汝
157 當自問始知眞實社奴耶於時磨娑社奴問云患何種病、奴云兒心極

熱迷悶無知妻於後接聲言值井入井值何入何逢火入火遇坑入坑
社奴亦言當此之時亦不知覺社奴耶言我負天何罪遭此患赤吹社奴
爲■事遂□□□經由五日後妻喚兒向江洗衣遣兒沐浴因此便推水中
兒却出其母一手擐頭一手捉項深送水中因茲遂（隨）流社奴遂即思量我
小之時有我阿娘爲兒贖神符係於左辟符中童子身長八寸引水於
中見報終魚送於魚口魚便呑經於一宿其魚腹中宛然不死尒時後妻心生
詐偽自□中濕衣歸舍告於隣並大哭非號社奴心狂忽投水内漸趁
漸入不覺沒頭見今衣濕趁兒不及村人共覓將網捕求深處勞漉
不見形影社家追贈光唯唯有酒無羊可買遂即求魚行於江
中見有一人網魚來賣魚長九尺社奴家買得將歸行至村中其
社奴阿耶□■還來行至半路少時宴息、忽即睡來夢見社奴頭面
□赤兩眼血流手脚並腫喚言阿耶阿耶兒別阿耶去忽驚覺腹熱荒芒、
至於家中兒早溺死問村人及□妻何故死村人及妻齊聲報言
社奴狂發入水汝妻衣濕告報村人兒狂入水村人勞漉莫知蹤
緖阿耶心盡悲號大哭村人將魚欲煞把刀開腹之間其魚腹內忽
有人聲喚言魚師住刀聽響其聲言鱠魚師鱠魚師疑疑行刀莫令傷
我得脫□魚腹中□當報汝時魚師將刀開魚即見社奴頭面赫
赤眼中血流□阿□耶言阿耶去後阿娘將兒臨江洗衣方便遣兒
沐浴遂即推兒入深水之中兒還却出娘即捉兒頭禁捺着水底因

177 即隨流今見阿耶重生之日父子□哭聲徹於天李方向兒以理諮
178 報官人聞□□彈指皆念天尊即索五車出適後母骨肉分散■血
179 □□□□煞□前□之子傳語後母平等作心實酷虐他男女行善
180 □□□心得□內外道場大眾等是阿娘慈孝者煞稱无上尊
181 □□□□生平之日樂道誦經經由卅六年無有■（怠）隨（惰）少小已來不識□
182 娘每□香晨昏禮拜常念耶娘日日流淚肝腸寸斷忽逢天下■
183 止男女無婦夫□望卅已上不於配延者與杖六十流二千里尒時高□
184 志意不兒妻恐向三千里失父母墳陵交闕祭祀于時鄉人老小相□
185 娶妻供養父母墳陵遂婚趙家之女經由二年其妻遂生一子其□
186 相好端正分明■問夫兒欲滿月作何食飲延屈親情高士長者□
187 燒香□□淨米淨麵請師轉經設齋行道報三寶慈恩阿趙
188 于時□嗔忽努罵辱高士汝是田舍漢小來不見好人滿月我家兒□
189 □□□□肉不喫魚即置羊多燖雞鴨及好清酒如是爲兒
190 滿月高士□□□愚騃合掌言優婆姨優婆姨我阿耶阿娘自死已來■
191 今卅餘年五辛不入家中無殺眾生聲亦無赤肉血唯好香煙今
192 惟誕一孩子煞他種種眾生赤肉滿其宅中恐殃父母及此小兒何何□
193 于時阿趙聞言更起大嗔喚高士作小家漢小來未解食一■肉只是
194 ■夫尒時高士長既合掌面向天尊弟子惡業兩眼流淚悲鳴向三
195 寶其□語曰□生義心縱汝任変作天尊身我亦須煞高士長者將

196 眼□有■□煞害諸天童子來報高士汝身修齋功行圓滿兒亦合
197 □生善家汝合生天童子語高士長者不須悲鳴即遺兩童子
198 變長者身及兒忽作二羊一大一小來向園中聲鳴相喚阿趙忽聞、心生
199 勸（歡）憘心口相語我未買羊殺天與我羊在園內遂喚東家突厥奴遮
200 □縛羊赤入門兩眼淚流兩膝長跪頭伏着地還如人禮阿趙不
201 生慚愧滿月日逼索繩縛羊阿趙不知此是夫及兒遂起猛懸於柱
202 □其四蹄繩縛遣突厥奴煞其奴不肯爲煞阿趙■力前行三生
203 □□將刀□羊、羊見刀來、寒毛卓戰、眼中流血。阿趙歡憘、我欲見
204 □□□自流一手捉羊將刀刺項血流無數語突厥奴好好剝皮阿趙
205 却入室中覓兒覓兒不見長者亦無鎚胸拍臆處處求覓過至羊邊、
206 唯見聲■於柱上遂被剝皮血流遍地奴及阿趙一時驚忙突厥驚
207 走歸家阿趙心荒變色少時中間香煙滿地黃雲四纏青鳥雙
208 來紫霞三匝迎其高士兒亦乘雲手執香花空中讚嘆語其阿
209 趙努力□兄弟與兒作滿月莫嗔田舍漢吾今及兒捨身流肉汝及
210 兄弟努力好食莫嫌粗飡不食言由未了騰空而上阿趙煩惱煩□
211 實不可言經由一年已後見有二鬼來入宅中中庭而立喚言罪人阿趙來
212 阿趙不覺逃走而出赤索縛手項上刺刀解繩却放其鬼即出因茲
213 手腫項生大腫腫如五升■（塊）其腫皮薄明如鏡面傍人見有大小二羊在
214 於腫內羊眼血流其腫即痛可忍百節流汗經七日其腫遂有頭將針

215 刺破濃出一升虫有五升其虫至地化為毒蛇不經一日身即死滅魂入三
216 塗行至第一獄門刀山晃々爲阿趙前生把刀煞羊還將刀報至第二獄
217 門劍樹巍巍上刀山修劍樹皮肉破壞百節血流分割四、骸骨狼藉
218 受此罪訖業風吹身上其本身附於骸骨還起成人送於第三獄門
219 即有融銅涌鮑鐵丸炎炎司命考官爲汝生時心毒還將毒物燒煮
220 汝心阿趙遙見不忍向覓合掌閉眼怕懼不行牛頭大嗔鐵叉貫肋
221 鐵鉤鉤舌內此鐵丸遍身燋爛死而復生融銅灌口百毛孔中火光
222 競出銅汁不下鐵叉打此罪人三天法師三元之日應當校量罪人
223 高士于時從三天法師行至第一獄門見阿趙受苦酸楚楚不可言論
224 阿趙兩眼流淚喚言長者妾今更無人男女亦無兄弟他諸罪人並
225 有兄弟男女爲其燒香寫經禮拜遂離苦惱皆得生天唯妾一
226 身無人救拔叩頭長者努力相救妾今思惟長者語千罪萬至
227 長者語阿趙言自告自受罪名已定只得努力阿趙悲號
228 淚落無數何忍長者少時看罪人受苦牛頭即來鐵叉叉口令
229 使自開內於鐵丸節節火燃更將銅汁灌於體上不見阿趙■然
230 遂依舊體長者蹔（慙）愧不忍見之爲脫仙衣於三天法師前爲
231 其懺悔阿趙因此離三塗生於上景諸天之內快樂无爲凡知
232 功德不可不告見在道場若■女各各歸依當有如此並皆懺
233 悔同心同願造像寫經

234 尒時天尊香林園中大會說法觀見諸聖城中有一長者其家大富多
235 饒猪羊賓待人客長者家中有一母猪產生十子園中遊遨不知厭足長
236 者夫妻嗜肉日捉一肫繩子係縛沸湯燖剝切割盤上共相瞰食長
237 者夫妻將爲口美母猪心生懊惱即發誓願願長者夫人產生一子、令我得
238 食長者夫人於後忽生一子刑貌端正世間殊異父母怜愛即爲造七寶輿
239 惠乳哺長養遂作滿月聚集鄉閭宰煞牛羊造諸飲食看客已了
240 共作歡娛至日暮閒長者夫妻送客門外其母猪爲兒酬怨走向寶輿之
241 上見長者子食之血肉狼藉唯留一手一足將爲作驗長者夫妻送客迴還
242 覓兒不見莫知所在心生伯懼舉聲大哭處處覓兒不見乃於糞堆
243 之上見兒手足悶絕而死家有一婢名曰桃花將少水■面於後還甦何期
244 □獸食我兒也舉聲大哭淚落如雨于時母猪步步向前將鼻接地眼中血出
245 自言長者長者聽猪一言猪生十子長者夫妻日捉一子接於湯燖剝將爲口味
246 猪今始食長者一子九子由未論聽待到無諫地獄閻羅王前共相
247 證對歷劫未休長者聞此猪言心開悟解遂於母猪之前合掌懺
248 悔永斷煞生之心所養猪羊並悉放生父母思重昊天難報道
249 場之內有煞生之者悉來懺悔
250 敬白道場云云貧道仰與施主並藉宿緣俱承餘慶伽以飡承道
251 化同聞法音若不往劫結緣豈得今生劫會又復施主等各各專精
252 勵志注念虔誠大小齊心力俱罄修齋建講請像延師懺七祖之深

253 愆謝三塗之惡業莫大之善不可思宜貧道謬廁玄門猥參黄服
254 濫承訓功佩靈文玉簡金篇龍章鳳篆眞經妙法荼戒科儀
255 並獲披尋未能依奉枉蒙推拔昇此高筵宣暢玄風誰知源際
256 所以恐貧道德薄未能弘益願不拔免詎可默然今合道場施主既
257 能歸依三寶心無浮散共乞聲稱善以證志誠即請三稱无量大善
258 稱者是滅惡之因聲尚不齊心焉能同等今法座之下且有三種人聽
259 法何名爲三種人一者身心倶至二者身心倶不至三者身至心不至何名爲
260 身心倶至政頓容儀恭敬愼爲心不外蕩志願聞法此名身心倶至何
261 名爲身至心不至貌係恭肅志緣外境身雖在此心馬奔馳不能聞法縦
262 聞正法亦不入心非但其人不得法法亦不得其人如此之輩是名身心倶不至
263 何名身心倶不至形則踞慢無禮心則逐物奔馳眼爲色鼻爲香攝口爲
264 味觸耳爲聲□如此之流是名心身倶不至此等之人虚受人形名德假使萬
265 劫千劫永不能離惡縁自非志会專精身心倶至方能滅罪除彰始可
266 生彼惠根道場諸人等宜須專心默念至靜恭敬禮无上三代天尊
267 弟子衆等至心敬禮過往大慈元始天尊　見在大慈虚皇天尊
268 當來救苦大極天尊　即願消殃致福先須歸依三寶仙聖專精□
269 念如見眞容三代聖人變三體一常三常三而一而三一不離三三不離一逗機應
270 化赴感隨縁慈悲救度轉輪拯濟三塗九夜六道四生等心憐敏
271 猶如赤子□善救物普被慈悲而無棄物平等無偏不殊父母□

272 道場諸人宜各用心勿生雜想見像時當作親謁天尊想觀齊□
273 法陟當作无上橋樑運度衆生離於苦海至常樂岸想見在男
274 女既能身處道場必須洗心懺悔使三代罪滅萬劫福生上延七祖父、
275 下及一切群品非亘見世受樂亦乃未來獲果是知九幽罪、惡
276 不超三清福緣非積善不致譬如江何海惟海奔波浩汗得
277 脫所言智惠者非是人間奸矯校黠持強陵弱欺陟罔友之類
278 ■其觀空達有不住不着常處煩惱不染煩惱常處世間不□
279 世間是名智惠智惠發生必因經教不因經教而得能者自非宿植善根
280 亦未親近天恣挺秀自然愚悟降茲以往會須聽法然始能照
281 察智者知也惠者解也智能照境惠能了物照則無所不知了則
282 無不解照了一切解脫萬境不在於內不在於外亦不在於中間不分不
283 捨是名智惠凡夫無知不識歸趣初聞說善漸生善心及其爲說
284 即便厭倦只是過去業中不曾親近使今生之內不能正信爲能入、
285 若不信不入諸法故經云信不足於不信但是經皆是聖人慈悲群
286 品沉淪生死種諸惡業不能得出是故垂形六道開諸法門濡手蹈
287 足假泥隨炎隨彼衆生業緣所感爲作橋樑使得修度爲作良藥
288 使病除衆生愚癡已於久遠劫來體滞聲色愛染塵垢蒙
289 蔽眞性不見道場不覺四大浮僞不知六情權假但見合而成體、
290 詎思散則形此之假猶如輪輞轅軛今名爲車若散一邊車名何

291 在故經云如轝無轝道場男女當須觀身想空始可聽法
292 此法幽隱卒不可明會是細心身始可見具善惡二緣非從天來非從
293 地出皆緣眾生本行所照致此兩報若行善者功圓德備業隆位
294 重或太高玉高天尊世尊遂能騰空者翥景策空駕浮上極
295 大羅高昇三景處則金闕玉京玄都紫府臺便六合障乃九光座
296 則獅子五色行即蓮花千葉或琉璃薦地白玉緣階騫樹七寶神
297 颷動而而成靈翻十絕　景而照疑虹衣則飛森霜珠離罪九厄食則
298 沉瀣雲液芝英五牙作樂則天鈞眾伎八鸞九鳳之唱侍衛天丁力
299 士收魔束妖之神出沒自由往還無礙不生不死不斷不常赴感隨
300 機修來修往恩沾動植慈拔蒼生行惡者■深類重生微品末
301 遂使命係四生罪淪六道或作馳騾牛馬豬羊雞犬或作喘耎之形
302 胥翹之體或有識无識陸生水生但知念食餘無所解或後負
303 重陟遠鞭打穿鼻任人煞活以報昔冤人即聾盲瘖瘂癃殘跛癡
304 邊地下賤無底頑愚不遇師尊不逢善識飢寒切苦憂相煎
305 捨此報身業■■道卻地獄寒池九幽不都光明長淪享夜刀山
306 峻峻似凝霜劍樹巍巍鋒如積雪牛頭槌打逼遣登緣八達交風吹披
307 ■舉足分手裂背穴腸穿苦痛切軀詎可堪忍鐵床焰起銅槍
308 火燃炎爐上煙■灰奮契或抱眼體爛肌燋乍坐乍行骨疼
309 髓沸■鎚乱棒鐵杖負身逼赴寒水支體坼裂或洋銅灌

310 口或沸鑊煮身拔舌刺錐引頸繫鏁盡夜考掠苦楚難思一時之
311 中千生萬死如是等報皆爲宿寃略向言之卒不可盡是故天尊發
312 慈悲放五色之威光、照九幽之地獄領十萬之聖衆觀八門之苦魂
313 開明眞之科滅長頁（夜）之罪道場男女當須用心發露懺悔使斷此業、
314 齊心往念歸依三寶　　歸依太上無極大道　　經　　師
315 所以三稱三寶名者道是一切衆生慈悲父母普哀群品拔與樂隨機
316 赴化變易見身、淨土之中金容玉質或多惱之境體陋形微種種等形
317 務在救濟故經云於彼淨土相好嚴儀處此多惱形同下斯和光同塵
318 不殊凡俗聖人人物不其形故經云云道而見傳告无窮佛經經云品居
319 七身云云是故寶珠之中列諸天之聖衆香林之會演妙法以度人函開
320 諸道着五千之旨結空成字敷十部之妙經事事爲師代代不絕用之理國、
321 返朴還淳用之理身長生久視三界披德六道沾恩是知三寶利益
322 不思議道場男女各各運心歸命道寶
323 所以歸依經寶者經是衆生无上良藥是无上舟船是无上智惠是无
324 上衣服是无上法則是經能除衆生煩惱苦病是名良藥故度人經云□
325 經二遍盲者目明能運衆生常樂岸故名舟船能今衆生願了一□
326 故名知惠能覆護衆生故名衣服經有四義以是義故須歸依
327 所以歸依師寶者師是衆生无上法橋亦是衆生无上福田是衆生無上良
328 藥是无上善知識師能導引衆生履正眞路能濟度至長樂岸故名橋樑。

329 導者能爲衆生生善種子故名无上福田能以金鉀割衆生盲目故名
330 良藥能今衆生捨惡趣、故名善知識若不因師不可得度故眞人曰師之恩
331 也恩過父母深逾天地能覆我地能載我父母養我難有此恩也卒意不能
332 令我得道不能免離死生、師今日能令我得道免離生死者豈非恩過父母
333 深逾天地耶道場男女宜各齊誠當歸依師寶
334 凡歸依三寶者須磬一心於身命財无所悋惜爲正信故能如此不可
335 形恭心慢貌同意別若有此志即墮疑網疑網既掛是結縛煩惱生死
336 无窮解脱爲不信故致諸惡惡又四天司羅十部威神墮其前後錄其
337 罪色贓滿罪定淪諸惡趣是故當須正信莫生疑惑若能齊心正
338 信同聲稱善即爲合道場男女上啟十方大聖三清衆聖須光降
339 駕、鑒臨懺悔　弟子上啟玉晨大道金闕虚皇三代天尊十方眞聖
340 高上玉高諸天高主靈聖官屬等並即須光迴駕監照道場是男
341 是女咸即成就功德蹔乞分彼法身隨緣緣感取千葉之花載九
342 完之蓋曜金姿而生金闕輝玉質下玉京寶擧八景飛靈三
343 素前有嘯鳳歌鸞後乃天鈞仙伎金童燒香玉女散花浮空
344 迂駕照臨法座又即一切眞聖廾七晶仙官、並乘丹擧緑擧羽瓊
345 輪侍衛天尊同乘監照　又十部威神天丁力士銜鋒擲火建
346 節麾幢龍鱗壁邪師子猛獸俱來扈從擁衛道場男女並各□
347 誠擧手彈指禮拜上聖奉請三洞七部靈書八角天文一丈正一明威洞

348 淵神呪靈符寶錄神章眞印一切經法乞開霜羅之蘊解
349 雲錦之囊出玉匱之文敷金臺之奥侍經神童卅萬人燒返魂之
350 香報綺霞之巾執十絕之幡蔭九芝之蓋萬靈侍衛千眞讃誦一合
351 來下演說妙義擁護道場見座大眾使心開意解體道見眞萬禍
352 不生百邪自泯合道場善男女等擧手彈指齊聲誠禮於經法又
353 奉請玄中大法師三天法師正天師或身處世輔佐帝王或託隱山林
354 密濟人庶汲引後學誘進群蒙施法傳經授戒賜錄並即津梁萬
355 品開導四生同轉法輪通悟愚滯運彼神變降此道場賜以威光
356 擁護時眾使明了法性入妙通玄不住不着速登眞境合道場時眾
357 齊心擧手禮拜經法　歸依三寶須明三捨三捨之要以慈悲爲本大戒
358 經云常行大慈悲愍一切所以言三捨者第一捨身第二捨命第三捨財
359 是名三捨第一捨身者知四大之虛危體百齡之浮促知師資之汲引識
360 經戒之津梁是故擁篲伏膺尋師問道營壇建靜執役親勞處
361 誠禮念無憚艱苦志懃於道心存濟物乃至損身亦無悋惜故靈
362 寶經眞人苦云云　第二云云　第三捨財者乃至國域妻子頭目髓腦象馬
363 車乘金銀珍寶衣服既竿是名捨施使本相經云明王學道因施
364 國域妻子捨慳貪之心定志經云樂靜信供養山中道士賣兒供法以
365 是捨財三代得道合有六人三捨之中財最輕薄又是身外之物一切眾
366 生愚痴顚倒重於財貨翻推身命故經云名與身熟親身與貨

367 熟多多藏必厚亡世人慳貪不能割捨唯欲積聚姿以驕奢。
368 故易云吉凶悔恡於者生、又尚書云富不與奢期而自至又禮云
369 積而能散故知兩疎散金實爲哲士
370 道場男女披砂揀金扣石出玉欲得富貴長壽當長壽當須行
371 此三捨今看一切諸人財物尚貪恡況能捨身寧可求財喪身不肯存
372 身喪財是身虛妄豈可戀着身既如此於錢財而生貪恡且觀是身
373 初始嬰孩俄然長大紅顏雲鬢美好端姸纏忽之閒早巳遷變髮白面皺
374 一旦神逝父母他人妻子行路國域非己金玉雖珍十影浮雲七香流水修□
375 萬戶層閣三休是屬他人皆非我有生平之日徒慳貪氣盡之時寄能能□
376 借愚痴之者謂千年萬保萬劫物長存不知歸依不解捨施形
377 淪九夜命屬三官罪係惡緣罪纏鬼道。如此追悔知之何不如早掛
378 良因急修善業爲未來之福德捨見在之慳貪道場男女誠可
379 怖畏宜各發心願共捨離擧手彈指禮拜
380 道場男女既知三捨須明布施布施法以觀善爲本以濟苦爲心經云生施有悔死必无功
381 凡存法之人非義不取十戒經云不得非義財財之中其義有四一者惠施二者信施、
382 三者儭施四者脆施如正一經所明惠施者一切爲心最難明信者無惜物將使對心上
383 士不用使其心可明下士難知故使以對心言惠施一切金銀珠玉綺羅雜錦繡
384 乃至香花油燭飲湯藥衣服臥具種種隨憘悉皆施與供養三寶慈濟一切
385 是名惠施　第二信施者三寶等經法禁嚴重非盟不授非信不傳經云得

386 其人把手而付之不得其人千金不傳雖然使是眾生髓腦不可割捨若
387 不信法實肯施使以受經故推使質心是故傳法如經中所明用金龍
388 金鈕金環金錢文繒命綵曰萬劫要責信受經以爲盟誓是爲信施
389 第三儭施者供齋設會請像延師玄信據誠施使明齊種種供養事事
390 具足是名儭施　第四脆施者虛心三寶虔誠發願啟告冥司祈恩請
391 福一心乞請方報酬賽隨其脆用仰答弘道名爲脆施如是四法名爲義財
392 □既捨施仍生蹔愧陟爲運心隨人所願請爲表明上啟皇尊下告一切稱□
393 □善功乞垂福祐道場男女同聲稱善讃嘆其德
394 敬白道場四眾等此非市店何須乱語乱語之人必定獲罪經云此法實玄妙
395 靜聽滅罪今所說者即其義也若能精心靜聽句句消災慢法在聽行
396 □長罪度人經云輕泄漏慢殃及九祖貧道今日所說亦復如是昇玄經云
397 三代天尊十方眾聖常保護經法利益一切開度群生施主等宿植善
398 根今生報重逢師遇道聽法聞經當須用心信受不可輕慢誹謗之
399 人、定入惡根如此之者先無善業久墮死見雖聞正法終不能信故經云
400 信不足有不信之人頑愚觸壁无底大癡不悟自己無知更復勸
401 他不信故四天司最護法諸神努其不信還賜殃罰此人■見世之中
402 嬰諸病苦種種不利備鍾其身又有財物放失遭横苦難此豈不是見
403 世即報又昇玄經云謗法之人當獲惡瘡亞癩之病請問經云當被惡鬼
404 煞之復生邊地不遇法門雖得人形盲聾瘖啞道場男女■自生不

405 勿懷誹謗若有此色當自思惟速宜懺悔　若人求道須知大乘法大
406 乘法者發无上道心无上道心者發四大願一者願斷一切惡二者願修一切善三者願
407 度一切衆生四者願求无上道果從今身至成道盡未來際无量求
408 中閒千萬億劫於其中閒願莫退轉是名眞人四大願也若人求道先
409 須度持眞人所行三種大戒何者爲三一者從今身至成道身、盡未來
410 際於其中閒斷一切惡二者從今身至成道身盡未來際於其中
411 閒修一切善三者從今身至成道身盡未來際、於其中閒度一切衆
412 生是名眞人三種大戒眞人者所有功德如牛跡中水持眞人戒者者
413 所有功德如大鷗鳥持仙人戒者、所有功德猶如片鶚持眞人戒者
414 以有如是无量无邊不可思議大大功德今勸合道場善知識等努力
415 用心勤修道法廣開行門乃有信萬要而言之且有二種一者大慈悲行二者
416 智惠行慈悲行者常念六道衆生无始已來並皆是我父母妻子男女兄弟
417 姊妹眷屬以愚痴故多造惡業故輪迴正道人中天上三塗地獄畜生餓鬼受大苦
418 惱百千萬劫无窮无極深可憐愍我今發心行眞人道度一切苦惱衆生
419 皆令離苦得天尊藥若人能行住坐臥作此心者名眞人大慈悲也智
420 惠行者、當念我身及一切衆生之身天地日月大山大海江河諸水、一切□
421 木城邑聚落舍宅蒙生並皆虛妄无有定實如鏡中像如天中月
422 如空中雲如水上泡看之似有其實是無實理是无看之恆有所以
423 然者有无別有用无爲有无非別无用有爲無无爲有故有則非有、有

424 爲无故无則非无以是義故一切萬法非是定有非是定无若有人能知
425 一切法無定實者是名眞人智惠行若有人能修學向前大慈悲智
426 惠二種法者當知是人修一切善當知是人能持傳禁戒當知是人能度
427 衆生當知是人把智惠劍當知是人破煩惱賊當知是人駕大乘車
428 當知是人行大乘道當知是人定得成聖證无上道果大慈悲、智惠
429 二種法者諸聖之父母也一切眞人之大師卅六部經之心也行大道者之
430 眼目也煩惱重病之良藥也生死苦海堅牢之舩舫也斬煩惱樹之
431 利斧也不學灌湯之甘露也諸餓鬼衆生之上膳也有心宜學宜知也
432 問曰云何得知一切萬法並是虚妄无有定實答如一種水四種衆生
433 各見不同人見是水餓鬼見是火魚見是舍諸天見是地本无有水人見是水得
434 知此水即是虚妄无有定實知无有火餓鬼見是火將知此火即是虚妄無有
435 定實本无有地諸天見地明知此地即是虚妄无有定實據此言之一切□
436 法皆虚妄本无山海妄見山海本无我身妄見我身本无妻子妄見妻子本无□□
437 妄見舍宅若有人知一切法是虚妄者當知即是大道之子當知即是眞人□
438 侶當知即是出家、當知即是苦海橋梁當知即是衆生眞善知識之□□
439 眞人六度行　布施云云　與佛同五觀空　是名眞人六度行　在行眞人持戒
440 行者使身有三一莫煞　二莫偸　三莫淫　四愼口　一莫妄言云云　息三毒　一莫貪二三云云　善□
441 語須作惡妄語須正須作惡貪須正善心嗔須作惡嗔心嗔須正孝養父母
442 可師長、路逢愚人讓與妙道於所生處自身在下常有己過不說人短恒以一心□

443 眞人道若見人身遭苦厄即宜往問教花安慰誓■一切無量諸善誓度一切
444 无量眾生雖斷諸惡無惡可斷雖修諸善无善可修雖度眾生無眾生可度
445 過去天尊億千萬數令得此法未來天尊億千萬數當學此法億□□
446 丈夫已學此法是能學我亦是大丈夫丈夫如何不得用此求修淨戒功德施與法□
447 一切眾生皆共迴向无上大道是名眞人持戒行也　在家眞人忍辱行者善
448 能調伏身心若被他人非理罵辱即思惟我今此身四大五蔭假合共來而於
449 使生嗔喜心又復思量彼人無知於我生嗔我今有智不合嗔彼嗔喜之法
450 彼諸善法失好名聞今代後代人不喜見當知嗔喜甚於猛火噴燒善法
451 蕩滅身性是故智者嗔善生嗔■名被他人稱揚讚嘆即思惟我身與彼並
452 皆空幻而於何處生歡喜心又復嗔人悉能忍受寒熱飢渴故盲風日眾毒又復
453 思量我從苦來營於生業共皈種植奉事王法以是等苦莫不備經皆是宿
454 來愚痴無智所成我今宜行忍辱之因求未來安樂果報所以修忍辱功德
455 施與法界一切眾生皆共向无上大道是名眞人忍辱行在家眞人精進行者
456 悉能修學无量善法利益安樂一切眾生識然不斷亦不顛倒眞人爲眾生故
457 勤修苦行布施持戒忍辱精進有四其種一常修淨行百千萬億無有停息
458 二者須修萬種之行一時俱起三者恭敬於一切眾心無墮慢四者專心而修唯求眞人
459 利益眾生習眞人精進行住坐臥當觀我身從无始以來人中天上及在三途不識善惡、虛
460 生浪死都無利益今日隨分少知似法努力精進發弘誓願願得觀定把智惠劍不借□
461 命破煩惱賊。常眾生受无量苦起慈悲心常念眾生多造苦業、起慈悲心用此精進

功德施與法界眾生皆共迴向无上大道名眞人精進　在家眞人智惠行、善知萬法本來平等無非寧靜生死亦非喧鬧若得此中意者逍遙不可言諸□非功德凡夫无煩惱若合如斯起言說何能益善知萬法如鏡中像善知萬法如隟中電中影善知教化無有一法可說善知四諦法淸淨法輪而爲眾生分別解說一者苦諦是眾生死果二者集諦是生死因三者滅諦是■死无量愚迷爲眾生說今使斷除善知大善有大功泛爲眾生說彼修學用此所修智惠功德施與法界一切眾生皆共迴向无上大道是名眞人智惠行也　問曰若无我者行住坐臥言語談笑誰使□答曰譬如琵琶因弦因手撥出種種聲人如是因愛無明出諸業生死无量心安心生覺觀覺動風想隨心觸唯脣與舌眾生顚倒出聲說言我苦我樂是我非其中眞實无有人我上明觀身不淨无我上明眞人自卑下之心常省己過不說他短恒以一心求道君子見賢思與齊等若見惡人內自省己曾子曰吾日三省吾身若見人造惡、心生憐愍莫起嗔心若起嗔心即墮地獄努力見他有過深須憐愍是眞人行也一切眾生爲人苦難所纏久處無明生死大海何者是八苦一者生苦二者苦三者病苦、四者死苦五受別離苦六者怨憎苦七者求不得苦八者五落滅苦諸天尊道君有二種身一者法身二者者身法身者猶如虛空■一切處常住湛然不生不滅无老无病无死无生不飢不渴不寒不熱自在快樂不可思議一切眾生皆以六根造罪三業諸殃一者眼根二者耳根三者鼻根四者舌根五者身根六者意根能生六識　能受六塵、眼根生眼識緣色塵耳根生耳識緣聲塵鼻根生鼻識緣香塵舌根生舌識緣味塵身根生身識緣觸塵意根生意識緣法塵如是諸塵能障蔽道性當須除斷六根六塵方能入道三業何者是一者身業二者口業、三

481 者身業有三煞盜婬■■品云云此三惡業能成十惡十惡罪種輪迴六道若能轉彼十惡而行十善
482 即爲十轉弟子爲不斷除即成三塗業道場諸眾須識三識三有化空三有者是三界一者欲界二者□
483 界三者无色界愛着五欲故名欲界自已身故名色界處无色形唯受息名无色界此三界
484 中所有眾生從无始已來莫不皆是我之眷屬是故禮誦須爲法界並爲懺悔懺悔之法、須□
485 三鄣一煩惱二業鄣根鄣三毒煩惱障隨業生於惡道是爲業障三塗苦惱是根
486 鄣若落除去三障當行四親近行一者親近善人二者聽聞正法三者什念思惟四者如法修
487 行此四法者是無爲因此四法無爲者無有是處
488 尒時遊廣野乃見破壞謗法之人眉髮隨落改變形容項着團風腰纒■癖擧
489 □爛遍體生瘡膿流鼻腦蟲儹蠅蛆口裏嚴巉死肉痛不知刀割■頑心所覺衣
490 裳汙穢、臭處難堪、面目青膖鼻■脣缺皮膚破裂、腹背燋燃睡發雷聲吼
491 ■■屋身同梧木骨肉消无氣力言音不轉常行視地恐畏見人覆面藏顏羞
492 逢視滅魂名漏路惡食肉耶孃損敗六親殃及挨兄弟姊妹暫■稱名朋友
493 識知棄之而去哀哉永別號哭分離遠道山中寄於巖側深山廣野非是
494 □塚墓叢林豈同人處丘陵壑同作柴擁巖穴之中將爲宅室材（豺）狼鳥
495 □共我並居然豹千徒同於穢處如斯之罪身自業當妻子婦兒都顏无□
496 唯有耶孃垂憶憶念千殃萬罪欲將稱无積世之僭即從今滅意欲還家
497 一宿往參耶孃即致門人高聲趁出兒即返頭迴顧喊言耶孃耶孃今一去無有
498 還期業報因緣永不相值亘由前身造罪今世造僭種子永亡罪根不滅欺
499 陵三寶罵辱師尊毀敗經典破於形像如斯業報歡喜受之、獄■湯猶

500 恐不免將賤衆生慈悲懺悔　經云若復有人捨家妻子車載□□
501 □□

【校録】

□…□滅

弟子衆等懺悔已後、願常□□□恒聞正法、常得見經、常得遇法。善善相逢、悪悪相離、身心清淨□□□□煩惱消滅、智惠開發。得如斯願、報道慈恩。

弟子衆等懺悔已後、斷六情彰、去六欲、淨根明識云々。第一願取色不眼、第二願聲不入耳、第三願取味不入口、第四願取想不入意、第五願取氣不入鼻、第六願取欲不入身。弟子衆等去此六取、即得六識分明、六根清淨、當之來生、出離三界廿八天、得登四梵天宮、受大快樂、得如斯願、報道慈恩。

弟子衆等懺悔□後、願合家男女、受年無病、得度三災、免離九幽、厄凶年儉歲。願不耳聞、父北子南、更莫逢遇。得如此願、報道慈恩。

弟子衆等、懺悔□□、合家男□□之中、頭頭不痛、額不熱、床上□莫□病兒、獄中莫有繋囚。常聞説法、莫聞哭聲。得如斯願、報道慈恩。

弟子衆等、懺悔已後、願罪鄣消除、離苦解脱、有緣男女、同上法船、出離苦海、同登道岸、至无爲果、同法味藥、除愚癡病、同度法橋、離生死□、□得法水、洗除清淨、内外光明、猶寶珠、一无瑕穢。得斯願、報道慈恩。

年年歲歲、常見道場、日日時時、恒聞經法、靈津妙□漑灌身□眞糧寘資藏府、三災九厄无敢侵、百毒五瘟清淨□□□□□觀天尊具足相好。願令此耳常聞天尊説法、一心奉行、更不退轉。願令此鼻常聞微妙香氣、捨諸臭穢、令此舌常食法味甘露之食、不噉衆生之肉。願令此身恒被天尊法眼、行坐无畏、□□□極。願令此心成就道行、怨親平等發大慈心、煞衆生猶如赤子。願弟子從今身盡未來際、常發如此善願、莫生退轉。不生退轉者、頭面云云。

　敬白時衆等、貧道向者爲施主男女、讀經懺悔行道□□□□功德悉□圓滿。惟未受戒、既其燒香燃燈、轉經行道、何假受戒。只爲施主、无□始遣智惠、初開須藉、戒之防衛。戒之爲用、其如□□□馬之着轡、猴之戴鏁。馬之若不安轡、則馳走東西、猴若不戴□□□由□□□不持戒、則心有擧緣。亦□施主、農家田種欲使苗稼滋茂、須爲疆界。若爲疆、則得善□增長、荒草不侵。若不爲疆界、則荒草競侵□□□暴□量、故當可解。是故貧道欲爲施主受天尊金口所説大乘經戒、施主男女至心諦聽。

《本際經》云、天尊遺教、戒勸分明、努力懃修、早求解脱、勿懷憂苦、虚養善功。行者、優婆姨欲受戒者、頭面云云稱善。

　重白大衆、貧向來欲爲施主等受戒、即今意者還復未能。何故如此、爲施主等未有眞心、所以得知、貧道勸施主合掌當心、合者少、不合者多。遣擧手彈指、彈者小少、不彈者亦多、□觀之足明□心受戒。

《經》云、此法實玄妙、免汝九祖役、是其人不受、令人與道隔、授與非其人、見世被考責、死墮三塗中、萬劫悔无益。施主等幾非受戒人、貧道何勞強□經戒勸施主受持、自身獲罪隆然、■可貧道一人墮三塗不可□、施主如許人、沈淪地獄。

　施主等各々斂容正坐、合掌當心。只如牛犢畜生、四蹄八甲、頂戴兩角、口中横骨、不解分疎、向毛袋中生長。如此衆、隆見道場、亦不解收心斂掌。況施主等處在人身、刑容端正、相■然運手動足皆得在、不能至心合掌、任念稱楊。施主若能至誠者、隨逐阿師念无上尊二七遍云々。

　不可思議、施主始來並有眞心受戒也。貧道勸合掌即合掌、遣稱揚、則念聲不絶。可不是有心受戒、始作如此。

《經》云、是其人不受、令人與道隔。施主既有眞心、若爲得不爲施主受戒。貧道何能爲施主受戒、只爲施主作个傳語人可以。然只个經云、並是天尊金口所説、非關貧□能。何以得知。案《本際經》云、元始天尊在長樂舍中騫木之下、説三善行戒、受左玄眞人。又案《定志經》云、天尊在七寶紫微宮十種戒法。天尊又以開皇元年七月一日午時、於西那玉國鬱察山中浮羅之岳長桑林中、授太上道君智惠上品大戒法文。道君幾得其戒、乃爲將此戒、開悟群生、爲諸男女解災却患、抜諸苦根。令使生者見□、身脱八難、死者歡樂、飲食天堂。以義尋經、所以如此。今日殷懃勸令受戒者何。故《經》云、見之悲傷、念之在心、故遣明戒、度入法門。

道場大衆欲受戒□□須請五方護戒天尊爲戒主。五方天尊、東方有尋聲救苦天尊、南方有大慈悲天尊、西方觀身化生天尊、北方有光明並照天尊、中央有法門廣度天尊云々。今日請五方天尊者、欲似何物、似行者家宅相似。若四面牆窄、賊不得入中、有好家長、即當大小無優、家長四面牆、都成有五。今時所請其義亦然、施主以此思量、各各隨逐阿師請五方天云々。向來請五方天尊以□□□請三師爲證明戒師。所請師名者何、第一眞人鬱羅翹、第二眞人光好言、第三眞人眞定、所請三師者何。故《經》云、三師啓玄扇、廣開甘露門、以長生術、方便證迷昏。以此思量、故當可解天尊云々。善男子善女人能發自然道意、來入法門、受我十戒十四持身之品、則爲大道淸信弟子。

敬白道場大衆、貧道謬居法侶、濫處玄門、質漏情疎、虚移景宿、學不稽古、觸事無知。遇蒙大聖慈恩、得預經法、雖復尋文數墨、至理難明。蓋由法重人輕、義深難側（測）。向來愧恥無自、寧既蒙施主■可下流延及□□馮心委命、行道轉經、惟推恐宣吐不精、更招僭失。諸施主等勿以□□閒參差即生轉慢。今日施主乃能惠心發、功行外彰、深悟玄空、知身三寶、營建道場、□□深□□□興隆九族、欲使人人無病、大小平安、必須各各割捨外緣、存心聽法。勿作俗心外想、馳境是非、耽染色聲、邪念妄起、嫉妬嬌慢、心懷恚努（怒）。徒在道場、終無益也。願施主等各各至心。

雍州經陽縣有一桑樂夫人、年到十三上嫁、十五上生顆兒、年垂十七、遂則夫亡。因此守一顆兒、更不改嫁、年垂卅五、爲此孤兒成婚、索得新婦成就解了。不得多時、桑樂夫人遂則即染患、不經七日、命欲終。即□□兒兒□進前來、「阿孃小來養育兒、是我今日定不活。是你慈流孝順、看努力好生活。兒、阿娘身唯有四腰裙、不須與我着、爲我向市賣却、修營功德。共汝暫別、千萬努力。」即將命終、其慈流孝順兒一依孝法、七日不食、送殯埋既了、即還家。百日持孝、六時哭泣、極以摧悲□翦蔽、無人出外爲家經營。遂賣孃所留裙、却得三貫五百錢、日□中羅米喫盡、不得營造功德。百日既周、其兒依法頭渫墜□毛□□杖還向墓所、檢校墳陵、擧聲號哭。「兒不孝、阿孃。」遶墓三■、哭聲不絶。其母感兒、見自身出、宜至前頭、語兒言「我聞兒哭聲徹、我□我耳、故出看兒。共汝別已來、家中作勿生活、若爲得食飲周濟。」其兒心中昏悶、一憘一摧、不能懽悦。惑道是夢想、惑道我孃得迴、惑道是狐魅。其母察得其情、即報兒言「我是汝母、汝是我子、不須驚怕。阿孃前頭極以快活、我宮殿自然。聞兒哭喚我。故來看汝。阿孃將兒暫往我室宅觀看一迴、能不去不、兒。」兒道「能、阿孃。」兒既能去爲阿孃合眼、須臾中閒、行可廾餘里、即到前頭。兒開眼、見宮殿赤柱白壁、莊嚴極妙。其兒問母「此是何宮殿。」其母答言「此是我宅、在其中衣食自然、今故將兒往觀看。」其母語兒「兒只向此門底立莫入。我少時即來看兒。阿孃來遲、有一袍袴女子拏一盤飯來、將餧汝、汝莫喫食。」其兒待母、良久不來、見一袍袴女子拏一盤飯物來、極以香美。其女子問言「朗君是幸樂夫人兒以不。」兒報言「是。」「夫人在内、極以優慮朗君。故遣兒來送飯朗君喫。」其兒報憶母語、不許我食「兒極飽、不喫、娘子。」其女報言「朗君奇大不是、朗君食此飯、是慈流孝順兒。朗君若不食、即是五逆不孝子。」其兒聞此語、諫人不滿千、伐樹不至萬行、遂坐受食。拏得飯椀始欲向口、其食變成猛火、卅餘里趁燒人。其兒火燒、擧聲大哭「阿孃。」其火遂攝、還來到門。又見女子還在門道、兒問言「好子、向蒙賜食、極以馨香、何以變成猛火、卅餘里燒人、何意。」其袍袴女子答言「此是閻羅王宮殿。朗君阿孃在此城中受苦、一日一夜萬生萬死、一日十二時恒食此飯。故遣我來告汝□□苦痛。」兒聞此語、悶絶擗地、良久乃生。喚言「阿孃、兒不孝、遣阿孃受苦、日夜萬死萬甦還復死。阿娘。」閻羅王即聞其哭聲、呵唱前頭左右「何爲得生人入宮殿號悲大哭、急捉將來。」閻羅王言「你有何事來到我此處。」兒分疎「大王。慈流是幸樂夫人兒、阿孃將兒來此。」語兒道「受語據□聞阿孃在磨坊地獄中、受大苦惱、遂即號洮大哭。觸悟大王、身負萬死。」閻羅王處分遂遣牛頭獄卒開磨坊獄門、緒其小兒阿孃刑（形）體合成人身將來、見已□□聲罵□□个婦女「是你只爲前縁、煞害猪羊鵝鴨不少、你身命□□□是爲勿將个小兒向我宮内號悲大哭。」幸樂夫人遂即分疎「新婦年□□嫁十五□□一顆兒年。到十七、夫主將亡、守寡不嫁、養孤兒爲其成婚。□□煞害猪羊鵝鴨不少、遂遣新婦受此宿殃、被配磨坊獄中、受大苦惱。新婦生存之時、唯有四腰裙、遣兒修造功德、不爲新婦修營、致使如■受斯苦惱。新婦故將兒來。」親自眼見、切痛悲深、上天所□大王語言「業受未盡、還向磨坊獄中苦。其兒施還。」母子悲酸不□□□已唱言「去、將去。」兒送還、母依或磨坊獄中受苦。兒復得還人中、□□□□、見阿孃受苦、家中唯有卄畝田、賣却十畝、得十一貫錢。將五貫□□□□□造像營造既周、設齋度功德又了。其兒遂向佇哭、杖向墓所、號悲大哭「阿孃、阿孃、兒五逆不孝、阿孃。」尒時有一老母、年垂百歲、前進問兒「□□□聞兒哭聲極致悲哀、哭何之事。」慈流報言「阿婆、兒阿孃死、經至一百餘日、不修功德、今被配在磨坊獄中、受大苦惱、極以楚酸。阿婆、兒家燋翦、唯卄畝田。今賣十畝、修造功德、慶賀並周。今欲到墓所、看阿娘一迴。」其阿婆報言「兒更莫去。汝發心之時、閻羅王先已擧筆判汝阿娘以昇上界。」兒問阿婆言「若爲得去。」婆報兒言「我是天帝、釋天故遣我來報汝知之。」

我等凡夫五逆者多、孝順者少、如功德豈不修。只看幸樂夫人兒擧心賣田、閻羅王以早知判昇天堂。道場男女、願莫行此五逆不孝□□爲耶娘散施貧窮、廣建功德。願我父母不見刀山、不見劍樹、不見灌湯、不見爐炭。願不入磨坊地獄。見在道場、擧手彈指、合常（掌）當心、是阿娘孝順子者、煞稱无上尊。

李方賢者夫妻有一个兒、共相怜愛、如掌中珠口中氣。徑由兩歳、阿娘行時抱行、坐時抱坐。一夜中閒、三度喚兒、磨娑撫怕（拍）、恐兒不安。春日春時春□□至冬時□……□蓋身、香湯沐浴、願得長生、日日燒香、乞兒致惠。阿娘□……□見兒歡憘大笑、喚兒取餅、恩愛怜深。恍惚中閒□……□百節曾寒、頭面酸疼、喘粗口苦、飯食不美、日日瘀□……□■其病、面色漸青、藥不能醫、飯不能食、悲聲氣□兩眼□□□社奴「社奴、我身定不成人。共兒永別、阿孃與兒永劫相別、兒好住。」阿娘怜兒口難□□恐畏於後無人知兒飢渴。「騃兒、騃兒。」兒啼母啼、淚洛（落）無數。尒時又喚社奴、「阿孃、妾今欲追命向君首罪、生平強健之日、偏心於社奴、是無母子年極。初小即專命、好好看社奴、還如妾在之日、好住努力。妾有一面鏡、留與社奴。道阿孃鏡社奴長大之日、成婚之時、道社奴阿孃欲死、分付留與兒新婦。但得此鏡還見社□□相似、君脱索後妻、努力曾社奴、即是大願。縦其入地獄、莫將亡人鏡照後妻面上粧、莫憎我社奴。好住、好住。」即抱社奴頭分別、涙出無數。一手抱社奴、□上一手□□礐、「妾獨自黃泉下。」於是兩手莫空、眼裏无光、口中無氣、即辟生人■化。李方妻死已後、社奴年小、無衣可着、行住坐臥、更不離阿耶。恰至夜頭中間、社奴哭、耶亦不覺、逐兒啼哭。抱將向田鋤耒、背上負兒□或坐地上肋禾、兒還匍匐逐耶。南經至冬月、風冷霜寒、泉凝冰結、山林彫落、百草瘀黃、寒風三般兩般、直入屋内。嚴霜十度五度、經入宅中、父子相抱、兩涙雙流、念憶亡妻。託何道、社奴悲哭、深憶於孃。縦有姉妹可見、豈如社奴母在之日。未至冬以作冬衣、未至春時春衣成就。自社奴母死已來、衣裳破碎、無人爲作一針。冷霜嚴寒、誰謂將綿蓋體。平章親□即□後妻。其妻初來之時、一月兩月甚怜社奴。經於二年、忽生一子、後母兒年一歳、遂起兩心。後母共家母平章、恐社奴長大欺我母子、若爲作計令使自亡。後妻阿孃云「汝欲療理、極成大易。唱言社奴忽患心痛、風□加枉熱、不知憶母。爲是實枉私地期剖將與刀。汝父問時、皆言枉乱、一句妄言煞汝不虚。」于時社奴耶來入堂坐、妻來相告「社奴患枉、狀似心熱、不知憶母、爲是實枉、日夜思量、恐成大病。」社奴阿耶忽聞此言「何忽何忽、定是汝療理我兒、致使如此。」後妻聞語忽嗔、脣青面赤、張口指天「汝當自問、始知眞實。」社奴耶於時磨娑社奴、問云「患何種病」奴云「兒心極熱、迷悶無知。」妻於後接聲言「值井入井、值何入何、逢火入火、遇坑入坑。」社奴亦言「當此之時、亦不知覺。」社奴耶言「我負天何罪遭此患。」赤吹社奴爲■事、遂□□□。經由五日、後妻喚兒向江洗衣、遣兒沐浴、因此便推水中。兒却出、其母一手擐頭、一手捉項、深送水中、因茲遂（隨）流。社奴遂即思量、我小之時、有我阿娘爲兒贖神符、係於左辟。符中童子身長八寸、引水於中見報終魚、送於魚口、魚便呑。經於一宿、其魚腹中宛然不死。尒時後妻心生詐僞、自□中濕衣、歸舍告於隣、並大哭非號「社奴心狂、忽投水内、漸趁漸入、不覺沒頭、見今衣濕、趁兒不及。」村人共覓、將網捕求、深處勞漉、不見形影。社家追贈光唯、唯有酒、無羊可買、遂即求魚。行於江中、見有一人網魚來賣。魚長九尺、社奴家買得將歸、行至村中。其社奴阿耶□■還來、行至半路、少時宴息、忽即睡來。夢見社奴頭面□赤、兩眼血流、手脚並腫。喚言「阿耶、阿耶、兒別阿耶去。」忽驚覺、腹熱荒芒、至於家中、兒早溺死。問村人及□妻、何故死。村人及妻齊聲報言、社奴狂發入水、汝妻衣濕告報村人。兒狂入水、村人勞漉、莫知蹤緒。阿耶心盡、悲號大哭。村人將魚欲煞、把刀開腹之間、其魚腹內忽有人聲喚言、魚師住刀聽響。其聲言「鱠魚師、鱠魚師、疑疑行刀、莫令傷我、得脫□魚腹中、□當報汝。」時魚師將刀開魚、即見社奴頭面赫赤、眼中血流、□阿□耶言「阿耶去後、阿娘將兒臨江洗衣。方便遣兒沐浴、遂即推兒入深水之中。兒還却出、娘即捉兒頭、禁捺着水底。因即隨流今見阿耶。」重生之日、父子□哭、聲徹於天。李方向兒以理諮報官人聞□□彈指皆念天尊。即索五車出適後母、骨肉分散、■血□□□煞□前□之子、傳語後母、平等作心、實酷虐他。

男女行善、□□□心得□內外道場大眾等、是阿娘慈孝者、煞稱无上尊。

□□□□生平之日、樂道誦經、經由卅六年、無有■（怠）隨（惰）、少小已來、不識□娘每□香晨昏禮拜、常念耶娘、日日流淚、肝腸寸斷。忽逢天下■止男女無婦夫□望卅已上不於配延者、與杖六十、流二千里。尒時高□志意不兒妻、恐向三千里、失父母墳陵、交闕祭祀。于時鄉人老小相□娶妻、供養父母墳陵。遂婚趙家之女、經由二年、其妻遂生一子。其□相好端正、分明■問夫「兒欲滿月、作何食飲、延屈親情。」高士長者□「燒香□□淨米淨麵、請師轉經設齋、行道報三寶慈恩。」阿趙于時□嗔忽努罵辱高士「汝是田舍漢、小來不見好人、滿月我家兒□□□□□□肉不喫魚即置羊、多㷔雞鴨及好清酒、如是爲兒滿月。」高士□□□愚騃、合掌言「優婆姨、優婆姨、我阿耶阿娘自死已來、■今卅餘年、五辛不入家中、無殺眾生聲、亦無赤肉血、唯好香煙。今惟誕一孩子、煞他種種眾生、赤肉滿其宅中、恐殃父母及此小兒。」何何□于時阿趙聞言、更起大嗔、喚高士作小家漢、小來未解食一■肉、只是■夫。尒時高士長既合掌、面向天尊、弟子惡業、兩眼流淚、悲鳴向三寶、其□語曰「□生義心、縱汝任变作天尊身、我亦須煞。」高士長者將眼□有■□煞害、諸天童子來報高士「汝身修齋、功行圓滿、兒亦合□生善家、汝合生天。」童子語高士長者「不須悲鳴。」即遣兩童子變長者身及兒忽作二羊、一大一小、來向園中、聲鳴相喚。阿趙忽聞、心生歓（歡）憘、心口相語、我未買羊殺、天與我羊在園內。遂喚東家突厥奴、遮□縛、羊赤入門、兩眼淚流、兩膝長跪、頭伏着地、還如人禮。阿趙不生慚愧、滿月日、逼索繩縛羊、阿趙不知此是夫及兒、遂起猛懸於柱□其四蹄繩縛、遣突厥奴煞。其奴不肯爲煞、阿趙■力前行三生□□將刀□羊、羊見刀來、寒毛卓戰、眼中流血。阿趙歡憘、我欲見□□□自流、一手捉羊、將刀刺項、血流無數。語突厥奴「好好剝皮。」阿趙却入室中覓兒、覓兒不見、長者亦無。鎚胸拍臆、處處求覓、過至羊邊、唯見聲■於柱上、遂被剝皮、血流遍地。奴及阿趙一時驚忙、突厥驚走歸家、阿趙心荒變色。少時中間、香煙滿地、黃雲四纏、青鳥雙來、紫霞三匝、迎其高士、兒亦乘雲、手執香花、空中讚嘆。語其阿趙、努力□兄弟、與兒作滿月、莫嗔田舍漢。吾今及兒捨身流肉、汝及兄弟努力好食、莫嫌粗飡不食。言由未了、騰空而上。阿趙煩惱煩□實不可言。經由一年已後、見有二鬼來入宅中、中庭而立、喚言罪人阿趙來。阿趙不覺逃走而出、赤索縛手、項上刺刀、解繩却放、其鬼即出。因茲手腫、項生大腫、腫如五升■（塊）。其腫皮薄明如鏡面、傍人見有大小二羊在於腫內、羊眼血流、其腫即痛可忍、百節流汗。經七日、其腫遂有頭、將針刺破、濃出一升、虫有五升、其虫至地化爲毒蛇。不經一日、身即死滅、魂入三塗。行至第一獄門、刀山晃々。爲阿趙前生把刀煞羊、還將刀報。至第二獄門、劍樹巍巍。上刀山修劍樹、皮肉破壞、百節血流、分割四支、骸骨狼藉。受此罪訖、業風吹身上、其本身附於骸骨、還起成人。送於第三獄門、即有融銅涌鉋、鐵丸炎炎。司命考官爲汝生時心毒、還將毒物燒煮汝心。阿趙遙見、不忍向覓、合掌閉眼、怕懼不行。牛頭大嗔、鐵叉貫肋、鐵鉤鉤舌、內此鐵丸、遍身燋爛、死而復生。融銅灌口、百毛孔中火光競出、銅汁不下、鐵叉打此罪人。三天法師三元之日、應當校量罪人。高士于時從三天法師、行至第一獄門、見阿趙受苦酸楚楚、不可言論。阿趙兩眼流淚、喚言「長者、妾今更無人男女、亦無兄弟。他諸罪人並有兄弟男女、爲其燒香寫經禮拜、遂離苦惱、皆得生天。唯妾一身、無人救拔。叩頭長者、努力相救、妾今思惟、長者語千罪萬至。」長者語阿趙言「自告自受、罪名已定、只得努力。」阿趙悲號、淚落無數。何忍長者少時看罪人受苦。牛頭即來、鐵叉叉口、令使自開、內於鐵丸、節節火燃、更將銅汁灌於體上、不見阿趙、■然遂依舊體。長者蹔（慙）愧、不忍見之、爲脫仙衣、於三天法師前爲其懺悔。阿趙因此離三塗、生於上景諸天之內、快樂无爲。凡知功德不可不告。

見在道場若■女各各歸依、當有如此。並皆懺悔、同心同願、造像寫經。

尒時天尊香林園中大會說法、觀見諸聖城中有一長者。其家大富、多饒猪羊、賓待人客。長者家中有一母猪、產生十子、園中遊遨、不知厭足。長者夫妻嗜肉、日捉一肫。繩子係縛、沸湯燖剝、切割盤上、共相噉食。長者夫妻將爲口美、母猪心生懊惱、即發誓願、願長者夫人產生一子、令我得食。長者夫人於後忽生一子、刑貌端正、世間殊異。父母怜愛、即爲造七寶輿惠乳哺長養。遂作滿月、聚集鄉閭、宰煞牛羊、造諸飲食。看客已了、共作歡娛、至日暮閒、長者夫妻送客門外。其母猪爲兒酬怨、走向寶輿之上、見長者子食之。血肉狼藉、唯留一手一足、將爲作驗。長者夫妻送客迴還、覓兒不見、莫知所在、心生伯懼、舉聲大哭。處處覓兒不見、乃於糞堆之上、見兒手足、悶絕而死。家有一婢名曰桃花、將少水■面、於後還甦。何期□獸食我兒也。舉聲大哭、淚落如雨。于時母猪步步向前、將鼻接地、眼中血出、自言長者「長者、聽猪一言。猪生十子、長者夫妻日捉一子、接於湯燖剝、將爲口味。猪今始食長者一子、九子由未論、聽待到無諫地獄閻羅王前、共相證對、歷劫未休。」長者聞此猪言、心開悟解。遂於母猪之前、合掌懺悔、永斷煞生之心、所養猪羊並悉放生。

父母思重、昊天難報、道場之內有煞生之者、悉來懺悔。

敬白道場云云、貧道仰與施主並藉宿緣、俱承餘慶、伽以飡承道化、同聞法音、若不往劫結緣、豈得今生劫會。又復施主等各各專精勵志、注念虔誠。大小齊心力俱磬、修齋建講、請像延師、懺七祖之深愆、謝三塗之惡業、莫大之善、不可思宜。貧道謬廁玄門、猥參黃服、濫承訓功、佩靈文玉簡金篇、龍章鳳篆、眞經妙法、荼戒科儀、並獲披尋、未能依奉、枉蒙推拔、昇此高筵、宣暢玄風。誰知源際、所以恐貧道德薄、未能弘益、願不拔免、詎可默然。今合道場施主既能歸依三寶、心無浮散、共乞聲稱善、以證志誠、即請三稱无量大善。稱者是滅惡之因、聲尚不齊、心焉能同等。今法座之下、且有三種人聽法、何名爲三種人、一者身心倶至、二者身心倶不至、三者身至心不至。何名爲身心倶至、政頓容儀、恭敬愼爲、心不外蕩、志願聞法、此名身心倶至。何名爲身至心不至、貌係恭肅、志緣外境、身雖在此、心馬奔馳、不能聞法。縱聞正法、亦不入心。非但其人不得法、法亦不得其人。如此之輩、是名身心倶不至。何名身心倶不至、形則踞慢無禮、心則逐物奔馳。眼爲色、鼻爲香攝、口爲味觸、耳爲聲□。如此之流、是名心身倶不至。此等之人、虛受人形名德、假使萬劫千劫永不能離惡緣。自非志会專精、身心倶至、方能滅罪除彰、始可生彼惠根。

道場諸人等、宜須專心默念、至靜恭敬、敬禮无上三代天尊。弟子衆等、至心敬禮、

過往大慈元始天尊

見在大慈虛皇天尊

當來救苦大極天尊

即願消殃致福、先須歸依三寶仙聖、專精□念如見眞容。三代聖人變三體、一常三、常三而一而三、一不離三、三不離一、逗機應化、赴感隨緣、慈悲救度、轉輪拯濟三塗九夜六道四生、等心憐敏、猶如赤子。□善救物、普被慈悲、而無棄物、平等無偏、不殊父母。

□道場諸人、宜各用心、勿生雜想、見像時當作親謁天尊想。觀齊□法陟、當作无上橋樑。運度衆生離於苦海、至常樂岸想。見在男女既能身處道場、必須洗心懺悔、使三代罪滅、萬劫福生。上延七祖父母、下及一切群品、非亘見世受樂、亦乃未來獲果。是知九幽罪滅、惡不超三淸。福緣非積善不致、譬如江何海、惟海奔波浩汗得脫。所言智惠者、非是人間奸矯校黠、持強陵弱、欺陟罔友之類。■其觀空達、有不住不着、常處煩惱、不染煩惱、常處世間、不

□世間、是名智惠。智惠發生、必因經教。不因經教而得能者、自非宿植善根、亦未親近、天恣挺秀、自然愚悟。降茲以往、會須聽法、然始能照察。智者知也、惠者解也。智能照境、惠能了物、照則無所不知、了則無不解。照了一切、解脫萬境、不在於內、不在於外、亦不在於中間、不分不捨、是名智惠。凡夫無知、不識歸趣、初聞說善、漸生善心。及其爲說、即便厭倦、只是過去業中不曾親近、使今生之內、不能正信、信爲能入、若不信、不入諸法。故《經》云、信不足於不信。但是經皆是聖人慈悲群品、沉淪生死、種諸惡業、不能得出。是故垂形六道、開諸法門、濡手蹈足、假泥隨炎、隨彼眾生業緣所感、爲作橋樑、使得修度、爲作良藥、使病除。眾生愚癡、已於久遠劫來、體滞聲色、愛染塵垢、蒙蔽眞性。不見道場、不覺四大浮僞、不知六情權假。但見合而成體、詎思散則形此之假、猶如輪輞轅軏。今名爲車、若散一邊、車名何在。故《經》云、如轝無轝。

道場男女、當須觀身想空、始可聽法。此法幽隱、卒不可明、會是細心、身始可見。具善惡二緣、非從天來、非從地出、皆緣眾生本行所照、致此兩報。若行善者、功圓德備、業隆位重。或太高玉高天尊世尊、遂能騰空者、翥景策空、駕浮上極大羅。高昇三景處、則金闕玉京、玄都紫府臺。便六合障、乃九光座、則獅子五色。行即蓮花千葉、或琉璃薦地、白玉緣階、騫樹七寶、神飇動而而成靈翻十絕。景而照疑虹衣、則飛森霜珠、離罪九厄、食則沉瀣、雲液芝英五牙、作樂則天鈞眾伎、八鸞九鳳之唱。侍衛天丁力士、收魔束妖之神、出沒自由、往還無礙、不生不死、不斷不常、赴感隨機、修來修往、恩沾動植、慈拔蒼生。行惡者■深類重、生微品末、遂使命係四生、罪淪六道。或作馳騾牛馬豬羊雞犬、或作喘耎之形、霄翹之體。或有識无識、陸生水生、但知念食、餘無所解。或後負重陟遠、鞭打穿鼻、任人煞活以報昔冤。人即聾盲瘖瘂、癃殘跛癡、邊地下賤、無底頑愚、不遇師尊、不逢善識、飢寒切苦、憂相煎捨。此報身業■■道卻地獄寒池九幽、不都光明、長淪享夜、刀山峻峻似凝霜、劍樹巍巍、鋒如積雪。牛頭槌打、逼遣登緣、八達交風、吹披■擧、足分手裂、背穴腸穿、苦痛切軀、詎可堪忍。鐵床焰起、銅槍火燃、炎爐上煙、■灰奮契。或抱眼體爛肌燋、乍坐乍行、骨疼髓沸、■鎚乱棒、鐵杖負身、逼赴寒水、支體坼裂。或洋銅灌口、或沸鑊煮身、拔舌刺錐、引頸繫鏁。晝夜考掠、苦楚難思、一時之中、千生萬死。如是等報、皆爲宿寃、略向言之、卒不可盡。是故天尊發慈悲、放五色之威光、照九幽之地獄、領十萬之聖衆、觀八門之苦魂、開明眞之科、滅長頁（夜）之罪。道場男女、當須用心發露懺悔、使斷此業、齊心往念、歸依三寶。

歸依太上無極大道　經　師

所以三稱三寶名者、道是一切衆生慈悲父母、普哀群品、拔與樂、隨機赴化、變易見身、淨土之中、金容玉質。或多惱之境、體陋形微、種種等形、務在救濟。故《經》云、於彼淨土、相好嚴儀、處此多惱、形同下。斯和光同塵、不殊凡俗、聖人人物不其形。故《經》云云、道而見傳告无窮。佛經經云、品居七身云云。是故寶珠之中、列諸天之聖衆、香林之會、演妙法以度人。函開諸道、着五千之旨、結空成字、敷十部之妙經。事事爲師、代代不絕、用之理國、返朴還淳、用之理身、長生久視。三界披德、六道沾恩。是知三寶利益不思議。道場男女、各各運心歸命道寶。

所以歸依經寶者、經是衆生无上良藥、是无上舟船、是无上智恵、是无上衣服、是无上法。則是經能除衆生煩惱苦病、是名良藥。故《度人經》云、□經二遍、盲者目明。能運衆生常樂岸、故名舟船。能今衆生願了一□、故名知恵。能覆護衆生、故名衣服。經有四義、以是義故須歸依。

所以歸依師寶者、師是衆生无上法橋、亦是衆生无上福田、是衆生無上良藥、是无上善知識。師能導引衆生、履正眞路、能濟度至長樂岸、故名橋樑。導者能爲衆生生善種子、故名无上福田。能以金鉀割衆生盲目、故名良藥。能今衆生捨惡趣、故名善知識。若不因師、不可得度。故眞人曰、師之恩也、恩過父母、深逾天地。能覆我、地能載我、父母養我、雖有此恩也、卒意不能令我得道、不能免離死生。師今日能令我得道、免離生死者、豈非恩過父母、深逾天地耶。道場男女宜各齊誠、當歸依師寶。

凡歸依三寶者、須磬一心、於身命財无所悋惜、爲正信故、故能如此。不可形恭心慢貌同意別、若有此志、即墮疑網。疑網既掛、是結縛煩惱、生死无窮解脫、爲不信故致諸惡。惡又四天司羅、十部威神、隨其前後、錄其罪色、贓満罪定、淪諸悪趣。是故當須正信、莫生疑惑。若能齊心正信、同聲稱善、即爲合道場男女、上啟十方大聖、三清衆聖、須光降駕、鑒臨懺悔。

弟子上啟玉晨大道金闕虛皇三代天尊、十方眞聖高上玉高諸天高主靈聖官屬等、並即須光迴駕、監照道場、是男是女、咸即成就功德。暫乞分彼法身、隨緣緣感、取千葉之花、載九完之蓋、曜金姿而生金闕、輝玉質下玉京。寶擧八景、飛靈三素、前有嘯鳳歌鸞、後乃天鈞仙伎。金童燒香、玉女散花、浮空迂駕、照臨法座。又即一切眞聖、廿七品仙官、並乘丹擧緑擧羽瓊輪、侍衛天尊、同乘監照。又十部威神、天丁力士、衝鋒擲火、建節麾幢、龍鱗壁邪、師子猛獸、倶來扈從擁衛。

道場男女、並各□誠擧手彈指、禮拜上聖。奉請三洞七部靈書八角天文一丈、正一明威洞淵神呪靈符寶録神章眞印、一切經法、乞開霜羅之蘊、解雲錦之嚢、出玉匱之文、敷金臺之奥。侍經神童卅萬人、燒返魂之香、報綺霞之巾、執十絶之幡、蔭九芝之蓋、萬靈侍衛、千眞讃誦、一合來下、演說妙義、擁護道場。

見座大衆、使心開意解、體道見眞、萬禍不生、百邪自泯。合道場善男女等、擧手彈指、齊聲誠禮於經法。又奉請玄中大法師、三天法師、正天師、或身處世輔佐帝王、或託隱山林、密濟人庶、汲引後學、誘進群蒙、施法傳經、授戒賜録、並即津梁萬品、開導四生、同轉法輪、通悟愚滯、運彼神變、降此道場、賜以威光、擁護時衆、使明了法性、入妙通玄、不住不着、速登眞境。合道場時衆齊心擧手、禮拜經法。

歸依三寶、須明三捨。三捨之要、以慈悲爲本。《大戒經》云、常行大慈悲愍一切。所以言三捨者、第一捨身、第二捨命、第三捨財、是名三捨。第一捨身者、知四大之虛危、體百齡之浮促。知師資之汲引、識經戒之津梁。是故擁篲伏膺、尋師問道、營壇建靜、執役親勞、虔誠禮念、無憚艱苦、志懃於道、心存濟物、乃至損身、亦無悋惜。故《靈寶經》眞人苦云云。　第二云云。　第三捨財者、乃至國域妻子、頭目髓腦、象馬車乘、金銀珍寶、衣服既竿、是名捨施使《本相經》云、明王學道、因施國域妻子、捨慳貪之心。《定志經》云、樂靜信供養山中道士、賣兒供法以是捨財、三代得道合有六人。

三捨之中、財最輕薄、又是身外之物、一切衆生愚痴顚倒、重於財貨翻推身命。故《經》云、名與身熟親、身與貨熟多、多藏必厚亡。世人慳貪、不能割捨、唯欲積聚、姿以驕奢。故《易》云、吉凶悔悋於者生、又《尚書》云、富不與奢、期而自至。又《禮》云、積而能散。故知兩疎散金實爲哲士。

道場男女、披砂揀金、扣石出玉、欲得富貴長壽。當長壽當須行此三捨。今看一切諸人、財物尚貪悋、況能捨身。寧可求財喪身、不肯存身喪財。是身虛妄、豈可戀着。身既如此、於錢財而生貪悋。且觀是身初始嬰孩、俄然長大、紅顏雲鬢、美好端姸。纏忽之閒、早巳遷變、髮白面皺。一旦神逝、父母他人、妻子行路。國域非己、金玉雖珍、十影浮雲、七香流水、修□萬戶、層閣三休、是屬他人、皆非我有。生平之日徒慳貪、氣盡之時、寄能能□借愚痴之者、謂千年萬保萬劫物長存。不知歸依、不解捨施、形淪九夜、命屬三官、罪係惡緣、罪纏鬼道。如此追悔、知之何不如早掛良因、急修善業、爲未來之福德、捨見在之慳貪。道場男女誠可怖畏、宜各發心、願共捨離、擧手彈指禮拜。

道場男女、既知三捨、須明布施。布施法、以觀善爲本、以濟苦爲心。《經》云、生施有悔、死必无功。凡存法之人、非義不取。《十戒經》云、不得非義財。財之中其義有四、一者惠施、二者信施、三者儭施、四者脆施。如《正一經》所明、惠施者、一切爲心最難明、信者無惜物、將使對心、上士不用、使其心可明、下士難知、故使以對心。言惠施、一切金銀珠玉、綺羅雜錦繡、乃至香花油燭、飲湯藥衣服、臥具種種、隨憘悉皆施與、供養三寶、慈濟一切、是名惠施。第二信施者、三寶等經、法禁嚴重、非盟不授、非信不傳。《經》云、得其人、把手而付之。不得其人、千金不傳。雖然使是衆生髓腦不可割捨、若不信法、實肯施使以受經。故推使質心、是故傳法、如經中所明、用金龍、金鈕、金環、金錢、文繒、命綵。曰萬劫要責信受經、以爲盟誓、是爲信施。第三儭施者、供齋設會、請像延師、玄信據誠、施使明齊、種種供養、事事具足、是名儭施。第四脆施者、虛心三寶、虔誠發願、啟告冥司、祈恩請福、一心乞請、方報酬賽、隨其脆用、仰答弘道、名爲脆施。如是四法、名爲義財。□既捨施、仍生蹔愧、陟爲運心、隨人所願、請爲表明。上啟皇尊、下告一切、稱□□善功、乞垂福祐。道場男女、同聲稱善、讚嘆其德。

敬白道場四眾等、此非市店、何須乱語。乱語之人、必定獲罪。《經》云、此法實玄妙、靜聽滅罪。今所說者、即其義也。若能精心靜聽、句句消災、慢法在聽、行□長罪。《度人經》云、輕泄漏慢、殃及九祖。貧道今日所說、亦復如是。《昇玄經》云、三代天尊、十方眾聖、常保護經法、利益一切、開度群生。施主等宿植善根、今生報重、逢師遇道、聽法聞經、當須用心信受、不可輕慢。誹謗之人、定入惡根。如此之者、先無善業、久墮死見、雖聞正法、終不能信。故《經》云、信不足、有不信之人、頑愚觸壁无底、大癡不悟、自己無知、更復勸他不信。故四天司最護法諸神努其不信、還賜殃罰。此人■見世之中嬰諸病苦、種種不利、備鍾其身、又有財物放失、遭橫苦難、此豈不是見世即報。又《昇玄經》云、謗法之人、當獲惡瘡亞癩之病。《請問經》云、當被惡鬼煞之、復生邊地、不遇法門、雖得人形、盲聾瘖啞。道場男女、■自生不勿懷誹謗、若有此色、當自思惟、速宜懺悔。

若人求道、須知大乘法。大乘法者、發无上道心。无上道心者、發四大願。一者願斷一切惡、二者願修一切善、三者願度一切眾生、四者願求无上道果。從今身至成道、盡未來際、无量求中間千萬億劫、於其中間願莫退轉、是名眞人四大願也。若人求道、先須度持眞人所行三種大戒。何者爲三、一者從今身至成道身、盡未來際、於其中間斷一切惡。二者從今身至成道身、盡未來際、於其中間修一切善。三者從今身至成道身、盡未來際、於其中間度一切眾生。是名眞人三種大戒。眞人者、所有功德如牛跡中水。持眞人戒者者、所有功德如大鷗鳥。持仙人戒者、所有功德猶如片鷃。持眞人戒者、以有如是无量无邊不可思議大大功德。今勸合道場善知識等、努力用心、勤修道法、廣開行門、乃有信萬。要而言之、且有二種、一者大慈悲行、二者智惠行。慈悲行者、常念六道眾生无始已來、並皆是我父母、妻子、男女、兄弟、姊妹、眷屬、以愚痴。故多造惡業、故輪迴正道、人中、天上、三塗、地獄、畜生、餓鬼、受大苦惱。百千萬劫、无窮无極、深可憐愍。我今發心行眞人道、度一切苦惱。眾生皆令離苦、得天尊藥。若人能行住坐臥、作此心者、名眞人大慈悲也。智惠行者、當念我身及一切眾生之身、天地日月、大山大海、江河諸水、一切□木、城邑聚落、舍宅蒙生、並皆虛妄、无有定實。如鏡中像、如天中月、如空中雲、如水上泡、看之似有、其實是無。實理是无、看之恆有、所以然者、有无別有、用无爲有、无非別无、用有爲無。无爲有、故有則非有、有爲无、故无則非无。以是義、故一切萬法、非是定有、非是定无。若有人能知一切法、無定實者、是名眞人智惠行。若有人能修學向前大慈悲、智惠二種法者、當知是人修一切善、當知是人能持傳禁戒、當知是人能度眾生、當知是人把智惠劍、當知是人破煩惱賊、當知是人駕大乘車、當知是人行大乘道、當知是人定得成聖證无上道果大慈悲。智惠二種法者、諸聖之父母也、一切眞人之大師、卅六部經之心也、行大道者之眼目也、煩惱重病之良藥也、生死苦海堅牢之舩舫也、斬煩惱樹之利斧也、不學灌湯之甘露也、諸餓鬼眾生之上膳也、有心宜學宜知也。

　問曰云、何得知一切萬法並是虛妄、无有定實。答如一種水、四種眾生各見不同。人見是水、餓鬼見是火、魚見是舍、諸天見是地。本无有水、人見是水、得知此水、即是虛妄、无有定實。知无有火、餓鬼見是火、將知此火即是虛妄、無有定實。本无有地、諸天見地、明知此地即是虛妄、无有定實。據此言之、一切□法皆虛妄。本无山海、妄見山海。本无我身、妄見我身。本无妻子、妄見妻子。本无□□、妄見舍宅。若有人知一切法是虛妄者、當知即是大道之子、當知即是眞人□侶、當知即是出家人、當知即是苦海橋梁、當知即是眾生眞善知識之□□眞人六度行　布施云云　與佛同五觀空　是名眞人六度行　在行眞人持戒行者、使身有三、一莫煞　二莫偸　三莫淫、四愼口、一莫妄言云云、息三毒、一莫貪二三云云。善□語須作、惡妄語須正。須作、惡貪須正。善心嗔須作、惡嗔心嗔須正。孝養父母可師長。路逢愚人、讓與妙道。於所生處、自身在下。常有己過、不說人短。恒以一心□眞人道。若見人身遭苦厄、即宜往問、教花安慰、誓■一切無量諸善、誓度一切无量眾生。雖斷諸惡、無惡可斷。雖修諸善、无善可修。雖度眾生、無眾生可度。過去天尊億千萬數、令得此法。未來天尊億千萬數、當學此法。億□□丈夫已學此法、是能學我、亦是大丈夫。丈夫如何不得、用此求修淨戒功德、施與法□一切眾生、皆共迴向无上大道、是名眞人持戒行也。

　在家眞人忍辱行者、善能調伏身心。若被他人非理罵辱、即思惟我今此身、四大五蔭假合共來而於使生嗔喜心。又復思量彼人無知於我生嗔、我今有智、不合嗔彼。嗔喜之法、彼諸善法、失好名聞、今代後代人不喜見。當知嗔喜甚於猛火、噴燒善法、蕩滅身性。是故智者嗔善生嗔■名、被他人稱揚讚嘆、即思惟我身與彼並皆空幻、而於何處生歡喜心。又復嗔人悉能忍受寒熱飢渴、故盲風日衆毒。又復思量我從苦來、營於生業、共皈種植、奉事王法、以是等苦、莫不備經、皆是宿來愚痴無智所成。我今宜行忍辱之因、求未來安樂果報。所以修忍辱功德、施與法界一切衆生。皆共向无上大道、是名眞人忍辱行。在家眞人精進行者、悉能修學无量善法、利益安樂一切衆生、識然不斷、亦不顚倒。眞人爲衆生、故勤修苦行、布施持戒。忍辱精進有四其種、一常修淨行、百千萬億無有停息。二者須修萬種之行、一時倶起。三者恭敬於一切衆、心無墮慢。四者專心而修、唯求眞人、利益衆生。習眞人精進、行住坐臥、當觀我身。從无始以來、人中天上及在三塗、不識善惡、虛生浪死、都無利益。今日隨分、少知似法、努力精進、發弘誓願、願得觀定。把智惠劍、不借□命、破煩惱賊。常衆生受无量苦、起慈悲心、常念衆生多造苦業、起慈悲心。用此精進功德、施與法界衆生、皆共迴向无上大道、名眞人精進。在家眞人智惠行者、善知萬法本來平等、無非寧靜、生死亦非喧鬧。若得此中意者、逍遙不可言。諸□非功德、凡夫无煩惱、若合如斯、起言說何能益。善知萬法如鏡中像、善知萬法如隟中電中影、善知教化無有一法可說、善知四諦法清淨法輪。而爲衆生分別解說、一者苦諦、是衆生死果。二者集諦、是生死因。三者滅諦、是■死无量愚迷。爲衆生說、今使斷除、善知大善有大功。泛爲衆生說、彼修學用此、所修智惠功德、施與法界一切衆生、皆共迴向无上大道、是名眞人智惠行也。

　問曰、若无我者、行住坐臥、言語談笑、誰使□。答曰、譬如琵琶、因弦因手、撥出種種聲。人如是、因愛無明、出諸業生死、无量心安心生、覺觀覺動風、想隨心觸。唯脣與舌、衆生顚倒、出聲說言。我苦我樂、是我非其中眞實、无有人我。上明觀身不淨、无我上明、眞人自卑下之心、常省己過、不說他短、恒以一心求道。君子見賢、思與齊等、若見惡人、内自省己。曾子曰、吾日三省吾身。若見人造惡、心生憐愍。莫起嗔心、若起嗔心、即墮地獄。努力見他有過、深須憐愍、是眞人行也。

一切衆生爲人、苦難所纏、久處無明生死大海。何者是八苦、一者生苦、二者苦、三者病苦、四者死苦、五受別離苦、六者怨憎苦、七者求不得苦、八者五落滅苦。諸天尊道君有二種身、一者法身、二者者身。法身者、猶如虛空■一切處、常住湛然、不生不滅、无老无病、无死无生、不飢不渴、不寒不熱、自在快樂、不可思議。一切衆生皆以六根造罪、三業諸殃。一者眼根、二者耳根、三者鼻根、四者舌根、五者身根、六者意根。能生六識、能受六塵。眼根生眼識、緣色塵、耳根生耳識、緣聲塵、鼻根生鼻識、緣香塵、舌根生舌識、緣味塵、身根生身識、緣觸塵、意根生意識、緣法塵。如是諸塵、能障蔽道性、當須除斷六根六塵、方能入道。三業何者、是一者身業、二者口業、三者身業、有三煞盜婬。■■品云云。此三惡業、能成十惡。十惡罪種、輪迴六道。若能轉彼十惡而行十善、即爲十轉弟子。爲不斷除、即成三塗業。道場諸衆須識三、識三有化空、三有者是三界、一者欲界、二者□界、三者无色界。愛着五欲、故名欲界。自已身故名色界。處无色形、唯受息、名无色界。此三界中所有衆生、從无始已來、莫不皆是我之眷屬、是故禮誦、須爲法界並爲懺悔。懺悔之法、須□三鄣、一煩惱、二業鄣根鄣、三毒煩惱障、隨業生於惡道、是爲業障。三塗苦惱是根鄣、若落除去三障、當行四親近行、一者親近善人、二者聽聞正法、三者什念思惟、四者如法修行。此四法者是無爲、因此四法無爲者、無有是處。

尒時遊廣野、乃見破壞謗法之人、眉髮隨落、改變形容、項着團風、腰纏■癖、擧□爛遍體、生瘡膿流、鼻腦蟲儹、蠅蛆口裏、巖巉死肉、痛不知刀割、■頑心所覺、衣裳汙穢、臭處難堪。面目青膖、鼻■脣缺、皮膚破裂、腹背燋燃、睡發雷聲、吼■■屋、身同梧木、骨肉消、无氣力、言音不轉、常行視地、恐畏見人、覆面藏顏、羞逢視滅魂、名漏路惡、食肉耶孃、損敗六親、殃及挨兄弟姊妹、暫■稱名、朋友識知、棄之而去。哀哉永別、號哭分離、遠道山中、寄於巖側、深山廣野、非是□塚墓叢林、豈同人處、丘陵壑同、作柴擁巖穴之中、將爲宅室、材（犲）狼烏□共我並居、然豹千徒、同於穢處。如斯之罪、身自業當、妻子婦兒、都顏无□、唯有耶孃垂憶憶念。千殃萬罪、欲將稱无、積世之僭、即從今滅。意欲還家一宿、往參耶孃、即致門人高聲趁出、兒即返頭迴顧、喊言耶孃耶孃。今一去無有還期、業報因緣、永不相値、亘由前身造罪、今世造僭、種子永亡、罪根不滅、欺陵三寶、罵辱師尊、毀敗經典、破於形像、如斯業報、歡喜受之、地獄■湯猶恐不免將賤衆生慈悲懺悔。　經云、若復有人捨家妻子、車載□□□□

# 第六章　道教と俗講―北京国家図書館蔵ＢＤ七六二〇文書を中心に―

## （一）　はじめに

敦煌文献中から唐代社会で行われていた「講経」に関する、またそれらと密接に関連を持つ変文、講経文等の唱導文献が発見され、その研究は「敦煌学」という分野に止まるものとしてではなく、それまでにも存在自体は知られていた俗講との関連に繋がって、広く民間文芸の発展、宗教と俗社会との交渉等様々な面において新たな視点を齎した。その研究は今日なお継続的に進められている。しかし、これらの研究は敦煌文献の持つ性格がそのまま反映されて、仏教を中心としたものとなっていた。道教に関する同様な資料の存在は当然あるべきものと考えられていたが、[1]その直接の資料はこれまで報告されているものは仏教に関連する文献と比べてあまりに乏しい数にとどまり、敦煌文献中から発見された「葉浄能詩」の存在から、道教としての唱導の実態についてはその形態を推測するにとどまっていた。

近年、中国での敦煌文献の研究が盛んに進められている状況から、特に中国蔵の文献の整理、公開も格段と進んできている。その大きな成果の一つである王卡氏の「敦煌道教文献簡明目録」（『敦煌道教文献研究』[2]所収、以下『簡明目録』と略称する）に「道教布施発願講経文（擬題）」と題された文献が二点登録された。ＢＤ七六二〇、ＢＤ一二一一九の二点である。[3]この二点の文献の存在は、議論の進展が見られなかったこれまでの道教と唱導の問題に対して大きな展開を呼び起こす重要な資料となるものである。前章においてＢＤ一二一一九文書の検討を行い、その内容が道教の唱導の具体的な様相が見て取れることを確認してきた。

本章では、新たにＢＤ七六二〇の写本の校録を提示するとともに、同写本の内容から道教における俗講と講経の関連について実資料に基づいた議論を提出しようと考えている。

## （二）　ＢＤ七六二〇は講経文か

ＢＤ七六二〇はこれまでにも『敦煌宝蔵』[4]において、北八四六九（皇二〇）「道家布施祈願文」の仮題を与えられて公開されていた写本であった。ただ、『敦煌宝蔵』の持つ写真が鮮明ではないという基本的な問題がそのままこの写本にも当てはまり、写本の修復を行ったうえでの鮮明な写真の公開が俟たれていたものであった。この写本は、国家図書館での整理番号が高い数字を与えられていたことから、敦煌文献の整理と同時に若い番号から刊行が進められていた『国家図書館蔵敦煌遺書』での公開は時間的に遅くなっていた。筆者は、二〇〇七年の夏以来数回に亘って国家図書館において写本の現地調査を行っていた[5]。

ＢＤ七六二〇については、これまで文字化した原文、校録が公開されたことはない。それは必ずしも読みやすい写本とは言えない写本自体の問題もあったと思える。本章では、筆者の作成した翻刻、及び標点を附した校録を提出すると同時に、この写本の解読を通じて具体的に考えられるようになった道教の俗講、講経、および講経文について最初の検討結果を提出したい。その際の本文引用に当たっては、本章の末に付した翻刻での行数を付記してその出典個所を示すことにする。

本写本の具体的な性格を見ていく必要から、先に『簡明目録』中に示された王卡氏の解題から見ていくことにする。

道教布施講経文（擬）

撰人不詳、唐末五代と思われる。『正統道蔵』未収。

ＢＤ七六二〇（皇／北八四六九）：首尾ともに欠けている。巻題なし。木筆での書写。文字の品格は低い。帰義軍時期の写本である。残存する経文五〇行。内容は前後二つの部分に分かれる。前半部分（一―三六）は道教布施発願文で、後半部分（三六―五〇）は道場通俗講経文である。その中三六行目に「五五説喩」との小標題があり、以下に「敬白道場衆等、何故講經之處、即作音聲伎樂、只爲招集男女等、遣向此間聽法」と経文が述べられ、また「貧道今日廣設音樂、招集施主、得至道場、聞説天尊大乘經法用、知恵樂採无爲風調、法音湯洗身心臭穢、破无明障翳、治煩惱重病、使五欲清淨、六惠開明、與施主等結萬劫因緣」云々と述べられている。この篇の後半部分の内容から、道教の法師が信徒に対して経文を講述した記録であることが分かる。文字は甚だ通俗である。

写本の書写時期について、帰義軍時期とするのは妥当な判断と思える。写本の冒頭部は「布施已後、願家門眷屬壽等、金山所有親緣」と始まるが、この中にみられる「金山」は、帰義軍節度使であった張承奉が西暦の九〇六年頃から数年間、西漢金山国を称しているそのことを背景にした記述と考えてよいようだ。帰義軍時期というのは大中五年（八五一）に張議潮が沙州の帰義軍節度使に任命されてから西夏によって占領されるまで（一〇三五年頃）まで続く帰義軍節度使による支配が行われていた時代を指しているが、[6] この写本はその間の一〇世紀に入ってからの書写と考えていいようだ。

王卡氏のこの写本の内容対する見解は、「内容は前後二つの部分に分かれる。前半部分（一―三六）は道教布施発願文で、後半部分（三六―五〇）は道場通俗講経文である」として、前後半の二つの部分に分けて、前半を「道教布施発願文」とし、後半を「道場通俗講経文」と考えている。この見方は、敦煌文献中において道教における具体的な唱導資料があまりに少なく、これまで仏教に関する資料を中心に進められてきた敦煌文学研究の流れの中で当然考えられる理解といってよいと思われる。だが、「道場通俗講経文」との理解のしかたが分類にまで及ぶのであれば、慎重な検討が必要ではないだろうか。これまでに「講経文」との命名、或いは説明としての使用が容易にされてきた傾向にあるが、この命名が果たして妥当なものか考える貴重な資料としてもこのＢＤ七六二〇があると考える。

このＢＤ七六二〇写本の記述の中に「講経」との記載があるのが見える。だがこれはこの文が「講経文」に分類できる理由になるものではない。

藉此講經、咸蒙解脱、超陵三界、逍遥上清、福被家門、恩流眷族、男歡女樂、宅吉神安、財寶豊饒、五穀成孰、（三一―三二）

此の講経を藉りて、咸な解脱を蒙り、三界を超陵し、上清を逍遥して、福家門に被り、恩眷族に流れ、男歓女楽、宅吉神安、財宝豊饒、五穀成孰せんことを。

敬白道場眾等、何故講經之處、即作音聲伎樂、只爲招集男女等、遣向此間聽法、（三七―三八）

道場の衆等に敬白す、何故に講経の処、即ち音声伎楽を作すやと、只だ男女等を招集し、此間に向いて法を聴か遣むるが為なり、

ここでの「講経」は「この講経を聞くことで、みな解脱ができ」、或いは「どうして講経を行う場において、音声伎楽を行うのか」として、行為としての「講経」を言っているのであり、これからこの文献自体を「講経文」と

判断できる材料にはならない。
「講経文」については、これまでに主に仏教関連資料を用いてなされてきた研究の経過があり、以下のように金岡照光博士により定義付けを行われている。若干古い資料によると思われがちだが、それ以降にその定義付けそのものを新たに考え直すことにつながる資料の発見もなく、また、新たな議論が提出されてもいないので、確実な拠り所と思われる。

まず最初に「経」の一句が提唱され、次いでそれを説明する注疏体の散文による解題である「白」が述べられ、その後で韻文「唱」が続く形態をとり、その後も「経」―「白」―「唱」の三つの大きな構成要素によって展開していくのが、講経文の基本的なスタイルである。(7)

この形態を持つ文献は比較的多く発見され、『敦煌変文集』(8)では、「長興四年中興殿応聖節講経文」、「金剛般若波羅蜜多講経文」、「仏説阿弥陀経講経文」を始めとして八タイトル十八作品の「講経文」を掲載している。しかしこれには奇妙な現象があることが知られていた。

存する敦煌文献で、「講経文」というタイトルを残しているものは、「長興四年中興殿応聖節講経文」(P三八〇八)のみである。この写本は尾部に「仁王般若経抄」と記してあるごとく『仁王護国般若波羅蜜多経』序品のパラフレーズである。(9)

これは形態として「講経文」の分類を行うが、当時の社会においてこれらの作品を「講経文」と呼んでいたかどうかにはまだ確信を持てないとの見解でもあったように思われる。その後においても、この分類は有効に用いられているようで、項楚氏も『敦煌変文選注』[10]中に「長興四年中興殿応聖節講経文」は勿論のことだが、擬題である「仏説阿弥陀経講経文」も題目として用いている。しかし、それぞれの注記において次のように記してもいる。

本篇は「仁王護国般若波羅蜜多経」の講経文である。故に後題の「仁王般多経抄」、「仁王般多経」は、即ち「仁王護国般若波羅蜜多経」の簡称である。講經文が経名をそのまま題とするのは、敦煌写本では常にみられる通例である。前題の「長興四年中興殿応聖節講経文」は、本篇を応用した場合に命名されたものである。(pp.1113)

私は、本篇には一人の僧侶が一回の法会において話した多くの内容が含まれていると考えている。一段の押座文と荘厳迴向文の後に、続いて一篇の三帰五戒文が説かれ、さらに引き続いて一篇の三帰五戒文が説かれる。唱えられる内容は「阿弥陀経」の経題である。末尾は欠けていて、都講の配置もない。したがって一篇の単純で典型的な講経文ではない。(pp.1194)

これを見ると、「講経文」の命名的な使用と分類が有効に機能するが故に使用しているものの、その定義とその含む範囲に若干の戸惑いを感じているようにも感じられる。

この問題に関しては、今一度「俗講」と「講経」の関連に関して立ち戻って考えてみる必要がありそうだ。

## （二）　道教の俗講と講経

仏教の俗講については、これまでにも多く検討が重ねられている。ところが道教の俗講及び講経ついては、これまでその存在が指摘されながら、その実資料が発見されず研究が進まないままとなっている。

道教（仏教も含んで）の俗講が存在していた証拠を示すものとして、日本からの入唐僧円仁の著になる『入唐求法巡礼行記』巻三開成六年（八四一）正月九日の項が挙げられる。円仁の残したこの記録は当時行われていた俗講を具体的に解明していく上で重要な資料となるものでもあり、これまでにも引用されて検討に供されることの多い資料である。ただ、俗講については仏教サイドの観点から講究されることが多く、道教の俗講との観点からは、資料に乏しい等の理由もあり、特に取り上げられることも少ないようである。だが、この円仁の記述は道教の俗講そのものについても重要な情報を伝えていたのである。改めて確認することから始めたい。

『入唐求法巡礼行記』円仁著　巻三開成六年（八四一）正月九日

［正月九日］　五更時、拜南郊了。早朝歸城。幸在丹鳳樓、改年號―改開成六年爲會昌元年。又勅於左右街七寺開俗講。左街四處、此資聖寺令雲花寺賜紫大徳海岸法師講『花嚴經』、保壽寺令左街憎錄三教講論賜紫引駕大德體虛法師講『法花經』、菩提寺令招福寺内供奉三教講論大德齊高法師講『涅槃經』、景公寺令光影法師講。右街三處、會昌寺令内供奉三教講論賜紫引駕起居大德文溆法師講『法花經』、城中俗講、此法師爲第一、惠日寺崇福寺講法師未得其名。又勅開講道教、左街令勅新從劍南道召太清宮内供奉矩令費於玄眞觀講『南花』等經、右街一處、未得其名。並皆奉勅講。從大和九年以來癈講、今上新開。正月十五日起首、至二月十五日罷。(11)

ここには仏教と道教の俗講が唐の都であった長安で開講されている状況が示されている。以下に取り出して整理をしてみると次のようになる。

左街四處　資聖寺令雲花寺賜紫大徳海岸法師講『花嚴經』
（資聖寺にて雲花寺の賜紫大徳海岸法師に『花厳経』を講じせしむ）
保壽寺令左街僧錄三教講論賜紫引駕大德體虛法師講『法花經』
（保寿寺にて左街僧録三教講論賜紫引駕大徳体虚法師に『法花経』を講じせしむ）
菩提寺令招福寺内供奉三教講論大德齊高法師講『涅槃經』
（菩提寺にて招福寺内供奉三教講論大徳斉高法師に『涅槃経』を講じせしむ）
景公寺令光影法師講
（景公寺にて光影法師に講じせしむ）
右街三處　會昌寺令内供奉三教講論賜紫引駕起居大德文漵法師講『法花經』
（会昌寺にて内供奉三教講論賜紫引駕起居大徳文漵法師に『法花経』を講じせしむ。城中の俗講、此の法師第一為り）
惠日寺崇福寺講法師未得其名
（恵日寺、崇福寺にて講ぜし法師は未だ其の名を得ず）
又勅開講道教　左街令勅新從劍南道召太清宮内供奉矩令費於玄眞觀講『南花』等經
（左街にては勅して新たに剣南道従り太清宮内供奉矩令費を召して玄真観に於いて『南花』等の経を講ぜしむ）

右街一處、未得其名

（右街は一処、未だ其の名を得ず）

並皆奉勅講。従大和九年以来廢講、今上新開。正月十五日起首、至二月十五日罷。

仏教については左街で四か所、右街で三か所の合計七か所、道教については左街一か所、右街一か所の合計二か所において「並皆奉勅講（並に皆な奉勅にて講ぜしむ）」とあるように皇帝の勅により開講されたものであった。その性格を具体的に見るために、以下に表示して見ると以下のようである。

| 仏・道の別 | 場所 | 開講された寺観名 | 講師 | 開講の内容 |
| --- | --- | --- | --- | --- |
| 仏教 | 左街 | 資聖寺 | 海岸法師 | 『花厳経』 |
| 仏教 | 左街 | 保寿寺 | 体虚法師 | 『法花経』 |
| 仏教 | 左街 | 菩提寺 | 斉高法師 | 『涅槃経』 |
| 仏教 | 左街 | 景公寺 | 光影法師 | 不明 |
| 仏教 | 右街 | 会昌寺 | 文淑法師 | 『法花経』 |
| 仏教 | 右街 | 恵日寺 | 不明 | 不明 |
| 仏教 | 右街 | 崇福寺 | 不明 | 不明 |
| 道教 | 左街 | 玄真観 | 矩令費 | 『南花』等経 |
| 道教 | 右街 | 不明 | 不明 | 不明 |

整理して見ることから俗講に関する幾つかの側面が見えてくる。以下に列挙してみる。

①俗講は勅令で開かれていること。

②左街、右街でほぼ均等に開講されていること。(円仁の得ていた情報は左街に詳しく右街に疎漏があるようだが、左街と右街とに同じく『法花経』が講ぜられている記述から、開講の内容も左街と右街とでほぼ同様の開講がされていた状況をうかがい知れる)

③俗講で講ぜられたのは仏教、道教共に経典そのものであること。

④仏教の開講は寺で行われ、道教の開講は道観で行われていたこと。

⑤仏教、道教の比較でみると、仏教での開講が断然多く行われていたこと。

⑥この時の俗講の開講は、ほぼ一ヵ月間の期間に亘って行われていたこと。

ここで改めて確認できることは、道教の俗講も仏教の俗講と同等に勅令によりて開かれ、同じ形式で行われていたということ。その概要は上記したが、改めて詳細に検討してみると、「開講」して講じられていたのは「『南花』等の経」であった。『南花』とあるのは、玄宗の時に『南華真経』と称されるようになった『荘子』のことであり、その上に『荘子』に匹敵する道教の経文も講じられたということである。

以上はこれまでにも知られていたことだが、再度取り出して注意を向けておいたのは、仏教、道教分けることなく、この時点に開かれた「俗講」で講じられたのは、それぞれの経文の内容についいてであったと考えられる、その点にある。

このように見てくると、俗講で講経のために用いられたテキストは、先ほど見てきた『敦煌変文集』で集められた作品群に類似した作品であり、金岡照光博士がその形態を分析された仏教経典の経文をパラフレイズして作成された作品群であったと考えて矛盾がないようであり、道教経典においても同様のことが考えられるはずである。その意味からも、ＢＤ七六二〇文書をその内容を判断するに「講経文」とするのは、必ずしも適切ではないようである。

また、それらが演じられた俗講の「俗」が示す意味合いは、「通俗」といった意味での使用ではなく、宗教者の「聖」とそれに対する皇帝をも含む「俗」といった使用のされ方と考えるべきである。[12]

俗講について、現在多くの場合、必ずしもこのような見方をしていない。王卡著『敦煌道教文献研究』では、その点に関しても、次のような理解を示している。

唐宋時期の仏寺、道観中では「俗講」が広く行われており、民間の口語、説唱を結合させる形式で、民衆に宗教経典やとても不思議なお話を説明して広めていた。日本の遣唐使である僧侶円仁の『入唐求法巡礼行記』の記載によれば、当時長安には俗講に長けている仏教法師に海岸、体虚等の人がおり、また『南華経』等の道経変文を講じる矩令費もいた。俗講を記録したテキストには、講経文、変文、詩話があり、後の宋元話本、弾詞等の俗文学や民間宗教宝巻の発展に重要な影響があった。このことから、敦煌で変文の写本が発見されてから、近代の文学史の研究者に重視されるようになった。敦煌変文の大多数は仏経あるいは民間でのお話のテキストである。

この見解は、現在の敦煌文学の研究者において最も普遍的な理解であると思う。だが、円仁が記録していた時点で開催された俗講で講じられていた「南華経等の経典」は、必ずしも道教変文と称していいものではないのではないかと考えられる。だが、このことはここまで見てきた俗講と、これまでに敦煌文献中から発見されていた「葉浄能詩」の演じられた場とは全く関連を持たないということを意味しない。円仁の記録は唐の開成六年（八四一）であり、それより更に遅い年代になると思われる「葉浄能詩」の演じられる場にまでに変化を起こしていったのだと考えることは可能である。しかし、これまでその途中経過を立証する資料に乏しかった。その途中経過を示す文献として、一〇世紀初頭の文献であるBD七六二〇文書が指摘できる。その点をBD七六二〇文書に即して見ていきたい。

## （四）道教の唱導

BD七六二〇文書の冒頭は、切断された様相は示していないが、確実に元来の写本の最初の部分とも断定しがたい。貼り合わせてあった前の部分が剝がれている可能性も考えられるからである。だが、「布施已後願家門眷屬…」と始まる部分は、その場にいる人々に呼びかけ注意を促しながら語りに入って行く口吻が感じられることから、人々を集めての唱導の場が始まるその始まりに近い場面で用いられていた部分と推測される。内容は現存の部分だけから見ると、王卡氏の指摘される通り二つの部分に分けることができる。この内容に関しての分析は、詳細な検討を加えつつ改めて行いたいと考えており、ここでは簡略化した記述に止める。前半は次のように布施の効用を説き、七世先祖の救済を願う部分から始まる。

布施已後、願家門眷屬等、金山所有親緣、命同昆岳、兒郎濟濟仙侶无殊、子姪詵詵賢聖不別、宗親和睦、内外常安、過勉（免）三塗災、超度九厄、溫耶（濕邪）百鬼无敢侵傷、福慶千神咸來擁護、並使形同桂月、命似瓊珠、恒淨照恒明、唯長唯大。

九玄七祖幽出離三塗、七代亡魂超喩八難、乘法淪之輦、話長樂之鄉、沉不死之舟、上无爲之岸。（1-6）

布施已後、願わくば家門眷属等、金山所有親縁、命は昆岳と同じく、兒郎は済済たる仙侶と殊なる無く、子姪は誅誅たる賢聖と別ならず、宗親和睦し、内外常に安らかに、過あるも三塗災より免れ、九厄を超度し、湿邪百鬼の敢て侵傷すること无く、福慶千神咸な来りて擁護し、並に形をして桂月と同じく、命をして瓊珠と似じく、恒に浄く照らし恒に明るく、唯だ長唯だ大ならしめんことを。
九玄七祖の幽は三塗より出離し、七代の亡魂は八難を超喩し、法淪に乗る輩は、長楽の郷を話し、不死の舟に沉《おちつ》き、无為の岸に上らんことを。

続いて、世間での苦しみや病からの救いを願い、元始天尊等に先祖の三塗地獄からの救済を願う場面が続き、この後に、次のように「講経」の御利益が説かれる。

藉此講經、咸蒙解脱、超陵三界、逍遥上清、福被家門、恩流眷族、男歡女樂、宅吉神安、財寶豊饒、五穀成孰、年々見道、歳々聞經、布施雖微云々。
因此開經、功多報重、聖人鑑照、大眾證明、更爲稱善。（三一—三四）
此の講経を藉りて、咸な解脱を蒙り、三界を超陵し、上清を逍遥して、福家門に被り、恩眷族に流れ、男歓女楽、宅吉神安、財宝豊饒、五穀成孰せんことを。年々道を見、歳々経を聞く、布施微たりと雖も云々。
此れ因り開経、功多く報重なり、聖人鑑照、大衆證明、更に称善を為さん。

ここには「講経」を聞く意味が説かれている。「咸な解脱を蒙り、三界を超陵し、上清を逍遥して、福家門に被り、恩眷族に流れ、男歓女楽、宅吉神安、財宝豊饒、五穀成孰せんことを」を求めてのことで、「年々道を見、歳々経を聞く」として、これを繰り返すことが求められる。以上を受けて「布施微たりと雖も云々」と締めくくられるのは、この場に入る前に布施（入場料）が取られたことを意味しているようにも取れる。そうであるなら、写本の冒頭にみられた布施の効用は、言葉を変えて言うと、布施（料金）を出して「講経」の場に参加することから得られる効用との意とも解すことができる。以下のように「開経」の宣言がなされ、続けてその効用が再び称され前半部が終わる。

写本においても、そのまま以下の「五五説喩」と題する後半の場面に移るのだが、此処に興味ある記載が見て取れる。

五五説喩

敬白道場眾等、何故講經之處、即作音聲伎樂、只爲招集男女等、遣向此間聽法、譬如何物、由如慈母唯生一子、心中怜愛、欲似掌中明月寶珠、其兒忽然頭上卒患、惡瘡非常臭穢、爾時阿孃煩惱、欲似猛火焼心、晝夜憂愁、不食不寢、於是覓得良藥來、即欲與兒着此藥、兒怕瘡痛、便即走去、慈母心中煩怨、肝腸寸斷、更无方計、遂將菓子遠立、噱口云、阿孃奴不與兒、漢兒即到來、左手過與、右手罕捉、於是淸泔淨洗、即爲封藥、兒雖啼哭、惡瘡得差、説此喩者、欲明何事、由如賢者優婆姨等身中、例有三毒惡瘡、煩惱重病、无明障翳、身心穢臭、不可言盡。

貧道今日廣設音樂、招集施主、得至道場、聞淸天尊大乘經法用、智惠樂採无爲風調、法音湯洗身心臭穢、破无明障翳、治煩惱重病、使五欲淸淨、六惠開明、與施主等結萬劫因緣、當來生爲善知識、只如元始天尊、无上法王昔在香林園中、説微妙法、當此之時、正爲眾生漂沈苦海、淪溺愛河、墮（三六―五〇）

道場衆等に敬白す、何に故に講経の処、即ち音声伎楽を作すや。只だ男女等を招集するが為なり。此間にて聴法せしむるは、譬へるに何物の如きか。由ほ慈母の唯だ一子を生むが如し、心中怜愛、掌中の明月宝珠の欲似し。其の兒忽然と頭上に卒患あり、悪瘡非常に臭穢、爾の時阿嬢の煩悩、猛火焼心の欲似し。昼夜憂愁、不食不寝、是こに於いて良薬を覓め来て、即ち兒の与に此の薬を着けんと欲するも、兒は瘡痛を怕がり、便即ち走去す。慈母心中煩怨し、肝腸寸断、更に方計无く、遂に菓子を將て遠立し、噱口して云う、阿嬢奴兒に与へずと。漢兒即ち到来せば、左手に過与へ、右手に罕捉す。是こに於て清泔浄洗し、即ち封薬を為す。兒啼哭すと雖も、悪瘡差るを得る。此の喩を説うは、何事を明らかにせんと欲するや、由如ほ賢者優婆姨等の身中に、例へるに三毒悪瘡、煩悩重病、无明障翳、身心穢臭の有るがごとし、言尽すべからず。貧道今日広く音楽を設けて、施主を招集し、道場に至るを得て、天尊大乗経法用を聞説せしむ。智恵楽无為風調を採り、法音身心臭穢を湯洗し、无明障翳を破り、煩悩重病を治め、五欲清浄、六恵開明なら使む。施主等と万劫因縁を結び、当来生れて善知識と為らん。只如元始天尊、无上法王昔し香林園中の在りて、微妙の法を説く、此の時に当りて、正に衆生苦海を漂沈し、愛河に淪溺し、堕…

この一段から「講経」を行う場で「音声伎楽」が行われていたことが見て取れる。これだけの資料からでは、「音声伎楽」がいかなる状態でとり行われていたかを判断するのは難しいのだが、一つには客寄せのために「講経」と二本立てで行っていたとも考えられ、またもう一つの見方として「講経」を「音声伎楽」に乗せて行っていたとも考えられる。ただ、「何に故に講経の処、即ち音声伎楽を作すや。只だ男女等を招集するが為なり」との表現から見ると、人々に集まってもらうのがその主たる目的として「音声伎楽」を行っていると弁明的な口吻が感じられる。更に付け加えるならば、実はよく分かりかねる譬えではあるのだが、引き続いて言われる内容にその解釈を委ねて照らし合わせながらみてみると、「講経」を行う道教者は慈母（慈しみの心を持つ母）に譬えられ、来集する聴者は慈母の「心中怜愛、掌中の明月宝珠の欲似し」する一人っ子に譬えられているようだ。そのひとりっ子が「忽然と頭上に卒患あり、悪瘡非常に臭穢」との状態になる。これは来集させたい聴者その者であり、今の現世を生きる人々の持つ悩み苦しみを指しているだろう。この人々を「講経」が開かれる場に集めるために、「阿嬢の煩悩、猛火焼心の欲似し」と人々を思いやる道教者が、「昼夜憂愁、不食不寝、是こに於いて良薬を覓め来て、即ち兒の与に此の薬を着けんと欲するも、兒は瘡痛を怕がり、便即ち走去す、慈母心中煩怨し、肝腸寸断」と如何にこの場に呼び寄せるかに心を悩まし、「更に方計无く、遂に菓子を將て遠立し、噱口して云う、阿嬢奴兒に与へずと」人々の好きなおいしいものを眼前に示して（餌にして）、来なければあげないよと言い、「漢兒即ち到来せば、左手に過与へ、右手に罕捉す」やってくればしめたものと捕まえて「是こに於て清泔浄洗し、即ち封薬を為す。兒啼哭すと雖も、悪瘡差るを得る」と治療を施し薬（講経を聞かせる）を与える。このような譬えと取っていいであろう。

この後、続けて「貧道今日廣設音樂、招集施主、得至道場、聞說天尊大乘經法用（貧道は今日広く音楽を設けて、施主を招集し、道場に至るを得て、天尊大乗経の法用を聞説せしむ）」とあるのも、これまでの解釈を離れて、歌や音楽（「音声伎楽」）を見聞かせ人々を開講の場に集めて、その上で天尊大乗経の法用を聞かせると素直に読んで、そこに娯楽としての催しを客寄せ行事として開いて人々を集めたうえで、主要な目的である道教経典の法要を説き聞かせると見ていくことが可能であるようだ。

このように見て、おいしいもの（娯楽）を見せて人を集めて（捉まえて）本筋である「講経」に入る順序からは、「音声伎楽」は人を集める目的での前座としての役割で行われていたものとみていいのではないだろうか。

これは、この時点での「講経」そのものが如何に社会の人々と関りをもっていたのかとの観点に深い理解を与えてくれる。少なくとも、円仁が報告していた勅令によって開かれ、仏教、道教の経典を講じた「俗講」から時間の経過とともに、またその開催場所の広がりとともに変化が生じていた、その具体的な経過として聴衆を集めるために娯楽を交えていったと思われるその状況が見て取れる資料として貴重なものと言えるのではないだろうか。
　この写本の末尾は、文が完結していないので、以下に続く部分が切断されていると考えられるが、末尾の部分で次に示すようなこれから講経が始まり、そのものとして道教経典のパラフレイズが始まる予感のする記載が見られていた。

　元始天尊无上法王、昔香林園中に在りて、微妙の法を説く、此の時に当りて、正に衆生苦海を漂沈し、愛河に淪溺し、堕…

　記載がこれだけで以下の記載が欠けているので、いかなる経典に基づくものなのか判然としないが、元始天尊が香林園中で集まった者に法を説く経典は『道蔵』中にもいくつか見られている。この点についての考察も別稿に譲ることとして、本章においては、ＢＤ七六二〇が道教における講経の実際を示す資料であるのみならず、道教での講経がその時間経過の中で変化を遂げていたことを具体的に示す資料としても貴重なものであることを指摘したい。

**【注】**

（1）那波利貞「唐代における道教と民衆の関係に就いて」『甲南大学　文学会論集』社会科学篇第二集　一九六二・二。
（2）二〇〇四・一〇　中国社会科学出版社。
（3）ＢＤ一二一九については、拙稿「北京図書館蔵ＢＤ一二一九文書について」明海大学大学院応用言語学研究科紀要『応用言語学研究』№一二　二〇一〇・三がある。
（4）黄永武編　台北新文豊出版公司　一九八一・九―一九八六・八。

（5）写本閲覧の機会を与えてくれた林世田同館副館長に記して謝意を表する。BD七六二〇は、二〇〇八年六月刊行の『国家図書館蔵敦煌遺書・第九十八冊』北京図書館出版社に写真が掲載（P二七―三〇）された。
（6）土肥義和『講座敦煌第二巻』『敦煌の歴史』V帰義軍時代　一九八〇・七。『敦煌学大辞典』季羡林主編　上海辞書出版社　一九九八・一二。正確な期間については異説があるようである。
（7）金岡照光『講座敦煌第九巻』『敦煌の文学文献』I総説二講唱体類（一）講経分類　一九九〇・四　一部分省略等を行った。
（8）王重民等編　人民文学出版社　一九五七・八。
（9）注（7）参照。
（10）（増訂本）中華書局　二〇〇六・四。
（11）『入唐求法巡礼行記校註』白化文等校註　花山文芸出版社　一九九二・九。
（12）金岡照光『講座敦煌第九巻』『敦煌の文学文献』I総説二講唱体類七俗講というもの　一九九〇・四。

## 中国国家図書館蔵敦煌写本　BD七六二〇（皇〇二〇）校録

【凡例】
（1）本校録は、中国国家図書館蔵敦煌写本BD七六二〇（皇〇二〇）の翻刻である。最初に写本を見たのは『敦煌宝蔵』においてであったが、写真が不鮮明で読み取りが難しい状態であったので、実際の作業は中国国家図書館で原写本を調査することから始めた。本写本には薄い朱を用いて訂正等の書き入れがあり、文字の確認、判別を含めて、中国国家図書館での調査は三回に及んだ（二〇〇四年八月、二〇〇七年三月、二〇〇八年九月）。その後、『国家図書館蔵敦煌遺書・第九十八冊』が刊行され、再度の確認を行った。
（2）校録の作成に当たっては、先に「翻刻」を写本の表記の行数のままに、誤字、脱字、異体字の使用もできるだけそのままに示した。その後で評点を付し、誤字の訂正を行い、段落を付けたものを「校録」として掲載した。

その際、写本の汚れ、欠損、及び読み取れない文字については□で示した。

【翻刻】

1 布施已後願家門眷屬壽①等金山②所有親縁命同昆岳兒
2 郎濟濟仙侶无殊子姪詵詵賢聖不別宗親和睦内外常
3 安過勉三塗③災超度九厄溫耶百鬼无敢侵傷福慶千
4 神咸來擁護並使形同桂月命似瓊珠恒淨照恒明唯
5 長唯大④　九玄七祖幽⑤出離三塗七代父⑥亡魂超喩八難乘法淪
6 之輩話長樂之鄉沉不死之舟上无爲之岸
7 善縁福報應念便來罪累惡⑦目即斯而滅長辭八難
8 苦永離三塗之酸喜識靈液之池括神洞陽之舘
9 三清妙境與聖侶爲用王闕京金臺共眞人爲友无來无
10 去恒證道場不滅不生會无爲之正道
11 病除躰内疾離身中天降甘露之獎風吹丹妙藥⑧空中
12 入口玄□三宮經緯四支療持百病命如添⑨山岳壽等
13 乾坤⑩　大聖垂教⑪慈施其妙藥滅除患害之本斷煩惱⑫之
14 原五藏清和四支安吉永與痛隔長別苦縁萬病皆消千

痾保殄神光内照比淨目而高懸智力芙蔬常離俗境
萬福荘嚴善神匡附七□十惡藉此消融八苦八難因斯永滅
五衰五厄不復相侵善利善安□[13]恒相濆[14]
十惡煩籠一時消遣三徒架鎖從此永除五毒頡消六塵
長殄光明備躰身潔清香　廣讃大乘怨親不障愛
增平等齋悟妙門持功德之水[15]洗有陋之心迴惠朗之燈照无明
之域五逆之罪自此皆消十惡之愆因茲並遣　天[16]命逾遠三
災之所不傷法財自豐五家之所不貸寶器明珠應神光而
照室奇鸞異鳳策[17]聖駕而□庭　與甘羅比德共頂託
而齊名智若日月高明命等乾坤永固壽同天地福祿无
窮　智惠恒扶法雲常覆神光附躰玉蓋随身天尊擁護
仙聖扶迎常居福地善侶同行貴如周孔位極公卿[18]莫雄蓋□[19]
文武交横人間歎仰朝夜稱名布施雖微云々
伏惟靈空眾聖元始天尊道場仙官十方化主口吐光明[20]徹照
内外原赦某乙等九祖先亡者昔在凡夫不慈不孝魂歸地府
受苦三塗地獄幽罕[21]刀林劍苑恒常受苦何可言論藉
此講經咸蒙解脱超陵三界逍遥上清福被家門恩流眷族
男歡女樂宅吉神安財寶豐饒五穀成孰年々見道歳々
聞經布施雖微云々　因此開經功多報重聖人鑑照大眾證

明更爲稱善　若有凡夫貧淫嫉妬不信正信以行在身
而學他求道者如乘鐵□而渡於海苦㉒駕毛車而越於火坑
故難阿得也　五五説喩
敬㉓白道場衆等何故講經之處即㉔作音聲伎樂只爲招集
男女等遣向此間聽法譬如何物由如慈母唯生一子心中怜
愛欲似掌中明月寶珠㉕其兒忽然頭上卒患惡瘡非常臭穢爾
時阿孃煩惱欲似猛火燒心晝夜憂愁不食不寢於是覓
得良藥來即欲與兒着此藥兒怕瘡痛便即走去慈母心中㉖
煩怨肝腸寸斷更无方計遂將菓子遠立喙口云阿孃奴不與兒㉗漢兒即到來㉘左
手過與右手罕捉於是清泔㉙淨洗即㉚爲封藥兒雖啼哭惡瘡得
差説此喩者欲明何事由如賢者優婆姨等身中例有
三毒惡瘡煩惱重病无明障翳身心穢臭不可言盡
貧道今日廣設音樂招集施主得至道場聞説天尊大
乘經法用智惠樂採无爲風調法音湯洗身心臭㉛穢破无
明障㉜翳治煩惱㉝重㉞病使五欲清淨六惠開明與施主等結萬劫因
緣㉟當來生爲善知識只如元始天尊㊱无上法王昔在香林園
中説微妙法當此之時正爲衆生漂沈苦海淪溺愛何墮㊲

［後缺］

【校録】

布施已後、願家門眷屬等、金山所有親緣、命同昆岳、兒郎濟濟仙侶无殊、子姪詵詵賢聖不別、宗親和睦、内外常安、過勉（免）三塗、災超度九厄、溫耶（濕邪）百鬼无敢侵傷、福慶千神咸來擁護、並使形同桂月、命似瓊珠、恒淨照恒明、唯長唯大。

九玄七祖幽出離三塗、七代亡魂超喩八難、乘法淪之輦、話長樂之鄉、沉不死之舟、上无爲之岸。

善緣福報、應念便來、罪累惡目、即斯而滅、長辞八難苦、永離三塗之酸、喜識靈液之池、括神洞陽之館。

三清妙境与聖侶爲用、王闕京金臺共眞人爲友、无來无去、恒證道場、不滅不生、會无爲之正道。

病除躰内、疾離身中、天降甘露之奬、風吹丹妙藥、空中入口、玄□三宮、經緯四支、療持百病、命如山岳、壽等乾坤。

大聖垂慈施其妙藥、滅除患害之本、斷煩惱之原、五藏清和、四支安吉、永與痛隔、長別苦緣、萬病皆消、千痾保殄、神光内照、比淨目而高懸、智力芙蕖、常離俗境、萬福莊嚴、善神匡附、七□十惡、藉此消融、八苦八難、因斯永滅、五衰五厄、不復相侵、善利善安、□恒相濆。

十惡煩籠、一時消遣、三徒架鎖、從此永除、五毒頡消、六塵長殄、光明備躰、身潔清香。

廣讃大乘、怨親不障、愛增平等、齋悟妙門、持功德之水、洗有陋之心、迴惠朗之燈、照无明之域、五逆之罪、自此皆消、十惡之愆、因茲並遣。

天命逾遠、三災之所不傷、法財自豐、五家之所不貸、寶器明珠、應神光而照室、奇鸞異鳳、策聖駕而□庭。

與甘羅比德、共頂託而齊名、智若日月、高明命等、乾坤永固、壽同天地、福祿无窮。

智恵恒扶、法雲常覆、神光附躰、玉蓋隨身、天尊擁護、仙聖扶迎、常居福地、善侶同行、貴如周孔、位極公卿、莫雄蓋□、文武交横、人間歎仰、朝夜稱名、布施雖微云々。

伏惟靈空眾聖、元始天尊、道場仙官、十方化主、口吐光明、徹照内外、原（願）赦某乙等九祖先亡者、昔在凡夫、不慈不孝、魂歸地府、受苦三塗、地獄幽罕、刀林劒苑、恒常受苦、何可言論、藉此講經、咸蒙解脱、超陵三界、逍遥上清、福被家門、恩流眷族、男歡女樂、宅吉神安、財寶豐饒、五穀成孰、年々見道、歳々聞經、布施雖微云々。

因此開經、功多報重、聖人鑑照、大眾證明、更爲稱善。

若有凡夫、貧淫嫉妬、不信正信、以行在身、而學他求道者、如乘鐵□而渡於苦海、駕毛車而越於火坑、故難阿得也。

五五説喩

敬白道場眾等、何故講經之處、即作音聲伎樂、只爲招集男女等、遣向此間聽法、譬如何物、由如慈母唯生一子、心中怜愛、欲似掌中明月寶珠、其兒忽然頭上卒患、惡瘡非常臭穢、爾時阿孃煩惱、欲似猛火燒心、晝夜憂愁、不食不寢、於是覓得良藥來、即欲與兒着此藥、兒怕瘡痛、便即走去、慈母心中煩怨、肝腸寸斷、更无方計、遂將菓子遠立、噱口云、阿孃奴不與兒、漢兒即到來、左手過與、右手罕捉、於是清泔淨洗、即爲封藥、兒雖啼哭、惡瘡得差、説此喩者、欲明何事、由如賢者優婆姨等身中、例有三毒惡瘡、煩惱重病、无明障翳、身心穢臭、不可言盡。

貧道今日廣設音樂、招集施主、得至道場、聞説天尊大乘經法用、智惠樂採无爲風調、法音湯洗身心臭穢、破无明障翳、治煩惱重病、使五欲清淨、六惠開明、與施主等結萬劫因緣、當來生爲善知識、只如元始天尊、无上法王昔在香林園中、説微妙法、當此之時、正爲眾生漂沈苦海、淪溺愛河、堕

［後缺］

【注】

（1）「壽」の字が書かれるが、朱で斜めに線を入れてあり、消去した。

（2）「山」の字の上に薄墨が重ねられ、塗改の意かとも解されるが、右側に塗せられる薄墨は文字として読み取れず、そのままとして置く。
（3）「塗災」の間に倒乙を示す「✓」が書き加えられるが、文脈上からはそのままでよいように思われることから改めない。
（4）「大九」の間に点が書かれるが、文字の繰り返し符号の「〃」とも異なっており、段落を示す記号と解した。
（5）「幽」の右側に「七祖」の書き入れがあり、書き加えとして挿入。
（6）「父」の右に文字の消去を示す「ト」記号が書かれる。
（7）「因」に塗改（墨で黒く塗りつぶし右に改字を書く）される。
（8）「藥」の右に「　」の記号が書かれる。
（9）「添」の右に文字の消去を示す「ト」記号が書かれる。
（10）「坤大」に間に点が書かれるが、注4と同様に段落を示す記号と解した。
（11）「教」の右に文字消去を示す「ト」表記がある。
（12）「煩惱」の右側に大きく二字分に亘って「　」との表記がある。
（13）写本に汚れがあり文字の右半分が判別できない。旁の部分は「頁」。
（14）「瀆」と読めるが、「續」の意か。
（15）「水」は右側に書き加えられた校加字。
（16）塗改字。始め「明」と改めたが、それをまた塗改して「命」としている。
（17）塗改し「策」に改める。
（18）塗改し「莫」に改める。
（19）文字の上部が見えるが、紙に下部破損があり判読不能。
（20）「五色」を「光明」に塗改する。
（21）「刀林」の間の一字を塗りつぶして消去する。
（22）「海苦」の文字間に倒乙を示す「✓」記号がある。
（23）冒頭の「敬白」の右側に朱で「　」と書きこまれる。
（24）「作」は「即音」の右側字間に書かれ、挿入。

(25)「其兒」は「珠忽」の右側字間に書かれ、挿入。
(26)塗改して「心中」とする。
(27)「菓子来兒即」の「来」を塗りつぶし、右側に「遠立〇口阿孃奴不与兒漢」と書かれ、挿入。
(28)「来左」の間に二文字が塗りつぶされ消去。
(29)「淨」は「泔洗」の右側に書き加えられた挿入字。
(30)「即爲」は「洗封」の右側に書き加えられた挿入字。
(31)「臭」は「心穢」の右側に書き加えられた挿入字。
(32)「翳」は「障治」の右側に書き加えられた挿入字。
(33)「重」は「惱病」の右側に書き加えられた挿入字。
(34)「使」は「病五」の右側に書き加えられた挿入字。
(35)一字塗消。
(36)「无上」は「尊法」の右側に書き加えられた挿入字。
(37)次の行から紙が切断されている。

# 第二部　蜀地（四川省）と道教

# 第一章　竇岡山と竇子明（上）

## （一）　はじめに

中国の都市の街路名には、寺観や廟の名を残すものが多い。だが、その名の由来となった寺観や廟そのものについて見れば、現在にその姿を留めていないものが多く、特に規模のさほど大きくなく、地域性の強かったであろう道教の観や廟にそれが顕著に見られるように思われる。それでも、寺観や廟の名の残る街路名を地図の上に眺め、また、実際にその通りに立ってあたりを見回してみると、往時の中国社会そのものと、そこに生きて暮らしていた人々の生活や価値観、そしてそれらの人々と密接に関連して存在していた、その土地の寺観や廟における宗教活動に強い興味を覚えずにはいられない。

道教に対する研究は、近年『道蔵』所収経典を中心として研究が進められている。この研究は、道教を研究する上で、言うまでもないことだが最も重要な研究の一つであり、今後も中心的に精力的に進められていく必要のある研究方面である。だが、幾分逆説的な言い方になるが、その研究だけでは漏れ落ちてしまう部分に対しても、視野を広げてその周囲を補って行く研究も、これまた必要なのではないかと思う。

一つの例を挙げて考えると、これまで中国社会に生活した多くの人々が、必ずしもその時代時代において仏教との関連を中心として作製されていった道教経典と共にあったわけではない。むしろ多くの人々においては、日々の生活の上に発生する困難を解消してくれるように願いを寄せるその依り所として、或いは、一年の生活のサイクルを彩るものとして、道観や各種の廟が必要とされていた側面が見逃せない。だが、これらの信仰については、民間信仰として道教とは一歩距離を置かれた見方で語られることが多い。民間信仰の概念規定については、R・A・スタン氏が、すでに示唆に富む発言をされており[1]、ここに繰り返すことは避けるが、民間信仰の成立とその信仰が道教とどのような関連を持っていたのか、或いは、持つに至ったのかを考えることは、中国の民間社会の文化やそれに伴う人々の生活、更には、道教そのものの中国社会における浸透、及び発展を知る上で欠かせないことである。

本章では、四川省の北部の比較的狭い範囲ではあるが、唐代を中心として実際にその地域の社会の中で行われていたと考えられる民間での信仰を取り上げ、その信仰の成立と発展を現在まで残されている資料をもとに跡をたどっていきたいと考えている。そしてその上で、この民間での信仰が当時の中央、あるいは広い意味において中国社会全体に行われていた大規模な宗教である道教とどのような関連を持っていたのか、或いは、どのように関連を持っていったのかについても論及したい。これは、道教の中国社会における発展を考える上において、重要な視点を与えてくれることになると考えるからである。

## （一）竇圌山《とうせん》とその地域

竇圌山は四川省北部にある江油市の江油県城から、西北に約二十キロ、武都鎮からは四キロほどの所にある海抜千百十メートルの山で、四川省の名勝地の一つに数えられており、現在ではその一帯が自然保護区となっている。

竇圌山という山名を見て、「竇」というのは人の姓において用いられることの多い字であるが、「圌」の文字については、現在のみならず古典においても、ほとんど用いられることのない文字である。この文字上においても人の好奇心を促し、注意を引く山名を持つことだけでも何事かの予感を与えるのだが、山の名前の由来について考えることは、本章で取り上げようとする問題そのものと直接関わることとなる。

竇圌山の「竇」は唐代にこの山で修行し、仙化したと伝えられる竇子明に由来し、「圌」とは、『釈名』釈宮釈によると、「以草作之、團團然也」(2)とあって、束ねた藁を積み上げた形を言い、山の頂上部分の形がそれに似ていることから山名に用いられていると解釈されている。(3)この点についての考察は後文に譲ることにして、ここではその山について、いくつかある異名のみを先に紹介しておくことにする。

歴史的な名称も含めると、圌山、豆圌山、また猿門山とも称されていた山で、(4)その名称それぞれに興味ある伝承、由来を持っている。

この山は、地理的には成都平原の北のはずれに位置していて、『四川省地図集』に収録される「四川省地勢」の図(5)で見ると、成都を中心に平地の続くことを示す緑色に塗られた色が、一転して山岳地帯を示す濃い茶色に塗られていく、そのちょうど境目にある。

中国では、成都を中心として広がる平野を、成都平原と呼ぶことが多い。成都自体、海抜五百メートルほどのところにあるので、成都平原というのは、そのあまりの広さゆえに、私たちの感覚ではなかなか実感しにくいが、基本的には広い高原なのである。その広大な成都平原は古来より豊かな農産物に恵まれていて、古くから「天府之国」と称され、中国国内でも豊かな地域の一つに数えられている。そうではあるが、竇圌山のある四川省北部一帯は、平原のはずれに当たっていて、急に山地になっていく地形のもたらす理由にもより、必ずしも成都平原の中心部一帯と同様に考えることはできない。

『四川省地図集』の中の、「四川省の栽培植物分布図」によって、竇圌山一帯の地域を見てみると、「灌漑の出来ない耕地で、一年に二度の輪作地域」或いは「灌漑の出来ない耕地で、冬場は農作業に適さず、一年に一度の収穫の地域」を示す色分布によって示されている。因みに、広い拡がりを見せる成都平原の大部分の地域は、「水田地帯で一年に三度の収穫のある地域」となっている。ここで言う「灌漑の出来ない耕地」というのは、農業用水はすべて自然による降雨にのみ依拠しているとの意味と考えてよく、水害（特に干害）の心配に毎年さらされていた地域であることを物語っている。

このことは、ある一つの結果をもたらすであろう。成都を中心とした成都平原中心地域と、地域的に隣接はしているものの生活条件を異にする成都平原の最北部の地域との間に、住民の間にあっても、生活的な面においても、意識的な面においても、地域的な分断が生じていたのではないかということである。この点については、農業を行う上で最も重要な要素である、水の問題、即ち依拠する河、灌漑施設の問題から見ると、明瞭である。

成都平原中心部は、チベット山系から東流して成都の北西にある灌県（現在の都江堰市）に流れ出る岷江をその水源とする岷江水系に属している。この水系は、山中を勢いよく下ってきた豊富な水が、平地に流れ出るその地の灌県にある灌漑施設である都江堰によって水量が巧みに調節され、続いて、網目のように整備された用水路を通って、広く平原に供給されている。この灌漑施設は漢代から整備されて用いられており、成都平原を「天府之国」と呼ばれるようになる基盤を作っている。この岷江水系は、灌漑施設の都江堰と共に、四川省から発して後に全国的に展開する水神の二郎神の発生した水系である。

だが、成都平原北部（綿陽市以北）は、別の水系に属している。同じチベット山系から流れ出る涪江水系に属している。前掲した『四川省地図集』の中の「四川省水系」を見ても、成都を中心として網目のようにめぐらされている都江堰から流れ出る水路が、綿陽の前ですべて南流してしまっている。代わりに、涪江の流れが、平武から竇圌山の脇を抜けて江油、綿陽を通って南東に流れ、そこに多くの支流が流れ込む構図となっている。この水系が違うと言うことは、その二つの地域では、水災も必ずしも同一には表れないということになる。それはひいて言えば、水神を異にするということになる。

私も実際に一九九三年の夏に経験したことだが、成都から涪江水系の地域にある三台県に道観の視察を目的に行った時、雨の後ではあったが、成都では市内を流れる錦江に水量の増大は見られたものの、水害の問題はまったくなかった。近郊地域においてもほぼ同じような状態であったと思う。ところが、綿陽を過ぎて涪江の流域に位置する三台に近づくにつれ、川の氾濫が至るところで見られた。結局、その時は三台の県政府から、ここから先は道路状態が危険につき、通行禁止の措置を取られてしまい目的を果たすことが出来なかった。このように水害も、水系を異にすると、遠隔の地ではなく、隣り合った地であるのにもかかわらず、状況をまったく異にしてしまう。四川省には水災に対応する神が数多い。これは、水系を異にする地域では、別の神格が産み出され、より地域の利益を追求し代表させられたことにその原因があると言うことができよう。この認識は、竇圌山における信仰を考えようとする本章において、重要な考え方を提供してくれていると思われる。

また、竇圌山付近の一帯の地域を考える場合に、その地域が依拠する水系の問題とは別に、その地域の人や物の動きとしての交通の問題を把握しておくことも重要である。涪江の水系に入る地域の中で、綿陽は成都と長安・洛陽等の中原地域とを結ぶ交通路の中で重要な都市であった。唐代に政変のためではあるが、二度に亙って蜀（四川省）に難を避けて来ている僖宗も、綿陽を経由して成都に至っている。この中原地域と成都を結ぶ交通は、四川省と陝西省の省境にある山岳地帯が、多く人口に膾炙されている唐の李白による「蜀道難」の一節で「噫吁　危乎高哉、蜀道之難於上青天(6)」（ああ　危ういかな　高いかな、蜀道の難きは　青天に上るよりも難し）と詠われているように、交通の難所であることは夙に有名である。だが、現実には人と物の動きは盛んであった。この交通による経済効果は、綿陽では大きなものがあったと考えられるが、綿陽の北に位置する江油、その更に北にある竇圌山一帯の地域はこの面でもその恩恵を受けることは少なかったと思われる。

時代は変わったが、現在も竇圌山のあるその地一帯は、四川省でも経済的に恵まれない地帯とされているようである。竇圌山とその周辺に住む人々との関係を考える時に、これらの地理的条件が人々に大きな影響をもたらしていたであろうことは、これも考慮に入れておく必要のあることと考えられる。

## （三）　山としての竇圌山

この広い高原の北のはずれにある竇圌山は、海抜千百十メートルの山ではあるが、山の麓が高原地帯で、ほぼ海抜六百メートルあって、そこから山としての隆起が起こっていることから、当然の事ながら見た目にも五百メートルほどの山にしか見えず、現在の私たちの目から見ると、人々に高く険しくそびえていて、人を寄せ付けないとの印象を与える山ではない。

この山は、綿陽の北に位置する江油、武都鎮の方から行くと、山に向かって東北の方角に広がっている耕された農地越しに、遙か遠くから突き当たりの屛風のように眺められ、その地の風景に際だった特色を与えている。だが、その地域に暮らす人々にとっては、生活風景の中に溶け込んでいるような山であり、ひいて言えば、その地方を代表するシンボル的な山ともなっているようである。

さらに山に近づいて行くと、その西側部分が特に緑に恵まれず、ほとんど禿げ山に近い様相を呈しているのが見えてくる。(7)後文でも触れるが、この山の示す現在の様相は、唐代の頃の姿とは違ったものになっているようだ。この点を考慮に入れておかないと、この山で過去に起こった信仰が現実的に理解しがたいものに感じられるようになるおそれがある。

現在、この山に登るには、大きくは三つの方法があって、その一つは山の西側の比較的なだらかな斜面を徒歩で登る方法。もう一つは山の東南にあたる部分に作られている神社の石段のように急で、遙か山頂付近まで曲がることなく一直線に続く石段を上る方法。そして、最後の一つが、階段の更に東側に近年になって設置されたリフトに乗って山頂付近まで登る方法の三つである。

こうして山頂付近にまでたどり着いても、山頂に登るには、それからが難問である。というのは、山の頂部分の形に他の山には見ることのできない特徴があるからである。

山で最も高い箇所となるのは、山の最も東側に当たる部分なのだが、そこは切り立った崖の様相を呈していて、その上、その頂上部分は恰も巨大な二本（見る角度の問題があり、正確には三本ある）の数十メートルもある石の柱が直立し並んで、山自体に突き刺さっているような形状を示している。

これだけ奇異な景観は、現在では、その他の地では見られない眺めを持った山として、人々の興味を集め、観光地として多くの人々を集めるということに落ちつこうが、過去においては、山自体の奇異な景観と、その山全体が木々に包まれ、虎や蛇等の人々に恐怖感を与える動物が生息していて、一般の人々にとっては近づき難い場所であったことから、この山に対してある種の畏れを抱いていたようで、そこから宗教、信仰との結びつきが興ってきていると考えられる。

この山の歴史のあらましをたどってみると、山自体の持つ奇観が与って力となり生じたであろう原初的な自然崇拝期を経て、山中に宮観が建てられるようになり、続いて、その宮観に住していた者が、その周囲に住む住民にある種の畏れを伴って見られる時期が出てくる。その後で、唐代になって隣接する地域である彰明の主簿であった竇子明と伝えられる人物がこの山で昇仙したと伝えられるようになり、その山と竇子明に対する地域的な信仰が、その土地の景観をともなって確立するようになる。この竇子明という人物の関わったこの地における信仰は、その後、現在に至るまで歴史の中に竇圌山自体を竇子明仙化の地とする宗教的な聖地としてのイメージを人々に保持させて語り継がれて来ているということになろう。

本章では、竇圌山に纏わる信仰を、唐代に竇子明と結びついていくその過程を最も強い興味として、竇圌山のあるその地域、及びそこに住む人々との関連にも注意を注ぎつつ、その歴史的な展開を逐いながら見ていきたいと思っている。それは、地域的な信仰の成立、及びその発展、継承は、その地域の文化、自然、産業、風土や、そこに住む人々の生活等との間における密接な関係の上に成り立っていると考えるからである。

しかし、竇子明について調べていくと、この人物が道教の重要な経典の成立に関わっていたとの指摘にも出会う。この点について検討を加えることも、本章において重要な要素となるであろう。

## （四）竇圌山についての記録

竇圌山について歴代の記録をたどってみたいのだが、残されている資料はさほど多くはない。そのほとんどが地方志の中に見られるものになるか、或いは、その地を訪れた文人達が、詩文に書き残したものということになる。だが、これらの資料は見方によると、より興味深い事実を私たちに伝えてくれているとも考えられる。地域性の強い書物に残された記述は、その地方における見方をありのままに伝えてくれているであろうことを予感させるし、その地を訪れた文人達が書き残した詩文は、たとえその文学的な視点からの評価がどのように見られるものであっても、それら文人達が詩文を書き残した当時にあって、その地がどのようなイメージで人々から見られていた土地であり、また、過去においてどのような景観を持った土地であったのかを、私たちに如実に物語ってもくれるはずであるからだ。

最初に竇圌山について興味ある記述を伝えるのは、南宋の勝穆の撰になる『方輿勝覧』である。その巻五十四綿州に、竇圌山。彰明県に在り。李白「題竇圌山」詩に「樵夫與耕者、出入畫屏中」とあり、また「送竇主簿」詩に「願隨子明去、煉火燒金丹」とある。竇子明、名は圌、此の山に隠れる。故に名づく。

とある。続いて明代のものとして天順五年（一四六一）に刊行された『大明一統志』にも、巻六十七　成都府の山川の項に、

竇圌山。彰明県の北七十里に在り。唐の李白「送竇主簿」詩に「願隨子明去、煉火燒金丹」とある。子明、名は圌。此の山に隠れる。故に名づく。

とある。引用文を見ても分かるように、『大明一統志』の記載は『方輿勝覧』と何ら変わることがない。恐らくは『方輿勝覧』等前代に刊された書を材料にしての引き写しの記述であろう。この二書ともに、竇子明についての記述がなされ、竇圌山の名は竇子明の名からきているとしていることに注意を払っておきたい。ここに引かれる李白の詩については、後文で取り上げることにする。

同じく明代の記録であるが、広く蜀地に関しての貴重な資料がある。曹学佺の『蜀中名勝記』三十巻と『蜀中広記』一百八巻である。曹学佺は福建侯官（今の閩侯）県の人で、明の穆宗の隆慶五年（一五七一）に生まれ、神宗の万暦二十三年（一五九五）に進士に合格し、万暦の末ごろに四川右参政となり、続いて四川按察使となった人物である。

『蜀中名勝記』と『蜀中広記』の二書の間には重複する記載が多い。それは最初に『蜀中名勝記』が、明の神宗の

万暦四十六年（一六一八）に単独に出版され、その後で再度曹学佺が四川に関する著作を集めて作ったのが『蜀中広記』であることによる。本章に関連する部分については、記載内容についても同じであるので、以下の引用については、『蜀中名勝記』(8)よりの引用として両書を代表させることにする。

『蜀中名勝記』巻之九　川西道　成都府九　彰明県の項には、竇圌山について、杜光庭の『録異記』と『高僧伝』の文章が列挙して引用されている。この『録異記』と『高僧伝』の記述については、唐代以前の竇圌山における信仰状況を考える上で最も重要な資料となるもので、本章においても最も注視する資料となるものでもあり、後文に全文の訳文を示すことにする。

続いて『蜀中名勝記』の巻之十、川西道、龍安府にも、竇子明に関する記述が見られる。これも興味ある内容となっているので、以下に訳出しておくことにする。

『龍門志』に云う、「竇子明遇仙處」（竇子明が仙人に遇った処）というのは、県城の西北九十里にある。今の仙女舗がそれである。宋の理宗の宝佑年間（一二五二―一二五八）に、ある人が小渓山の下で、二人の女子がゆっくりと空に昇っていくのを見た。（そのあとに残された）異香はまる一日経っても消えることがなかった、と。

『龍安新志』に又云う、仙女洞は治の南江村口に在って、山はぐるっと回る形勢で、洞窟は奥深い。水はその中から出てきて、百里流れて剣南に入る。老人の伝える話では、風の穏やかで天気の良い日には、遠くから仙女が岩の上で化粧をしたり、遊び戯れているのが見える。ある者は髪の毛をとかし、ある者は衣服を岩屋の中で洗ったりするのが、いつも見え隠れするそうだ。人がまれに洞窟の中に入ると、鍾乳石が何とも奇怪な形を見せてくれている。その色はまるで碧玉のようで、持ち帰ると宝物になる、と。

『道教霊験記』に云う、梁の武陵王紀は、益州を理め、李龍遷に牛心山に築城させた。龍遷が死ぬと、山腹に葬り、郷里に祠を立てて、李古人廟と号した。唐初に観に改めた。その後、武氏の革命が起こって、山の脈が断ち切られてしまった。明皇（玄宗）が蜀に来られたときに、老人の蘇坦が、龍州の牛心山は、お国のご先祖様の墓があるところです。今、このような禍をお受けになられるのは、則天（武后）が牛心山の脈を断ち切ってしまったからです、と奏上した。明皇は、すぐに刺史の蘇邈に命じて職人を集めて、修復して以前のようにさせた。次の年に、（安）禄山を討ち取って、（都の）宮殿に帰ることができた。至徳二年に、龍州を都督府に昇格させ、霊応郡と名付けた。僖宗が蜀に来られたときには、太子の李特が奏上して道士を遣わして、醮山祈福を行って、礼を加えた、と。

これらの引用文の中で注意しておきたい事項が幾つかある。その一つは、「竇子明遇仙處」（竇子明が仙人に遇った処）と呼ばれる場所が江油県の県城西北九十里の所にあったということである。明代の一里は五五二・九六メートルと考えると、(9) 四・九七キロ、つまり江油県の県城の西北に約五キロの所である。この記載がある『龍門志』であるが、地方志の一つと考えられるが、その詳細は明確ではない。

それでは、竇子明遇仙処についての具体的な場所ということになるが、現存する四川省の地方志にも記載がある。『四川通志』（重印清嘉慶版）中には二か所あって、

馬蹄関は、県城の東南十里にあり、竇子明遇仙処である。（巻二十八　輿地　関隘　龍安府）

とされるのが、その一つであり、もう一つは、

仙女橋は、県城の東南十里にあり、竇子明遇仙処である。（巻三十二　輿地　津梁　龍安府）

とされるものである。片や「馬蹄関」と云い、片や「仙女橋」と云って、異なる場所のようであるが、どちらも「県城の東南十里にあり」と云っている点から見て、同一の場所を指しているように思われる。『四川通志』は、後者の「仙女橋」の後には、『名勝志』よりの注として、先述した『蜀中名勝記』の巻之十、川西道、龍安府、江油県の項で見た『龍門志』の引用文を挙げている。また、道光『龍安府志』巻の十、雑志、外紀に記載される竇子明遇仙処の記事も、「今の仙女舗がそれである」と言う後で、同じく『龍門志』の同文を引用している。これを見ると「馬蹄関」と云うも、「仙女橋」と云うも、「仙女舗」と云うも、その実は同じ場所と考えてよいであろう。この竇子明遇仙処については、他の地方志も記載するが、『四川通志』の記述を越えるものはない。恐らくこれらの地方志に見られる記載が同じであるのは、どれも互いに転載を重ねた結果によるのであろう。

二つ目は、『龍安新志』を引いた文に見られたことで、仙女洞の記述である。この辺一帯には、地質の関係であろうが、洞窟が多く存在している。後文でも触れるが、竇圌山にも洞窟があったことが分かっており、道光『龍安府志』巻之二上、輿地、山川には、「仙人洞は山に在って、竇真人の修道の処である」との記述も見出すことが出来る。この洞窟が存在していたことは、竇圌山における信仰の実践を考える際に重要な要素となる。さらに、洞窟が仙女の現れる場所として、その土地の人々の間に伝承されていたことは、興味を引くことであり、注意を向けておきたい。『龍安新志』も残念なことに、その書を明確にしていない。

三つ目は、『道教霊験記』[10]の引用文中に見られたことで、龍州の牛心山は、唐王朝の先祖の墓があるところと伝えられていたことで、玄宗が刺士の蘇邈に命じて、牛心山にあった観（元来の李古人廟）を修復させたこと。そして、至徳二年（七五七）に、龍州を都督府に昇格させ、霊応郡と名付けたこと。更に、僖宗が蜀に来た時にも、道士を遣わして、この山で醮山祈福の儀式を行わせたとの記載が示すように、この地一帯は唐代においては、皇帝の李氏に縁のある地として、特別な価値を持って見られていた地であったことも重要な意味を持つ記載として、覚えておきたい。これらの記事を載せる『道教霊験記』は、唐末五代の道士杜光庭の著作[11]で、そこに記載される四川省に関する記事の部分については、ここでは詳述を避けるが、自ら取材して書き残したものと見てよく、その内容は事実に則しており、十分に信用のおけるものと考えてよい。

## （五）詩文中に見られる竇圌山

次に歴代の詩文中に表れた竇圌山について見てみることにしたい。
南宋の勝穆の撰になる『方輿勝覧』に李白の「題竇圌山」と題する詩を引いている。

題竇圌山　竇圌山に題す
李白（唐）
樵夫與耕者、出入畫屏。　樵夫と耕者と、畫屏に出入す。
木こりと農夫とが、ついたての絵の中に出入りしている（ような美しい風景である）

李白には、もう一首取り上げておかなくてはならない詩がある。

登敬亭山南望懐古贈竇主簿　敬亭山に登り南望し古を懐い竇主簿に贈る(12)

敬亭一廻首　敬亭ひとたび首を廻らせば
目盡天南端　目は天の南端を尽くす
仙者五六人　仙者五六人
常聞此遊盤　常に聞く　此こに遊盤すと
谿流琴高水　谿は流る琴高の水
石聳麻姑壇　石は聳ゆ麻姑の壇
白龍降陵陽　白龍陵陽に降り
黄鶴呼子安　黄鶴子安を呼ぶ
羽化騎日月　羽化し日月に騎し
雲行翼鴛鸞　雲行し鴛鸞に翼せらる
下視宇宙間　下に宇宙の間を視るに
四溟皆波瀾　四溟皆な波瀾
汰絶目下事　汰絶す目下の事
從之復何難　之に従う復た何ぞ難き
百歳落半途　百歳半途に落ち
前期浩漫漫　前期浩として漫漫
願隨子明去　願はくは子明に隨ひて去り
煉火燒金丹　煉火金丹を焼かん

ここに李白の詩を二首引いたが、この二首の詩は、この地について記す地方志には必ず記載されていて、唐代において竇圌山は竇子明と結びついて、その名の知られる山であったことの証明にされている。はたしてそれらの記載をそのまま信用してよいのであろうか。一度、検討しておかなくてはならないであろう。

前者の詩が『方輿勝覧』に引かれていることは前述した。『方輿勝覧』では、李白の詩として伝えているが、この書での引用以外には伝えられることのない詩である。瞿蛻園、朱金城校注『李白集校注』[13]においても、『方輿勝覧』より採録したことを明記して、巻三十の詩文補遺に入れている。実際に竇圌山を訪れてみると、詩に示される気分を有する地との感を大にするが、詩句の中に当地と明らかに結びつく語句があるわけでもなく、残されているのが五言の二句のみというのも、絶対的な信頼を寄せるに些かの不安を感じさせずにはおかない。

後者の詩について見てみると、詩中に詠われている場所については明確である。題名にある敬亭山は、安徽省宣城県の北に位置する山であり、竇主簿とあるのは唐代に竇圌山で遷化したと伝えられる竇子明ではなく、李白と時を同じにして、安徽省の地にいた姓を同じにする別の人物である。この詩を四川省の竇圌山を詠った詩とするのは、意図的な取り違いである。これは単なるこじつけには違いないのであるが、このこじつけが通用し続けていたことに、逆に興味を覚える。これも竇子明に対する信仰の成立を考える上で、重要なヒントを与えてくれる事柄と考えている。この点については後述することにしよう。

「願はくは子明に隨ひて去り」と詩句中に見える子明とは、唐代に竇圌山で遷化したと伝えられる竇子明とは別人で、古の陵陽の仙人竇子明のことである。因みに、詩文中に表れる「白龍陵陽に降り、黄鶴子安を呼ぶ」の語句を見てみると、ここで示される陵陽とは、安徽省石台県の東北に当たる地であり、子安というのは、古の仙人竇子明の弟のことであり、ある時子明は、四明山に居している弟の子安が自分の処を訪ねようとしていることを知り、黄鶴に姿を変え途中まで弟を出迎え、その背に乗せて送っていった。その帰りに、今度は白龍に乗って帰ってきたと伝えられる話に基づいての句である。

結局、李白の作と伝えられる詩からは、確たる証拠となる要素は見出すことは出来なかった。四川省の歴代の今に伝わる地方志が、竇圌山の項で李白の詩を金科玉条のようにして引用して、竇圌山に結びついた竇子明という人物の存在を証明しようとするのは、先にも触れたように、必ずしも事実に基づいているとは言えないのだが、それをあえて訂正することなく地方志が、その詩を掲載し続けていったことの背景には、江油の地が李白の出身地と考えられていたことに、その理由の大部分があったと思われる。現在も江油市には、李白記念館が建てられており、この地において李白は、人々にとって大きな存在であり、また、彼がこの地について詩を書くのは、当然のこととの考え方が先行していることも、その原因に挙げられよう。

それでは、確実に竇子明について取り上げる詩文は、どこまで時代を下らなければならないのであろうか。同じ唐代の詩に、もう一首竇子明に触れる詩がある。作者の朱湾は『全唐詩』巻三百六によると、字を巨川といい、西蜀の人。貞元・元和（七八五―八二〇）の頃の人物とされている。

同達奚宰遊竇子明仙壇　達奚宰と同に竇子明の仙壇に遊ぶ

朱湾（唐）

松檜陰深一徑微　松檜の陰深く　一徑微かに

中峯石室到人稀　中峯の石室　人到ること稀なり

仙官不住青山在　仙官住さざるに青山在り

故老相傳白日飛　故老相傳う　白日に飛べりと

華表問栽何歳木　華表に問う　何れの歳に栽えし木なるかと
片雲留著去時衣　片雲に留めたり去りし時の衣
今朝茂宰尋眞處　今朝茂宰に真処を尋ねるに
暫駐雙鳧且莫歸　暫く雙鳧を駐めて且つ歸る莫しと

この詩に詠われる賨子明の仙壇というのは、結論から先にいうと、賨圖山で遷化した賨子明にちなんで作られた壇を指すと思われる。状況的な証明になるが、第二句目の「中峯の石室　人到ること稀なり」とあるのは、その頂上部は三つの岩山が並び立っている賨圖山の様相と一致するものであるし、作者の朱湾も西蜀の人とされることから、地域的にも素直に頷ける。

作者の朱湾は貞元・元和（七八五―八二〇）の頃の人物とされることから考えると、少なくてもその頃以前に、この地で賨子明が昇仙したという伝承が伝えられていたことを示しており、第三句目に「故老相傳う白日に飛べりと」表現されることから見ると、それもかなり以前の話であるように思われる。また、「故老相傳う」との表現に、この時点においても、伝承は土地の人々の間でなされていたことを感じさせる。この賨子明の昇仙については、後文で考えることにする。

## （六）　明代詩文中の賨圖山

明代には、賨圖山、賨子明を詩材に取って詠われる詩は比較的多い。その内の道光『龍安府志』に収録される詩を一つだけを見てみることにしよう。作者の戴仁は、江油の人。明の嘉靖年間（一五二二―一五六六）の進士、江油の主事を務めたことがある人物である。地元の人物と言ってよいであろう。

　　竇圌山攬勝[14]
　　　戴　仁

前朝棟宇祇今遺　前朝の棟宇　祇だ今に遺し
西蜀山川似此奇　西蜀の山川　此の奇を似す
浪滾江門龍臥穏　浪江門に滾り　龍臥して穏かに
雲封石竇鶴歸遲　雲石竇を封じ　鶴帰ること遅し
橋高鐵索三千丈　橋高く鐵索三千丈
樹老莎蘿四十圍　樹老い莎蘿四十圍
一笑眼前滄海變　一笑す眼前の滄海變ずるに
子明去後少男兒　子明去りて後少男児なるを

「石竇」は竇子明の隠居修練した所を指していて、そこに鶴に化した竇子明が、今もなお帰ってこないことを詠っている。また、「橋高鐵索三千丈」とあることにも注目される。明代には峰と峰とをつなぐ縄が鉄製に変わっている。この詩には竇圌山の景勝が、すべて竇子明と結びつけられて詠われている感がある。この時代には、竇子明の伝承は民間だけのものに止まらず、詩的興趣を求める文人達の社会にも広がっていたようだ。

明の万暦年間（一五七三―一六二〇）には、江西省安福県の人である朱仲廉という人物が、四川龍安府にて推官の役についている。彼は竇圌山の西峰の頂上に、竇子明昇仙の所として超然亭という建物を建立している[15]。この例なども、竇圌山と結びついた竇子明の伝承が、当地の人々の間でのみ伝承される状態から、文人達の感慨を催す対象となってきていることを示すものと考えられよう。

清道光年間（一八二一―一八五〇）、江油の人王棟の詩に、竇圌山について興味ある描写を伝えている。

魯班仙橋（僧人来去過橋進香）(16)
連月傍雲架仙橋　連月の傍雲　仙橋に架かり
漫道神仙路不遙　漫道の神仙　路遙かならず
穏系双縄通碧漢　穏かに双縄を系け　碧漢に通ぜしめ
高標一線度青霄　高く一線を標し　青霄を度せしむ
瓊台砌下瓊枝出　瓊台砌下　瓊枝出で
玉殿階前玉帯飄　玉殿階前　玉帯飄る
隔岸相看情誼切　岸を隔てて相看す　情誼切なり
何時並駕幷扶搖　何の時か並び駕して　幷に扶搖するは

ここまで唐の李白の詩を始めとして、貞元・元和（七八五―八二〇）の頃に書かれたと思われる朱湾の詩等を見てきた。また、李白の詩は四川省江油の竇圌山を詠ったものではないことも見てきた。そのいくつかの詩を見ながら感じられたことは、竇子明昇仙の伝承がいつ頃始まったのかということ、そしてその伝承は、どのような人物によって後世に伝えられたのであろうかということに対しての、解答にたいしての漠然とした予測である。明代以降になると、竇圌山を訪れる文人達が、ここで昇仙した竇子明に詩的興趣を覚え、多くの詩を書き残すようになっていく。これは、その土地の人々のみに伝承されてきていた、幾分かはローカルな竇子明像が文人達によって、中国文化の中で形成されてきた仙人像の中にすり合わされていったことを意味していると言えよう。これは、言葉を換えて言えば、明代に竇子明に対するイメージの類型化が行われていったことを示すにほかならない。

多くの人によって、その伝承が伝えられていくこと、このことは伝承が伝えられていく時間が長ければ長いほど、そこに元来はなかった要素が付加され得ていくことを意味しよう。竇子明について、唐代において最初に伝えられていった内容は、ごく簡単なものだったのではないかと思われてくるのである。この点に留意して、改めて唐代の竇圌山と竇子明に対する信仰について考えてみることにしたい。

【注】

（1）「宗教的な組織を持った道教と民間信仰との関係」『道教の総合的研究』酒井忠夫編　国書刊行会　一九七七　所収。
（2）『釈名疏證補』王先謙撰集　上海古籍出版社　一九八四。
（3）『竇圌山志』肖定沛編著　四川人民出版社　一九九一。
（4）注（3）参照。
（5）『四川省地図集』四川省測絵局出版　一九八一。
（6）『李白集校注』瞿蛻園、朱金城校注　上海古籍出版社　一九八一。
（7）これは西側から徒歩で登った一九八七年当時においての印象である。
（8）劉知漸点校、重慶出版社　一九八四。
（9）『新字源』角川書店　付録　度量衡表に依る。
（10）現行の『道蔵』本『道教霊験記』には収録が無く、『雲笈七籤』巻一二二に掲載される抜粋本『道教霊験記』中に収録されている。

(11) 拙稿「『道教霊験記』について」『明海大学外国語学部論集』第八集　一九九五。
(12) 詩の読解にあたり、『李太白詩歌全解』（大野實之助著　早稲田大学出版部　一九八〇）を参照した。読み方については、私自身の考えで改めた部分がある。
(13) 注（6）参照。
(14) 『竇圌山詩選』丁稚鴻等編注　江油市文物保護管理所出版　一九九二。
(15) 『竇圌山志』肖定沛編著　四川人民出版社　一九九一。
(16) 『竇圌山詩選』丁稚鴻等編注　江油市文物保護管理所出版　一九九二。

# 第二章　竇圌山と竇子明（下）

## （一）唐代における竇圌山の信仰

唐代の竇圌山において行われた信仰、厳密には竇圌山そのものに対しての信仰と竇圌山をその場にして、他の要素が入り込んで行われた信仰とに分けて考えられるのだが、歴史的に民間信仰を調べようとする際の常として、それらを明確に区別してその場における情況の発生と信仰の具体相との繋がりとを区別して描き出していくのは難しい。その二つは結びつき融合してしまうからである。

まず、信用できる資料から、山の周囲に住む人々と山自体の関係と、そこで発生していく信仰について調べていくことにしたい。残されている歴代の資料の中から信仰の起源を考えると、南朝の梁の武帝期にまで遡ることができる。この点については、後で取り上げることにして、最初に取り上げたいのは、唐五代期の道士杜光庭が、その著作『録異記』に記録した竇圌山に関する二つの話である。『録異記』に記載されたことが、その後、蜀のそのまた一地方にある竇圌山という山で起こった信仰を、その時代の、その地域の中のみという狭い範囲を超えて、広く人々に関心を持たせる原因となった。その意味からも、もっとも重視したい資料である。

『録異記』の二つの話を見る前に、この二つの話がどこまで当時における事実を伝えているのかを確認しておくためにも、『録異記』という書自体にも若干触れておかなくてはならないだろう。

杜光庭の『録異記』について本章では、『道蔵』収録の八巻本を中心に用いることにするが(1)、その成立年代と版本についての考証は、李剣国氏によってすでに行われている。[2] その成立は王建がたてた前蜀の乾徳三年（九二一）の正月から八月の間のことで、元来は十巻本であったようだ。乾徳三年というのは、その王建が死んで、后主王衍が即位して三年目に当たり、その后主王衍が道籙を受け、杜光庭を伝真天師、特進検校太傅、太子賓客、併せて崇真館大学師とした年に当たっている。

では、杜光庭はどのような撰述態度で『録異記』を著したのだろうか。杜光庭自らの手になる「録異記叙」を見てみることにしよう。

怪力乱神について、聖人（孔子）は語ることがなかったけれども、経文や誥誓や歴史書などには盛んに出てくる。以前作られた『述異記』、『博物志』、『異聞集』等は、皆その類である。（中略）（怪力乱神の出来事について）広い世界の中では毎日起こっているのである。そこで時間のあるときに、たまたま集めて記録したまでである。或るものは自分で見たり聞いたりしたことであり、或るものは様々な書物から採録したものである。（下略）

この自叙を読むと、『録異記』に収録された話は、杜光庭によって創り出された話ではなく、孔子以来伝統的に中国社会では、意図的に避けられ、遠ざけられていた怪力乱神（人智の及ばない範囲のこと）についての話を、自分で見たり聞いたりしたこと、書物の中に書き残されていたことの範囲で集めた話であったのである。つまり、杜光庭の考えでは、いくら不可思議で、あり得ようもないと思われる話であったとしても、あくまで事実として、あったこととしての態度において撰述し、編集したものなのである。

そのような著述編集にあたっての基本的な態度は、杜光庭が広明一年（八八〇）に始まり、光啓元年（八八五）

年に終わる唐の第十八代皇帝僖宗の黄巣の乱による蜀への逃避行に同行し、その後になって著述された『道教霊験記』の著述態度と相似たものがある。(3)

『道教霊験記』では、同じく自ら書いた序文で、

昔から、罪福応報の出来事は多い。（中略）今（わたくしは）旧友や老人を訪ねて取材し、『道教霊験記』二十巻を作った。（それは）こまかなことにも気を配る考えを世に広め、善を尊ぶことの糸口を、世の中に浸透させようと思ったからである。その記事は、何も飾り付けたりせずに、取材したことを、そのまま書いたものである。

と書き記している。

こうして見てみると、『録異記』の叙文に書かれる「自分で見たり聞いたりした」話というのは、『道教霊験記』の序文に「その記事は、何も飾り付けたりせずに、取材したことを、そのまま書いたものである」と書かれていた取材方法によって集められた話と同様の価値観において考えられていたことと思われる。

本章の内容と深く関係する、杜光庭が蜀地で自ら取材を行った時期は、上述した唐の皇帝僖宗に同行し、蜀地に滞在していた五年間。そして、いったん僖宗に従って長安に戻った後、再度蜀に向かってから後、『録異記』が成立したと考えられる前蜀の乾徳三年（九二一）までの間。さらには、それより前の乾符年間（八七四―八七九）に行った霊跡遊訪の旅の時が考えられる。

多少結論的に言うと、『録異記』に記載される話の中で、特に蜀地に関するものは、基本的には杜光庭自身の直接の取材が、その土台となっていると言うことができ、当時の蜀地での伝承を、ほぼそのままに伝えたものと考え

てよいと思われるのである。

## （二）『録異記』に見られる賨嗇山の信仰

『録異記』の記載について見てみることにしよう。前述したように『録異記』には、賨嗇山に関する話が以下に示すように二つある。

巻二　第五話（以下甲話と略称する）
巻六　第五話（以下乙話と略称する）

この二つの話を次に示そう。本文中の興味ある記述部分に括弧の数字を入れておいた。後文で検討を加える際に用いることになるであろう。

甲話
景知果は有道の者であった（1）。賨嗇山に居して、虎や豹と一緒にいて、飼い犬のように飼い慣らしていた（2）。いつも鴉がその肩の上にとまって鳴いていた（3）。ある時、大きな蛇が出てきたが、知果が怒って追いやると、うねうねと尻尾を巻いて行ってしまった（4）。虎が三頭ほど、庭の中に集まって、盛んに飛び跳ねていたことがあった。知果が怒って、白い杖で打つと、どこかへ逃げていってしまった（5）。知果が観の側で（6）、草を刈っていると、兎が草の中にいた。驚きもせず、抱えて別の場所に移したが、まるで猫か犬を扱っているようだった（7）。このように動物達に親しんでいたが、ある日突然いなくなってしまった（8）。

乙話

綿州昌明県の豆圌山は、真人竇子明が修道した所である（1）。山の西側は、なだらかな岡になっているので、車馬も通れるが、東側は切り立った険しい崖で、そこだけほかと隔たってそびえている。西壁から東の峰に至ると、巨大な細長い石が、束ねた藁を高く積んだように、にょっきりと立っていて、それぞれの石の間は百余丈離れている。そこはよじ登るにも険しく、人を全く寄せ付けない所である。その頂には、いつ建てられたのか分からない天尊の古宮がある（2）。古の仙人達は、竹と縄で編んだ橋を架けて、行き来していたのだが（3）、その縄も朽ち果てて無くなって、もうすでに年月が積み重ねられている（4）。そのあたりに住む人々の間には、一つの言い伝えが伝えられていて、「修理して（橋を）つなぎ直そうとするものは、足に自然と毛が生えてくる（猿になる）」というのである。このように長い間にわたって伝えられている（5）。咸通の初め頃、山の麓に毛意歓という者がいた（6）。幼い頃から、道の修行に勤め、いつも老子五千言経を休むことなく、持誦していた（7）。身はぼろ布に包み、毎日市で誦経して、酒代に充てていた。酔って山に登ると、険しい崖をよじ登り、道が無くなっても、（縄を）橋のようにして、渡ってしまう（8）。山頂は、白松樹が多く生えているので、縄で繫いで、それぞれの頂どうしに、ぐるりとめぐらしてある（9）。布や板を縄に付けてあって、渡る者は、それを頼りに縄を渡る（10）。（渡り初めて）ちょうど半分ほどいくと、揺れがひどくなり、落ちそうになる。その下は、余りにも高く、下を見ることなど、とうてい出来るものではない。数年して、縄は朽ち、橋はなくなってしまったが、その後、また架け直すことはなかった（11）。咸通壬申の年（咸通十三年、八七二）に、その地方の役人が、よそから来た者と一緒に、山で祭礼を行い（12）、西側の峰で儀式を執り行おうとした。ちょうどその時には、毛師はよそに出かけていたので（13）、ある者が役人に、「この峰の側面に、やっと人が通れる小さな洞穴があります。そこ以外には、よじ登れるところはありません。意歓はいつもそこから入っていって、十日ほどして出てきます」と言った。役人は、（意歓が）その穴に隠れているに違いないと思い、広陵の郭頭陀という者に、その穴の中に入って、中を探ってもらうことにした（14）。頭陀は入って、しばらくしてから出てきて、しばし驚きのあまり口もきけないふうだったが、「この中の小径を三十丈ほど行くと、一つの三、五尺余りある穴に行き着いた。その穴を降りていくと、数百尺の平地があり、そこには千人以上もの人が座ることが出来そうだった。（そこに）大きなひつぎがあったが、鍵が掛かっていて開けることが出来なかった（15）。誦経する所は、石面が平らで滑らかになっていて、人の座った跡が残っていて、経巻も置いたままになっていたが、意歓の所在は突き止められなかった」と言った（16）。意歓には、妻と一人の娘がいて、いつも灯りを持って（峰どうしに架けられた）縄の橋を渡っていた。山の麓に住む人々は、これを見て、尋常のことではないと感じていたが（18）、山には毒蛇や猛虎が多く、誰も一人で行こうなどという者はいなかった（19）。意歓は、夜に帰ってきても、恐がるふうは、まったくなかった（20）。常に二羽の鴉が、（意歓達の住む）岩の下に巣を作っていて、他の者が来ると、その鴉が飛び立って鳴き声を出した（21）。意歓はその声を聞いて、客用の腰掛けを準備した。そうしているうちに、客がやってくるのであった。

以上の二つに話に分析を加えることから、古い時代の竇圌山の様子、更には、その山に関連して行われていたと思われる信仰の様子等について考えてみたい。そこで、甲話、乙話それぞれに、記述中にみられる興味ある要素を集め、以下に示すＡ～Ｆの項目に分けて検討して見ることにしたい。

Ａ　竇圌山に対する伝承

甲話―無し

乙話―（1）（5）

甲話には竇圌山に対する伝承についての記載はない。乙話に豆圌山は、真人竇子明の修道の所である（1）とあるだけである。奇妙なことに乙話は、冒頭にその記述を持ってきた後に、竇子明について一切触れることがない。ここで注意の向けられることは、先に触れた杜光庭の取材と、それに基づく記述との関係において「その記事は、何も飾り付けたりせずに、取材したことを、そのまま書いたものである」と序文で記していたことである。杜光庭の取材した時点において、「真人竇子明の修道の所である」という伝承は聞いたものの、それ以上のこと、予測的に言うならば、竇子明という人物についての詳細な説明等を聞くことがなかったことを意味してはいないだろうか。後文で、改めて取り上げて考えてみることにしたい。乙話には、もう一つの伝承として、周囲の人々の間に言い伝えられている諺語が取材されている。「（縄の橋を）修理してつなぎ直そうとするものは、足に自然と毛が生えてくる（猿になる）」[4]（5）というのがそれだが、この言い伝えは、必ずしも竇子明に関連させて考える必要はないと思う。最初に縄で橋をかけたのは、乙話で言うように古の仙人であるからである。また、竇子明以前に竇圌山に居住したと伝えられる人物の中で、猿との関連を示す人物もいた。これは後文で取り上げることにする。

B　竇圌山における観や宮の存在、及びそれらに対する記述

甲話―（6）

乙話―（2）（3）（4）

竇圌山の信仰を考える上で、重要な記載となる観や宮の存在に対して、甲話（6）も乙話（2）も共に、その存在を確認している。特に乙話においては天尊の古宮が山頂にあることを伝え（2）、古の仙人達はその行き来に、竹と縄で編んだ橋を渡ったという（3）。この記述を見ると、峰を結ぶ縄の橋を渡ることの出来るのは、仙人で

あって一般の常人ではない。だが、その後にこの古の仙人達が行き来した竹と縄で編んだ橋は、無くなってしまった（4）とされることは、杜光庭の取材した時点では、古の仙人たちの世界は、すでにただその伝承を残すのみとなっていたことを意味しよう。

C　竇圌山に住む異能者の存在、及びその者が持つ特殊な技能の説明

甲話―（1）（2）（3）（4）（5）（7）（8）

乙話―（6）（7）（8）（9）（10）（17）（20）（21）

山に住む異能者として、甲話では景知果という名を挙げ、乙話では毛意歓という名を挙げている。甲話では景知果をただ有道の者（1）としているだけだが、乙話では毛意歓について、咸通（八六〇～八七三）の初めころの人物で、山のふもとに住み（6）、幼い頃より道の修行に努め、いつも老子五千言経を休むことなく、持誦していた（5）としていて、乙話は、甲話の記述に対して、具体性のある記述となっている。

また、異能者に関する説明、及びその者が持つ特殊な技能の説明について見てみると、甲話では、景知果が虎、豹、鴉、蛇等の動物との接触に対して、異常な能力を持っていたことを記す（2）（3）（4）（5）（7）だけであるのに対して、乙話での毛意歓は、「酔って山に登ると、険しい崖をよじ登り、道が無くなっても、縄を橋のようにして、渡ってしまう」（8）とより具体的な記述も見られる。毛意歓は、当然峰と峰とにめぐらされていた縄（9）を渡っていたと考えてよいであろう。このことは、その必然の結果として、彼は山の周囲に住む人々から常人とは見られていなかったことを示唆している。天尊の古宮に自由に行き来できたことから考えると、毛意歓は神仙世界とこの世を繋ぐ媒介者として人々に意識されていたのではないかと思う。さらには、妻と一人の娘がいて、その妻と娘も灯りを持って縄の橋を渡っていたこと（17）ことも記されている。峰と峰とに渡された橋を渡ること

については、第一章に掲載した清代の王棟による詩「魯班仙橋（僧人来去過橋進香）」に示されていた状況と比較して考えると興味深い。

ここでは、少なくても杜光庭の取材した時点より以前に、竇圌山の突き出た三つの山頂にはそれぞれに縄で結ばれており、その縄を渡ることのできる者が、山の周囲に住む一般の住民とは別に存在していたこと。そして、その者は特殊な異能者として周囲の人々からは見られていたことを記憶しておきたい。この毛意歓は、甲話の景知果と同じように、動物と親しむ特殊な能力も併せて持っていたことも示されている（20）（21）。

D　異能者と山の周辺に住む人々との関係

甲話―無し

乙話―（18）（19）

記述は乙話にのみ見られる。山の周囲に住む人々にとって、山に住む人は、彼らの日常世界から離れた存在の人であって、自分たちと同じ日常を暮らす人とは考えていなかったことが見て取れる（18）（19）。山に住むというのは、現在の常識とは異なっていて、山には人の生命を脅かす虎、毒蛇、毒虫等が生息しており、更に原生林に包まれた山には、人知で推し量ることのできない危険にさらされる場所であって、常人では対処しきれない危険を冒す行為であることを意味していた。とりわけ四川省の成都平原の西部、北西部の山岳地帯へと移っていく地域は、現在の様相からは想像もつかないほどに鬱蒼と樹木の茂り、下草の生える場所であったと思われる。道教における護符が山中での修業時においての安全を祈願する目的から出てきたように、山に住むこと、或いは、山で修業することは危険を伴う行為として当時においては考えられていた。毛意歓とその家族は、当時の社会にあって、単なる変わり者として、人々の目に映っていたわけではない。異能者、修行者、若しくは仙人に近づきつつある者として、人々には感じられていたのではないかと思われる。

## E　竇圌山での祭礼

甲話―無し
乙話―（12）（13）（14）（15）（16）

乙話に見られるのは、咸通壬申の年（咸通十三年、八七二）にその地の役人が竇圌山の峰において宗教性のある祭祀を行おうとしたことから生じた一つの出来事に対しての記述である。ここでは、山で祭礼を行ったこと（12）、特に、西側の峰で儀式を執り行おうとして、毛意歓を探したこと（13）。さらには、峰の側面には、洞窟があって（14）、その中は千人の人が座れるくらい広く（15）、そこには毛意歓が誦経する場所があって、経巻までもが残されたままになっていたとされること（16）。その洞窟に入って調べてきた人物は、広陵の郭頭陀という者であったこと（14）。これらのことに注意を払っておきたい。さきにも洞窟について触れてきたように、この辺り一帯は地質的に洞窟が多く存在する。だが筆者が竇圌山を訪れた際にはこの洞窟の存在には気がつかなかった。後に分かったことだが、この洞窟について、清代、道光年間の王棟に「竇真仙洞」詩があり、『竇圌山詩選』に掲載されるが、この詩に『竇圌山詩選』が注記を付けて、「毛意歓の洞は、乾隆年間に、落石によって塞がれた」としている。実際に以前はあったのだが、現在はすでに入ることの出来ないものとなってしまっているようである[5]。

山での祭礼を行おうとすることは、明らかにこの山が神聖な山であると考えられていたことを示していると言ってよいと思われるのだが、ここにはもう一つ興味深い記述がある。山での祭礼を行ったこの地方の役人は、その祭礼をよそから来た者を伴って行おうとしたことである（12）。このよそから来た者というのは、後文で洞窟の中を調べに入ったとされる広陵の郭頭陀（14）であると思われるのだが、その名前からして、一般社会に住む常人ではないようだ。所を移して広い地域を回って祭礼の儀式を専門に執り行うことを職業としていた者か、或いは特定の集団に属する宗教者であったのではないだろうか。広陵というのは、現在の江蘇省揚州市のすぐ東にある江都一帯の地名であり、唐の天宝から乾元にかけて広陵郡が置かれていた。揚州は長江下流に位置する都市で、唐代にあっては長江を利用した交通の要所として栄えていた。四川省の成都においては、長江をルートとして中国の南方地域との流通は古くから盛んであり、成都平原の北西部に位置する江油、彰明に長江下流から人が来ているというのは、特別怪しむべきことではない。杜光庭の『道教霊験記』でも、江蘇省で起こった霊験を七つ記載している。(6)これは長江を通って、人や物が行き来するだけではなく、宗教、信仰をも含む地方性の強い文化も、それぞれの地にたがいに伝わっていたことをそのまま示している。唐代の揚州は、当時全国的に最も栄えていた都市でもあったので、その地から来た巫覡を使って成都平原のはずれの地で祭祀を執り行うというのは、竇圌山の地の役人にとっては、誇らしい気持でもあったことだろう。

ここでもう一つ、(15)(16)に見られた、洞窟の奥に広いひつぎの置かれた空間があり、誦経する場も設けられていて、人の座った跡も、経巻も残されたままになっていたとの記述にも目が向く。ここには指摘こそないが、毛意歓の不在は、たまたまというのではないように思われる。役人が来たとのことで、あわてて姿を消したと見てよいのではないだろうか。この描写には、当時の民間での宗教者と官（政治、知識人）との関係について興味深い事実を示していると考えられる。また、洞窟の中に、広い誦経場があったことは、官の支配下から離れた宗教活動が勢力を持って行われていたことを示しているといえよう。

### F　異能者の去った後の竇圌山

甲話―無し

乙話―（11）

乙話にのみ咸通の初め頃、毛意歓が橋を渡っていた峰と峰とを繫いでいた縄の橋も、縄が朽ちて無くなってしまった（11）ことが記されている。この記述の裏には、毛意歓の姿がある日突然竇圌山から消えてしまったことを、暗に示されていよう。また、竇圌山には、毛意歓の後を継いで、橋を渡るだけでなく、洞窟内で誦経し、信仰を主催する宗教者が現れなかったことをここから見て取れよう。

以上、断片的になったきらいはあるが、A―Fの項目に分けて唐代に見られた信仰の一つの様相を見てきた。

## （三）『続高僧伝』に見られる竇圌山

竇圌山は樹木が茂り、豊かな自然に包まれた地であったことに、その山の特徴があった。さらに、まれにみる奇観を持つ峰の存在は、山の周辺に人々がすみつくようになった時点から、人々の心の中には、既に意識されていたであろうが、最も古いこの山における信仰を伝えるものは、『続高僧伝』巻二十五に見られる次の記述である。(7)

仏教僧の林は、呉の人である。深い徳があり、日頃から動物になれ親しんでいた。梁の大同（五三五―五四六）中に、蜀に入り潼州（綿州）に来た。街の西北百四十里の所に豆圌山があって、山の頂上には神祠が置かれていた。土地の人々はその神祠をつつしみ敬い、いつも行って丁重にまつっていた。林はそこに行って、そのまま何日も座禅を組んでいると、突然、大蛇が出てきて、林の前でとぐろを巻いた。蛇の頭をもたげる様子が、願い事を訴えているようなので、林はその大蛇に三帰依（仏教徒になること）を授けてあげた。大蛇は三帰依を授かると立ち去った。そのことがあってから静かになり、災いごとも無くなった。その山の北側は涪江の南岸に当たっているが、そこにはもともと猿は生息していなかった。林が居を定めるようになってから、二頭の猿が林に付き従うようにして住み着くようになった。初めてその猿を見た者は河を渡ってきたと言っていたが、その後、林が山を下りることがあると、その帰りには猿は河を泳いで戻ってきた。このようなことが一度ならずあった。そのようにして時間が経つ内に、猿に子供が産まれ、数十匹を数えるようになった。猿は、林の出かけるのを龍門口まで一緒に行って、しばらく佇んで見送ってから帰ることもあった。その後、林が赤水の巖故寺に行って、建物も壊れて藪になっているなかに仮住まいしていると、虎が林の前にうずくまって、見上げるようにして林を見ていた。そこで林は虎に説法をしてあげると、しばらくして立ち去った。それからも、恐れることなく一人で出かけて、猛獣も恐がらず、いつも慈しみある心で救いの手をさしのべた。多くの感化を及ぼしたが、ついに潼州（綿州）の地で卒した。

この仏教僧林の話を見ると、前掲した『録異記』に収録されていた景知果と毛意歓との話と雰囲気がよく似ているのに気づく。この似た感じを起こさせるのは、三者に共通な点として、賨圖山のありのままの自然にゆったりと溶け込んでいく生活をしたことと、賨圖山に生息する動物達と一般の人間には見られない深い交流をする能力を持って、動物たちと接していたとする記述にあると思われる。

『録異記』の景知果及び毛意歓との違いを見ると、林は仏教僧であると、はっきりと宗教的な性格付けがなされている点である。その後で、林が山頂の神祠で何日も座禅を組んでいて大蛇に遭い、大蛇に三帰依を授けたとの霊験が語り始められる。この話では林が仏教者であったことを、話の大きな構成要素としているが、これは『続高僧伝』という書の性格上当然の見方である。

ここでは、あくまで霊験が行われた舞台としての賨圖山山頂の神祠に興味の焦点を当てて見ていくことにしたい。

民間での信仰は多くの場合、霊験を起こした人物自体が、その霊験を起こした場所と繋がって、神格化されていくことが多い。だが、この『続高僧伝』での仏教僧林の話についていえば、その地域に多くの感化を及ぼしたが、ついに潼州（綿州）の地で卒したとあるだけで、個人として神格化された、或いは信仰を受けるようになった等の記載はなく、また、その事を感じさせるような、含みのある記述もない。ここには、民間信仰と仏教での信仰のありようの違いが確然と見られているのだが、それでも一般社会の中で行われていた信仰との側面から見ていくと、山の頂上には神祠が置かれていて、その神祠を土地の人々は謹み敬い、いつも行って丁重に祀っていたという、日常的に行われていた信仰の枠のなかに、突然やってきた林の霊験ある行為が何不思議無しに含まれてしまっていることが挙げられよう。人々の信仰の根幹はその場そのものへの伝統的な継承にあって、そこに時間を変えて訪れる異能者には、継続的な信仰とはならない。言葉を換えて言えば、この地での信仰は、山頂の神祠をそのシンボルとして、すでに土地に住む人々の間には強固なものとなっており、さらに、その信仰の持つ求心力は強いものがあったと理解することができる。

では、このような信仰は、いつ頃から始まったのであろうか。この点について、はっきりとした答えを出すことは難しいのだが、林について、梁の大同（五三五―五四六）中に、蜀に入り潼州（綿州）に来たといっていることが、この事を考える上で大きな拠り所となる。林が梁の大同中に、来たといっていることから、山の頂上にある神祠は、梁の大同年間よりかなり以前に始まっていたと考えることはできよう。この点については、後文で再度検討を加えることになるが、基本的には、その地域に人が集団で農耕をその手段として住み始めた時点にまで遡ることが出来るのではないかと考えている。

仏教僧の林が大蛇や虎と交流できたとするのは、『録異記』の甲話と乙話に出てくる景知果と毛意歓の話と基本的には、同一の内容を示していると思われるのだが、この話には、前の話には全く出てこない動物が登場して、重要な話の要素となっている。林とともにやって来たと受け止められる猿がそれである。そこにはもともと猿は生息していなかった地であったのに、林が居を定めるようになってから、二頭の猿が林に付き従うようにして住み着くようになり、時間が経つ内に、猿に子供が産まれ、数十匹を数えるようになっていったと記される。それらの猿は、林の出かけるのを龍門口まで一緒に行って、しばらく佇んで見送ってから帰ることもあったとされるように、林に対して絶対的な帰順を示している。この猿が何故、どこから来たのかについては、初めてその猿を見た者は、河を渡ってきたと言っていたとするだけで、何も答えるところはない。

猿について考えると、『竇圌山志』第一章第一節に興味ある記述がある。(8)

早くは粛梁の時（五〇二―五五六）、竇圌山は猿門山と称されていた。粛梁の時の益州（成都に治所を置く）別駕（副知事）の李膺は、以前涪県（今の綿陽市）の県令であったことがあった。彼の著した『益州記』に、「猿門山は涪県の北二十五里の所にあって、山の上は猿が多く、その山の二つの峰は、引き裂かれたようになっていて、堅牢な門のようである。故に、猿門と曰う」とある。つまりこれが証明である。南宋の歴史地理の学者祝穆の著した『方輿勝覧』には、彰明県について「猿門山は県北ではぬきんでていて、県から二十里の所にある。山には猿が多く、険固な門のようなので、旧くは猿門戍〔とりで〕があった。」とあるのも、この地に猿がいたことに触れている。

R・H・ファン・フーリク氏の著作に『中国のテナガザル』がある。(9)興味深い本だが、その中に中国におけるテナガザルの分布の変遷と題する地図が載っており、彰明にもテナガザルが生息していたことを、李白の「秋浦歌」の第二首を引いて証明している。同書によるとテナガザルが長江の三峡付近の山岳地帯に長く留まっていたことを指摘するが、そこから考えると、猿を従えてきた仏教僧林がどのルートを通って竇圌山にまでやって来たのかについて一つの考え方を与えてくれる。林が呉の人であるとの文中に記載されていたことを考え合わせるならば、その推測は合理性のあるものといえよう。ここでは、宗教者が元来の地から移動して、他の地に居して宗教行為を行うことについて、当時の社会においても何の不思議も無く受け入れられていることに、注意を向けておこう。私たちの理解通り、猿が三峡の付近から林の後をついてやって来たのであるのなら、林は猿がついてくるほどの偉大な要素を持った人物であることを示している。

テナガザルの鳴き声は人々に悲しげに感じられるという。李白を始めとして唐の詩人達にもしばしば詩中に取り上げられている。竇圌山に林と共にやってきたのがテナガザルであったとしたら、それから後の竇圌山は、テナガザルの悲しげな鳴き声がこだまするようになり、より神秘感を深めていったことであろう。また、テナガザルが人に化す話が『太平広記』等に収録されている。『録異記』乙話にあった「（縄の橋を）修理してつなぎ直そうとするものは、足に自然と毛が生えてくる（猿になる）」という言い伝えは、当時の社会の中で語られることのあったであろうテナガザルが人に化す話をその背景としていることであろう。そのことは、周囲に住む人々にとって竇圌山をさらに神秘的で不思議な山に仕立て上げていったことに繋がるであろう。

## （四）　竇子明について

ここまで信仰の場としての竇圌山に居した異能者として名前の挙げられてきた四人の人物、即ち竇子明、毛意歓、景知果、仏教僧の林について見てきたが、ここで唐代の竇圌山における信仰を考える上で、最も重要な人物である竇子明について再度考えてみたい。

この四人の中でも、後世の竇圌山における信仰を考える上で、最も重要な人物が竇子明なのであるが、この人物についても明確な像が結べない。竇子明についての情報量が最も多いのは、『竇圌山志』[10]である。

竇子明、また子石と称し、俗に〝竇真人〟と呼ばれる。初唐の時期の人。江油（当時は今の平武県に在り）九湾河（一説に浙江省）に生まれる。かつて彰明県（今の江油の一部分）の主簿に任ぜられる。後に官を棄てて、竇坪（今の江油武都竇坪村）に隠居する。常に魚釣りをして楽しんだ。龍朔元年（六六一）竇圌山に上って修道し、鉄索橋を創めて建くり、三年の後に、岩壁から跳んで昇天した。後の人が、その苦行の精神を紀念して、山名を竇圌山と改め、山峰の上に竇真殿を建て、彼が岩壁から跳んだ、その場所に飛仙亭を建てた。これが文字によって記載される一番最初に竇圌山に隠居した道士である。

同時代資料ということのできる唐代の文献には、竇子明についてのこれほど多くの情報を提供するものは見当たらない。ただ『録異記』の乙話に見られた「綿州昌明県の竇圌山は、真人竇子明が修道した所である」というのが唯一確認できるだけだ。それではこの記述は、如何なる材料を基にして書かれたものなのであろう。この疑問に答えてくれる資料に四川大学の図書館で巡り会うことが出来た。

『竇圌山志圖』清・覚瑞修（道光乙巳年新鐫、本寺蔵本）というのがそれである。この本は線装の一冊本で、目録を調べても現在四川大学図書館にしか収蔵されていない本である[11]。この書に収録される記事のなかに、「雲巌寺碑誌」がある。雲巌寺というのは、竇圌山の山頂の三峰の西側の真下にあたる場所に、唐代に創建されたと伝えられる寺院で、現在は雲岩寺といっている。その雲巌寺について誌した清の乾隆戊寅（一七八五）の年号のある「雲巌寺碑誌」の冒頭に、山名のいわれを伝える部分があり、そこに、次のようにある。

この山の名は、思うに真人の名前から名付けられたのであろう。真人は姓を竇、名を圌、字を子明といった。九湾河養生潭に居していた。彰明の主簿をしたことがあり、この山の世俗と離れた幽秀さが忘れられずに、役人生活を棄てて、この山で修練を積み、そのかいあって白日に昇天し仙人となった。明の人がいろいろな時期に訪れて、ここに仙人がいたと竇圌の名を言い残し、遂にその姓名を山の名にして、竇圌山としてしまったのである。この山の創建は、唐代から始まるのである。宋元以来、新たに住した僧侶が説法を開くようになり、それから大いに建造物が建てられていった。しかし破損した碑もそのままになっていて、ただ飛天蔵だけが淳熙庚子（南宋、一一八〇）の年を紀しているだけである。いまでも古い時代のものを伝えており、これが恐らく現存する殿の中で最も旧いものであろう。鉄橋の設置については、真人が鋳造したと伝えられる。

これを見ると、竇子明は、姓を竇、名を圌、字を子明といったとあること、九湾河養生潭に居していたこと、彰明の主簿をしたことがあること、その後、役人生活を棄てて、この山で修練を積み、そのかいあって白日に昇天し仙人となったこと、鉄の橋を設置したことなどが記載されている。これらの記載要素が竇子明についての記述のネタとなったものと思われるが、これとて清代のものである。ここにも明の人に始まるとするだけで、その出所を何にするのかについてははっきりしない。

実際、竇子明によると伝えられている事柄は、基本的にはそれ以前から人々の伝承によって伝えられてきていたことであったと思われる。伝承による話は、元の話には無かった要素がだんだんと新しく付けたされて出来あがっていくのは、しばしば見られることである。竇圌山の伝承では、明代に急激に多くの新しい要素が付け加えられているようである。その上で、改めて杜光庭の『録異記』の記載の簡略さを見ると、杜光庭が、竇子明について「綿州昌明県の竇圌山は、真人竇子明が修道したところである」とのみ記すのは、前文でも述べたように、当時において、それが取材したすべてであって、杜光庭は取材した事実の上に、何ら恣意的な記述を加えなかったとの私の考えを再確認してくれたと思う。つまり、杜光庭の取材した唐末五代期には、竇子明伝承の大部分がまだ出来上がってはいない状態であったことを示しており、「雲巌寺碑誌」に見られたような竇子明像は、その後だんだんと時代が下っていく中に、いろいろな要素が徐々に付け加えられていって出来上がった結果だということである。では何故、伝承される人物が竇子明である必要があったのであろうか。この問には幾つかの答えがでる。その一つは山名にその理由が求められよう。今までに取り上げた話の中に見られた山名を再度挙げてみよう。

『録異記』甲話　竇圌山

『録異記』乙話　豆圌山

『続高僧伝』　豆圌山

山名に竇圌山と豆圌山とが用いられている。竇と豆とは同音で、『広韻』でも、「去声　五十候　豆」に属していて全くの同音である。この二つの書の中では、道宣撰の『続高僧伝』の方が勿論古く、貞観十九（六四五）に成立していたことが知られている。ここで興味深いことは『録異記』が甲話では竇圌山とし、乙話では豆圌山としていることである。これは、唐末期に杜光庭が民間社会の中で取材をしていたその頃が丁度豆圌山から竇圌山に山名が変化していった時期で、まだ人々の間で山名に用いる漢字に不統一があったせいと考えられる。特に注意してみたいのは乙話で、竇子明の名を出しながら、山名を豆圌山としていることである。こうして見てみると山名に用いる文字が「豆」から「竇」に変わったのは、ほぼ唐末から五代にかけての時期と言うことが出来ると思われる。

『竇圌山志』では、その冒頭の「概述」で、次のように述べている。

竇圌山は先に猿門山と名付けられていた。山の上に猿が多いことと、山の形が門のようだったからである。その後、山の石が豆のような大きさの石ばかりで、山の形が干し草を積み上げたようであることから、豆圌山と称されるようになった。さらにその後で、どうして竇圌山とまた名を改めたのだろうか。唐代彰明県に竇子明という主簿がいて、役人を辞めて山上に隠居し、鉄の縄の橋かけ替えたことから、後の人が、彼を記念するために豆圌山を竇圌山に改めたのである。

結局、「竇」と「豆」とは同音であることにより、「竇」を姓に持つ人物が、元来の山名からして都合が良かったことが挙げられよう。この同音による意図したすり合わせは、第一章でもすでに見てきたように、後世李白の「登敬亭山南望懐古贈竇主簿」詩をこの地を詠ったものと当地の地方志が記載するのと同じ考え方である[12]。李白は知人の竇主簿を詩中において、古の仙人竇子明に見立てて詩を作っている。この竇主簿を彰明の主簿であったとされる竇子明に充てればよかっただけなのである。

ここで核心部分に触れるのだが、果たして、この唐代の彰明の主簿であったとされる竇子明という人物は実際に存在していた人物であったのだろうか。私は、この人物は虚構中の人物ではなかったかと考えている。彼に対する同時代資料が余りにもないことがそのように考える理由である。豆圌山に竇主簿（竇子明）という人物が存在すれば、竇圌山の竇子明との図式が完成するのである。

またもう一つ、竇子明という人物であった方がいい理由がある。それは、唐代の中央で行われていた道教と関連する問題である。

## （五）道教経典中の竇子明

「太上洞玄霊宝昇玄内教経」、略称で「昇玄内教経」或いは「昇玄経」といわれる道教経典がある。現在『道蔵』中にも収録されていて、現在にまで伝えられる経典であるが、『道蔵』中に見られる「太上洞玄霊宝昇玄内教経中和品述議疏」（太平部　母　七五九）は、「太上洞玄霊宝昇玄内教経」中の「中和品」の一部分だけである。このように「太上洞玄霊宝昇玄内教経」の完本というのは、現在存在していないが、敦煌出土文書中に比較的多く残されており、その他『無上秘要』[13]及び『雲笈七籤』[14]中等に引用されているのを集めると、かなり原形に近いところまで復元できる。この経典中に竇子明の名が見えるのである。[15]

昇玄經、有一仙人竇子明。著黄褐戴玄巾、即前作禮行讃、繞太上七匝。（『無上秘要』巻四十三）

昇玄経、一人竇子明という仙人がいて、黄褐を著て玄巾をかぶり、前に出て礼を行い（太上をほめたたえる）偈頌を唱え、太上の周りを七度回った。

昇玄經曰、仙人竇子明問云、向聞法師咨請眞一、太一、未聞三一之訣、當復云何。（『雲笈七籤』巻四十九）

昇玄経に曰う、仙人の竇子明が問いて云った、向に法師が真一、太一についてたずねたが、まだ三一の訣については教わっていないと聞いております。それは如何なることを云うのでしょうか。

ここに引用したのは、あくまで経典の一部分であるが、仙人竇子明の名が出てきている。これ以外にも「子明」として現れるのを合わせると竇子明の名は経典中に多く現れている。ここに出てくる竇子明は、はたして唐代に彰明の主簿であって、竇圌山で修道したと伝えられる竇子明なのであろうか。

指摘されている経典である。

「太上洞玄霊宝昇玄内教経」の成立年代を正確に定めることは難しいが、六朝時代に成立し、北周の『無上秘要』はその経文を多く引用し、隋唐の『本際経』はその影響下に成立し、北宋の『雲笈七籤』にも引用がある影響力の強い経典である。このように、六朝・唐・宋の道教思想史に果たした役割は見過ごすことのできないものがあると指摘されている経典である。(16)

「太上洞玄霊宝昇玄内教経」の成立は、どのように考えても、隋唐時代より前であり、この経典に現れる竇子明は、竇圌山で修道したと伝えられる竇子明ではありえないと考えてよいであろう。だが、このことは本章で取り扱っている竇圌山での信仰に全く関わりのないことではなかったと思う。直接の関わりは、今見てきたように無いのであるが、元来豆圌山と呼ばれていた山に、竇子明という人物を関連させていき、竇圌山と山名を変えていった唐末以降の変化には、本経典の存在を無視することはできない。今見てきたように「太上洞玄霊宝昇玄内教経」は、隋唐時代に世に広く行われた『本際経』に強い影響を与えた経典であり、敦煌文献中に多く残されていることを見ても分かるように、六朝から隋唐の時代には世間に流行した経典であった。また、敦煌文献中に残された道教文献はその地で独自に発展流行したものではなく、長安、洛陽を中心とした、当時の国家的文化の中心での流行を反映したものであり、また、当時交通のあった蜀の地での影響を多分に含んだものであったと考えていい。当時、中原で或いは蜀でも流行していたであろう「太上洞玄霊宝昇玄内教経」に現れる竇子明を意識したことは、当然考えてもよいことである。そこから彰明の竇主簿なる人物が産み出され、竇子明修道の地という伝承が言い出される一因となったのではなかったか。それは、前掲した『道教霊験記』に見られたように、龍州の牛心山は、唐朝の李氏縁の地として、玄宗が観を修復し、僖宗が道士を遣わして醮山祈福の儀式を行わせたことを考えてみても、この地が唐代の長安と成都を結ぶ交通路から離れてはいても、蜀の文化圏に入り、中央とのつながりを意識している土地であったことに、その理由の幾分かはあり、それ以外にも、道教の信仰と同化したいという地方の意識がその根底にあってのことと解釈することが出来るのではないだろうか。

## （六）　竇圌山と竇子明

唐代の竇圌山での伝承と、そこに産み出された信仰は、唐以前より豆圌山にあった土着の信仰に、隋唐時代に中央をその始めとして、各地方に広がり伝えられていた重玄派の「太上洞玄霊宝昇玄内教経」に出てくる仙人竇子明の名が意図的に付与されて形成されたとの考えを前文で示した。それは、もう一つの結果をもたらす。地方志が揃って李白の詩「登敬亭山南望懐古贈竇主簿」が当地を詠ったものとして記載したように、古に四明山に遊んだと伝えられる仙人竇子明との混同化である。

それでは以前よりその地にあった地方的色彩の強い信仰とは、どのようなものだったのであろうか。これまでに示した資料の中から、その点に焦点を当てて考えてみたい。

竇圌山から竇子明のイメージをはずして考えることは、さほど難しいことではない。重要な資料として取り上げてきた『続高僧伝』、及び『録異記』の甲話、乙話の記述の中から、乙話にのみ見られた「竇圌山は、真人竇子明が修道したところである」との記述を外して考えれば、それですむことである。竇圌山に竇子明が強く結び付くのは、明代の文人たちの記述による記述に始まる。そこから見いだせる結論として、竇子明は唐代以前における竇圌山における信仰の形成に、いかなる関与もしてはいなく、また、いかなる影響も与えていないということである。言葉を換えて言えば、竇圌山における竇子明の役割は、中身をそのままに表面のパッケージだけを換えて、人々にアピールする表紙となることにあったのである。ここまで竇子明に対する信仰として考えてきたのは、明代以降に形成されていく竇子明に関する伝承とそれに伴う信仰を表面から取り除くと、その本来の姿は竇圌山という四川省北部にある山の周辺に起こった民間での信仰そのものであったのである。

竇圌山における信仰を考える上で、再度検討しておきたい要素がある。三つの頂それぞれが竹の、或いは鉄の縄で繋がれ、更には、そこを渡る人物が存在していたことは、竇圌山の伝承の中でもとりわけ印象が深い。その峰と峰とを縄を頼りにして渡るというのは、単なる異能者の表演ではなく、実はそこに竇圌山における信仰の最も重要な意味合いが含まれていたのである。

このことを最初に伝えるのは『録異記』の乙話である。乙話から取り出した（3）（4）（5）（8）（9）（10）の要素に再度注目して見たい。乙話全体の記述中に、峰と峰との間に架ける竹と縄で編んだ橋を渡る理由については、一言も述べられてはいない。だが、この行為はただ単にスリルを求めて行われたとは考えられない。「その頂には、いつ建てられたのか分からない天尊の古宮がある。古の仙人たちは、竹と縄で編んだ橋を架けて、行き来していた」とあることに注目しよう。天尊の古宮のある峰も頂上には、縄の架け橋を渡らなくては行くことができないのである。このことは現在の竇圌山でも同じで、もと「天尊の古宮」があった峰の頂上には、現在は竇真殿があり、鉄の策条を渡らなければ行くことができない。現在でも姚大師という和尚がこの架け橋（鉄の鎖が二本上下になって渡されているだけである）を渡る実演を行ったのを見たという報告がある。[17]この架け橋を渡るのは、歴代竇圌山にある寺廟の道士か僧侶であったようだ。清の道光年間（一八二一―一八五〇）の人で、江油の貢生であった王棟の詩に「魯班仙橋」（僧人来去過橋過橋進香）と題された詩がある。その詩の注釈に「僧侶がその橋を渡ってお参りする」とある。[18]僧侶、或いは道士がこの架け橋を渡るのは、現在は竇真殿があり、古には天尊の古宮があった直立する三峰の中で東峰と称される峰に渡ってお参りするためなのである。これは渡る者自身の修行の為だけでは当然無いであろう。渡るものが異なった世界（仙界）へ行けることを、人々に実感させることにその意味があり、更にもう一つ重要なこととして、信仰を持つ者の願いを託されて、東峰に渡りその者のために参拝してくるためである。このような信仰は信仰し願いを託する者にとっても、仲介者が危険を冒して鉄の鎖を伝って渡るという儀式を行うことによって、畏怖観が増長させられ、ありがたみを更に感じさせられたことだろう。逆に信仰の仲立ちをする者にとっては、収入をもたらすことになる。このような形態を持つ信仰が、竇圌山で比較的早い時期に発生していたのではないだろうか。三つの峰がいつ頃縄で結ばれるようになったのかわからないので、その時期を断定することは出来ないが、『録異記』の乙話が取材された唐末期には、このような形態の信仰が行われていたとの記載は見られない。おそらくは唐末、五代期以降のあまり時間を隔てていない時期に盛んになって行ったことと思われる。

## （七）竇圌山での信仰

竇圌山での信仰は、土地の人々の持つどのような要求から生まれてきたものなのだろうか。現在の信仰状況から推し量るという方法も考えられるが、近年における竇圌山での信仰活動は、さほど盛んに行われているとは言い難いようだ。年に一度廟会が開かれているようであるが、普段は人の訪れることも少ないように見える。

竇圌山の廟会について、いくつかの報告を見てみることにしよう。「竇圌山廟会」と題される『綿陽文化報』に記載された報告には、「竇圌山の廟会は、農暦の三月三日がその会期である。その他の時期においては、観音の誕生日山に行って香を焚き参詣する日がある」[19]とされている。この文は続けて、以前は三月三日ともなると廟会に行く人々が、旗やのぼりをかついで、お参りに山を登り、行商人も各地から集まって、爆竹も打ち鳴らされ、にぎやかさに興を添えるとも記している。また、四川人民出版社から発行されていた雑誌『旅游天府』（一九八五　第五期）が、「江油専輯」となっていて、そこに「圌山―川西北画屏」と題する一文があり、そこにも農暦の三月三日の廟会の日前後は、多くの人が押し寄せると書いている。

これらの報告文からは、竇圌山における信仰の具体的な様子を窺うことは出来ないが、それでも半ば娯楽化した年中行事として、その付近の人々の間には、一年の生活のサイクルの中に入り込んでいるのは、見て取ることが出来ると思う。

中国の民間での信仰は「有求必応」（求むる有らば必ず応ず）というのが基本で、必ず御利益をということなのだと思うが、地域的な限定はあったにしても、旧時の社会で広く人々の生活の中に定着していたのは、その地域全体の利益に関する何らかの繋がりがあったからだと思う。その点について、地域の地方志から見ていきたい。

道光『龍安府志』巻八、人物、仙釈に竇子明の記載がある。近世における竇子明像を表すものと考えるので、次に示すことにしよう。

唐　竇子明　名は圌。江油の人。彰明の主簿となる。後に官を棄てて、この山で修道する。故に竇圌山と名づく。李白に「送竇主簿」詩がある。子明が修道していた時、仙女橋で一人の女性が針を磨いているのに出会った。そこで、その女性にたずねると、鉄の杵を磨いて縫い針にする。やり続けていれば、自然と出来上がる、と女性が答えたのを聞いて悟り、また、山に帰って怡神養生すること三年、白日に昇仙した。今も塑像が存在している。旱魃の時に祈願をすると、たちどころにかなえてくれる。

この文の中の最後の行に注目したい。塑像が存在していたのは、西の峰から鉄索で渡った東峰で、そこには現在竇真殿と呼ばれる建物があるが、その中にあったのであろう。その塑像に「旱魃の時に祈願をすると、たちどころにかなえてくれる」と考えられてきたのである。竇圌山一帯の地域は、最初に触れたように「灌漑の出来ない耕地で、一年に二度の輪作地域」或いは「灌漑の出来ない耕地で、冬場は農作業に適さず、一年に一度の収穫の地域」であった。ここで「灌漑の出来ない耕地」とあるのが重要な点である。このあたり一帯は、基本的には農作が生活する住民の最も重要な生活手段であった。そうでありながら、灌漑が出来ない地域であるということは、この地一帯で行われている農作は、その年の天候まかせということにほかならない。そのことはこの地域一帯の農民達の生活は、その年の天候に左右されると言うことでもある。当然のことながら、毎年必要な時期に必要な雨が降ってくれるとは限らない。歴史を通して、この竇圌山でしばしばこの土地に居住する人々が、雨を願って真剣な祈りを繰り返したに違いない。

その結果、歴史的にその地一帯の地域には、いくつかの祈雨を願う神格が存在していたようだ。例えば道光『龍安府志』巻十雑志の項に、「平武県の南五十里の薬叢山の下の化霊溝に、龍神祠がある。（中略）雨の降らないときに祈雨し、民間での疾病は皆そこで禱る」とある。この例を見ても分かるように、その地域において共通な、そして最も切なる願いは、旱魃の年には雨の降ることにある。雨を願う切ない願いは、疾病時に快癒を願う祈りと、その切なさにおいて相通ずる。これは同じ地域の竇圌山での信仰に対しても、同様のことがいえるであろう。

また、この文の中に見られた竇子明が悟りを開くきっかけを作ってくれた一人の針を磨く女性の話は、曹学佺の著になる『蜀中名勝記』巻十一彭山県（現在の彭山県、成都市の南方に位置する）に次のように李白の話として出てくる。

県の東北二十五里、象耳山の麓に磨針渓がある。そこは代々このように伝えられている。李白が山中で学問をしていたが、まだ達成していないのに、やめて立ち去ろうとした。（李白が）この渓まで来ると、老婆が鉄の杵を磨いていた。何をしているのかと尋ねると、針を作ろうとしているとのこと。李白はその言葉に心を打たれて、また山中に戻って、遂に学問を成し遂げたと。

明らかに、李白の話が竇子明の悟りの話の出典となっていると言うことが出来よう。江油、彰明の人々にとって、李白はその土地が産んだ偉大な人物としての認識は、広く普遍的なものとして存在していたようだ。この理想化された李白の像が、もう一人の具体的人物像を持たない竇子明にかぶさっていくことは、充分にあり得ることと考えられる。土地の人々にとっての竇子明像は、そこに李白の像を重ねたものともなって地域に定着していったのではないかと思う。

結局、竇圌山における竇子明に対する信仰は、その土地一帯の農耕に起因する祈雨と必ずしも豊かな生活を送っていたといえないその地に生きる人々の間で、病人が出た時の平癒願いとにその大きな存在意味があったと考えてよいと思われるのだが、本章ではその信仰が成立していく過程において、土地に住む人々との関連のみならず、広く中国の当時の社会における道教の趨勢も影響していたことを見てきた。ここでは、中央で行われている道教の流れが、地方の一地域に起こった信仰に影響を与えていたことに、視点の中心があったが、今後は逆に、地方で起こっていく信仰が、中央の道教の流れに与えていく影響を考える必要があると考えている。

**【注】**

（1）『道蔵』洞玄部、記伝類、SN五九一。

（2）李剣国著『唐五代志怪伝奇叙録』南開大学出版社　一九九三。

（3）拙稿「『道教霊験記』について」『明海大学外国学部論集』第八集　一九九五。

（4）この諺語の意味するところを知るのは難しい。東京外国語大学（当時）の孫玄齢教授に「猿になる」との意ではないかとのご教示を受けた。記してお礼申し上げたい。
(5)『竇圌山詩選』丁稚鴻等編注　江油市地方志編纂委員会辦公室　一九九二。本書掲載の「竇真仙洞」詩への注参照。
(6) 注（3）参照。
(7)『大正蔵』五〇・六四五b。
(8)『竇圌山志』肖定沛編著　四川人民出版社　一九九一。
(9) 中野美代子、高橋宣勝訳　博品社　一九九二。
(10) 注（8）参照。
(11) 一九九三年度に明海大学より長期海外研修の機会を得て、四川大学（当時）宗教研究所を長期訪問していた際に、図書館を利用させてもらいました。記して両大学に感謝の意を表します。
(12) 第一章　竇圌山と竇子明（上）参照。
(13)『道蔵』太平部　SN一一三八
(14)『道蔵』太玄部　SN一〇三二
(15) 山田俊編『稿本「昇玄経」』東北大学文学部　一九九二。
(16) 注（15）参照。
(17)『竇圌山志』肖定沛編著　四川人民出版社　一九九一。
(18)『竇圌山詩選』丁稚鴻等編注　江油市地方志編纂委員会辦公室　一九九二。
(19) 注（17）参照。
(20) 第一章　竇圌山と竇子明（上）（二）竇圌山とその地域参照。

# 第三章　唐代に見られる救苦天尊信仰について

## （一）　はじめに

『道藏』中に、「太上洞玄霊宝救苦妙経」[1]、「太上救苦天尊説消愆滅罪経」[2]等、救苦天尊を中心として説かれる経典がいくつか見られ、救苦天尊に対する信仰の存在を示している。これらの経典の内容に特徴的に見られることは衆生救済であり、それは信仰としての一面から見れば、南北朝期以来中国社会の中で信仰の広がっていった、観音、阿弥陀、弥勒、そして地蔵等の仏教の信仰と決して無関係のものではありえないであろう。

また、信仰は一つの具体的な実践でもある。その意味で、信仰は経典に説かれる深遠な哲理のみで成り立つものでもなく、思惟的産物だけのものでもない。具体的な日常生活に発する願いを持ち、目に見える聖像をその信仰対象として、救いを求めること、これも信仰である。本章では以上の視点に立ち、ただ経典の内容を分析することから救苦天尊信仰を解明しようと試みるのではなく、具体的に信仰形態が記されている杜光庭の『道教霊験記』所収の説話を中心として、唐代の碑文、造像など実践としての信仰形態を示す資料から、唐代の救苦天尊信仰の一端を考え、それを通して道教・仏教と枠にはめこんでしまうことではなく、中国社会における一つの信仰の成立と形成の過程に触れてみたいと思う。

## （二）　救苦天尊像の霊験

杜光庭の『道教霊験記』[3]巻五「尊像霊験」には、

一、張仁表太一天尊験
二、袁逢太一天尊験
三、李邵太一天尊験
四、孫静真救苦天尊験

の四つの救苦天尊の信仰に関する話が記載されている。後述の関係上、ここでは以下にそれぞれについての簡訳を示しておく。

一、張仁表太一天尊験

左街道士の張仁表が病となり、司命に地獄に連れていかれる。地獄は聞きしにまさる恐しい所であったが、その中に地獄にふさわしくない美しい建物があるので、拘引している者に尋ねると、そこは太一天尊宮だという。仁表は太一天尊の名を聞くと、日頃人々に名を唱えるように勧めている天尊名であることに気づき、大声で太一救苦天尊の名を唱えた。拘引している者は、今更何をと笑ったが、仁表がなおも唱えていると、突然、赤い光があたりを照らし始め、天尊が千余人をつき従えて、目前に現われた。仁表は平伏して平生の過を述べ、懺悔すると、天尊から汝の生前の罪は救うべからざるものがあり、汝の寿命も尽きているが、今汝に七年の恩赦を与えよう。世に戻り、私の姿を世に伝え人々に示せと言われ、世に戻ることを許された。病の愈えた仁表は言われた通り、自分の財で粛明観に天尊の像を画かせ、それを広く伝写させた。その後、仁表は七年後に没した。

二、袁逢太一天尊験

袁逢は仙都観で太一天尊像におまいりしたことがあった。その後、袁逢が長江を逆上って蜀に入ろうとした時、乗った舟が川の波にのまれそうになった。その時、袁逢は太一救苦天尊の名を百数回唱えた。すると、あたり一面が赤い光に包まれ、光の中に天尊の姿が見えた。しばらくすると波がおさまり、難を逃れることができた。袁以外の人は赤い光を見ることできたが、天尊の姿を見ることはできなかった。

三、李邵太一天尊験

李邵は葭萌県（現在の四川省昭化市）の令であった。妻が亡くなり八、九年して、初めて都へ上り、三洞観のそばに借家住まいをした。そこで以前李邵の家にいた小玉という下働きの女を見つけた。小玉に尋ねると、李邵の妻に従ってここに来て、すでに一年以上になるという。李邵の妻は外出していたが、しばらくして戻ってきた。妻は泣き悲しみながら話を始めたが、小玉が「来ました」と言うと、顔色も変わり、むせび泣くようにしながら、李邵に出てゆくように求めた。李邵は門のところで傘をひろげた一人の少年とすれ違った。妻がその少年を迎えに出ると、少年は傘を投げすてた。傘は大きな水のはった釜となり、火が起き煙を出して沸かし始めた。湯が沸きたつと、少年は大きな帽子をとったが、その下の顔は牛頭神人であった。牛頭は叉で妻を刺し、大なべの中に投げ入れた。妻の号泣が少し続いたが、すぐに骨も肉もただれてばらばらになってしまった。牛頭は火が弱まってから、骨を取り出して、庭の中に並べなおすと、また傘をさして出て行った。すると妻はまたもとの姿によみ返った。そして泣きながら邵に語るところによると、毎日このような耐え難い苦痛を受けている。聞くところによると、太一天尊像を画かせて罪を免れた者がいるというが、それを頼む者がいなかった。今それをお願いすると李邵に頼んだ。李邵は三洞観の太一天尊の像を訪れ、良工を召して修復させ斎籙を設けた。その間忙しくて妻の所を訪れることはできなかった。一段落ついてから妻の居所を訪ねると、もうそこには誰もいなく、隣の者が太一天尊の功徳で解脱することができたと告げた。李邵はそれから事ある毎に太一天尊像を作ることをすすめるようになった。

四、孫静真救苦天尊験

唐の懿宗の咸通庚寅の年（八七〇）に大嵐が江蘇、浙江を襲い水害をもたらした。その後、疫病が発生し猛威を振ったが、孫静真の家では救苦天尊を奉じていたので、五十余人中誰一人として病にかかる者がいなかった。しかし、城外の小作人の三十余家のうち数戸に病が発生した。静真はこれを聞くと、救苦天尊に救いを求めた。その夜、夢に救苦天尊が西の空に飛んで行くのを見た。翌朝、焼香する時になって、掛け物の画の中から救苦天尊がいなくなっているのに気づいた。数日して荘園に行くと、救苦天尊が柳枝水椀を持って現われ、病人は全て平愈したと聞かされた。そこで、荘園で大斎を設け、救苦天尊像を画かせ朝夕供養させた。

以上に列挙した四つの話の中から、今ここでは、

一、救苦天尊像の姿は、左街道士張仁表が地獄で見て、天尊自身の命によりこの世に伝えられたとされること。
二、救苦天尊像を作る、或は画くことに価値感が持たれており、また、そのことによって直接功徳を得られるとされていること。
三、救苦天尊の信仰には、必ず具体的な救苦天尊像、或はその画像が信仰対象として存在していること。
四、救苦天尊に救いを求めるには、その名号を唱えることが重視されていること。
五、救苦天尊が地獄からの救済だけに止まらず、水難を救う、疫病から逃れるなどの広い救済能力を持ち、ま

た、そのように信仰されていること。

の五つの点にまず注目してみたい。

挙出した五つの点を見て特徴的なことは、救苦天尊への信仰は、そこに像、或は画像の存在が重要視されていることである。先掲した四つの話の中では、第一話張仁表太一天尊験に、張仁表が地獄で見た救苦天尊の姿に対する記述が以下のようにあり、

忽有赤光、照其左右、……天尊與侍從千餘人、現其前矣、仁表禮謁悲咽、叩搏稽顙、述平生之過、願乞懺悔、天尊坐五色蓮花之座、垂足二小蓮花中、其下五色獅子九頭、共捧其座、口吐火焰、繞天尊之身、於火焰中、別有九色神光、周身及頂光中、鋒鋩外射、如千萬鎗劔之形、覆七寶之蓋、後有騫木寶花照曜、八極眞人、金剛、神王、玉女、玉童充塞侍衞、陰陽太一四十六神、自領隊從、亦侍左右、雲車羽蓋、徧滿空中、

張仁表が粛明観にもたらした救苦天尊の画像も、ほぼこれに類した姿となっていたと考えられよう。また、第二話袁逢太一天尊験にも、救苦天尊の現れる時には、赤光が見えることが言われており、第四話孫静真救苦天尊験には、現わる時に異香光明があり、鐘磬の響きを聞くようだとあるのも、間接的にではあるが救苦天尊の持つ雰囲気を伝えてくれるものとなっている。

救苦天尊の姿について上掲の記載に加えて、第四話孫静真救苦天尊験に、「並見天尊、執柳枝水椀」とも書かれていることに注意が向けられる。救苦天尊が柳枝水椀を手に持っていたとの意であるが、病気の平愈の祈願を受けて、自ら病人救済におもむいた場面でのことであるから、悪疫消除に用いられる柳枝水椀[4]を持ったとも考えられ、柳枝水椀を持つのが救苦天尊の基本形とされていたかどうかには疑問が残る。しかし、柳枝水椀を持つとするこの

記載は、救苦天尊の成立、形成を考える上で重要な糸口を我々に与えてくれる。

仏教における観音像は多くの姿を持つが、柳枝を持つ楊柳観音が三十三観音の一つに数えられており、敦煌出土の唐五代期の観世音菩薩像の中には、柳枝と浄水を持つものが多く残されている。(5) 楊柳は治病と関連するものであったことも指摘されており、楊柳観音の図像で最も古いものは、敦煌発見になるもので、唐の至徳二年（七五七）の年号を持つものと考えられている。(6)

同じく敦煌出土になる五代期の天復十年（九一〇）の銘を持つ観世音菩薩像(7)には、「南无大慈救苦観世音菩薩永充供養」と書かれ、また、

> 衆生處代如電光、須臾業盡旡常、慈悲觀音濟群品、愛何（河）苦痛作橋樑、捨施淨財成真像、光明曜晄綵繪荘、惟題亡者生浄土、三塗免苦上天堂、
>
> 衆生の代に處るは電光の如し、須臾に業盡き旡常、慈悲觀音群品を濟い、愛河の苦痛橋樑を作る、捨施淨財し真像を成らば、光明曜晄荘を綵繪す、惟だ題す亡者浄土に生れ、三塗苦を免がれ天堂に上らんことを、

との銘文もあり、観世音菩薩を救苦観世音菩薩と呼び、その真像を画くことに価値感が持たれ、地獄救済の役割を果たしていたことなど、前述してきた救苦天尊の信仰とそのまま入れ換えられるようなものになっていることに注意が換起させられる。(8)

このように見てくると、救苦天尊は観音菩薩の道教化であるとの考えもできそうだが、単なる類似性の指摘だけでは、それがどれだけの意味を持つものでありえようか。これは民間における実践的な信仰の形態が一方では仏教として、一方では道教として我々が区別する領域に表われたものと見るべきものではなかろうか。当時の社会にお

いて、病気治癒の功験を持つと考えられていた柳枝水椀を持って、救済者が病気救済に訪れてくれることを願う人々においては、救苦天尊と観音菩薩の間に、果たして明確な区別がされていたのであろうか。これはかなり曖昧なことになっていたのではないであろうか。病気平癒の願いは、いつの時代にも、どんな所にでもあるものである。それが柳の枝を用いて浄水をかけて治癒するとの信仰と結びついた時、それが仏教或は道教に端を発したものであろうと、或は他の原因から発したものであろうと、病気平癒の願い自体が多くの人々の願いである以上、宗教者はそれを何のためらいもなく自らの土俵の中に取り入れてしまうであろう。そして結果として、類似する信仰が一方は仏教として、一方は道教としてその当時に存在していた記録を世に残すことになるのであろう。

以上は杜光庭の『道教霊験記』の記載から見た救苦天尊像の由来と姿である。その由来について張仁表なる道士

救苦天尊像　㋐

救苦天尊像　㋑

が地獄で救苦天尊にお目にかかり、その姿をこの世に伝えたという話は、地蔵菩薩像をこの世に伝えたとされる道明和尚の話と類似したものを持っており、その点からも興味を持たれるが、その点については後述に譲ることにして、ここではまず、救苦天尊の像は張仁表が世にもたらす以前には、世の中に行なわれていなかったものであるのか、或はそれ以前にも世に行なわれていたが、その時点で像の姿に対して変革が行なわれたのか、それとも多くの姿が世に行なわれていたことから一つの姿に規定されたものであったのか、張仁表が救苦天尊の像を世にもたらしたとされることの意味をまず考えてみたいと思う。(9)

その点に関して、救苦天尊が具体的な聖像を伴って、唐代社会の中で信仰を得ていたことを示す例をまず挙げておきたい。

四川省安岳県の玄妙観趾に「啓大唐御立集聖山玄妙観勝境碑」と題される碑文が残されている。玄妙観趾には現在、歴史的建築物は何一つ残っていないが、跡地に縦約十メートル、横約六メートル、高さ約五メートルの大石が残っていて、その大石の周囲にはびっしりと聖像といくつかの碑文が刻られている。残念なことに、それらのすべてにごく近年になっての破壊を受けた形跡が見られている。それでも王家裕氏の調査報告によると、像は一二五〇を教え、その全てが唐代のものであるとされている。(10)

「啓大唐御立集聖山玄妙観勝境碑」は、その大石に彫られた刻像の中心をなす老君龕に並べて刻されており、天宝七年（七四八）の年号が記されている。この碑文も一字一字を削り取ろうとした執拗な破壊にあっていて、判読し難い部分も多くなっているが、以下に王家裕氏の録したものを挙げておきたい。

至開元十八年七月一日、父〇〇（弘羽）化後、…首天龕、次王宮龕、……救苦天尊乘九龍、爲慈母古五娘、造東西眞像廿軀、小龕三十二龕、刊軀天眞〇（及）上下飛天神王、…天宮重閣、正爲尊主了願、

王氏は「救苦天尊乗九龍」とあることから玄妙観趾大石上にぐるりと一周して彫られた像のうち、第六十一号龕の像を救苦真人像ではと考えておられるように思われる。この玄妙観趾には筆者も一九八七年に訪れたことがあるが、文物としての十分な管理もなされていないようで、ただ放置されているだけの状態であり、窟番号も明確ではなく、どの窟が六十一号窟に当っているのかは現在でも的確な判断はできない。それでも、当時写した写真を見ると、掲載写真㋐に示した三体のうちの真ん中の像を指して言っておられることと思われる。この像は立像であるが、顔と両手、及び台の部分に破壊を受けており、その部分についての原形については知る由もないが、ただ台座の下に台座を支えるように九本の棒状のものがあるのが見られることに注意が向けられる。これが「乗九龍」の九龍に当ると考えられるからである。

また写真㋑に示したものは、青城山の天師洞の黄帝祠の横に置かれるものである。近年の破壊を受けた後に、新しく造られたものだが、ここでは獅子に腰かけた形をとっている。本論との直接の関係はないが、救苦天尊に対する信仰の普遍化と、それが現在まで伝わる例として挙げておきたい。

ところで、玄妙観の救苦天尊の姿だが、張仁表のもたらした像についての記述と必ずしも一致するものとはなっていない。そこで、張仁表が救苦天尊像を伝えたとされる話の作製された時代を検証する必要が出てくる。

張仁表が救苦天尊の真容を地獄で見てきて、この世に広めるという話は、前述したように襄州開元寺の僧道明が大暦十三年（七七八）二月八日に黄衣の使者に連れられて地獄へ行ったが、人違いであることが判明し、帰される途中で地蔵菩薩に会い、その真容を世に伝えたという所謂道明和尚の話とよく似た内容となっている。この二つの話の間には、当然関連のあることが考えられよう。

道明和尚の話、つまり敦煌写本Ｓ三〇九二文書に書かれる「還魂記」と題される説話については、已に多くの先学による研究があり、唐末の中国社会において盛んに行なわれた十王信仰との繋がりが指摘され、それに伴い、この話の成立もほぼ唐末頃と考えられているようである[11]。

そこから考えると、張仁表の話の成立は、後述するが地獄救済を中心とする救苦天尊の信仰自体、十王信仰の存在を前提とされると考えられることもあり、道明和尚の話とかけ離れた時期とするのは不自然であり、むしろ道明和尚の話に遅れて成立したものと考えるのが妥当な所であろう。

そうすると、前述した玄妙観の救苦真人像は、天宝七年（七四八）に作製されているので、張仁表のもたらした救苦天尊像より前に造られたものとなり、張仁表が地獄で真容を見てその姿をもたらす以前に、救苦天尊像は具体的な姿をとって世に存在していたことになる。

では何故、具体化された形を持った像のあるにもかかわらず、張仁表が改めて救苦天尊像を地獄で見てきたものとして、その姿を世に広める必要かあったのであろうか。これが次の問題となる。

『道蔵』所収の「太上洞玄霊宝業報因縁経」[12]は、六世紀の中期には成立していたとされている経典であるが[13]、その巻八生神品には、

人欲終亡之時、…先造救苦天尊及度厄靈旛、續命靈旛、禳災靈旛、抄寫此經、晝夜念誦、

人の終亡せんとする時、…先ず救苦天尊及度厄靈旛、續命靈旛、禳災靈旛を造り、此の經を抄寫し、晝夜念誦す、

とあり、また、

最爲第一、即初亡一七、造救苦天尊一身、寫此經一部、
最も第一と爲すは、即ち初亡一七、救苦天尊一身を造り、此の經一部を寫す、

とある。これらの記述から見ると、さかのぼって六世紀中期頃には、救苦天尊像はすでに作製されていたと考えてよく、当然何らかの形態に特徴づけられていたと思われる。

そこで再度、玄妙観趾に残されている九龍に乗った救苦天尊像を手がかりとして、その姿の由来を考えてみると、「洞玄霊宝自然九天生神章経」[14]に

又九幽之府、被東華青宮九龍符命、使拔九幽、
又九幽之府、東華青宮九龍符命を被り、九幽より拔かしむ、

とあるのに注意が向けられる。「洞玄霊宝自然九天生神章経」には

(一)、「洞玄霊宝自然九天生神章経解義」四巻、宋、董思靖注、SN三九六
(二)、「洞玄霊宝自然九天生神玉章経解」三巻、宋、王希巣注、SN三九七
(三)、「洞玄霊宝自然九天生神玉章経注」三巻、華陽復注、SN三九八

の三つの注が『道蔵』洞玄部玉訣類中に収められているが、その一つである宋の董思靖の注になる「洞玄霊宝自然九天生神章経解義」には、「洞玄霊宝自然九天生神章経」の前掲文に対して、

東華青宮、乃扶桑洞陽宮、大乙救苦天尊之所治、

東華青宮、乃ち扶桑洞陽宮、大乙救苦天尊の治むる所なり、

と注している。「洞玄霊宝自然九天生神章経」の本文の前掲した一節は、救苦天尊の名こそ見えていないものの、宋代においては救苦天尊との関連を示す記述と解されるようになっていたようである。このことは逆に考えると、この記述が救苦天尊を成立させてゆく過程において何らかの関わりを持っていたのではないかと考えることもできよう。

図像的に救苦天尊と九龍とが結びつくのは、「九龍符命」の記述にあったとも推測されるからである。しかし、ここで改めて認識しておかなくてはならないことは、これだけ救苦天尊を連想する記述があっても、「洞玄霊宝自然九天生神章経」には、その全文に渉って救苦天尊の名は記載されていないことである。これはこの経典の成立時には、まだ救苦天尊の存在が考えられていなかったことを意味すると考えてよいと思われる。「洞玄霊宝自然九天生神章経」は陸修静の「霊宝経目」に載せられていたと考えられ[15]、五世紀半ばには成立していたとしてよいようである。結局、救苦天尊が成立するのは「洞玄霊宝自然九天生神章経」の成立していた五世紀半ば以降で、「太上洞玄霊宝業報因縁経」の成立する六世紀中頃までの間と考えられる。

## （二）　救苦天尊への信仰

救苦天尊は、その成立から唐末までの間において、いかなる神格として信仰を受けていたであろうか。その一つの手がかりとして、救苦天尊に対する称号を見てみると、

毎日志心持念尋聲救苦天尊三千遍、凡百遍訖、禮九拜、（「上清金匱玉鏡修眞指玄妙經」乃上、一七八、SN三

五三）

爾時尋聲救苦無上天尊、爲衆生故權應現身、（『太上洞玄靈寶大玄普慈勧世経』字上、一七六、SN三四二）

爾時尋聲救苦天尊、與諸侍従、巡遊十方世界、（『太上三生解寃妙経』服下、一八二、SN三八七）

として、「尋声救苦天尊」、或は「尋声救苦無上天尊」とも呼ばれていたことが分る。この称号については、「青玄救苦宝懺」(16)に、「至眞無上師、寶玄中大法師、黄録大道師、尋聲赴感太一救苦天尊、大慈大悲救苦眞人」とあり、また、「至心皈命、禮青華聖境、東極上宮十方化號、…無量度人、大慈仁者、大悲大願、大聖大慈、太一尋聲救苦天尊」とあることから、「太一尋声救苦天尊」と「尋声赴感太一救苦天尊」とが同一神格であることが確かめられるので、「尋声救苦」との名号は「尋声救苦赴感」の意から取られたことが分る。また、尋声救苦天尊というのが、救苦天尊と同じ神格であることは、「太上洞玄霊宝三塗五苦抜度生死妙経」(17)に次の記述があることによって確かめられよう。

東極宮中、有尋聲救苦天尊、大慈仁者、發弘誓願、普救衆生、億億劫中、度人無量、但能回向、一念歸依、注想尊容、稱揚名號、尋聲赴感、應念垂慈、一切苦中、無不救護、是故名號救苦天尊、

東極宮中に、尋聲救苦天尊有り、大慈仁者なり、弘誓願を發し、普く衆生を救い、億億劫中、度人すること無量、但だ能く回向す、一念歸依し、尊容を注想し、名號を稱揚すれば、尋聲赴感し、應念垂慈し、一切苦中、救護せざる無し、是の故に名を救苦天尊と號す、

また、この「太上洞玄霊宝三塗五苦抜度妙経」からの引用文の内容は、冒頭で挙げた救苦天尊信仰の問題点と関連していて救苦天尊の姿を一心に想い浮かべ、名号を唱えれば、一切の苦より救ってくれるとあることから、救苦

天尊信仰の形態の一端を経典の記述の上からも確かめ得る。この称名念誦してその救いを得るとの信仰形態は、救苦天尊信仰に特有なことでは勿論なく、唐の永徽元年（六五〇）に道宣の撰した「釈迦方志」巻下[18]に、

自晉、宋、梁、陳、魏、燕、秦、趙、國分十六、時經四百、觀音、地藏、彌勒、彌陀、稱名念誦、獲其將救者、不可勝紀、

晉、宋、梁、陳、魏、燕、秦、趙、國十六に分れて自り、時四百を經て、觀音、地藏、彌勒、彌陀、稱名念誦、其の將て救いを獲んとする者、勝て紀す可からず、

ともあるように、六朝期において已に中国社会に根づいてきている実践的信仰の伝統の中にあるものと言うべきものである[19]。この点は重要なことであって、道教への信仰が仏教と隔絶し、対立した上に成立してゆくものではなく、同じ社会の中での実践的信仰として同一基盤の上に成立してゆくものであることを示すものと言えよう。そしてそのことは、救苦天尊の信仰を行う者は、特別に道教信者などという者を想定する必要などはなく、或る時には観音を、弥勒を、阿弥陀を、地蔵を、そして或る時には救苦天尊をと、何の違和感を持つこともなく称呼念誦していたであろうことを思わせるのである。

更に、救苦天尊の性格を考える上で注意されるのは、前文でも引用した六世紀半ばには成立していたとされる「太上洞玄霊宝業報因縁経」巻六、救苦品第一五に、

至心敬禮東方慈悲救苦天尊

至心敬禮南方好生救苦天尊

至心敬禮西方平等救苦天尊
至心敬禮北方大慈救苦天尊
至心敬禮東北方普濟救苦天尊
至心敬禮東南方無量救苦天尊
至心敬禮西南方等觀救苦天尊
至心敬禮西北方惠化救苦天尊
至心敬禮上方遍慈救苦天尊
至心敬禮下方廣濟救苦天尊
恭敬禮拜巳、各各稽首叩頭、長跪伏地三言、十方救苦無上大慈尊、

として、その誕生の早い時期から「十方」の観念と結びつけられていることである。「十方」は已に先学による研究があるように[20]、霊宝経における「大乗」思想の表明と考えられ、尋声救苦の名号と相俟って、救苦天尊信仰には、観音、阿弥陀、弥勒等の仏教の信仰とにおける深い関連を指摘できよう。

こう見てくると、救苦天尊は前掲した「太上洞玄霊宝業報因縁経」巻八生神品の所で見てきたように、元来地獄救済の役割を強く持った神格であったと思われるが、「大乗」思想のあらわれともいえる「十方」観念が附加されることによって、更に広い衆生救済の役割を担う神格として一般には理解されていたのではないかと思われる。冒頭に挙げた説話の第二話、第四話に見られた水難を救う、疫病から救うなどというのか、その信仰の広がりを具体的に示していたといえよう。

## （四）　救苦天尊と地獄救済信仰

救苦天尊はこれまで見てきたように、六朝期には已に存在しており、また、玄妙観の造像に示されるように、遅くとも唐中期頃までには一般社会へ広がりを見せていたと思われるが、何故唐末頃に道士張仁表がその真容を伝えたとして、新たな姿としての造像が提唱されたのかが改めて次の問題となる。

「黄籙九幽醮無碍夜斎次第儀[21]」の巻末には「九幽醮図」と題される図が附されているが、その図には、

太一救苦天尊
（一）上方遍慈救苦天尊
（二）西南方等観救苦天尊
（三）東北方普濟救苦天尊
（四）西方平等救苦天尊
（五）東方慈悲救苦天尊
（六）南方好生救苦天尊
（七）北方大慈救苦天尊
（八）東南方無量救苦天尊
（九）西南方恵化救苦天尊
（十）下方廣濟救苦天尊
尋聲救苦天尊

として、救苦天尊が前掲した「太上洞玄霊宝業報因縁経」で見てきたように、ただ「十方」に結びつけられているだけではなく、その外側に「太一救苦天尊」と「尋声救苦天尊」との二つの名号が、それら十の天尊名を左右から挟むように書かれており、「十方」に配された天尊を統轄するが如き様相となって図式化されている。これと似た考えは、個々の天尊名こそ一致していないが、「黄籙斎十天尊儀[22]」にも示されている。天尊名を記載順に列挙すると、次のようになっている。

十方救苦天尊
東方—玉寶皇上天尊
南方—玄眞萬福天尊
西方—太妙至極天尊
北方—玄上玉宸天尊
東北方—度仙上聖天尊
東南方—好生度命天尊
西南方—太靈虚皇天尊
西北方—無量太華天尊
上方—玉虚明皇天尊
下方—眞皇洞神天尊
尋聲救苦天尊

また、北宋末から南宋ごろにかけての成立とされる「黄籙救苦十斎転経儀[23]」には、まず香を焚いて、

至眞无上道寶玄都萬壽天尊
至眞无上經寶太一救苦天尊
至眞无上師寶十方救苦天尊

を供養した後、東方から下方に至る「十方」の天尊に跪奏する形式となっているが、それらは、

東方玉寶皇上天尊東鄉救苦眞人
南方玄眞萬福天尊南鄉救苦眞人
西方太妙至極天尊西鄉救苦眞人
北方玄上玉晨天尊北鄉救苦眞人
東北方度仙上聖天尊東北鄉救苦眞人
東南方好生度命天尊東南鄉救苦眞人
西南方太靈虛皇天尊西南鄉救苦眞人
西北方無量太華天尊西北鄉救苦眞人
上方玉虛明皇天尊上鄉救苦眞人
下方眞皇洞神天尊下鄉救苦眞人

となっており、天尊名については前掲の「黄籙斎十天尊儀」と一致している。なおこの経典において興味深いことは、巻末に以下のような偈が記載されていて、

　爲仙爲佛本殊途、一揆同歸妙與倶、
　識破這些關捩子、無無無有有還無、

その意図とはうらはらに、仏教との関わりを色濃く示していることである。[24] これら三つの経典を並べてみると、「黄籙九幽無碍夜斎次第儀」に書かれる天尊名に仏教色が強く感じられ、これが最も早い成立と考えられる。「黄籙救苦十斎転経儀」が、「十方」それぞれに救苦天尊の名を残していることからそれに次ぐ成立のものであり、「黄籙斎十天尊儀」への橋渡しの役割を果したものと思われる。

　このように成立形成されてきた十天尊は、その後、十真君、更には十王と結びついていくようである。「地府十王抜度儀」[25]には、地獄救済者として太一救苦天尊の名を挙げた後で、十王の第一宮から第十宮までの神格名を挙げているので、以下に列挙すると、

第一宮

秦素妙廣眞君＝秦廣大王
　　玉寶皇上天尊
　　九幽抜罪天尊

第二宮
陰徳定休眞君＝初江大王
玄眞萬福天尊
十方救苦天尊

第三宮
洞明普靜眞君＝宋帝大王
太妙至極天尊
朱陵度命天尊

第四宮
玄德五靈眞君＝仵宮大王
玄上玉晨天尊
法橋大度天尊

第五宮
最聖耀靈眞君＝閻羅大王
度仙上聖天尊
火錬丹界天尊

第六宮
寶肅昭成眞君＝變成大王
好生度命天尊
金闕化身天尊

第七宮
泰山玄妙真君＝泰山真君
太靈虛皇天尊
逍遙快樂天尊

第八宮

無上正度眞君＝平等大王
　　無量太華天尊
　　隨願往生天尊

第九宮
飛魔演化眞君＝都市大王
　　玉虚明皇天尊
　　乘功託化天尊

第十宮
五靈威徳眞君＝轉輪大王
　　眞皇洞神天尊
　　寶華圓滿天尊

となっており、十真君それぞれに「黄籙救苦十斎転経儀」及び「黄籙斎十天尊儀」で見てきた十天尊が配された形となっている。また、第二宮陰徳定休真君には、もう一つの天尊として十方救苦天尊が配されていることに注意を引かれるが、これらの天尊は十真君の本地神と考えられており、[26] 更に十真君は図にも示しておいたように十王にそれぞれ配されているのである。

この「地府十王抜度儀」の成立は比較的遅く、十三世紀頃とされているが、[27] 救苦天尊はこの時点までの間に、まず「十方」観念と結びついて、十天尊に変化し、それが十真君の本地神として考えられるようになり、結局十王信仰と結びついていったと考えられるのである。何故そのような結びつきが行われたのかというと、十天尊・十真君・十王との数字の一致もさることながら、救苦天尊自体その成立当初から地獄予修の功験を持つ神格として性格づけられていたことにあったと思われ、それが唐末頃における地獄救済を願う十王信仰の広がりに伴って、地獄救済神としての本来の性格に注目され、新たに時の勢いを持つ信仰神として世に広められていったのではないかと思われる。これらのことを示す上掲した経典の成立年代は北宋から南宋にかけてと比較的新しいものであるが、民間で行われた信仰の変化が経典の上に現れるのは、かなりの時間的経過を要すると思われ、これらは唐末から五代にかけての頃に起った変化を反映したものと考えてよいと思われる。

さて、「地府十王抜度儀」において、もう一点注意したいのは、太一救苦天尊が十王からの救済者としての位置を与えられていることである。この点をはっきりさせ、救苦天尊を地蔵菩薩と同様に地獄救済者としての役割を明確化させた経典に、「太上救苦天尊説消愆滅罪経」[28]がある。この経典には十王信仰との関連もはっきりと示されているので少し長くなるが全文を挙げておきたい。

太上救苦天尊説消愆滅罪經

爾時救苦天尊、設大慈悲、爲諸衆生、滅一切罪業、救拔沈淪、卽令修齋布施、廣建功德、大起福田、召請天龍、地祇、四梵天王、阿修羅王、諸天帝王、閻羅天子、泰山府君、司命司錄、五道大神、獄中典者、各恭敬禮拜、稽首叩頭上白、天尊曰、緣以世間衆生、受諸果報、並是大魔王管攝罪簿、若有閻浮國土、十惡五逆、不敬父母、破齋犯戒、烹宰豬羊牛馬六畜飛禽走獸之屬、種種之罪、一切罪人、身歿之後、皆入九幽地獄、日夜受苦、無由解脫、若以廣修功德、設齋布施、積劫拷掠、繫閉牢獄、無獲生天、爾時天尊曰、汝等衆生、諦聽吾言、或有世間男子女人、父母眷屬、歿亾之後、宜建道場、修齋行道散施資財、修功幽府、

爾の時救苦天尊、大慈悲を設け、諸の衆生の爲めに、一切の罪業を滅し、沈淪より救拔す、卽ち修齋布施、廣建功德、大起福田せしめ、天龍、地祇、四梵天王、阿修羅王、諸天帝王、閻羅天子、泰山府君、司命司錄、五道大神、獄中典者を召請す、各恭敬禮拜、稽首叩頭上白す、天尊曰く、以て世間の衆生、諸の果報を受けるは、並に是れ大魔王の罪簿を管攝するに緣る、若し閻浮國土に、十惡五逆、不敬父母、破齋犯戒、豬羊牛馬六畜を

烹宰する有れば、飛禽走獣の屬、種種の罪の一切罪人、身歿するの後、皆九幽地獄に入り、日夜受苦、解脱に由し無し、若し以て廣く功德を修め、設齋布施するも、積劫拷掠、繫閉牢獄、生天を獲る無しと、爾の時天尊曰く、汝等眾生、吾が言を諦聽せよ、或は世間男子女人有り、父母眷屬、歿亾の後、宜しく道場を建て、修齋行道散施資財し、修功幽府すべし、

一七秦廣大王太素妙廣眞君
二七初江大王陰德定休眞君
三七宋帝大王洞明普靜眞君
四七五官大王玄德五靈眞君
五七閻羅大王最勝耀靈眞君
六七變成大王寶肅昭成眞君
七七泰山府君玄德妙生眞君
百日平等大王無上正度眞君
小祥都市大王飛魔演慶眞君
大祥轉輪大王五化威靈眞君

爾時天尊曰、汝等眾生人民、死亡之後、地獄沈淪、因斯善會、皆得超生、自然地獄虛閑、罪滅除業苦惱辛酸、天尊乃詔命左司陽官、右司陰官、較量功德、勒（勅）[29]酆都二十四獄考官典史、放出受苦一切孤魂滯魄、咸令登火錬之池、各執化形丹界靈符、盡獲更生之因、俱歸道岸、天尊言、汝等眾生、各各諦聽、吾當爲汝說偈、誦曰、爾の時天尊曰く、汝等眾生人民、死亡の後、地獄に沈淪するも、斯の善會に因りて、皆超生を得ん、自然に地獄虛閑、罪業苦惱辛酸を滅除されん、天尊乃ち左司陽官、右司陰官に詔命し、功德を較量せしめ、酆都二十四

獄考官典史に勅して、受苦の一切孤魂滞魄を放出せしめ、咸に火錬之池に登らせ、各に化形丹界靈符を執らしめ、盡更生之因を獲さしめ、倶に道岸に歸せしむ、天尊言う、汝等衆生、各各諦聽せよ、吾當に汝の爲めに偈を説かん、誦して曰く、

　得見法會、仙岐知歸、
　來飴香糜、靈符火錬、百骸自飛、
　酆都夜壑、忽以光輝、照出幽魂、
　萬劫難遇、功緣可崇、開門幽趣、
　全假眞風、梯航彼岸、濟惠無窮、
　念念生因、駕景飛空、

又誦曰、

是時衆等、聞説偈言、咸皆解脱、各各稽首、奉辭而退、

太上救苦天尊説消愆滅罪經

　酆都の夜壑、忽ち以て光輝し、幽魂を照出す、
　來飴香糜、靈符火錬、百骸自ら飛びて、
　法會に見ゆるを得て、仙岐歸るを知る、

又誦して曰く、

　萬劫遇い難し、功緣崇ぶ可し、幽趣を開門し、
　全て眞風に假りて、彼岸に梯航す、濟惠窮り無し、
　念念因を生じ、駕景飛空す、

是の時衆等、説偈言を聞きて、咸皆解脱し、各各稽首し、奉辭して退く、

太上救苦天尊説消愆滅罪経

結局、救苦天尊に対する信仰は、唐末頃にそれまでの広く衆生の願いを聞いて救済するという大乗思想の考えを附与された信仰から、そもそもの出発点であった地獄救済の信仰へと変化固定されていったと思われ、それに伴い、その聖像の姿も地獄で見てきたとされる形態が提唱され、新たな展開を見せた信仰に対応していったと考えてよいようである。また、そのきっかけとなったのは、唐末頃に始まる十王信仰の社会への広がりであり、地獄思想の社会への浸透に伴う地蔵信仰の広がりであったと思われる。

冒頭に示した杜光庭の『道教霊験記』所載の説話の中に見られた救苦天尊に対する信仰は、それぞれ一～五に分類して見てきた通り、六朝期からの大乗思想を受けた信仰と唐末に始まる地獄救済としての信仰が倶に表われている。これは唐末五代期がその変化を現わした時期に当っており、右迂曲折を繰り返しながら発展する民間における信仰の過程を端的に表わしたものと言うことができよう。

## （五）救苦天尊信仰の広がり

唐末五代期において、救苦天尊信仰に一つ転換が行われたことをこれまで見てきたが、その後救苦天尊信仰がどのようになっていたのかについて、最後に一瞥しておきたい。

「太上洞玄霊宝救苦妙経」(30)は、救苦天尊を中心として説かれる経典であるが、巻末に北宋の年号である宣和甲辰（一一二四）と年号が明記された上で経典の由来を説く跋文が附せられている。そこには当時における信仰状況が

述べられているので、以下に簡訳を示すことにする。

池州（現在の安徽省貴池県）城下の景徳禅院の僧童莫道祖は母の逝去にあうが、母を追慕する気持ちから、毎日救苦天尊の経典を誦していた。或る日、太平州の田功曹が宣教して神院に宿泊した。功曹は天枢法を用いて人の疾苦を救い、人の死鬼を呼び出すこともできた。道祖はそれを見て功曹に願い出て母の死鬼を呼び出してもらうと、母が現われ、念経はありがたいが六六功徳をしてくれたらすぐにも生天できるという。六六とは何かと問うと、黄籙斎・水陸斎であるという。道祖は泣きながら母に向って幼きより親を捨て寺院に棲む身となったが、まだ十分な境地には達していない。どうしたらよいかと問うと、ただ道教の太上救苦経を転誦し、太乙救苦天尊の御号を持念すればよい。そうすれば冥司が天功に奏上して、すぐにかなえられるであろうと言い残して戻っていってしまった。道祖はそこで功曹から太上救苦経と天尊の号を受けて、それを日夜敬虔に誦した。それぞれが千遍に達した時、その夜に母が夢に現われ、汝が誦経持号してくれたおかげで、上帝の命により生天できた。これからはもう二度と会えることはないであろうと言って雲に乗って去っていった。

この説話において最も興味を引かれるのが、救苦天尊の信仰そのものを、「太上洞玄霊宝救苦妙経」をその信仰の中心経典として広めて歩いていた者の存在が見られていることである。このことは、救苦天尊信仰が遅くても十二世紀初めにおいて、杜光庭の「道教霊験記」の説話四篇に示されていたような、それまでの歴史的発展を経て来ていることによって生じてきた様々な形態を持つ信仰から、整理されて一つの方向づけが行われた信仰とされつつあったことを意味していよう。この結果、救苦天尊信仰は宋代以降においても更に発展していき、「太上洞玄霊宝救苦妙経」という中心経典が与えられてからは、更に広い地域に、広い層にと信仰が広がっていったことと思われる。

この「太上洞玄霊宝救苦妙経」には、その後に作られた道神庵洞陽子なる人物による「太上洞玄霊宝天尊説救苦妙経註解[31]」と題される注釈書が残されている。この書には注意すべき点があって、錦江の葆真子周準という人物の書いた序文には「太上洞玄霊宝救苦妙経序」と経典名をそのまま受けて書かれてあるが、洞陽子の注の部分では前掲したように題名中に「天尊説」の三字を増やして、霊宝天尊の説いた経典とその趣旨を変えたものとなっている。更に注の文中においても意図的積極性を持って救苦天尊の存在を認めず全く無視する態度で一貫している。これについては前述した同書の序文中の次の記載がその理由についての推測を与えてくれる。

呂君號洞陽子、…一日謂愚曰、世有所謂救苦經、實大洞之密旨、上道之秘言也、…所謂救苦者、非獨爲靈魂苦爽而設、其所救者、普天下下生靈耳、

呂君洞陽子と號す、…一日愚に謂いて曰く、世に所謂救苦經有り、實に大洞の密旨、上道の秘言なり、…所謂救苦とは、獨り靈魂苦爽の爲めに設けたるに非るなり、其の救う所は、普く天下下生の靈のみ、

ここで世にいう救苦経というのは、実は大洞の密旨であり、上道の秘言であるといい、また、所謂救苦というのはただ幽魂救済のみにあるのではないといっているのは、救苦天尊による地獄救済の信仰があまりに俗化しすぎた故の道教者の側からの反発であったのではないかと思われるのである。

このことは逆に言うと、救苦天尊信仰が一般社会に広く受け入れられ、半ば土俗信仰化していたことを示していよう。結局、宋代に「太上洞玄霊宝救苦妙経」が救苦天尊信仰の中心経典とされて以降、その信仰は広く社会の中に受け入れられたものの、これを俗化と見る宗教者も出てきたことを意味していようが、視点を換えて見れば、救

苦天尊信仰自体時代を下るにつれ中国社会にどっしりと根づいた信仰に発展していっていたことを示していると言うことができるのではないか。

【注】

（1）『道蔵』洞玄部、本文類　SN三七四
（2）『道蔵』洞玄部、本文類　SN三七八
（3）『道蔵』洞玄部、記伝類　SN五九〇
（4）岩本裕『仏教説話の伝承と信仰』仏教説話研究第三巻。開明書院、一九七八。
（5）『大英博物館スタインコレクション西域美術Ⅱ、敦煌絵画Ⅱ』、講談社、一九八二。
（6）注（4）参照。
（7）注（5）参照。第七図。
（8）観音菩薩との関連について調べ始めたのは、道教学会第三十九回大会での口頭発表時において、鎌田茂雄博士よりその点に関しての質問を受けたことがきっかけとなっている。記して学恩に感謝するとともに、重要な問題でもあるので、更に今後の課題ともいたしたい。
（9）S三〇九二。
（10）王家裕『道教論稿』所収「四川省道教摩崖造像」、巴蜀書社、一九八七。以下の王家裕氏の引用は全て同論文による。
（11）塚本善隆「引路菩薩信仰に就いて」『東方学報（京都）』一、一九三一。
酒井忠夫「十王信仰に関する諸問題及び閻羅王受記経」『斎藤先生古稀記念祝賀記念論集』、一九三七。
澤田瑞穂『地獄変』、法蔵館、一九六八。
（12）『道蔵』洞玄部、本文類、SN三三六。
（13）吉岡義豊「中国民間の地獄十王信仰について」『仏教文化論集』第一輯、川崎大師教学研究所紀要、一九七五。また、小林正美教授に一九八〇年秋、パリで開催された第一回道蔵研究国際会議において発表された〝Analysis of the Tai-shang dong-xuan ling-bao ye-bao yin-yuanjing 太上洞玄霊宝業報因縁経〟（未公刊）のあることを知り、発表資料を拝見させて頂くべくお

願い申したところ、発表資料のコピーをお送り頂いたのみならず、「業報因縁経」の成立を梁・武帝の末頃（五三六前後―五四九）と考える現在のお考えをご教授いただいた。記して深く感謝申しあげます。
(14)『雲笈七籤』巻十六、三洞経教部　ＳＮ一〇三二、或は、『霊宝自然九天生神三宝大有金書』洞真部、譜録類、ＳＮ一六五。「洞玄霊宝自然九天生神玉章経」洞玄部、本文類、ＳＮ三一八。
(15)大淵忍爾『敦煌道経』目録編、福武書店、一九七八。
(16)『道蔵』洞玄部、威儀類、ＳＮ五三九。
(17)『道蔵』洞玄部、本文類、ＳＮ三七一。
(18)『大正蔵』、五一・九七二b
(19)牧田諦亮『中国仏教史研究第二』所収「六朝人の観音信仰」、大東出版社、一九八一。
(20)小林正美「劉宋における霊宝経の形成」、『東洋文化』六二、一九八二。
(21)『道蔵』洞玄部、威儀類、ＳＮ五一四。引用文に附した（一）～（十）の番号は筆者のつけたものである。
(22)『道蔵』洞玄部、威儀類、ＳＮ五一二。
(23)『道蔵』洞玄部、威儀類、ＳＮ五〇九。
(24)この偈については吉岡義豊教授が「中国民間の地獄十王信仰について」（注（10）参照）で道仏一致を説いていると指摘している。
(25)『道蔵』洞真部、威儀類、ＳＮ二一五。
(26)註13参照。
(27)註13参照。
(28)『道蔵』洞玄部、本文類、ＳＮ三七八。
(29)訳に当たって、文字を改めて解読した。
(30)『道蔵』洞玄部、本文類、ＳＮ三七四。
(31)『道蔵』洞玄部、玉訣類、ＳＮ三九九。

# 第四章　謝自然と道教

## （一）　はじめに

謝自然は唐代の貞元（七八五―八〇五）の頃の女性の道士である。その当時においては著名な存在であったと思われるが、教理面において業績のあった道士ではないこともあって、これまで研究者の注意を引いたこともないようである。

唐代の著名な道士については新旧唐書が、隠逸伝、方士伝でその名を書き残しているが、当然のことながら、そこに取り上げられなかった道士においても、唐代道教を知る上で重要な要素を持つ者も数多くいる。

本章で取り上げる謝自然も正史にこそ名を残していないが、後述するようにほぼ同時代を生きたと思われる劉商をはじめとして韓愈、李翔などの詩中にその名を留めている。このことは、謝自然の名は彼女が卒した後にまでも、中国の社会で広く伝えられていたことを意味していよう。正史に名を留めないまでも社会でその名が広く知られていたということに私は注目したい。道教が中国社会で活性化していた宗教として考えられる以上、教理に対する研究の必要なことは言を俟たないが、それと同時に、その時の社会との関連を検討することから、その実態面に考察を加えてゆくことも必要なことと考えるからである。

そこで、本章では謝自然と道教との関わり合いを検討することから、唐代中期頃の道教の状況と当時の社会との関連を考えてみたい。

## （二）謝自然に関する資料

まず初めに謝自然その人を知る上で資料となるものを挙げて、それに検討を加えることから入ってゆくことにしたい。

現在、私の知り得た謝自然に関する記載の見られるものは、次に列挙する通りである。

○『太平広記』所収

（1）巻二一、司馬承禎（原未註出処、査出大唐新語）

（2）巻二三、僕僕先生（出異聞集及広異記）

（3）巻五〇、嵩山嫁女（出纂異記）

（4）巻六六、謝自然（出集仙録）

○『道蔵』所収

（5）『続仙伝』巻上、謝自然。南唐沈汾撰（洞真部記伝類、海下三八）

（6）『歴世真仙体道通鑑』巻四二、程太虚。元趙道一撰（洞真部記伝類、鱗下一四六）

（7）『歴世真仙体道通鑑後集』巻五、謝自然。元趙道一撰（洞真部記伝類、羽下一五〇）

（8）『雲笈七籤』巻一一四、西王母伝下、道。宋張君房撰（大玄部、棠七〇一）

（9）『三洞羣仙録』巻一三、謝雲一川王濤萬頃。宋陳葆光撰（正乙部、設上九九四）

○その他

（10）『太平御覧』巻六六二、道部四、天仙（引「三洞珠嚢」）。

（11）劉商「謝自然郤還旧居」、『全唐詩』巻三百四。
（12）韓愈「謝自然詩」、『全唐詩』巻三三六。
（13）李翔「題金泉山謝自然伝後」、敦煌文献P三八六六「渉道詩」。

以上に列挙した資料のうち、（1）（2）（4）（5）（6）（7）（9）（10）の八点の資料は、その記述の内容から見ると、本来は謝自然の伝として書かれたものか、或いはその要略として書き改められたもの、もしくはその一部分であると考えていいようだ。残る五点のうち（3）（8）の二点は謝自然の名が挙げられているだけか、もしくは謝自然その人に関する記述がわずかに見られるといった程度のものである。謝自然の名が、後の中国社会にいかに拡がり伝えられていったのかを知る上での資料として、これもまた重要な資料である。（11）（12）（13）の三点の資料も、その特徴からいえば唐代の中国社会に謝自然の名がどのように知られていたのかを示す資料となるものでもある。

本章では最初に、謝自然の伝と思われる八点の資料に検討を加え、そこから謝自然と道教との関わり合いを具体的に考えてゆくことにしたい。

謝自然の伝と思われる八点の資料を読んで最初に気づくことは、記述の内容から大きく二つに分類できることである。即ち、

甲類：開元観の道士程太虚から伝授を受けたことを記す『太平広記』巻六六謝自然とほぼ同じ内容になっているか、またはその一部分のみを記しているもの――（2）（4）（6）（9）（10）

乙類：司馬承禎より伝授を受けたことを記す『続仙伝』巻上謝自然とほぼ同じ内容を記すか、またはその一部分のみを記しているもの――（1）（5）（7）

の二つの系統に分類できるのである。そこで本章においては、以下記述の便宜上、二つの系統それぞれを上掲して

おいたように甲類、乙類として簡称することにしたい。改めて整理して次に示しておくことにする。

○甲類

（2）『太平広記』巻二二、僕僕先生（以下『広記』本僕僕先生と略称する）

（4）『太平広記』巻六六、謝自然（以下『広記』本謝自然と略称する）

（6）『歴世真仙体道通鑑』巻四二、程太虚（以下『体道通鑑』本程太虚と略称する）

（9）『三洞羣仙録』巻一三、謝雲一川王濤萬頃（以下『羣仙録』本謝自然と略称する）

（10）『太平御覧』巻六六二、道部四、天仙（以下『御覧』本謝自然と略称する）

○乙類

（1）『太平広記』巻二一、司馬承禎（以下『広記』本司馬承禎と略称する）

（5）『続仙伝』巻上、謝自然（以下『続仙伝』本謝自然と略称する）

（7）『歴世真仙体道通鑑後集』巻五、謝自然（以下『体道通鑑後集』本謝自然と略称する）

便宜上、甲・乙両類に分類したが、内容を異にする二つの伝の存在は、本章の論旨に深く関わることとなるので、資料として八点ともすべて全文を掲げておきたいのだが、与えられた紙幅の問題もあるので、甲類においては『広記』本謝自然を、乙類は「続仙伝」本謝白然をその底本として、それぞれのグループごとに校訂を加えつつ、後述に関係する部分を中心にして省略を加えながら以下に示しておきたいと思う。長い引用となることを諒とせられたい。

甲類：

謝自然者、其先兗州人。父寰、居果州南充、舉孝廉、郷里器重。建中初、刺史李端、以試秘書省校書表為従事。

母胥氏、亦邑中右族。自然性穎異、不食葷血。年七歳、母令隨尼越恵、經年以疾歸。又令隨尼日朗、十月求還。常所言多道家事、詞気高異。其家在大方山下、頂有古像老君、自然因拜禮、不願却下、母從之、乃徒居山頂。自此常誦道徳經、黄庭内篇。年十四、其年九月、因食新稻米飯、云、盡是蛆虫、自此絶粒。數取皁莢煎湯服之、即吐痢困劇、腹中諸虫悉出、体輕目明、其虫大小赤白、狀類頗多。自此猶食栢葉、日進一枝。七年之後、栢亦不食。九年之外、仍不飲水。貞元三年三月、於開元觀詣絶粒道士程太虚、受五千文紫靈寶籙。六年四月、刺史韓佾至郡、疑其妄、延入州北堂東閣、閉之累月、方率長幼、開鑰出之、膚體宛然、聲氣朗暢、佾即使女自明師事焉。…（中略）… 七年九月、韓佾轝於大方山、置壇、請程太虚具三洞籙。十一月、徒自然居於州郭。貞元九年、刺史李堅至、自然告云、居城郭非便、願依泉石、堅即築室于金泉山、移自然居之。…（中略）…自然之室、……（中略）… 自是呼爲仙女之室、…（中略）… 兼言常有天使八人侍側、…（中略）… 又云、某山神姓陳名壽、魏晉時人。並説眞人位高、仙人位卑。言己將授東極眞人之任。貞元十年、三月三日、移入金泉道場、…（中略）… 五月八日、金丹元君命盧使降之、從午止亥、六月二十日聞使、從午至戌、崔張二使、從寅至午、多説神仙官府之事、…（中略）… 是年九月、霖雨甚。自然自金泉往南山省程君、凌晨到山、衣履不濕。詰之、云、旦離金泉耳。程君甚異之。十一月九日、詣州與李堅別、云、中旬的去矣、亦不更入靜室。二十日辰時、於金泉道場白日昇天。士女數千人、咸共瞻仰。祖母周氏、母胥氏、妹自柔、弟子李生、聞其訣別之語、曰、勤修至道。須臾五色雲遮亘一川、天樂異香、散漫彌久。所着衣冠簪帔一十事、脱留小繩牀上、結繫如舊。刺史李堅表聞、詔褒美之。李堅述金泉道場碑、立本末爲傳、云、天上有白玉堂、老君居之、殿壁上高列眞仙之名、如人間壁記。時有朱書注其下、云、降世爲帝王或爲宰輔者。又自然當昇天之時、有堂内東壁上書記五十二字、云、寄語主人、及諸眷屬、但當全身、莫生悲苦、自可勤修功徳、併諸善心、修立福田、清齋念道、百刧之後、冀有善縁、早會清原之郷、即與相見、其書述存焉。

謝自然は、其の先兗州人。父寰、果州南充に居す、考廉に挙げられ、郷里器重とす。建中初め、刺史李端、試に秘書省校書表を以て従事せしむ。母胥氏、亦邑中の右族なり。自然の性穎異、葷血を食わず。年七歳、母尼越恵に随わしむ、経年疾を以て帰る。又尼日朗に随わしむ、十月にて還るを求む。常に言う所道家の事多く、詞気高異なり。其の家大方山の下に在り、頂に古像老君有り、自然因りて拝礼し、却下を願わず、母之に従い、乃ち居を山頂に徙す。此れ自り常に道徳経、黄庭内篇を誦す。年十四、其の年の九月、因りて新稲米飯を食う、云う、尽く是れ蛆虫なりと、此れ自り絶粒す。数しば皁莢煎湯を取りて之を服す、即ち吐痢困劇、腹中諸虫悉く出ず、体軽く目明なり、其の虫大小赤白、状類頗る多し。此れ自り猶お栢葉を食い、日に一枝を進む。七年の後、栢亦食わず。九年の外、仍水を飲まず。貞元三年三月、開元観に於いて絶粒道士程太虚に詣り、五千文紫霊寶籙を受く。六年四月、刺史韓佾郡に至り、其の妄なるを疑い、州北堂東閣に延き入れ、之を閉じること累月、方長幼を率いて、鑰を開いて之を出すに、膚体宛然、声気朗暢、佾即ち女をして自明せしめ師事す。…（中略）…　七年九月、韓佾大方山に釁す、壇を置き、程太虚に三洞籙を具せんことを請う。十一月、自然居を州郭に徙す。貞元九年、刺史李堅至る、自然告げて云う、城郭に居すは便に非ず、泉石に依らんことを願う、堅即ち室を金泉山に築き、自然を移して之に居せしむ。…（中略）…自然の室、……（中略）…　是れ自り呼びて仙女の室と為す、…（中略）…　兼ねて言う常に天使八人側に侍する有りと、…（中略）…　又云う、某山の神姓は陳名は寿、魏晉の時の人なりと。並せて説う真人の位高く、仙人の位卑しと。言い已りて将て東極真人の任を授けらる。貞元十年、三月三日、金泉道場に移入す、…（中略）…　五月八日、金丹元君盧に命じて之に降らしむ、午従り亥に止む、六月二十日使を聞く、午従り戌に至る、崔張二使、寅従り午に至る、多く神仙官府の事を説う、…（中略）…　是の年九月、霖雨甚し。自然金泉自り南山に往き程君を省る、晨を淩ぎて山に到るも、衣履湿らず。之を詰めるに、云う、旦に金泉を離ると。程君甚だ之を異とす。十一月九日、州に詣りて李堅と別る、云う、中旬に的に去ると、亦更に静室に入らず。二十日辰時、金泉道場に於いて白日昇天す。士女数千人、咸共に瞻仰す。祖母周氏、母胥氏、妹自柔、弟子李生、其訣別の語を聞く、曰く、至道を勤修せよと。須臾にして五色の雲一川を遮亘し、天楽異香、散漫すること弥よ久し。着る所の衣冠簪帔一十事、小縄牀上に脱留し、結繫すること旧の如し。刺史李堅表聞し、詔褒して之を美とす。李堅金泉道場碑を述し、本末を立てて伝と為す、云く、天上に白玉堂有り、老君之れに居す、殿の壁上に高く真仙の名を列すること、人間の壁記の如し。時に朱書にて其の下に注する有り、云、世に降りて帝王と為り或は宰輔と為る者なり。又自然昇天の時に当りて、堂内東壁上に書して五十二字を記する有り、云う、主人、及び諸眷属に寄語す、但だ当に身を全うすべし、悲苦を生ずる莫かれ、自ら功徳を勤修すべし、諸の善心を併せ、福田を修立し、清斎念道せよ、百刧の後、善縁有るを冀はん、早に清原の郷に会し、即ち与に相い見えん、其の書述存す。

乙類：

謝自然、蜀華陽女眞也。賦性穎異、幼而入道、其師以黄老仙經示之、一覽皆如舊讀、再覽誦之不忘。及長、神氣清爽、言談廻高、好琴書、善筆札、能屬文。常鄙卓文君之爲人、每焚修瞻禱王母、麻姑、慕南嶽魏夫人之節操。及年四十、出遠遊、…（中略）… 凡有名山洞府靈跡之所、無不辛勤歷覽。後聞天臺道士司馬承禎居王霄峯、有道孤高、遂詣焉。師事承禎三年、別居山野、但日採樵、爲承禎執爨、而歸又持香菓、專切問道。承禎訝其堅苦曰、我無道德、何以勝此、然子何所欲。自然曰、萬里之外、嚮師得度世之道、故來求受上法以度耳、非他求也。承禎以女眞罕伝上法、恐泄慢大道、但唯諾而已、復經逾歲月。自然乃歎曰、明師未錄、無乃命邪、每登玉霄峯、即見滄海、蓬萊亦應非遠、人間恐無可師者。於是告別承禎言、去遊蓬萊 …（中略）… 有一人花冠霞帔、狀貌端美、青衣引自然入、虔懇禮謁。道士問、欲何往。自然曰、蓬萊尋師、求度世去。道士笑曰、蓬萊隔弱水、此去三十萬里、非舟楫可行、非飛仙莫到。天臺山司馬承禎、名在丹臺、身居赤城、此乃良師也、可

以廻去。俄頃風起、…（中略）… 三日却到臺州岸。自然欣然復往天臺、具言其實、以告承禎、幷謝前過。承禎曰、俟、擇日昇壇以度、於是傳授上清法。後却歸蜀止、貞元年中、白日上昇而去、節度使韋皐奏之、謝自然、蜀華陽女真なり。賦性穎異、幼くして入道す、其の師黄老仙経を以て之に示す、一覧して皆旧読の如く、再覧するに之を誦して忘れず。長ずるに及んで、神気清爽、言談廻高、琴書を好くし、筆札を善くし、能く文を屬る。常に卓文君の人と為りを鄙とし、毎に焚修して王母、麻姑を瞻禱し、南嶽魏夫人の節操を慕う。年四十となるに及んで、遠遊に出ず、…（中略）… 凡そ名山洞府霊跡の所有れば、辛勤歴覧せざる無し。後天台道士司馬承禎王霄峯に居して、有道孤高なると聞き、遂に詣る。承禎に師事すること三年、山野に別居し、但だ日に採樵し、承禎の為に執爨す、而して帰りて又香菓を持して、専ら切に道を問う。承禎其の堅苦なるを訝りて曰く、我に道徳無く、何を以て此れに勝らん、然るに子何の欲する所なるや。自然曰く、萬里の外、嚮に師のみ度世の道を得たりと、故に来りて上法を受けて以て度するを求める耳、他の求むるに非るなり。承禎以らく女真罕に上法を伝うれば、大道を泄慢するを恐れ、但だ唯諾のみ、復た歳月を経逾す。自然乃ち歎じて曰く、明師未録、無なるは乃ち命なるかと、毎に玉霄峯に登り、即ち滄海を見て、蓬萊亦応に遠くに非るべし、人間に師とすべき者無しを恐る。是に於いて承禎に告別し、去りて蓬萊に遊ぶと言う、…（中略）… 一人の花冠霞帔なる有り、状貌端美、青衣自然を引き入れ、虔懇に礼し謁す。道士問う、何くに往かんと欲すと。自然曰く、蓬萊に師を尋ね、度世を求め去くと。道士笑いて曰く、蓬萊弱水をて隔て、此こを去ること三十万里、舟楫の行く可きに非ず、飛仙に非れば到る莫し。天台山の司馬承禎、名は丹台に在るも、身は赤城に居す、此れ乃ち良師なり、以て廻去す可しと。俄頃に風起り、…（中略）… 三日にて台州の岸に却到す。自然欣然として復た天台に往き、其の実を具言し、以て承禎に告げ、幷せて前過を謝す。承禎曰く、俟、日を択びて壇し以て度せんと、是に於いて上清法を伝授す。後蜀に却帰して止まる、貞元年中、白日上昇して去る、節度

使韋皐之を奏す、

以上が甲・乙に分類した謝自然の伝のそれぞれにおける大要であるが、これを見て分るように甲・乙とも同一人の伝でありながら、全く異なった興味をもって書かれている。そこで問題となるのが、どちらかが謝自然のより現実に近い具体像を伝えているのか、或いはそのどちらもが伝として正当に作られたものであったのかとの疑問に対する検証であろう。ただ、その点に関して、甲伝（甲類に分類した伝を指す。以下同）が幼年期から若年期にかけての修業中の謝自然に対して、多く筆をさいているのに対して、乙伝（乙類に分類した伝を指す。以下同）はそれに相当する部分をほんの数行で簡単に記述し、すぐさま「及年四十、出遠遊、」として師を求めての中国各地の遍歴、司馬承禎との出会いへと筆を進めている。そうすると、甲伝はその前半生を、乙伝はその後半生を中心に記述されたとの考えも当然出てくるのだが、乙伝はともかく、甲伝は決して前半生だけの記述ではなく、白日昇天に至るまでに亘って具さに記述がなされているのである。結局、甲伝と乙伝とは、異なる二つの伝が存在していたことによって生じたことと考えるのが最も妥当のところと考えられよう。

そこで、次にその点を確かめる意味を含めて、謝自然の伝なるものが実察に成立していた形跡はあるのか、もしあるとしたらそれはいつ頃の成立で、信頼できるものであるのかなどの疑問について書誌学的観点から以上のことに考察を加えておきたいと思う。

## （三）　謝自然の伝

謝自然の伝を正史の芸文志及びその他の目録の中で探してみると、以下の記載を見出すことができる。

（1）李堅：東極真人伝一巻　果州謝自然（『新唐書』、芸文志、神仙）
（2）李堅：東極謝真人伝一巻（『宋史』、芸文志、道家附釈氏神仙類）
（3）東極真人伝一巻：李堅撰　記果州謝自然昇仙事（『通志』、道家書目）
（4）謝自然別伝三巻（同右）

以上の四点についてであるが、このうち（1）（2）（3）は、（2）において題名に小異のあるものの、同一の書であると思われる。すると謝自然の伝は目録の上からは、

（イ）東極真人伝一巻：李堅撰
（ロ）謝自然別伝三巻

の二系統の伝が作製され、伝えられていたことが確かめられる。そうであるからといって、前述した甲・乙の両伝がそのいずれかそれぞれに対応しているとすぐさま結びつけて考えるのは危険であるし、無意味な推測になってしまうであろう。ここでは、「東極真人伝一巻」が目録に初出するのは『新唐書』であることから、十一世紀の半ばごろには已に成立していたことが確認されることと、「謝自然別伝三巻」はそれより遅れて『通志』が初出であることから、その書の存在が確認できるのは十二世紀半ばごろにまで下ることの二つの点を確認しておくだけに止めよう。

目録の記載からだけではこれ以上の推測を加えることは危険であるので、撰者等の面からそれぞれの伝の成立を更に考えてゆくことにしたい。

まず、「東極真人伝一巻」には撰者の名が李堅と記されていた。この李堅がいつ頃のいかなる人物であるのかを考えると、最初に掲げた謝自然に関する資料の（4）『広記』本謝自然、及び（7）『体道通鑑後集』本謝自然にそれぞれ、

（4）貞元九年、刺史李堅至、自然告云、居城郭非便、願依泉水、堅即築室于金泉山、移自然居之……
李堅述金泉道場碑、立本末爲伝云……
（7）（謝自然）上昇後三日、再自天降、謂刺史李堅曰……

との記述のあることが見つかる。結局、李堅は謝自然と同時代人であって、その李堅が「東極真人伝一巻」の撰者であることは『広記』本謝自然に「李堅述金泉道場碑、立本末爲伝云…」とあったことからも疑いのないことであろう。そうすると李堅は謝自然の事跡をその目で見ていた訳であるから、彼の撰になる「東極真人伝一巻」の記載は当然なにほどかの宗教的事実を含むであろうが、実際の謝自然の事跡に則したものと考えてよろしいと思われる。「東極真人伝一巻」の内容については後文で考察を加えることにする。

次に、「謝自然別伝三巻」であるが、この書については前述した『通志』に書名が記載されている以外にその書の成立を確定し得る資料をまだ見いだしていない。しかし、「東極真人伝一巻」の記載される『新唐書』に記載の無かったことから見ても、その成立は「東極真人伝一巻」より遅れていると見てよろしいように思われる。また、書名に別伝とあるのは本伝に対して別伝との意味であろうと思われるが、その別伝との名称に対して近藤春雄氏が「伝奇そのものが、別伝と目されている[1]」と指摘されておられることから考えると、或いはこの「謝自然別伝三巻」なる書は、純粋に謝自然の伝として成立したものではなく、伝奇小説に類した興味の上に立って、後日存在していた謝自然の伝をもとにして、流伝していた逸話等を加えて作製されたものかも知れない。ともあれ、「謝自然別伝三巻」は撰者名の伝えられてないことからもその成立年代を確定するのは難しいのだか、「東極真人伝一巻」より後の成立で、その内容も伝としてはさほど信頼できるものでないことが推測されよう。

ここまで見てきたことから考えると、謝自然の伝としては、その死後間もなく自然と深い接触を持っていた李堅によって撰せられた「東極真人伝一巻」の記載が、当然そこには宗教的事実が含まれるにしても、最も信頼するに足るものであると思われた。しかし、残念なことに「東極真人伝一巻」と題される謝自然の伝は現在にまで伝えられていない。そこで考えられるのは前述しておいた甲・乙両伝のいずれかが「東極真人伝一巻」との関連の上に成立したものではなかろうかということである。次にその点について考えていこうと思う。

まず、甲・乙両伝の成立を現存資料の中から探ってみることにしよう。

甲伝の類に分けられたのは『広記』本僕僕先生、『広記』本謝自然、『体道通鑑』本程太虚、『羣仙録』本謝自然それに『御覧』本謝自然の五点であった。いまそのそれぞれの出典を調べてみることから甲伝の成立年代に推測を加えておこう。このうち『御覧』本謝自然であるが、この引用文は「又曰」で始まっている。そこで前を見ていくとこの「又」は『三洞珠嚢』を指すことになっている。しかし、『三洞珠嚢』は初唐の道士王懸河の撰であり、そこに時代の遅れる謝自然に対する記載はあり得ないことになる。恐らくこれは『御覧』の撰者によって生じた引用上の誤りであろう。次に『広記』本謝自然と『羣仙録』本謝自然は共に『集仙録』が出典とされている。『集仙録』は当時のままでは現在に伝わっていない書であるが、宋の曾慥の撰と伝えられている。また、『体道通鑑』本程太虚は、ほぼ同文の記載が『三洞羣仙録』（『道蔵』正一部）に見られ、そこでは『高道伝』と出典を明記して載せている。『高道伝』は宋の道士賈善翔の撰である。ここまで見た限りでは、甲伝成立の上限を宋以前にさかのぼらせることはできなかったが、残る一つ『広記』本僕僕先生には、出典が「出異聞集及広異記」と明記されている。このうち『異聞集』は、『新唐書』芸文志、小説家類に『陳翰異聞集十巻』と書名を載せており、「唐末屯田員外郎」と注をつけている。そこに見られるに撰者の陳翰が唐末の人であることから、『異聞集』の成立もその頃と考えられ、唐末にまでその成立を引き上げられることになる。また、『広異記』は戴孚の撰になるが、顧況の「戴氏広異記序」（『文苑英華』巻七三七）に「譙郡戴君孚、幽賾最深……至徳初、天下肇亂、况始與同登一科、君自校書、終饒州錄事參軍、時年五十七」とあって撰者の戴孚は至徳初年（七五六）に五十七歳であったことか分る。そうすると甲伝で謝自然が白日昇天したとする貞元十年（七九四）には九十五歳近くになっていることになる。「広異記」が九十五歳を過ぎてから書かれたというのは少し無理が生じるように思う。しかし、僕僕先生というのは開元の頃の人であるから、『広異記』に記載が無かったということにはならない。そもそも『広記』本僕僕先生における謝自然に関する記述は、

其後果州女子謝自然、白日上昇、當自然學道時、神仙頻降、有姓崔者、亦云名崔、有姓林者、亦云名杜、其諸姓亦爾、則與僕僕先生姓名相類、

其の後、果州の女子謝自然、白日上昇す、自然学道の時に当り、神仙頻に降る、姓崔なる者有り、亦名を崔とも云う、姓林なる者有り、亦名を杜とも云う、其の諸姓亦爾り、則ち僕僕先生と姓名相い類す、

とあるだけで、僕僕先生の姓名をあり得ることであるというための例えに用いられたに過ぎないのである。しかし、ここで注意しておきたいことは、唐末になっても例えに用いられるほど謝自然の話は有名で、広く伝えられていたということである。そして、その伝えられていた話の内容は、ほんの一部分でなおかつ簡略化されてはいるものの、崔だとか杜だとかいう神仙が降ってくる話で、これは既に見てきた甲伝に記載のあったことである。

次に乙伝の成立であるが、ここに分類されたのは『広記』本司馬承禎、『体道通鑑後集』本謝自然及び『続仙伝』本謝自然の三つであった。このうち『広記』本司馬承禎には元来出典の記入が無い。一九五九年刊の人民文学出版社版では「原未註出処、査出大唐新語」と注を入れているが、『大唐新語』に司馬承禎の記載はあるものの、

そこで謝自然に触れることはない。結局、出典がはっきりしないので一応除外しておく。次いで『体道通鑑後集』本謝自然であるが、これは元代の成立であるし、その内容も『続仙伝』本謝自然とほぼ同じである。そこで『続仙伝』本謝自然であるが、『続仙伝』は『道蔵』本に南唐沈汾撰とあることから五代の時期の成立になろう。結局、乙伝の成立は確実には五代までしかさかのぼることができない。そして、甲伝に比べて三点の資料が残されてはいるものの、その話が広く伝わっていたと思われるような形跡もないことに注意される。

こうして見た結果、甲伝が唐末の社会には広く知られていたと考えられ、そこから甲伝が「東極真人伝一巻」の系統を引く伝であるらしいことは分ったが、まだ断定するまでには至らなかった。そこで、次に視点を変えてほぼ同時代を生きた韓愈、李翔らが残した詩を検討することから以上のことを更に考えてみたい。

韓愈に「謝自然詩」と題される詩のあることは前述した。韓愈はいかなる内容の謝自然の伝を読んで、或は聞いてこの詩を書いたので あろうか。まずこの詩の注には、

果州謝眞人上昇在金泉山、貞元十年十一月十二日、白晝輕擧、郡守李堅以聞、有詔褒諭、

果州謝真人金泉山にて上昇す、貞元十年十一月十二日、白昼に軽挙す、郡守李堅以聞し、詔して褒諭する有り、

とあり、その詩の記述も、

果州南充縣、寒女謝自然、童騃無所識、但聞有神仙、輕生學其術、乃在金泉山、繁華榮慕絶、父母慈愛捐、凝心感魑魅、慌惚難具言、一朝坐空室、雲霧生其間、如聆笙竽韻、來自冥冥天、白日變幽海、簷楹躄明滅、五色光屬聯、觀者徒傾駭、躑躅詎敢前、須臾自輕擧、飄若風中煙、茫茫八紘大、影響無由緣、里胥上其事、郡守驚

且歎、驅車領官吏、甿俗爭相先、入門無所見、冠履同蛻蟬、皆云神仙事、灼灼信可傳、……(2)
果州南充県、寒女の謝自然、童騃識る所無く、但だ聞く神仙有あるを、生を軽んじて其の術を学び、乃ち金泉山に在り、繁華栄慕絶え、父母慈愛捐つ、心を凝らして魑魅を感ぜしめ、慌惚具に言い難し、一朝空室に坐し、雲霧其の間に生ず、笙竿の韻を聆くが如く、冥冥の天自り来る、白日幽海に変じ、蕭蕭として風景寒し、簷楹暫く明滅し、五色光屬聯す、観る者徒に傾駭し、躑躅して詎ぞ敢て前まん、須臾にして自ら輕擧し、飄として風中の煙の若し、茫茫として八紘大に、影響縁るに由無し、里胥其の事を上り、郡守驚き且つ歎ず、車を驅りて官吏を領し、甿俗争いて相先んず、門に入りて見る所無く、冠履蛻蟬に同じ、皆云う神仙の事、灼灼として信に傳う可しと、……

ということであり、甲伝の記述を髣髴させる記述がなされているように思われる。もし、乙伝からこの詩が書かれたのであるなら、司馬承禎の名を出すに至らないまでも、乙伝の記述の大半を占めていた中国各地を遍歴したことに必ず触れることと思われる。

結局、以上のことから、韓愈の読んだか、もしくは伝え聞いた謝自然の伝は、甲伝とほぼ同一内容のもので、それは謝自然の死後間もなく作製された李堅撰の「東極真人伝一巻」であつたと考えたい。

しかし、そのことは「東極真人伝一巻」が成立当時のまま現在にまで伝わっていて、それが甲伝と全く一致しているものであるということを意味しない。前述した李翔の詩の題は「題金泉山謝自然伝後」となっていた。この詩は敦煌写本P三八六六に書かれているのだが、このP三八六六の詩は全体として『渉道詩』として題されている。この『渉道詩』に含まれる二十八首の詩題を見ると、「題麻姑山廟」、「登臨川仙台観南亭」、「寄題尋真観」、「宿西山淩雲観」等とあるように各地の道教に関係する建造物などを訪れて作った詩の多いことに気付く。そうしてみると、「題金泉山謝自然伝後」も単に金泉山の謝自然の伝の後に題するとの意味ではなく、金泉山にある謝自然の伝の後に題す、との意味であるとも考えられよう。そう考えると『広記』本謝自然の次の記述が新たな意味をもつものとなってくる。

刺史李堅表聞、詔褒美之、李堅述金泉道場碑、立本末爲傳云……
刺史李堅表聞し、詔褒して之を美とす。李堅金泉道場碑を述し、本末を立てて傳と爲す、

この最後の二句を「李堅が金泉道場碑を述し、（またそれとは別に）本末を立てて伝を作った」と読まずに「李堅が金泉道場碑を述し、（その中に）本末を立てて伝を作った」と読むことになり、李堅撰の「東極真人伝一巻」は元来、碑文として書かれたものであつたということになる。そうしてみると「東極真人伝一巻」は、長文にわたることなく、簡潔な短い文章で構成されていたと考えられよう。すると、中国社会に広がつていた「東極真人伝一巻」はそれを書きうつしたものに始まると思われ、その伝が社会に拡がりを見せる度に当然加筆がなされていったと考えるのが無理のない所であると思われる。

結局、李堅撰の「東極真人伝一巻」は当初成立した時のままで残っているものはないが、現存する甲伝がその系統を引くものであると考えられよう。

そこで、以下に甲伝の記述に考察を加えることから、謝自然の道教も具体的に見てゆき、そのことを通して当時の社会における道教のありさまの一端をも考えてみることにしたい。

## （四）　謝自然の道教

前掲しておいた甲伝では、謝自然は大方山山頂の老君の古像を拝礼することから宗教生活に入り始め、常に道徳経、黄庭内経を誦し、絶粒し、貞元三年に開元観で程太虚から五千文紫宝籙を受け、次いで同七年に三洞籙を同人に請うている。その後、金泉山に移り、そこで金母（西王母）の降臨にあい、同十一年に白日昇天したと記されていた。

ここでそれらの記述の一つ一つに検討を加えて、そこから謝自然の道教を考えてゆくことにしたい。

伝はまず謝自然について、

自然性穎異、不食葷血、年七歳、母令隨尼越惠、經年以疾歸、又隨尼日朗、十月求還、常所言多道家事多、詞氣高異、

自然の性穎異、葷血を食わず。年七歳、母尼越惠に隨わしむ、經年疾を以て歸る。又尼日朗に隨わしむ、十月にて還るを求む。常に言う所道家の事多く、詞氣高異なり。

と述べて、初め母によって仏教の修業をさせられたことを記しているが、どうもそこには満足できなかったようである。逆に自然は自ら道家の方に目を向けるようになる。続いて、

其家在大方山下、頂有古像老君、自然因拜禮、不願却下、母從之、乃徙居山頂、自此常誦道德經、黄庭内篇、

其の家大方山の下に在り、頂に古像老君有り、自然因りて拜禮し、却下を願わず、母之に從い、乃ち居を山頂

に徒す。此れ自り常に道徳經、黄庭内篇を誦す。

として老君の古像を拜礼し、道徳経、黄庭内篇を誦するようになる。唐代において道教の神像が多く存在していたことは、那波利貞博士の指摘されるところであるが、[3]杜光庭の『道教霊験記』[4]巻四の「南平丹竈台金銅像験」には

丹竈臺在渝州南平縣南界、南平郡古江州也、湘東王曾領其地、陶隠居錬丹於此臺、有石階古壇基址、猶在臺側、山上石龕中有金銅像、皆天尊道君老君眞人之形、大者三二尺、小者八九寸、雖無風雨飄漬、且年祀久遠、而金色鑠人、精光奪目、製作精巧、異於常工、既重且潔、皆疑其眞金也、古老相傳、取者必有神理所責、故無人敢侵、…

丹竈台は渝州南平縣南界に在り、南平郡は古の江州なり、湘東王曾て其の地を領す、陶隠居此の臺に錬丹す、石階古壇基址有り、猶お臺側に在り、山上の石龕中に金銅像有り、皆な天尊道君老君眞人の形なり、大なる者は三二尺、小なる者は八九寸、風雨飄漬無く、且つ年祀久遠なりと雖も、而金色鑠人、精光奪目、製作精巧、常工に異なれり、既に重しく且つ潔れなく、皆な其の眞金なると疑うなり、古老相い傳う、取る者必ず神理責むる所有りと、故に人敢て侵す無し、…

として、山上に老君等の像があって、土地の人から信仰を受けていたと思われる記述が見られている。こうしてみると、山頂の老君像に対するような信仰は、当時各地において見られたものと思われ、その信仰は地域性の強いものであったようである。謝自然と道教の結びつきも、その初めは大方山山頂の老君像を中心に形成されていた地域性の強い信仰から始まつたようである。

その後、絶粒し、終には食事も水もとらなくなったことが記される。そして、次いで注目されるのが、貞元三年に程太虚より伝授を受けたことを伝える次の記録である。

貞元三年三月、於開元観詣絶粒道士程太虚、受五千文紫靈寶籙。（甲類）

貞元三年三月、開元観に於いて絶粒道士程太虚に詣り、五千文紫靈寶籙を受く。

（貞元）七年九月、韓佾轝於大方山、置壇、請程大虚具三洞籙、（甲類）

（貞元）七年九月、韓佾大方山に轝す、壇を置き、程太虚に三洞籙を具せんことを請う。

ここで初めて謝自然は五千文紫霊宝籙を受け、三洞籙を受け教団として存在していた道教の内部に入ることになるのである。そうしてみると謝自然に伝授を与えた程太虚という人物が謝自然の道教に大きな影響を与えていると考えられる。

程太虚についてであるが、彼については、

（一）『歴世真仙体道通鑑』巻四二（『道蔵』洞真部、記伝類、鱗下一四八、SN二九六）

（二）『三洞羣仙籙』巻七（『高道伝』を引く。『道蔵』玉乙部、筵下九九三、SN一二四八）

（三）『三洞羣仙籙』巻一七（『仙伝拾遺』を引く。同右、設下九九五、SN一二四八）

がその資料として挙げられる。

これらの資料を見ると、程太虚は果州南充の人で南岷山に居したらしい。程太虚の道教の特色は、前掲資料の（1）と（3）にほぼ同文で記されている次の記載に表れているように思われる。

一夕、迅風抜木、雷電大雨、庭前坎焔之地、水猶沸涌、以杖攪之、得碧玉印両紐、用之頗驗、毎歳遠近祈求、或受符籙者、詣其門以印印籙、則受者愈加豐盛、所得財利、拯貧救乏、無不稱嘆、（凡有得、以恵施之外、皆以構祠設像、無所私己、）

一夕、迅風抜木し、雷電大雨となる、庭前の坎焔の地、水猶お沸涌し、杖を以て之を攪するに、碧玉印両紐を得たり、之を用うるに頗る驗、毎歳遠近祈求す、或るものは符籙を受け、其の門に詣りて印を以て籙を印す、則ち受ける者愈々豊盛を加え、得る所の財利り、貧を拯け乏を救い、稱嘆せざる無し、（凡そ得る有れば、以て恵施するの外、皆以て構祠設像し、私己する所無し、）

これを見ると、程太虚はどうも中国社会の中に入って符籙を用いながら多くの人々と接して、道教の実践につとめた道士であったようである。そして、彼のような道士としてのあり方は、当時の社会に広がっていた道教の一つの典型となるものではなかったかと考える。だが、『広記』本謝自然では程太虚を「開元観絶粒道士程太虚」として、官立の道観であった開元観の道士であったとの取り扱いをしている。

開元観については已に道端良秀博士に研究(5)があるので、ここで繰り返すことは避けるが、『唐会要』巻五十に、

（開元）二十六年六月一日、敕毎州各以郭下定形勝觀寺、改以開元爲額、

（開元）二十六年六月一日、敕して毎州に各ぞれ郭下を以て形勝の觀寺を定め、改めて開元を以て額と爲す、

とあるように、新たに官制の開元観を州毎に建立したのではなく、以前よりあった観寺の名を改称したものであったようである。そうではあっても、開元観は官制の道観であったことでもあり、国家より経済的には充分保証され

ていたと思われることは、道端博士の指摘されるところである。しかし、このことは唐代を通して継続されていたのであろうか。その点について那波利貞博士は官制の仏寺にしても道観にしても、安禄山の乱以後、特に宣宗以後において経済的保証は望み得るものではなかったであろうことを指摘され、そこから「道観も亦仏寺同様に民衆と接触を密にする必要より俗講を盛行するに努めたと考察せられる」[6]と言っておられる。那波博士の指摘される俗講の開催ということは興味のあることではあるが、ここでは、経済的に行き詰った際に民衆と接触を密にするようになったとの指摘に注目したい。

程太虚の道教も先ほどから見てきたように符籙を用いて、一般の民衆の病気平愈や発財など多くの願い事に対応していく実践的な方向をもつものであった。こうしてみると例え程太虚が官制の道観である開元観の道士であったにしても、その頃の開元観は中央からの保証が途絶えていたのと同時に、特定の道教教理を中央から強制されることもなくなっていたと思われ、開元観の道士であったにしても、その点についてこだわる必要はないと思われる。結局、程太虚の道教は民衆の求めに応じつつ中国社会の中で伝統的に存在してきた、いわば民衆の道教とでもいうべき性格を十分に備えたものであったように思われる。そして、そうであったからこそ、大方山山頂の老君像礼拝といういわば民間信仰から出発した謝自然が、程太虚と出会うその機会を得られたのであろうと思われる。

それでは、謝自然が程太虚より受けた伝授の内容は、具体的にどのようなものであったのであろうか。前掲したものだが、再び『広記』本謝自然の記載を引くことにしよう。

貞元三年三月、於開元觀詣絶粒道士程太虚、受五千文紫宝籙、
貞元三年三月、開元観に於いて詣絶粒道士程太虚、五千文紫寶籙を受く、
（貞元）七年九月、……請程太虚具三洞籙、

（貞元）七年九月、……程太虚に請いて三洞籙を具える、

これを見ると初めに五千文紫宝籙を受け、次いで三洞籙を受けていたことが分る。このような伝授はいかなる根拠に基づいて行なわれたものであろうか。

『隋書』経籍志を見ると、

今受道者、經四十九年、始得授人、推其大旨、蓋亦歸於仁愛清靜、積而修習、漸致長生、自然神化、或白日登仙、與道合体。其受道之法、初受五千文籙、次受三洞籙、次受洞玄籙、次受上清籙。

今の受道者は、四十九年を經て、始めて人に授くるを得る、其の大旨を推しはかるに、蓋し亦た仁愛清靜に歸す、積みて修習し、漸く長生を致す、自然神化し、或ものは白日登仙し、道と合体す。其の受道の法は、初め五千文籙を受け、次に三洞籙を受け、次に洞玄籙を

と当時の授籙に対しての記述が見られる。これを見ると、五千文籙を受けて次に三洞籙を受けるなど、謝自然の受籙とほぼ一致したものである。結局、程太虚から謝自然に行われた伝授の方法は、隋代に行われていた方法をそのまま継承したものであったようである。そうすると、『隋書』経籍志の記載は何に基づいたものであったのかが次に問題となってくる。

『無上秘要』を見てみると、巻三十七は「授道徳五千文儀品」となっており、その中に「右出伝授五千文籙儀」との記載が見えている。続いて巻三十は「授洞神三皇儀品」となっており、巻三十九は「授洞玄真文儀品」となっており、巻四十は「授洞真上清儀品」となっている。分り易く次に表にして示すと、

| | | |
|---|---|---|
| 甲伝 | 『隋書』経籍志 | 「無上秘要」 |
| 五千文紫宝籙 | 五千文籙 | 道徳五千文儀 |
| 三洞籙 | 三洞籙 | 洞真三皇儀 |
| 洞玄籙 | 洞玄真文儀 | |
| 上清籙 | 洞真上清儀 | |

として『無上秘要』のみが「三洞」を「三皇」に作る以外は、ほぼ対応しており、同一の系統のものであると考えてよいと思われる。『無上秘要』は周知のように北周の時の作製になる。こうしてみると、謝自然に行われた伝授の方法は古く北周まで遡り得るようであり、唐代の道教が北朝の影響を強く受け、それを継承しているとよく指摘を受けるそのことを具体的に示すものであると同時に、そのような伝授を受けた謝自然の道教が中国社会に広がっていた伝統的道教の流れをくむものであることも明らかにしているといえよう。

だが、ここで少し考えておきたいのは、伝統的道教を継承していたとはいえ、謝自然はそれをそのまま次に伝えてゆく単に橋わたしの役を演じただけの道士ではなかったと思われることについてである。

謝自然の名が白日昇天したとされる貞元十年以後急速に中国社会の中で広まっていったと思われることは前述した。この事実は韓愈の「謝自然詩」に

果州南充縣、寒女謝自然、…一朝坐空室、雲霧生其間、如聆笙竿韻、來自冥冥天、白日變幽海、蕭蕭風景寒、簷楹暫明滅、五色光屬聯、觀者徒傾駭、躑躅詎敢前、須臾自輕擧、瓢若風中煙、

果州南充縣、寒女の謝自然、…一朝空室に坐し、雲霧其の間に生ず、笙竿の韻を聆くが如く、冥冥の天自り來る、白日幽海に変じ、蕭蕭として風景寒し、簷楹蹔く明滅し、五色光屬聯す、觀る者徒に傾駭し、躑躅して詎

ぞ敢て前まん、須臾にして自ら輕擧し、飄として風中の煙の若し、

とあったように、白日昇天したと伝えられたことが、謝自然の名を有名にしたその直接の理由であったであろう。そうであったとしても、白日昇天したと伝えようとする側に、謝自然を神格化したい意識と、それを事実として広く社会に広めようとした意識が当然あったからであることを考えない訳にはゆかない、それは、謝自然を神格化し対象化した信仰が成立していたのではないかとの推測が導き出される。

その点について考えると、『広記』本謝自然に、

於金泉道場白日昇天、士女數千人、咸共瞻仰、祖母周氏、母胥氏、妹自柔、弟子李生、聞其訣別之語曰、
金泉道場に於いて白日昇天す、士女數千人、咸な共に瞻仰す、祖母周氏、母胥氏、妹自柔、弟子李生、其訣別の語を聞く、

と記され、李翔の「題金泉山謝自然伝後」に、

門人未得隨師去、雲外空間好住聲、
門人未だ師に随いて去くを得ず、雲外の空間に好住の声あり、

と記されているように、多くの門人のいたこと、また門人ばかりではなく、多くの人が謝自然をとりまいていたらしい様子も看取できることや、『広記』本嵩山嫁女に、

東隣女彈箏撃筑者誰、曰麻姑、謝自然、幄中座者誰、曰、西王母、

東隣女箏を弾き筑を撃つ者は誰ぞ、曰く麻姑、謝自然と、幄中に座する者は誰ぞ、曰く、西王母なりと、

とあつて、西王母は別格としても、『神仙伝』に記載され女仙としてよく知られている存在の麻姑と肩を並べて記述されていることなどから考えてみて、謝自然の名を社会に広く知らしめた信仰の存在を推測し得るものがあるように思われる。

その点に関して興味ある資料を一つ見つけた。『太平広記』巻四十六王太虚は『仙伝拾遺』を出典とした話であるが、その末尾に、「人間因有傳寫東極眞人所註黄庭經本矣」と書かれているのである。東極真人となると、当然謝自然のことと思われるのだが、ここでの話は、東極真人王太虚なる者が咸通（八六〇―八七四）の頃に、熱心に『黄庭経』を誦していた王屋の令王琮に、王屋山で自注の『黄庭経』を授けたというものである。この話の出典は杜光庭の撰になる『仙伝拾遺』とされているが、王屋山の王太虚が王琮に授けたとしているものの、「王」を繰り返し用いて語呂合わせ的な感じを受けることと、それを授けた東極真人とされる王太虚にしても「隠居王屋山中」とあるだけでほかに具体性のある記述が見られないあいまいな人物となっていることや、この話に書かれている咸通の年号も謝自然とほぼ同時代であることから、どうも後で東極真人（謝自然）や程太虚と別のグループのものが、『黄庭経』の由来を語らんとして二人の名前をもとに新しく作り出した話ではないかと思われる。謝自然の伝にも『黄庭内経』にしばしば触れていたように、謝自然にとって『黄庭経』は重要な経典であったと思われる。そこから考えてみても、たとえ本人が直接注を書いたのではないにしても、謝自然の門人たちが程太虚から謝自然（東極真人）に伝わったとして『黄庭経』の注を書いていたとも考えられよう。結局、推測の域を脱し得ないが、もしそ

うであったとしたら、程太虚、謝自然と繋がる民間での信仰の系譜が考えられ、そのグループは後日、東極真人注の『黄庭経』を中心経典としてその結束を得ていたと考えられる。

## （五）新たな伝の作成

ここまで、謝自然には甲、乙の二つの系統の伝が現在まで残されていること、そしてこのうちの甲伝の方が、謝自然の卒した直後に書かれたと思われる「東極真人伝一巻」を継承したものと思われ、謝自然の伝として信頼できるものであると考えられることを見てきた。しかし、謝自然にはもう一つ伝が存在している。そこで次にそのもう一つの伝、即ち乙伝について検討を加えて本章の結びとしたい。

乙伝については、その大要を前掲しておいたので、ここで繰り返すことは避けるが、その伝の記述の中心となっていたことは、司馬承禎より伝授を受けたと記す、そのことにあったようである。だが、謝自然が伝授を受けたのは、既に見てきたように程太虚からであって、司馬承禎からではなかった。

では、何故このようないわば虚構に立つ伝が作製されたのであろうか。私はこれを単なる小説的興味による創作とは考えない。むしろ、前述した謝自然を信奉していたグループが、後に謝自然ひいては自分たちのグループは司馬承禎を通して上清派の流れを汲むものであることを証明せんとして、新たに作り出した伝であると考えたい。

こう考えるだけでは単なる推測にすぎないが、唐代の道士の伝でこれと似た方向性を打ち出しているものがあるのである。高宗の頃に活躍した道士葉法善の伝「唐葉真人伝」（洞神部、譜籙類、孝下）がそれである。「唐葉真人伝」については、既に本書第一部第一章で取り上げたので、ここで繰り返すことは避けるが、葉法善は初め天師道系の伝授を受けた道士であったのが、宮中に入るようになると、司馬承禎を訪ね、その後、上清派の伝授をも受けるようになったと思われる道士である。

ここで謝自然の乙伝、及び「唐葉真人伝」に見られる葉法善のかわり身を合わせて考えてみると、唐室と道教の結びつき、特に茅山派（上清派）との結びつきの強かつたことはこれまで度々指摘されるところであるが、茅山派の道教は司馬承禎の時を界にして、官廷内のみならず、広く杜会に浸透していた他の道教のグループにも強い影響力を及ぼし始めたといえるのではないだろうか。

承禎は茅山派宗師としての指導力もさることながら、玄宗に上言して五嶽に上清真人の祠を立てさせ、五嶽を茅山派の支配下に置こうとさえしている。このような状況下にあって、民間信仰をも含めた伝統的に中国社会の中で維持継続されてきた他の道教勢力は、一つには出来る限り接近を試みることで存続を図るか、或いはあくまで反発し闘うかのいずれかの選択を迫られたであろう。このうち前者の道を選んだのが葉法善であり、謝自然を信奉していたグループであったと考えられよう。そしてここに乙伝が作製される理由もあったと思われるのである。

【注】

（1）『唐代小説の研究』第三章第二節、「伝と記について」、笠間書院、一九七八。
（2）『全唐詩』巻三百三十六
（3）「唐代に於ける道教と民衆との関係に就いて」『甲南大学文学会論集』、一七、一九六二
（4）『道蔵』洞玄部、記伝類、ＳＮ五九〇。
（5）「唐朝に於ける道教対策」支那仏教史学四―二、一九四〇。
（6）注（2）参照。

# 第五章　羅公遠と民間信仰

## （一）　はじめに

唐の玄宗の時世、開元・天宝年間には、司馬承禎・呉筠など道教史の上でも重要な位置を占める道士が輩出しているが、それと同時に、葉法善・申元之・張果・刑和璞そして羅公遠などと道教教理の面ですぐれて業績のあった道士というより、多くの説話を後世に残したことで知られる、いわば術士的要素を持った道士も数多い。

本章で取り上げる羅公遠も残されている説話などから、唐一代を通じて名の知られる道士の一人に数えられるが、羅思遠として伝えられている道士も同一の人物であると思われるように、彼の生涯及び業績などが後世に正しく伝えられているとは言い難く、知名な道士の割には未知の部分が多い。しかし、彼については信頼すべき伝の残されていない代りに、少なからぬ説話が現在に伝えられている。その残されている説話の多くは、宮廷に出入りした時に作られたもので、不可思議な術を使う道士としての羅公遠像を浮かび上らせるものだが、それとは別に蜀の地域社会において多くの人に信頼され、信仰を集める羅公遠の姿を伝えるものもある。この羅公遠に対する信仰の形成は当時の社会において道士と民衆のつながりを知る上で貴重な事例となるものと考える。そこで本章では、まず羅公遠の説話（そのうち或るものは伝として伝えられる）に検討を加え、羅公遠という道士の姿をできるだけ明らかにし、次いでそこから当時の道士と民衆との関係、及び民間における信仰の形成などに論及する。

また、以上の検討を通して、第一部で取り上げた「葉浄能詩」と構成上の近似性も浮かび上がってくる。道教の唱導作品の成立していく過程を考えるうえで重要な示唆を与えるものである。

## （一）　羅公遠の説話

まず初めに羅公遠に異名があるとされる問題について取り上げ、次いで彼の説話資料に対する検討に入りたい。羅公遠と羅思遠の関連については、夙に『歴世真仙体道通鑑』[1]巻三十九「羅公遠」の項で「道士羅公遠」と書かれる後に割り注を入れ、「一名思遠」としている。また、宮川尚志博士も「羅思遠とは公遠の一名で、後世まで羅真人として知られる」[2]と言っておられる。これらの指摘は結論として正しいと思う。しかし、本節ではただその結論を承けるだけでなく、どうして異名が生まれたのか、それには何か理由があるのかを考えておきたい。

『雲笈七籤』[3]巻百十三・伝に「羅方遠」という道士の伝がある。結論から先に言えば、その内容は羅公遠の伝として伝えられるものの一部分と全く同じであり、この羅方遠なる道士も羅公遠のことであると考えてもよさそうである。公遠・思遠そして方遠と三つの名前を並べてみると上の一字が違っているだけである。異名、或いは単なる誤写等による単なる伝達上による誤りと考えるだけでは、そこに何か見落としがありそうな気がする。この点については、本章の主旨と深く関連することになるので、後文で取り上げることにする。

羅公遠に関する説話や彼の伝を列挙して、それに検討を加えることから入っていきたい。現在までに私の知り得た羅公遠に関する説話資料は次の通りである。

甲群

（1）『太平広記』巻二十二・神仙「羅公遠」（以下『広記』本羅公遠と略称する）。

（2）『歴世真仙体遺通鑑』巻三十九「羅公遠」（『仙鑑』本羅公遠）。

（3）『青城山志』[4] 六・紀事「羅公遠」。
（4）『四川通志』[5] 巻百六十七・人物「羅公遠」。
（5）『彭県志』嘉慶癸酉本、[6] 巻三十六・仙釈「羅公遠」。
（6）『羅江県志』[7] 巻二十七・仙釈「羅公遠」。
（7）『増修灌県志』光緒十二年本[8]　巻九・人物志「羅公遠」。
（8）『重修灌県志』民国二十一年本[9]　巻十二・人物「羅公遠」。
（9）『録異記』[10] 巻一。
（10）『三洞群仙録』[11] 巻十八「仙宗赤鯉公遠自魚」。
（11）『雲笈七籤』巻百十三・伝「羅公遠」。
（12）『三洞群仙録』巻十四「元女華幄太真霓裳」。
（13）『開天伝信記』[12]。
（14）『唐語林』[13] 巻五。
（15）『三洞群仙録』巻十三「隠柱羅公遠入図抑成」。
（16）『太平広記』巻二百八十五・幻術「羅公遠」。
（17）『雲笈七籤』巻百十三・伝「崔生」。
（18）『太平広記』巻二十三・神仙「崔生」。
（19）『歴世真仙体道通鑑』巻四十三「崔偉」。
（20）『青城山志』六・紀事「青城仙伯」。
（21）『重修灌県志』巻十二・人物「崔偉」。

(22)『太平広記』巻三百九十六・雨「不空三蔵」。
(23)『歴世真仙体道通鑑』巻三十九「張氳」。
(24)『歴世真仙体道通鑑』巻三十九「申元之」。

乙群

(25)『雲笈七籤』巻百十九『道教霊験記』「羅公遠降雨助金験」。
(26)『雲笈七籤』巻百二十『道教霊験記』「李承嗣解妻児官修黄籙斎験」
(27)『三洞群仙録』巻三「稚川金闕公遠碧落」。
(28)『神仙感遇伝(14)』巻一「楊初」。
(29)『歴世真仙体道通鑑』巻三十九「王柯」。
(30)『太平広記』巻四百四十九・狐「汧陽令」。
(31)『歴世真仙体道通鑑』巻三十九「李聿」
(32)『重修灌県志』巻二十一・人物「李聿」。
(33)『太平広記』巻二十五・神仙「採薬民」。
(34)『歴世真仙体道通鑑』巻四十三「採薬民」。
(35)『青城山志』六・紀事「採薬民」。
(36)『重修灌県志』巻十二・人物「採薬民」。

丙群

(37)『新唐書』巻二百四・列伝・方技。
(38)『太平広記』巻七十七・方士「羅思遠」。

（39）『雲笈七籤』巻百十三・伝「羅方遠」。

前に列挙した資料は、先に甲・乙・丙の三群に分けておいた。甲群に分類した資料は、伝の形態をとっていても、ある不可思議な出来事を興味の対象として書かれた説話であっても、公遠が宮廷内にいたことが背景となって作られたと考えられるものである。乙群に分類した資料は、例えば資料（25）に「明皇朝に帝宮に出入し、聖徳を輔導す」、資料（30）に「蜀より京にゆく」などと公遠が宮廷に入っていたことがあることを簡単に説明したり、それらしいことを想起せる記載のあることもあるが、蜀の地を中心として多くの人々の願いを聞き、信頼され、信仰を受けるようになる公遠の姿が描かれているものである。最後に丙群に分類した資料は、名前が思遠・方遠として伝えられているものである。

まず甲群の資料から見てゆくことにしよう。甲群に分類した資料二十四点は、（1）の『広記』本羅公遠とほぼ同一の内容であるか、或いはその一部分と一致する内容を持つ（2）～（15）と、必ずしも同一の内容ではないが宮廷内の羅公遠について書かれる（16）～（24）とである。

『広記』本羅公遠は全体で伝の形式をとるが、その内容から次の七つの話に分けることができる。

第一話：鄂州（現在の武漢）の刺史の宴会に来た白衣の人物を龍の化身と見破る話。

第二話：宮廷の中で、葉法善と張果に術を用いて剣南蜀道（現在の成都附近）に熟子という果実を取りに行かせるが、公遠が爐で火を燃やしている間は、都のまわりが火に包まれていて入ってこられなかったという話。

第三話：玄宗皇帝を月宮に案内し、玄宗は月宮で奏じられていた霓裳羽衣の曲を覚えて帰ってきたという話。

第四話：宮廷内で、葉法善・金剛三蔵とさまざまに術比べをする話。

第五話：公遠は陰遯の術を得意とするが、教授を希望した玄宗に十分に教えなかったことから、怒った玄宗に殺されるという話。

第六話：仙玉という玄宗の使者が、蜀で偶然に殺されたはずの公遠に逢った話。

第七話：玄宗が蜀を訪れた時、剣門（四川省剣閣の東北）に迎えたという話。

この七つの話のうち第一話を除いて宮廷との関連を示す話である。第一話だけが鄂州の語であるが、宮廷内に推挙された理由を説明する話として構成されている。だからといって無意味な話ではなく、公遠に方遠という異名があるその理由を考える糸口を与えてくれる話として重要である。これは後述する。

残りの（17）〜（24）までの話のうち、（17）〜（21）までは崔偉の話で、唐の進士崔偉が青城山で道に迷い仙境に入り込んでしまうが、帰る時に陰形の術を授かる。都へ帰った崔偉は姿を消して宮廷中に入り込むが、帝は公遠に命じて崔偉を捕まえさせたという話である。

（22）の話は、不空三蔵の話で、玄宗が祈雨をさせようと不空と公遠を呼び出したが、不空はたちどころに雨をもたらしたという話である。

（23）、（24）の話は宮廷内の有名な道士の名を列挙しているが、その中に公遠の名も挙げられているというものである。

乙群の資料は、蜀の地域での公遠の姿を知ることのできる資料である。

（25）の話は最初に公遠の修業の場について述べた後、風雨水旱のことを司り、大水の来ることも予測して多くの人民の命を救い、蜀の地方で祠が建てられ信仰の対象になっていることを述べている。また、続けて楊初という人物が羅真人の像を得て、常に供養を欠かさなかったところ、重税で困り果てた時に羅真人があらわれて、金を与え急場を救ったという話となっている。

（26）の話は醜い妻と子を共に毒殺してしまった鄂州唐年の人で李承嗣という男が、毎夜夢に苦しむことから公遠にお祓いを頼み、公遠は黄籙斎を行わせ、その善行によって男を助けたとの話である。
(27)の話は、公遠に水怪を除き人民を救済し、邪を駆いはらい、龍を召いて雨を降らせ、薬や符を施して病疾を愈すなどの霊験があることを述べ、正月十五日午の時に赤龍に駕して帰天したことを述べている。
(28)の話は楊初の話で、(25)の話の後半部とほぼ同一内容である。
(29)の話は王柯という青城横源の人が、熱心に修行しているということで、道士から秘訣を授かり、昇天したという話だが、秘訣を授けた道士が羅公遠であったというものである。
(30)汧陽令の官にあった男の家に天狐がとり憑いてしまい、なす術もなくなった汧陽令が公遠に頼んで天狐を追い払ってもらったという話である。
(31)、(32)は、唐の宗室の李聿という男が官を棄てて青城山の太一洞に入り、公遠を師として修業し、仙果を証することができたという話である。
(33)～(36)は、ある青城の人が薬草を採りに山へ行ったところ、不思議な世界へ入り込んでしまった。数日後家に帰ると、孫がすでに九十歳になっていた。このことを蜀にいた羅天師に尋ねたという話である。
最後に丙群の資料について見ると、(37)、(38)は羅思遠の話となっているが、内容はともに甲群の(1)『広記』本羅公遠の第五話と同一である。
(39)は羅方遠の話であるが、前に少し触れたように甲群の(1)『広記』本羅公遠の第一話と同内容である。

## (三)　羅公遠について

ここで上掲の資料に基づいて、以下に羅公遠という人物について考えてみることにしたい。まずは名前の問題である。思遠・方遠との名は果して公遠の異名と考えてよいのであろうか。

羅公遠の話と同一内容でありながら、羅思遠の話として伝えられている資料が二つあった。一つは『太平広記』巻七十七〝羅思遠〟であり、もう一つは『新唐書』巻二百四・列伝〝羅思遠〟の項である。前者には出典が『開天伝信記』と明記されている。これは唐の鄭綮の撰になる『開天伝信記』のことである。後者には出典の明記はないが、正史の伝でありながら荒唐無稽な内容を載せているということから、『四庫全書総目提要』の『開天伝信記』の項では「司馬光は『通鑑』を作る時この書に従わなかった。『新唐書』だけがこの書を採用している」との評価を与えている。このことから見ても『新唐書』の記載は『開天伝信記』からの引用と考えてよいであろう。結局、羅思遠とするのは『開天伝信記』からの引用に限られている。当時流布していた『開天伝信記』に「公」、「思」の字形の類似から来た文字上の誤りがあったと考えてよいであろう。

では、「羅方遠」とするのはどうであろうか。これは一点だけで、内容は『広記』本羅公遠の第一話と同一であることは既に述べた。ここで注意したいことは、この話だけが鄂州での話となっていることである。また羅方遠を「江夏の人」といっていることにも注意が向けられよう。江夏は武昌のことであり、現在の武漢の一部である。そこで次に羅公遠の出身地を調べてみると、「鄂州の人」とするのが資料（1）・（2）・（4）の三点で、「彭州九隴県の人」とするのが（2）・（3）・（5）・（6）・（7）・（8）の六点である。彭州九隴県というのは現在の四川省成都市彭県のことである。この二説あるうちのいずれが正しいかについては判断を下しにくいが、（2）の『仙鑑』本羅公遠が二説を並行して紹介している外は「彭州九隴の人」とするのはすべて四川で作られた書であり、「鄂州の人」とするのは『広記』本羅公遠に依った書である。この点については杜光庭の『録異記』の次の記述に注目したい。

鄂州黄鶴樓前の江中に、羅眞人碑有りと云う。羅眞人曾て鄂州に化見す。頭は雙髻となし、年は四十餘ばかり、…（中略、鄂州の刺吏の宴会に来ていた白衣の人物を龍と見破る話が挿入されている）…この人は羅眞人なり。今羅公遠眞人、蜀に頻見し、多く水旱の事を主る。鄂州に見はる所は、亦恐らくは公遠ならん。

結局、杜光庭の時に鄂州の羅真人が羅公遠であるがどうかについては明確には分らなくなっていたのである。そうすると、鄂州で説話を残したのは、必ずしも羅公遠であると考えなくてもよいようで、羅方遠という道士が実際にいた可能性も考えられる。同じ頃にほぼ同じような名前を持った人物の話が伝えられると、有名な人物の方にもう一方の人物が混同されてしまうことはよくありがちなことである。しかし、これ以上の資料のない今、断定は下しかねる。蜀の地と武漢とは離れた土地であるが、長江でつながっており、往来の不可能な所ではない。また同じく杜光庭の資料（26）に羅公遠が李承嗣という「鄂州唐年の人」を助けた話があり、「青城道士羅公遠、淮泗の間に遊ぶ」ともあることから、公遠の名は遠く鄂州の地にまで聞こえていたと考えた方が妥当であろう。公遠は宮廷内での逸話を除くと、蜀の地を中心に活躍した道士であり、多く「彭州九隴県の人」との記述が見られることから、その記述どおりに見ていきたいが、出身地については後から付け加えられることがしばしば起こることでもあり、どこの人であるかは詳かではないというのが実際のところである。

それでは、実際の羅公遠像を知るのに最も信頼のできる資料は何であるのかを知ることが必要となる。そこで歴代の書目を調べてみると、『通史』道家書目・伝に、「青城山羅真人記」とあり、また同書の道家書目・内丹に、「羅公遠記一巻」との記載があるのが見つかる。しかし、残念なことに、この二書ともそのままの形では現在に伝わっていないようである。佚文を探す外にないのだが、「羅公遠記一巻」というのは、内丹に分類されることから、『雲笈七籤』巻五十六・諸家気法・元気論序に、羅公遠三峯歌に云う、木衰えて土を培い、陽衰えて氣補う、元氣を含育し、愼んで度を失する莫れ、注に云う、無情木に若くは莫し、木衰朽に至れば、即ち塵土これを培う、尚お再び榮えるを得たりと。

としてあるのがその佚文であるがも知れない。

一方「青城山羅真人伝」に対する手がかりも少ない。だが、杜光庭の（25）『道教霊験記』「羅真人降雨助金験」に「自ら内伝有り」と言っているのを見ると、杜光庭は青城山に住したことのある道士であるから、ここでいう「内伝」とは「青城山羅真人記」のことと考えて大過ないであろうと思われる。すると杜光庭の頃には成立していたと見てよいことになる。次に（27）『三洞群仙録』「稚川金闕公遠碧落」を見ると次のような記載になっている。

本伝に羅眞人を詔して云う、a公遠能く水怪を除き、生靈を救濟し、b祟を戫り邪を驅いはらい、c龍を召いて雨を致し、d藥を行し病を癒すの善あり、符を施し疾を遣うの功あり、e内に三一を修め、外に四生を養う、名は仙都に著きも、身は碧落に歸す、宜しく正日十五日午時に赤龍に駕して天に歸すべき者なるべし。

ここで「本伝」といっているのは、羅公遠の本伝と考えてよいであろう。この「本伝」なるものが『通史』記載の「青城山羅真人記」に当るがどうかは確認する術はないが、『三洞群仙録』は宋の陳葆光の撰であり、序に「紹興甲戌（一一五四）」とあることから見て、その頃の成立と考えてよいであろう。一方『通史』は宋の鄭樵の撰になる。鄭樵は『宋史』にも伝のある高名な儒学者で、一一四〇〜一一六〇頃の人と考えられる。結局、この二書の成立はほぼ同じ頃で、杜光庭以降であるから確実に「青城山羅真人記」は成立しており、またその頃他に羅公遠に

「本伝」と呼ばれるような伝が作成され伝わっていたとの記録もないことから、この二書は同一の書と考えて大過ないであろう。

すると「本伝」すなわち「青城山羅真人記」には、前掲引用文の傍線a～eとして簡略化して表現された内容のことが書かれていたと考えられる。

そこで前掲の資料と内容の点で比較検討してみると、次のような結果になる。

a―(25)

b―(2)(26)(30)

c―(2)(25)

d―無

e―無

これは内容的にほぼ適合すると思われる記載のあるものを配しただけであるがら、確実に同一のものであると断言することはできないが、そこから十分にその内容を推測できると思う。ここで注意したいことは、(2)の『仙鑑』本羅公遠の表現についてである。同書には「祟を馘り、妖を駆いはらい、龍を召き雨を致す」とあって、『三洞群仙録』とは「邪」が「妖」になっただけで全く同じ記載が見えていることである。『仙鑑』の成立は元代であるから、『三洞群仙録』を引用しただけだと言えないことはないが、『仙鑑』本羅公遠は(一)の『広記』本羅公遠の内容をそのまま継承しながらも、出身地を「一に彭州九隴の人」として他の説もあることを紹介し、更に道士としての修業及び昇仙についても書き加えたりしている。この書き加えられた部分は蜀との関連を示す内容となっていることから、単に『三洞群仙録』を引いただけとは言い難く、私の分類では乙群に入る資料、或いは「青城山羅真人記」そのものを参照していたのではないかと思われるのである。

そこで次に蜀の地方に伝わる羅公遠の姿を乙群に分類しておいた資料を中心にして考えてみたいと思う。

## （四）羅公遠と信仰

本節では、羅公遠の（一）修業の場所、（二）どの地域で活躍していたのか、（三）いかなる霊験があるとされていたのか、（四）どのように信仰を受けていたのか、そしてその信仰はどのようにして始まったのか、（五）昇仙、これらの点を中心に考察を加えていきたい。

人々の中で人々の願いを聞き、信仰を受けるようになった羅公遠像を知る上で最も貴重な資料となるのが(25)『道教霊験記』「羅真人降雨助金験」の杜光庭の残した記述である。その大筋はすでに紹介したが、後述の必要のためもう少し詳細にその内容を述べておきたい。

羅眞人は即ち神仙羅公遠なり。濛陽の羅江垻、九隴・什邡の界に接するなり。漓沅の化の後ろに在り。今相傳う羅仙范仙宅と號すと。青城の南に修道し、今羅家山と號す。明皇朝に帝宮に出入し、聖徳を輔導す。自ら内傳有り。今に至るも堋口・什邡・楊村・濛陽・新繁・新都に陰見し、襤服の人多く之を見る。厥の状を常とせず、或は老嫗と爲り、或は丐食の人と爲る。風雨愆期し、田農曠癈する毎に、則ち必ず見わる。疑うらくは、其の仙品の中、主に風雨水旱の事を司るかと。楊村の居人、衆な旱嘆を以て、將に洛口に禱らんとす。後城の李冰祠廟熱うこと甚し。路隔の樹陰の下に憩む。忽ち老嫗有り、歙みて問いて曰く、衆人何こに往かんと欲するかと。心もて祈雨の事を以て之に答う。嫗曰く、雨を要むるには須く羅眞人に求むべし。其の餘の鬼神致すべからざるなりと。言い訖りて見えず。衆知る嫗は即ち羅眞人なりと。是に於て見われ焚香を處し以て告ぐ、俄にして風起き雲布く、微雨已に至れば、衆乃ち家に還る。是の夕、数十里内、甘雨足るを告ぐ。乃ち其の所に天宮塑像を置く。諸郷未だ雨を得ざる處、此の説を傳え聞き、音樂香花を以て新宮に就き祈り、請迎して本村に就かしめ、別に壇場を設け宮室を創る。雨亦立ちどころに應ず。是くの如くして什邡・綿竹七八縣界、眞人の宮處處に皆あり。請禱祈福徵効せざるなし。忽ち乞士となりて、棚口江畔に人に謂いて曰く、此れ將に大水にて居人を損わんとす。我を信ずる者、居を遷して以て之を避けよと。旬日ならず、其の異を疑う有る者は、即ち高處に移卜し、以て水災を避く。其の信ぜざる者は、安然として處る。五六日、暴水大いに至る。廬舍を漂壞し、戸民を損溺すること、十に三四あり。居人以て信となし、殿を立て像を塑り以て之を祈る。(15)

まずは（一）修業の場であるが、冒頭部分の記述に注意したい。「濛陽」というのは『太平寰宇記』巻七十三・剣南西道に「濛陽県、唐の儀鳳二年（六七七）に、九隴・雒・新都・新繁・什邡等の県を割く。……九隴の界、濛江の北に置く、故に濛陽と曰う。益州に属す」とある。「羅江堋」というのは『広韻』に「堋は、蜀人平川を謂いて堋と爲す」とあるところから羅江水のことと考えてよく、羅江水は『四川通史』巻十・山川・成都府・什邡県に「羅江水、県南に在り」としたあと注して、「『一統志』に什邡及び彭県の界に在りと。『元和志』に濛陽県の北十里に在りと。『寰宇記』に什邡県の西南二十七里に在りと。源は九隴県に出ず」とある。現在の地名でいうと彭県と什邡の中間ぐらいにあたり、成都から北方へほぼ五十キロほどのところである。公遠の修道した「漓沅」というのは『彭県志』巻五・山川に「縣北に在り。『唐書』地理志に九隴縣に漓沅山ありと。『寰宇記』に麗沅山に作ると。『明統志』に縣北六十里に在り、漓沅山に作ると。『李膺記』に云う范蠡此こに學道昇仙すと。按ずるに古錄に云う、山上に鴻都觀あり、李膺此こに昇仙す。又羅公遠も亦此の山に修煉すと」とある。公遠がこの山にいたことは、人々に語り伝えられていたことであったようだか、ここで范蠡といっているのは、杜光庭の文中に「羅仙范仙宅と号す」の「范仙」にあたるであろう。范蠡の記述を残している『李膺記』なる書は、南朝梁の李膺の著作『益州記』のことである。

また、後に公遠がいたとされる「羅家山」というのは多くの異名があるようで、宋の文瑩の『湘山野録』巻上では、

綿州羅江県の羅江山は、羅公遠真人の舊廬なり。

として「羅江山」といっており、明の曹学佺の『蜀中名勝記』巻九・川西道成都府では、

『寰宇記』に云う、縣の西南十里に羅璝山あり、羅公遠の隠居の所なりと、山の下に洞あり、眞人宮と號す。『志』に云う、大霍山、縣の西南十里にあり、羅公遠修眞の處なり、上に羅眞宮ありと。

として、「羅璝山」とも「大霍山」ともいわれていたことを伝えている。「大霍山」というのが最も新しい呼び名であることは『四川通史』巻二十・山川・綿州・羅江県に、

羅璝山は縣の南十五里にあり、今大霍山と名づく、上に龍洞あり。

とあることから分る。『四川通史』はこの後で注に『太平寰宇記』を引くが、同部分を『太平寰宇記』から直接引用すると、

羅璝山は縣の西南十里にあり、故老相傳えて云う、羅公遠曾て此の山に隠る、洞あり、眞人宮と號す。

となっている。ここの「故老相傳えて云う」という表現をそのまま信用すれば、『太平寰宇記』の成った太平興国年間（九七六―九八三）には、羅公遠のことが語り伝えられていたということになろう。しかし、『羅江県志』巻五・山川志を見ると、

羅璝山、縣の南十五里、一名大霍山、……今建てられて羅眞觀あり、『茅亭客話』に、綿州羅江縣羅璝山に羅璝洞あり、昔羅眞人、名は璝、修道上昇の所なり。その洞凡そ水旱疾癘あれば之を禱る、靈として應ぜざる無し。

とあり、山の名を「羅璝山」として、羅公遠ではなく、羅璝という人物の修道のところといっている。だがこれは宋の黄休復の『茅山客話』によるだけで、これだけで羅真人を羅璝とし、後世羅真人を有名な羅公遠と混合されてしまったと断定することはできないが、その可能性は考えうることである。ここでは大霍山に洞があること、そしてその洞が祈禱の場となっていることに注意したい。その洞は「水旱・疾癘」に功験あるようだが、これは前述した公遠の伝に書かれていた公遠の霊験と同一である。この点については後で触れよう。この洞について『羅江県志』は太平興国庚辰年（九八〇）に神仙が車に乗って洞より出てきたとの話を伝えているが、この洞についてのいわれはもっと古くからある。『真誥』[16]巻十三・稽神枢に、「羅江大霍に洞臺あり、中に五色の隠芝あり」とあるその注に、「此れ則ち南眞及び司命、所任の處なり」ともあり、古くから神聖化されていた所のようである。公遠が居

した二つの山は、偶然によって選択されたのではなく、修道の地濔沅は范蠡昇仙の地として、大霍山はその山中にある洞自体が神聖化されていたような所で、地域における信仰が成立するには最もふさわしい場所としてあったのである。

次に（二）どの地域で活躍していたのかについてであるが、これは当然（一）で挙げた地域、即ち濔沅山・大霍山及びその周辺が先ず挙げられよう。またその広がりについては「今に至るまで、棚口・什邡・楊村・濛陽・新繁・新都に陰見す、幾服の内の人多く之を見る」とある部分に目が向けられる。棚口というのは『彭県志』巻十一・場市に「棚口鎮は即ち今の隆豊場」とあるのを見ると分るが、隆豊場というのは彭県の県域のそばである。いずれにしても列挙された地名は成都の北方四、五十キロあたりの土地の名である。それに対してそれとは反対の南西に六十キロほどの所に彭山県があるが、そこにも公遠が居したとの話が伝えられている。『彭山県志』巻一に、

平葢山、治の北一里。二十四化の一。下は繫龍潭に臨み、上に平葢山観あり。『七籤』に云う、山下に玉人あり、長一丈三尺、昔呉郡の崔考通、ここに於て道を學び仙を得る。『本志』に云う、平葢の治、上は婁宿に應じ、前に丹井・洗墨地あり。唐の隠士羅公遠題詠の、清暉・滌賢の二亭ありしと、今圮る。

とある。この記載は『蜀中名勝記』[17]巻五とほぼ同文なので、恐らくはそこからの引用であろう。また『彭山志』巻二・古蹟に、

洗墨地は、治の北一里ばかり、平葢山の前にあり、相傳う羅公遠墨を此こに洗うと。

八角井は、平葢山の前にあり、相傳う羅公遠嘗て此こに練丹すと。

清暉亭、滌覧亭は、治の北一里ばかり、平蓋の前、羅公遠題詠の處、今圮る。

ともある。平蓋山上にあった平蓋観というのは、『四川通史』巻四十三・輿地・寺観に「平蓋観、県の北一里ばかりに在り、唐の開元年間に建てらる」とし、その注に「明李万仁重修平蓋観記」を引いて、

平蓋観…其の上に観あり。山の名に因る。観の前に墨地・丹井あり、先に是れ唐の蜀人羅公遠修煉の所なり。

といっている。公遠の名が伝えられていたのは一カ所に止まらず、成都を中心にして広く蜀の地でよく知られた存在であったということができよう。前述したように鄂州にまで名が鳴り響いていたとすると、更に活動範囲を広げて考えることもできるであろう。

それでは（三）公遠にはどのような霊験があると信じられていたのだろうか。これに対しては、前述したａ～ｅまでの箇条書きにした各項がそのまま解答になるであろう。その中でも杜光庭が「主に風雨水旱の事を司る」といっているように、そのことが当時公遠に与えられていた最も端的な評価ということができよう。だが蜀の地で雨乞いの霊験を持つというのは決して特殊なことでも、特別なことでもない。杜光庭の文中にも、楊村の居人たちは雨乞いにはまず李冰祠に出かけている。李冰に対する信仰は四川で広く行われていたことのようで、現在は文革時の破壊もあって残っているのは少ないようだが、四川名地の地方志を見ると、旧城市には必ず祠られていたものである。四川において雨乞いの霊験は、いつの時代においても求められたものであり、その結果として、必然的に雨乞いの霊験を持つ神も作られ易い状態にあったということができよう。

雨乞いとは具体的にどのような行為としてあったのだろうか。この点について『彭県志』巻五に興味ある記述が

見られる。県城の西北に五龍山という山がある。この山の麓に洞があって、旱魃の時に祈雨のため巫者が洞に入った。奥深く進むと、夏でも氷のような水があり、その奥は龍の住む所となる。そこまで行って符咒を用いて水を取り、竹の筒に入れて持って出る。すると、風雷がその水とともに出てきて雨を降らせるというのである。公遠の居したことのある大霍山に水旱に霊応のある洞のあったこと、また公遠に召龍致雨の霊験があり、符をよくしたことは前述した。公遠の雨乞いもほぼ『彭県志』記載のようなものであったであろうと推測される。

羅公遠に対して私が最も興味深く考えるのは、(四)どのように一般社会の中で信仰を受けていたのか、そしてその信仰はどのようにして始まったのかについてである。それに対しても杜光庭の文は考える糸口を与えてくれる。羅真人にお願いするとすぐに雨を降らせたことや、大水の来ることを予測して人命を救ったことが記載されていたが、人々はその後で天宮を建て塑像を造って羅真人を祀るようになった。そしてそれがだんだん周辺の地域に拡がっていく様子も語られていた。ここに、当時において信仰が形成され広がっていく一つの典型を見ることができよう。それはあくまで人々の具体的な求めに応ずること、言葉を換えて言えば、霊験あらたかなことが必要な条件であったと言えるであろう。そして霊験があるとなると、そこに廟宇が建てられ次々に周辺の地域に広がつてゆく。そうなると、最初は雨乞いの霊験であったのが、いつの間にか範囲が拡大されて「どんなお願いにも、ききめのないことがない」とまで言われるようになってゆく。前に述べたように、羅公遠の霊験は数多い。それは公遠に対する信仰が幅広いものにまで成長したことを意味しているのだが、公遠に対する信仰は「致雨」から始まっており、それは蜀の地に生活する人々にとって一番重要な問題であったのである。

最後に(五)昇仙についてであるが、前掲の資料の中で昇仙について触れるのは五点ある。(2)『通鑑』本羅公遠は「粛宗の乾元初年（七五八）に百四歳で浮雲観で解した」とある外は、(3)『青城山志』、(5)『彭県志』、(7)『増修灌県志』、(8)『重修灌県志』はともに「蜀の九仙台で上昇す」としている。特に(5)『彭県志』はその後に続けて「漢人今像を立てて之を祠る」として公遠が蜀で知名な人物であったことを伝えている。

## （五）羅公遠と青城山

ここまで見てきて、甲群の資料に見られた宮中に入って不可思議な術を用いていた羅公遠と、乙群の伝に見られた蜀の国で民衆の求めに応じ、その他の人々の信仰を求めるようになった羅公遠とは、ほとんど別人との観がある。このいずれに本来の羅公遠像が見られるがというと、乙伝の方に実際の姿に近いものが残されていると考えられる。甲伝の記載は事実としてあり得ない話だというだけではない。例えば『広記』本羅公遠の第三話は、この話自体羅公遠の話としてであるより、葉法善という道士の話として有名であり、また申元之という道士の話としても伝えられている。また第五話は敦煌出土文献中の『葉浄能詩』と仮題された文学文献中にも同一の話が伝えられている。[18]いずれにしても甲群の伝は説話的興味によって作成されたものと考えられる。

乙群の中に見られた蜀の地方における羅公遠については既に述べた。最後に羅公遠と青城山との関係について一瞥しておきたい。

羅公遠の伝が「青城山羅真人伝」と題されていたように、公遠と青城山の関係を説く資料は数多い。資料（26）で「青城道士羅公遠」といっているのをはじめとして、（25）・（28）の楊初の話では自ら青城山中にいるといっており、（31）・（32）の李聿の話では、李聿が青城山中の太一洞で公遠より伝授を受けており、（2）・（4）・（5）・（6）・（7）・（8）では「常に青城羅川の間を往来した」と表現されている。さらに間接的な記述として、（33）～（36）の採薬民の話ではこの民を青城の人としており、（29）の王柯の話では王柯を青城の人としている。公遠の居したことのある大霍山は地域的に青城山と近く混同された恐れもないではないが、比較的公遠の時代に近い杜光庭も(26)で「青城道士羅公遠」といっているところから見ても何らかの繋がりはあったと見た方がよいであろう。

**【注】**

(1)『道蔵』洞真部、記伝類、ＳＮ二九六。
(2)「唐の玄宗と道教」『東海大学文学部紀要』三〇、一九七九。
(3)『道蔵』太玄部、ＳＮ一〇三二。
(4)王文才纂、四川人民出版社、一九八二。
(5)重印清嘉版『四川通志』巴蜀書社、一九八四。
(6)四川大学　宗教学研究所所蔵。
(7)四川大学　宗教学研究所所蔵。
(8)四川大学　宗教学研究所所蔵。
(9)四川大学　宗教学研究所所蔵。
(10)『道蔵』洞玄部、記伝類、ＳＮ五九一。
(11)『道蔵』正一部、ＳＮ一二四八。
(12)『唐人説薈』第三集、掃葉山房本。
(13)世界書局本。
(14)『道蔵』洞玄部、記伝類、ＳＮ五九二。
(15)杜光庭『録異記』巻六に蜀の皇帝乾徳元年（九一七）に堋口鎮将王彦徽が羅真人宮内で白亀を得たとの記載が見える。羅真人宮が実際に存在し、そしてそこで白亀を得たとのことから信仰を集めた神聖な場所としてあったことの証左となろう。
(16)『道蔵』太玄部、ＳＮ一〇一六。
(17)明・曹学佺著、重慶出版社本、一九八四。
(18)本書第一部第四章。原載「葉法善と葉浄能」『日本中国学会報』三五、一九八三。

# 第六章　川主管窺

## （一）はじめに

民間で信仰を受ける数多い神の中でも、四川省の地方神ともいえる川主神を取りあげ、その信仰と社会との関わり、更には道教との関連について考える。川主は後述するが、四川で生まれ後に全国に広がりを見せていった二郎神と密接な関係を有している。二郎神は周知のことであるが、元来は漢の太守で成都近郊の灌県で泯江の水利施設を作ったとされる李冰であるとも、その子李二郎であるとも、蜀漢王の孟昶であるとも、隋の益州太守趙昱であるとも、宋代の楊戩であるとも、はたまた晉の名将鄭遐であるともいわれており、その点に関する議論は数多い(1)。これは当然のこととして川主神は、元来誰であったのかという議論につながってくるのであるが、本章ではこの点を主たる論旨にすることは避けた。二郎神の問題と重って同様の議論を繰り返す結果になりかねないからである。

一九八六年に四川省成都市にある青羊宮を幾度か訪問した際に、文革前は隣接して存在していた二仙庵に蔵されていた道教経典の版木が現在も多く残されているのを拝見させていただいた(2)。その何度目かに、青羊宮を管理運営している道士の責任者の好意により、比較的短い経典であったことから、「元始天尊説川主感応妙経」を版木より直接刷って一本をいただくことができた。本稿ではこの経典を検討していくことから、川主神と社会との開わり合い、その信仰の特徴、及び道教との関連について考えてみたいと思っている。

## （二）「元始天尊説川主感応妙経」

「元始天尊説川主感応妙経」（以下「川主感応妙経」と略称する）は、一枚の板の刷り面が縦二十六センチ、横五十二センチの比較的大版のもので、八枚の版木で完結している。青羊宮では刷った八枚の紙を順に横につなげて貼り合わせ、一つなぎの長い紙にしたうえで、版木一枚分をそれぞれ五面になるように折り、折本の形にしてから進呈してくれた。この形にすると、文字面が折り目に重なることもなく、また、刷り上った一枚一枚にそれぞれ魚尾があるが、これが左から五分の三ほどの位置についており、元より二つ折りで線装本にしたものではなく、もともと折本の形にすべく版に彫られたのであることが分る。更に、末尾には「民国六年（一九一七）」、或は「成都二仙菴蔵版」とあり、その出自ははっきりしている。

以下、本章ではこの経典を取り上げて、経典の形式、内容等に検討を加えることから、川主神、ひいては川主信仰に考察を加えようと考えるのであるが、現在、この経典が印刷あるいは影印されて広く見られるものとして紹介されていることを知らない。そこで、短いものであることから、最初に本経典を次に掲示しておくことにしたい。

元始天尊説川主感應妙經

浄心神咒

太上臺星、應變無停、驅邪縛魅、保命護身、智慧明淨、心神安寧、

三魂永久、魄無喪傾、急急如律令

淨口神咒

丹朱口神、吐穢除氣、舌神正倫、通命養神、羅千齒神、却邪衛眞、

喉神虎噴、氣神引津、心神丹元、命我通眞、思神錬液、道炁長存、急急如律令

浄身神咒

靈寶天尊、安慰身形、弟子魂魄、五臟玄冥、青龍吉慶、白虎衛形、朱雀顧護、玄武攝精、血屍臭穢、凶惡潛濘、七液得注、五臟化生、我持神咒、元亨利貞、急急如律令

安土地咒

元始安鎭、普告萬神、嶽瀆眞官、土地祇靈、左社右稷、不得妄驚、回向正道、内外澄清、各安方位、備守壇庭、太上有命、搜捕邪精、護法神王、保衛誦經、歸依大道、元亨利貞、急急如律令

淨天地解穢咒

天地自然、穢氣分散、洞中玄虚、晃朗太玄、八方威神、使我自然、靈寶符命、普告九天、乾羅怛那、洞罡太玄、斬妖縛邪、殺鬼萬千、中山神咒、元始玉文、持誦一遍、郤鬼延年、按行五嶽、八海知聞、魔王束手、侍衛我軒、凶穢消散、道炁長存、急急如律令

祝香咒

道由心學、心假香傳、香爇玉爐、心存帝前、眞靈下盼、仙旆臨軒、令臣關告、逕達九天

金光神咒

天地玄宗、萬炁本根、廣修億劫、證吾神通、三界内外、惟道獨尊、
體有金光、覆映吾身、視之不見、聽之不聞、包羅天地、養育羣生、
受持萬遍、身有光明、三界侍衛、五帝司迎、萬神朝禮、役使雷霆、
鬼妖喪膽、精怪忘形、内有霹靂、雷神隱名、洞慧交徹、五炁騰騰、
金光速現、覆護眞人、急急如律令

元始天尊説川主感應妙經

爾時

元始天尊、在大羅天上、玉清聖境、清微天宮、與諸仙衆、南宸北斗、日月二宮、天曹地府、水國陽寰、大會説法、靜默而坐、忽覩下方世界、國王帝王宰輔大臣、善男信女、凶荒饑饉、水旱蟲蝗、五穀無收、兵戈並起、水火凶災、貧窮困苦、壽命長短、鰥寡狐獨、自招禍殃、受諸苦惱、無有出期、大衆懷疑、甚可哀憫、是時座中、有一眞人、名日李玨、出班上告、

天尊曰、不須疑慮、昔有一神、名曰川主、修道於青城山中、承太白之妙法、奉紫微之眞機、年方二十六歳、臨山趕日、摘草量天、活捉蛟龍、生擒猛虎、極能護諸國土、降伏羣魔、救苦衆生、拔離苦難、

眞人曰、未審此神、修何道德、乃爲神將、眞人上告、

天尊曰、此神爲嘉州郡主、左有冷源、二河内有犍爲蝗壞、春夏爲害、其汎張漂濤傷民、欲成西海、蜀川人民、盡皆殄滅、是時其神、見此苦難、不可堪忍、約同七聖、大顯威靈、顯神通力、夾江鼓譟、聲振天地、持刀入水、顯七十二化之功、老龍降伏、百姓清寧、乘白馬、引七聖、鷹犬彈弓、時顯糾察、水息山隱、民感其徳、立廟於灌水江口、修眞容而奉祀、人民咸稱、善哉、位鎭灌口、神通廣大、聖主太宗、征伐雲貴、得力猛勇、勅封二郎神勇大將軍、安邦助國、滅寇除凶、明星幸蜀、加封赤城王、威武顯聖、追績聖號、清源妙道眞君、爾時、

元始天尊、復白眞人曰、此神既助邦國、利益存亡、我爲演説、眞經降下世間、善男信女、流通讀誦、凡遇國王・帝主・后妃・太子・宰輔・大臣、或兵戈并起、邊域爭鬬、若誦此經、即得國王清平、兵戈屛息、災殃殄滅、天下太平、若求官進職、功名顯達、持誦此經、即得職位高遷、榮登仕路、若在牢獄枷鎖、入擊囹圄、持誦此經、即得解脱、若人疾病纏綿、困苦床枕、持誦此經、即得全愈、壽享遐齡、若人欲求貲財殷富、持誦此經、即得財寶充溢、衣食自然、若或五穀禾苗、蟲蝗鼠耗、持誦此經、自得禾稼成熟、蟲蝗殄滅、若人命犯孤辰寡宿刑害絶嗣、同發虔心、請命道侶、或於寺院、或在家庭、建立壇場、修齊設醮、持誦此經、得生秀利之男、流傳後裔、若婦人身懷六甲、産育艱難、持誦此經、即得臨盆有慶、母子雙全、若人家門衰、邪鬼浸凌、持誦此經、即得門蘭昌熾、鬼祟殄除、若人寃孽縈纏、陰司魔禁、無由解脱、持誦此經、寃枉自伸、永無纏絆、若人行舡装載、値遇惡風、持誦此經、風浪頓止、安穏達岸、若有市井郷村、熒惑煽禍、焚燒屋宇、持誦此經、自然樸滅、若爲先亡父母、師長弟兄、夫婦男女、久墮幽府、持誦此經、亡者超昇、逍遥自在、其餘果報、説不可盡、持誦此經、人勿生邪念、捨除忘想、虔奉眞經、吾遣陰陽神吏、監護讀誦、持是經、人自得道根深重、宿有善縁、世世生生、常親正教、以是功德、敬之愼之、於是天尊、而説偈曰

威鎭川主　英烈明神
玉皇勅令　紫微受生
天帝皇朝　降生神人
安邦定國　威鎭灌口
興雲致雨　主宰權衡
廻骸起死　殄滅羣魔
賞善罰惡　滅寇除精

擁苗護稼　鋤攝蟲蝗
息風遣虎　驅殄鼠耗
鋤張扶弱　普濟蒼生
威鎮山河　萬民樂業
扶危拔苦　利濟羣生
刧終刧始　主宰生民
威靈萬古　徳冠羣英
消災釋罪　降福延生

讃曰

爾時、元始天尊、説偈已畢、諸天眞仙、踴躍歡欣、作禮而退、信受奉行、太上元始天尊説川主感應妙經卷終

恵明大帝感應妙君、金身萬刼顯威靈、慈光降凡塵、徳彰蜀郡、賜福免災迍

志心稱念

大聖神威顯化天尊三稱三叩不可思議功徳
民國六年季秋月中浣日重刊
成都二仙菴藏版

まず、経典の構成上の形態から見ると、最初に「浄心神咒」、「浄口神咒」、「浄身神咒」、「安土地咒」、「浄天地解穢咒」、「祝香咒」、「金光神咒」の七つの咒が続いた後、「元始天尊説川主感応妙経」の経文に入る形式となっている。これはこの経典がまず咒を唱えたあとで、誦経されたものであることを示しているのであるが、この形式はこ

の経典の版木が彫られた民国六年（一九一七）頃の「川主感応妙経」の誦経形態を反映したものか、もしくはそれ以前より伝えられたこの経典の伝統的誦経形態を表わしているということができよう。更に細かく見てみると、経典の末尾に、「民國六年季秋月中浣日重刊」として「重刊」とされていることに注目すれば、「川主感応妙経」のこの形式は更にさかのぼりうるようである。では、いつ頃までさかのぼりうるかというと、はっきりと断定できる材料に乏しいのであるが、「川主感応妙経」を刊行した成都の二仙庵で、清代における道教経典の総集ともいえる『道蔵輯要』が清の光緒三十二年（一九〇六）に重刊されている。『道蔵輯要』自体は、清の康熙年間（一六六二—一七二二）に彭定求によって編集されたものとされるが、成都の二仙庵で重刊した際に一部増補されている。この重刊された『道蔵輯要』に「川主感応妙経」は入っていない。これは「川主感応妙経」があまり俗な経典と見られたが故の結果ともいえるが、しかし、増刻とされる部分に、

闗聖帝君窮理盡性至命上品説
文昌帝君烹煉抽添火候中品説
川主大帝大藥鼎爐金丹下品説③

として三つの経典が並べられている部分に、川主大帝の名が見えているところを見ると、川主が『道蔵輯要』に収録すべきではないほど俗なものとは少なくとも考えられていないようである。結局『道蔵輯要』の増刻された部分にも入っていないことは、『道蔵輯要』が重刊された光緒三十二年の時点において、二仙庵に「川主感応妙経」は保存されていなかったことを意味しているのかも知れない。はっきりしたことはいずれにしても分らないのであるが、情況的に見てほぼ清代の中・後期頃までは、さかのぼりうるとは考えている。

ところで、「川主感応妙経」は、呪と経が並ぶ形式となっていたが、その呪の部分についていえば、『道蔵輯要』中の他の経典にほぼ同一、あるいは同系と思われるものが指摘できるのである。

『道蔵輯要』の箕集一に収録される「玉皇本行集経」は、「文昌帝君、孚佑帝君合注」とされる経典であるが、この経典は最初に「持経儀式」の説明が二行ほどなされ、その後で「浄心神咒」、「浄口神咒」、「浄身神咒」、「安土地神咒」、「浄天地神咒」、「金光神咒」、「祝香神咒」、「集靈神咒」と八つの咒が続いている。これらの咒のうち最初の「浄口神咒」から「金光神咒」までの六つの咒についていえば、二ヶ所ある文字上の異同と、[4]三番目の咒である「浄身神咒」が、「高上玉皇本行集経」の方が「川主感応妙経」の咒に比べて後半の一部分が欠けた形となっていること、そして「川主感応妙経」の各咒の末尾にそれぞれ見られる「急急如律令」の語が、「高上玉皇本行集経」の咒には見られていないことが違うだけで、それ以外は全くの同文なのである。「高上玉皇本行集経」は、「道蔵」中にも収録があるが、[5]『道蔵輯要』本に見られる咒の記載はない。するとここで八つの咒はどうして入り込んで来たのかという問題が生じてくる。これは『道蔵輯要』本は経の冒頭部分に「持誦儀式」として続いて二行に渉る注があることを考えてみると、こちらの方は誦経儀式の体例に沿った形で書かれていることが挙げられようが、ではその儀式はいかなる規範に則ったのかという点が更に重要なことになってくる。結局、『道蔵輯要』本「高上玉皇本経」の咒は、経文全体が「文昌帝君、孚佑帝君合注」となっていたことに注目すべきであり、文昌帝君の信仰及びその儀式形態と深い関連を持つものと考えなくてはならないであろう。

ところで、ここではひとまず「川主感応妙経」の検討を続けていきたいが、前述したように『道蔵輯要』本「高上玉皇本行集経」には、咒の前に「持誦儀式」と書かれ、次に二行に渉って次のような注が記載されている。

凡誦經者、必先齋沐盥漱、嚴整衣冠、至心誠意、絶食忘情、於淨空中、思眞如對、或北面長跪、或東向端坐、

然後朗誦

これは咒を唱え、経を誦する前に行うべきことを書いたものであるが、「川主感応妙経」においても、経典の形式がほぼ同一となっていたことから、唱咒、誦経の前に同様のことが求められていたと考えてよいであろう。この儀式の由来となるものを更にたずねてみると、『道蔵輯要』に収録される「元始太洞玉経[6]」が、同様に最初に咒を唱える形式になっており、「浄身業神咒」、「浄心業神咒」、「浄口業神咒」、「安土地神咒」、「五星神咒」、「浄壇神咒」、「集神咒」、「祝香神咒」と続いている。これらの咒は順序こそ違うものの、「高上玉皇本行集経」の咒と表題が似ており、「安土地神咒」についていえば、「高上玉皇本行集行」の咒文中に「急急如律令」の語が見られないだけであとは全くの同文となっている。「元始太洞玉経」は、「文昌帝君伝本」とされていることを見ても、「高上玉皇本行集経」の咒及び誦経儀式は、「元始太洞玉経」を簡略化したものと見ることができると思われる。

「元始太洞玉経」の「太洞経持誦儀式」を次に示すと、

凡登壇誦經、左足先動、左手上香、啓聖畢、向東端坐、叩歯二十四通、洗心滌慮、絶念忘機、依章或焚符服、或焚鑪上、存運身中神貴乎、迅速升降混合、心至神隨、思眞如對、然後正聲持念

とあり、これを見ても、「高上玉皇本行集経」の「持誦儀式」の注文は、「元始太洞玉経」の「大洞経持誦儀式」の文を儀礼的においても簡略化したものであることが指摘できる。「大洞経持誦儀式」は、以下続けて「安土地神咒」までの咒に対してそれぞれに注文を示している。次に列挙すると、

「淨身業神咒」
淨水灌頂、盥手、左手掐玉文、右手劍訣、
「淨心業神咒」
傳手鑪上香、吸香一口、左手掐午文、
「淨口業神咒」
左手掐子文、以技滴水入口、
「安土地神咒」
左手掐寅訣、

となっており、これらの儀式はいくぶん簡略化されたとはいえ、「高上玉皇本行集経」ひいては「川主感応妙経」の誦経時にも行われていたと見て差しつかえないようである。

結局、この三つの経典に見られる咒は、ある一つの系統を引いたもので、簡略化の度合などから考えて、

『道蔵輯要』本「元始太洞玉経」
⇐
『道蔵輯要』本「高同上玉皇本行集経」
⇐
「元始天尊説川主感応妙経」

の順に系列化できるものと考えて大過ないと思われる。そこで、この三つの経典を結ぶものを考えると、「元始太洞玉経」に「文昌帝君伝本」とあつたことにまず注目される。「元始太洞玉経」は、『道蔵』中にも「大洞玉経」(7)として収録されているのを見るが、冒頭部の咒は同じではない。以上のことから考えてみると、この系統の咒は文昌帝君との関わりを強く持ったものと言うことができるように思われる。

結局、「川主感応妙経」に上述の咒が見られていたことは、この経典の成立に対して、或はこの経典の成立した時点における川主の信仰が、文昌帝君信仰と大きな関わりを持っていたことを示していると思われるのである。

## (三)「川主感応妙経」と二郎神

次に咒に続く「川主感応妙経」の経文を検討してみたい。先掲した経文は元始天尊と李珏真人との対話形式で提示されていたが、その内容はいくつかある二郎神説話の一つと深く関連をしているので、以下記述の必要上二郎神との関係について若干触れておきたい。

『川主賓伝』(8)と表題される刊本がある。巻末に「灌邑、二王廟住持能永泰刊」とあり、成都市近郊の灌県にある李冰・李二郎を祀った二王廟の住持の刊行ということで、元より自己宣伝的な宗教色の強いパンフレットに属するもので、あるいは善書として配布されたものであるかもしれない。その具体的な内容は「川主五神合伝」であり、その序文には、「一冊示予、乃黔人陳心齋司馬所著川主三神合傳也、」として、先行して黔人(貴州省)の陳心斎なる人物の著した『川主三神合伝』があって、それに改めて二神を附して「川主五神合伝」としたとのことが書かれている。

事実、書の体裁も『川主三神合伝』をそのまま刻し、それに「江神李公従祀序」なる一文を加えつつ二神を付けたして五神の合伝としたというものである。ここでいう五神とは、李氷・李二郎父子に趙昱の三神と付け加えられた李鴻漸と海山使者ということである。このうち本章にも直接関連する三神については、巻頭にそれぞれについて、歴代王朝より下された封号が整理されて列挙されているので、次に示しておくこととする。

李冰

秦蜀郡太守勅封敷澤興濟通佑王李公諱冰之神位

謹按李公封號、道藏經載崇應護國救民大帝、文昌化書載英武昭惠靈驗顯威濟忠贊王崇應大帝、續文獻通考載元至元年封聖德廣裕英惠王、國朝雍正五年、封敷澤興濟通裕王、蓋帝號久矣、以王號降於帝、應從帝號、

李二郎

秦蜀郡從事敕封承績廣惠顯應王李公二郎之神位二郎封號、道德經載贊智昭貺勇應侯、元至順元年、封英烈昭惠顯靈仁裕王、雍正五年、封承績廣恵顯應王、應從王號、

趙昱

隋嘉州大守唐封赤城王宋封清源妙道眞君趙公諱昱之神位趙公封號、唐太宗封神勇大將軍、明皇幸蜀、加封赤城王、宋眞宗封爲川主清源妙道眞君、應從眞君號、

二郎神ひいては川主の元となった神には、それぞれ多くの封号が加えられているが、これらを全てそのまま信頼してよいかというと、後文で若干の検討を加えることになるが、宗教的事実ではなくて、歴史的事実という面で疑問となる点がある。しかし、ここでは川主はある特定の神に由来するものでなく、複数の神に由来していると考えられていたことに注意を向けよう。この点については、『川主三神合法』の冒頭部に、

爲民禦菑捍患、除害興利、功德昭著簡册、歴朝顯應崇封、永享禋祀於川黔間者、廟一而實三神焉、秦之蜀郡太守李公、公之子二郎、隋之嘉州太守趙公是也、

とあって、民のために災いや害を除き、利を興した。その功徳は明らかであるので、歴代の朝廷より封号を受けており、四川、貴州の間に祀られている。廟は一つでもその実際は三神であると言っていることからも、川主の廟中にも一神ではなく三神の祀られていた ことか推測されよう。

以上のことからもうかがえるように、川主は一体誰を神格化したものなのかという議論は当然起こってこよう。しかし、この点については後文に譲って、ここでは先に川主という語を検討しておきたい。

清の張澍纂の『蜀典』巻七、川主に、(9)

按今蜀人、皆呼李冰爲川主顔、其廟曰川主廟、然川主之名、則遠矣、續錦里者舊傳、天成二年（後唐の年号、九二七）己亥、川主斬兩川監軍使李嚴、川主指孟知祥也、是蜀人稱其地官之最尊者、曰川主耳、

とあって、川主は後唐に仕え成都を管理する官となり、後に兵を起こし後唐の討伐軍を破り後蜀を建国した孟知祥を指して用いられた語とし、蜀の人は其の地を治める最も高位にいる官の者を川主と称したと川主が両川監軍使の李厳を斬ったという歴史上の記述を引いた上で立証している。この指摘は神格としての川主を考える上でも重要な意味を持つ。蜀の地方において川主との語は、その地の最高統治責任者の意であるということは、その語が神の領域で用いられると、蜀の地方の最高の位置にいる神との意になると考えられるからである。

川主が蜀の地方の最高神の意であるとすると、川主が元来誰に由来するのかという議論はもはやあまり意味のないものとなってしまう。当然のことながら蜀の中に於いてもその地域地域において強く信仰を受ける神がおり、また時代時代においても信仰の変化、神の新旧交代などがある訳であり、その結果として川主がどの神を指すのかは、必ずしも一定しているとは言えないからである。では川主にはその根幹となるような神、或は信仰といったものが無かったのかというと、そうではないと思う。この点に対して王家祐氏の次の一文は我々に一つの示唆を与えてくれる。

蜀人祀五龍氏五神（後爲〝五顯〟）、巴人祀九龍氏而合爲三神。唐宋以來、五龍氏變爲五顯神、九龍氏主神〝白帝〟則演變爲、川主、土主、藥王三神(10)

王家祐氏は巴蜀地方における古来からの信仰（これは当然のことながら、その地の少數民族の信仰と深い関わりをもつ）が、唐宋以後に様々に変化していき、川主もそこから生まれたと指摘されているのである。このように古くからの土俗の信仰を母体として生じた川主が、唐宋以降の蜀地方の漢人を中心とする中国社会に根づいていくには、一つの操作が必要である。それが李冰信仰あるいは二郎神信仰との接近、結びつきであったように思われる。

では、川主と二郎神が結びついていくのはいつ頃かというと、資料的には、前掲した川主三神の封号の一つに、宋の真宗（九六八―一〇二二）が趙昱を「川主清源妙道真君」に封号したとすることが挙げられ、宋の初め頃と考えることができるが、しかし、この資料は必ずしも信頼できるものとは言いえないようである。清朝康熙年間の勅撰となる『欽定古今図書集成』博物彙編、神異典、第三九巻雜鬼神部からその点に関する記述を探してみると、

〇〇《ママ》〇年封赤城王趙昱爲清源妙道眞君、……按宋史眞宋本紀不載、…按八閩通史、趙昱蜀青城山人、仕隋、嘗斬蛟拯民墊溺、其民立祠、灌江口祀之、唐封赤城王、宋眞宗加封清源妙道眞君、

として、宋の真宗の時に「清源妙道真君」に封号されたことは記されているものの、そこには「川主」の二字は見られていない。また、年号を記す部分も空格のままとなっている。これは「真宗本紀に記載がない」といっているように正史等の信頼できる書物に記載がなく、地方志の一つである『八閩通史』の記述に基づいていることによるからである。『八閩通史』は福建省の地方志の一つであるが、明の弘治四年（一四九一）の刊になるものである。いずれにしても宋の真宗時に「川主清源妙道真君」と封号されたと断定するには、資料にいま一つの信頼性が欠けているようである。そうであってもここで一点注意が向けられるのは、明の刊本である福建省の『八閩通史』に記載のあること、また先述したように川主に関する著述を貴州の人物が残していることなどから、川主の信仰は明代頃の比較的早い時期から南方中国社会に向けて広がりを見せていっていることである。

ところで、川主の封号の問題に戻って、趙昱の封号に川主の二字が冠せられているものを挙げてみると、私の見た範囲内では、前掲の『川主賓伝』以外では、

『青城山記』　清光緒丁亥（一八八七）
『増修灌県志』　清光緒年間
『灌県郷土志』　清光緒三十二年（一九〇七）
『羅江県志』　清嘉慶七年（一八〇二）

が見られた。当然これら以外にも地方志等に川主の二字が昱の封号に冠せられたものがあるとは思われるが、ここで見た限り川主の名を冠したものは清以前には見られていないのである。更に、これらが柳宗元の作と伝えられて

いる『龍城志』に依拠した形態をとっているものの、『龍城志』には、元来川主の二字は見られていないのである。また、明末に作製され、形式内容的には、明末における民衆の宗教思想を反映した民間の日用俗書と考えられている、[11]『三教源流捜神大全』にも、川主の二字は見えていない。ここから見ると、川主が趙昱の封号と結びつき、文献上においても二郎神と結びつけられていくのは清初のころであったと考えてよいのではないだろうか。

しかし、川主が道教と結びついていくのは、それより古く、『羅江縣志』巻三[12]に、乾隆五十五（一七九〇）に、道士の劉静虚なる人物が文字の半ば剝落した碑を掘り出したとして以下に示す碑文の断片が記載されている。

…（原缺）…邑庠生張元和同室唐氏…（原缺）…男張永程祥發玉京山景樂宮修砌…（缺）…神臺一座塑像…（原缺）…川主聖像一

尊…（原缺）…沐手謹白、成化八年八月十二

これを見ると、道観と思われる玉京山景楽宮と川主聖像が結びついており、明の年号である成化八（一四七二）年の題記が読みとれ、少なくとも明の中期頃には、川主が道観の中に入り込んで不思議とは思われない状況ができていたようである。この状況を母胎として清初の頃に趙昱の封号に川主の二字が冠されていくと思われるのであるが、では、どうして趙昱の封号のみに川主の二字が附せられていくのであろうか。この点についても「川主感応妙経」の経文は一つの解答への方向を示してくれる。結論を先に言うと、「川主感応妙経」の経文は、趙昱の伝をもとにして作られているのである。その比較のためと後述の必要のため、さほど長文ではないので、次に『龍城録』[13]の「趙昱斬蛟」の本文を挙げておきたい。

趙昱字仲明、與兄冕、倶隱青城山、從事道士李玨、隋末煬帝知其賢、徵召不起、督讓益州太守臧艓强起、昱至京師、煬帝縻以上爵、不就、獨乞爲蜀太守、帝從之、拜嘉州太守、時犍爲潭中有老蛟、爲害日久、截沒舟船、蜀江人患之、昱涖政五月、有小吏告昱、會使人往青城山、置葯、渡江溺死者、沒舟航七百艘、昱大怒、率甲士千人、及州屬男一萬人、夾江岸鼓躁、聲振天地、昱乃持刀沒水、頃江水盡赤、石岩半崩、吼聲如雷、昱左手執蛟首、右手持刀、奮波而出、州人頂戴、事爲神明、隋末大亂、潛以隱去、不知所終、時嘉陵漲溢、水勢洶然、蜀人思昱、頃之見昱青霧中、騎白馬、從數獵者、見於波面、揚鞭而過、州人爭呼之、太祖文皇帝賜封神勇大將軍、廟食灌江口、歳時民疾病、禱之無不應、上皇幸蜀、加封赤城王、又封顯應侯、昱斬蛟時、年二十六、玨傳仙去、赤封佑應保慈先生、

この『龍城録』記載の伝の文章は、先述した『三教源流捜神大全』になると、江中にいる蛟を退治するために水に入る場面の記述は、「時有佐昱入水者、七人、即七聖是也、」などとして、かなりの宗教性が附与されるようになっていっている。

結局、趙昱の封号に川主の二字が冠せられていく過程には、結果として「川主感応妙経」という経典が作られていくことから見ても、道教者側が民間での信仰を吸い上げて自らの領域に取り込んでいく道教の歴史上における発展過程と大いに関連しているということができよう。このことは、「川主感応妙経」の経文にも見られていたように、川主の由来となる神を三人の二郎神の人物の中でも、最も知名度の低いと思われる趙昱に求めたことにも表われていよう。なぜなら前掲三人の二郎神のうち、道教とのつながりを明確に有していたのは趙昱一人であったからである。

先掲した『龍城録』に、趙昱は兄の冕と一諸に青城山に隠棲し、道士の李玨に師事したことが書かれていた。

「川主感応妙経」に、李珏真人が出てくるのは、趙珏昱の師事した李珏にその名の由来が求められることは言うまでもない。それでは趙昱の師事した李珏とは、一体いかなる道士であったのだろうか。『青城山記』巻下、事実記上[14]によると、

舊志云、蜀人、得黄房公丹道、改名棲眞、號太虛、詣武夷山、潛脩、歸經龍虎山、時早、禱弗應、先夕雩壇、有夢眞人者、次日珏至、衆弗知也、夢者指之、羣請禱雨、應時滂沛、後至眞州玉虚庵、以道授張紫瓊、囑曰、丹宜潛脩、道宜授人、尋歸青城、重九上昇、又一統志、珏靑城道士、後仙去、唐明皇封祐寶慈先生、

とあって、蜀の人であるが、武夷山ででも修行し、後に青城山に戻り、そこで仙去した道士のようである。また、請われて雨請いをして効験あらたかであったこと、黄房公丹道を修めていたことが分る。黄房公丹道が倶体的にいかなるものであつたのかは分らないが、「囑曰、丹宜潛修、道宜授人、」とあることから、精神面における修行も重んずるものであつたと思われる。

この李珏に趙昱は師事するのであるから丹の修行を行ったと同時に、雨請いなどの社会の人々の求めに応ずる祕術の部分も伝授されたに違いなく、この点が道教側によって「有求必応」のものとして趙昱が川主神に重ねられていく要因であり、また霊験あらたかな神として多くの人々に説いていく方便ともなっていったのではないだろうか。

## （四）川主神の広がり

最後に、川主神の社会への広がりの度合と理解度を表わす興味深い話が先述した『羅公県志』巻三に記載されて

いるので紹介しておきたい。

玉京山道士、就紋江石岸、刻龕、肖川主像祀之、工竣、請記其事、餘日、道士知川主爲何人乎、曰、李冰也、曰、非李冰、趙昱也、隋青城人、趙昱與道士李旺《ママ》遊、屢徴不起、後煬帝辟爲嘉州守、時州有蛟患、昱令民臨江鼓噪、與其七人、仗劍披髪、入水斬蛟、奪波而出、江水爲赤、蛟患遂息、開皇間、入山、踪跡之不復見、後運餉者、見昱乘白馬、引白犬、偕一童子腰弓挾彈以遊、唐太宗封爲神勇大將軍、廟祀灌口、明皇幸蜀、封赤城王、宋張詠治蜀、蜀亂、屢得神助、蜀平事聞、封川主清源妙道眞君、是川主、趙昱也、非李冰也、有功徳于蜀者也、

この話の後半は『三教源流搜神大全』の記述に類似した内容を示し、民間に伝えられていた趙昱の伝を示すものであるが、前半の記述に川岸に川主像を刻して祀っていたと実社会における信仰の実態面が窺えることと、「川主清源妙道真君」とあることでこの話自体、清になってからの話であると思われる。この話を見ると自ら祀っているにもかかわらず、道士の中にも川主が誰であるかの知識に乏しい者がいて、問われて李冰と答えるものの、趙昱であると言われると押し黙って聞いているという風に、川主の信仰は社会に広がりを見せ、信仰の場において現場の道士を通じて道教の中に入り込んできてはいるものの、その信仰を理論的に支える教理面が道教側でまだ整理されていない当時の状況が如実に示されているようである。

結局、「川主感応妙経」が、清代の後半になってから作製された背景には、民間に広がり道観における信仰にも入り込んできていた川主に対する信仰に対応する教理的裏付けを示すものとしての経典が必要とされる状況が道教者にあったのである。

【注】

（1）吉田隆英「二郎神攷」（『集刊東洋学』三三）に、二郎神に対するこれまでの孝証や研究が紹介されている。
（2）拙稿「成都青年宮・青城山及び四川における道教研究の現状」（『東方宗教』六八）参照。
（3）續斗集一。
（4）「川主感応妙経」の「浄身禅咒」の「弟子」と「金光神咒」の「受持」、「高上玉皇本行集経」では、それぞれ「法子」、「誦持」に作られる。
（5）洞真部、本文類、ＳＮ一〇、一一。
（6）氏集三。
（7）洞真部、本文類。ＳＮ七。
（8）この書は畏友の Terry F. Kleeman 氏の好意により、全書に渉るコピーを拝見させていただいた。記して感謝の意を表したい。氏には川主に対する論稿として「The LORD(s) OF SICHUAN An Orthodox Regional Cult」May 1, 1984 があり、このコピーを以前ご恵贈いただいたが、現在までのところ未公表のようである。
（9）『蜀典』は、一九八六年に四川省成都市の四川大学宗教学研究所を訪問した際に、同研究所長卿希泰教授のご好意と同研究所所員の李剛氏の案内で、同大学の図書館を利用させて頂けた。その際にノートしたものである。
（10）『道教論稿』（巴蜀書社、一九八七）所收「夜郎与巴蜀」一二五頁。
（11）酒井忠夫『中国善書の研究』「第三章明代における三教合一思想と善書」。一九六〇、弘文堂。
（12）『叢書集成初編』三一九六。
（13）『唐人説薈』第五冊。
（14）『道蔵輯要』翼集十。

# 第七章　唐・五代社会に見られる道教の身体観受容

## （一）はじめに

道教が中国の中世社会において勢力を有し、この時期には、知識人層のみならず、一般社会に生活する多くの人々の間にも、道観等の施設を通じて広まっていっていたことはよく知られる。

道教経典が六朝期以降に盛んに作成される中に、道教の身体観も教典の作成、流布の過程を通じて構成されていった。この状況下において、道教者もしくは知識人で道教に接近していた人物には、新たに展開していった道教経典中に説かれる身体観を享受、理解する者も多かったと思われる。だが、それらの教典に説かれる身体観を取り出して、それをそのまま当時の社会の多くの人々が有していた身体観というには、その両者の距離はそこまで縮まっていたようには思われない。むしろ、まだかけ離れていたと考えた方がよいのではないかと思う。

本章においての意図は、道教の教理に対する理論が時代における発展を遂げても、その時の社会の中で信仰されている道教は具体的にどのようなものであったのだろうかとの問いと同じで、唐代という時期の一般社会に於ける道教信仰の現場においては、道教信仰を通じて、どのような身体観が広がっていっていたのだろうかという点に着目して考えることにある。

本章は、必ずしも四川省（当時の蜀）の地域を主眼としたものではないが、扱う主題が杜光庭という当時の蜀地方と深い関連を持った道士の記録を通してであることと、考察自体に蜀の道教に敷衍できる内容を持つことからここに加えた。

## （二）昭成観の壁画天師像

唐末五代期の道士杜光庭に『道教霊験記』の著作がある。これは杜光庭が道教を広めようと意図して、自ら取材して集めた道教の霊験譚を編集して成立した書である。『道教霊験記』については、以前、集められた霊験譚を分析して、その霊験の事跡の真実性はともかく置いて、その背景に描かれる事柄は、具体的な取材の結果得られたものが多いことを述べた[1]。

本稿では、『道教霊験記』に記載される霊験譚の一つに、唐代社会における道教の身体観受容を示すと思われるものが見られることから、その話を取り上げ、分析を加えながら表題に示した観点から見ていきたいと思う。『道教霊験記』[2]の巻八に「昭成観天師験」があり、次のような話となっている。

昭成觀壁画天師、歳月既深、彩粉昏剝。在通廊之下、未嘗有香燈之薦醮。頒政坊内居人、姓李、患痁逾年、以醫不能愈、日以羸痩、待時而已。忽夢一道流、長八九尺、來至其前。以大袖布衣、拂其面目之上、頓覺清涼。謂之曰、自此較矣、勿復憂也。於是醒然疾愈。稍能飲食、洎晩策杖、行繞其家、不覺爲倦。但覺所夢道流、猶在其前。遽欲入昭成觀、家人慮其困憊、亦多止之、不聽入觀。於天師真前、瞻視良久、曰、即所夢也。拜禮數四、乃召善夾紵塑人、劉處士塑天師眞、改葺堂宇、旦夕供養。人所祈禱、福祥立應。其所塑夾紵眞、於夾紵内、畫羅隔布肉色、縫綘綵爲五臟腸胃喉嚨十二結十二環、與舌本相應、藏内塡五色香、各依五藏。両數當心、置水銀鏡、一一精至、與常塑不同。其塑中土形、移在天長觀、金彩嚴飾。亦皆靈應。

昭成観の壁画の天師像は、歳月をかなり経ているので彩色や飾りも黒ずんだり剝がれたりしている。通廊の下にあることから、これまで誰も線香や灯明をあげて醮を行う者もなかった。頒政坊内に住んでいる李という姓の者が、熱病を患い、年を越しても直らなかった。医者の手にも負えず、一日一日と痩せていき、いつまで持つかという状態であったが、突然、背の丈八九尺（約二五〇～二八〇センチメートル）の道士が自分の前に来た夢を見た。（その道士が）布製の服の大きな袖で（李の）顔の上を払うと、（李は）とてもすがすがしい気持ちになった。（道士が李に）これで治るであろう。もう心配は要らないと言うと、忽ち目が醒め病も治っていた。しばらくすると飲んだり食べたりすることもできるようになった。日暮れには杖をついてその家の周りを歩いたが、疲れは感じなかった。ただ、夢に見た道士がいつも目の前にいるように感じられた。（李は）突然昭成観に入っていこうとした。家の者はその疲れるのを心配して何度も止めようとしたが、それを振り切って観に入っていった。（観に入ると）天師の神像の前に立ち、暫く見上げて見ていたが、これこそ夢に見た者だと言った。何度か礼拝に行った後、塑像の名人劉処士に依頼して天師の像を作らせ、堂を改修し、朝晩供養をした。（その堂で）人が祈禱すると、福祥がたちどころに現れた。（劉処士が）作った夾紵像は、麻布を漆で何枚も塗り固めた中に彩りのある薄絹を布と布の間に入れてあるので肌色を呈し、赤色の糸を縫い付けて五臟、胃腸、咽喉、十二結、十二環を表し、舌の根と繫げてあった。その胎内には五色の香が埋め込まれ、それぞれが五臟に対応していた。両腕は中心に置かれ水銀鏡をささげ持っていた。（その像は）細かいところまで精密に作られていて、一般の塑像と同じではなかった。その像を作るときに心に用いた泥を固めて作った形も天長観に運ばれ、金をほどこされ立派に飾り付けられた。これもみな霊応があった。

前半部の李某が夢に道士を見て病が癒えたとの話を伝える部分は、数多く伝えられる道教の霊験譚に見られる一つのパターンに含まれるもので、さほど珍しい話でもない。書かれるそのままに読んでいけばよいのだが、夾紵像を造るとあるところから本章にとって興味ある事柄が書かれるようになってくる。他の霊験譚には見ることの少ない像そのものに関しての詳細な描写がされているのである。だが、往々にして起こりがちなことではあるのだが、この興味ある部分の記述になると、途端に原文にも文字の異同が生じているようで、必ずしも読みやすい文ではなくなってしまう。

『道教霊験記』は『道蔵』本と、もう一つ『雲笈七籤』[3]（巻百十七～巻百二十二）に収録される抜粋本があり、対校に便を与えられているのだが、この話は『雲笈七籤』本には欠けていて、文字の異同を確かめることができない。上述に指摘した部分は内容に深く関わることなので、本文理解に繋がる説明を入れながら、以下に再度細かく検討してみたい。

李某は夢に見て病を癒してくれた道士が、昭成観の壁画にある天師像そのものであったことに気付いて、その姿を夾紵像に造り観に寄進することになるのだが、ここでいう夾紵とは塑像を造る方法の一つである。まず泥で像の骨格としての形を作り、その上に漆を用いて麻布を張り付け、それが乾いたのを待って次の麻布を漆で貼り付けるという作業を繰り返すことによって造りあげられる像で、隋唐期にかけては造像の例を幾例か挙げることができる。

（a）

隋時凝観寺僧法慶、開皇三年造夾紵釈迦立像一軀。擧高一丈六尺。像功未畢、慶身遂卒。其日又有寶勝寺僧大智死。經三日便蘇活。遂向寺僧云、於閻羅王前見僧。法慶甚有憂色。少時之間、又見像來王前。王遽走下階、合掌禮拜此像。像謂王曰、法慶造我、今仍未畢、奈何令死。王顧召一人曰、法慶合死未。答曰、命未合終、而食料已盡。王曰、可給荷葉令終其福業也。俄而不見。大智蘇活、爲寺僧説之、乃令於凝觀寺看之。須臾之間、遂見法慶蘇活。所説與大智不殊。法慶蘇後常食荷葉以爲佳味。及噉餘食終不得下。像成之後、數年乃卒。其像儀相円満屢放光明。此寺雖廢、其像現存。(4)

（b）

時有奉朝請孟仲暉者、武威人也。父賓、金城太守。暉志性聡明、學兼釋氏、四諦之義、窮其旨歸。恆來造第、與沙門論議、時號玄宗先生。暉遂造人中夾貯（紵）像一軀。相好端嚴、希世所有。(5)

（c）

周證聖元年、薛師名懐義造功徳堂一千尺於明堂北。其中大像高九百尺、鼻如千斛船、中容數十人並坐、夾紵以漆之。(6)

（a）は、法慶という僧が夾紵の釈迦立像を造っている最中に死んだが、法慶が閻羅王の前に引き出されるときに、制作途中の像が現れ、私を造っている途中なのにどうして死なせたと王に向かって言う。すると閻羅王は坐から降りて、像に礼拝合掌するという少しユーモラスな話しだが、法慶はそれで生き返って像を完成したという結果を持つ話しになっている。（b）の記述を併せて考えると、「其像儀相円満屢放光明」（a）、「相好端厳、希世所有」（b）とあることを見ても、夾紵の像は、他の造り方による像よりも、かなり深みのある様相を持つ像に仕上がる作り方であったことは窺い知ることができよう。また、「中容数十人並坐」（c）とあるのを見ると、夾紵の像は中が空洞に待っていたように思われ、最初に泥で骨組みを作るものの、出来上がった後は泥の骨組みを取り出していたと考えてよいようだ。そう考えると、『道教霊験記』の巻八に「昭成観天師験」の本文の最後の記述に「其塑中土形、移在天長観、金彩嚴飾」とあったもことも納得できることになる。

夾紵像は「夾紵以漆之」（c）とあったことを見ても分かるように、漆を用いて麻布を一枚一枚貼ってボリュームをつけ形を造っていく技法によって作られることもあり、本文に見られた「畫羅隔布肉色、縫絳綵爲五臟腸胃喉嚨十二結十二環、與舌本相應」の部分について「麻布を漆で何枚も塗り固めた中に彩りのある薄絹を布と布の間に入れてあるので肌色を呈し、赤色の糸を縫い付けて五臟、胃腸、咽喉、十二結、十二環を表し、舌の根と繫げてあった」との訳をいれておいた。この中の「十二結」、「十二環」については、本章のテーマに直接関わることになるので、節を改めて取り上げることにする。

続く「藏内塡五色香、各依五藏。両數當心、置水銀鏡」の部分についても、意の取りにくい文であるが、一応上述の様に訳しておいた。

李某が夾紵像を奉納したとされる昭成観は、長安の頒政坊にあった道観で、『唐両京城坊考』(7)の注の部分によると「もと楊士達の宅、咸亨元年（六七〇―六七四）太平公主により、太平観となる。（太平観が）大業坊に移されてからは、この観を太清観と改める。高宗が飛白額を書いた。垂拱三年（六八五―六八八）には、魏国観と改めた。載初元年（六九〇）に、大崇福観と改める。則天武皇が飛白額を書いた。開元十七年（七二九）昭成大后の追福のため、この名に改める」とされる道観である。

この道観は長安にあっても規模の大きさとともに人々にもよく知られた道観だったようで、『道教霊験記』に上掲した話の外、更にもう二つの話が載せられていて、観の具体的な規模と唐代での変遷の一部が伝えられている。

長安昭成観の験（巻一）

長安の昭成観は、玄宗が昭成太后（唐睿宗の后。竇后。玄宗の母）のために建てたものである。頒政里南通坊の中にある。北は安福門街に臨み、金仙観と対の位置にある。観には百尺の老君像があるが、座っているので三十尺である。神像、絵画はどれも呉道子、王仙喬、楊退之の親跡である。天下の道門に命じ、蕭襲、字玄俗を置いてそこを監督保護させている。閣上の朱稜（建物の高くとがった角）の高さは八尺、両廊の簷莇（ひさし）は地上より三十余尺の高さ。都中の宗教建築物のなかでも最も宏麗である。ただ玄都観の殿のみがこれと比べられるくらいだ。僖宗が長安に戻られてより、役人も少なく、役所を造るのに、元の規模で作ろうとするが、民を動員する事もできず、建物の高大なものを選んで、移して持ってこようとした。役人が（昭成観を）壊すことを奏上すると、廊や閣が落ちてきて工人の十余人がこのために死んだ。時に霊験と噂されたが、それを打ち消そうとして、ついに全部を壊してしまい、像は風雨の中に野ざらしになってしまった。この冬、僖宗は陳倉（現在の陝西省宝鶏市の付近）に出かけられ、含元殿（唐の宮殿）建築は沙汰やみになった。識者はこれを見て、多いに残念がった。(8)

もう一つの話は、「玄宗昭成観の験」巻十四で、玄宗が天下の道門に命じ、蘭陵の蕭襲に昭成観を監督工事させた。それが終わると、観で昭成太后の追福のために法要を七日間開いたというものである。

これらの『道教霊験記』記載の他の話を総合して見ていくと李某が像を奉納した時期の観や、社会の状況が具体的に見て取れるようになる。

この昭成観に夾紵像を寄進し、観の修理を行った時期は、観が大々的な破壊にあい僖宗の長安を離れて蜀に行く原因となった黄巣の乱以降では、上に引いた話しの中で見てきたように、観が全壊に近い状態になっていたように思われ、市井の一個人が観を修理し像を寄進して、その後盛況になるなどということはほぼ不可能に思われる。やはり、その時代より前にある玄宗の修復後で、ある程度の時間を経過して観が傷みだした時期とするのが最も適当であろう。具体的には、黄巣の乱の少し前あたりの時期と考えて大過ないと思われる。

## （三）夾紵像への信仰

前章で李という姓の市井の一個人によって道観に夾紵像が寄進され、それが信仰を集めていたことを見てきた。次にその像について更に一歩を進めて検討してみることにしたい。

その像について、「夾紵像は、麻布を漆で何枚も塗り固めた中に彩りのある薄絹を布と布の間に入れてあるので肌色を呈し、赤色の糸を縫い付けて五臓、胃腸、咽喉、十二結、十二環を表し、舌の根と繋げてあった。その胎内には五色の香が埋め込まれ、それぞれが五臓に対応していた」とあった記述を見ると、その像は当時における医学を背景とした人体模型図の様を呈していたといってよいようだ。いうまでもなく道観に設置されたその状況から見ると、その像に描写され示されていた人体の機能に関しては、道教における身体観を如実に示すものであったと考えられよう。

ここで興味深いのは、この像が一般の道観で祀られていて、「人が祈禱すると、福祥がたちどころに現れた」とあったように、其の像に対する信仰が社会に存在していたということにある。

この像を奉納した「姓を李とする者」は、手間（制作費）のかかる夾紵像を奉納する経済的余裕があったこと、また「医者の手にも負えず、一日一日と痩せていき」その後で天師像による霊験に出会ったとあるように、病になって最初に対処したのは医者にかかることであったとの記述から見て、ある一定以上の知的水準を持った人物であったことを窺わせる。そこから見て、必ずしも当時の社会に存在したごく一般的で平凡な人物というわけにはいかないかもしれないが、時の権力者に繋がる人物でもないようであり、当時の社会において経済的余力が飛びぬけて大きな環境を持っていたことを除けば、当時の社会の中で平均的庶民像として一般化することのできる人物と思って差し支えないようである。

そのような李某が造らせた像自体も観に祀られ信仰を集めていた事実からすると、この像に願いを託しに来る者も、像に描かれた人体図については何らかの理解を持っていたことがうかがえ、当時の社会において道教が一般社会に示していた身体観の一般社会における受容を推し量る物差しに用いることができる話とすることが可能であるように思われる。

このような李某の奉納した夾紵像について、ここで考えてみよう。夾紵像そのものについては前節において触れたので、次に像の中に、「縫絳綵為五臓腸胃喉嚨十二結十二環」と記述されていた部分について分析を加えながら見ていきたい。

この記述を見ると、直接に後世の銅人形（中国語では銅人）を推測させる。医学の人体模型を銅人と呼ぶようになったのは、北宋の仁宗の天聖五年（一〇二七）の記録がその嚆矢とされるが、人体模型像、それも体に経絡を書いた人体模型は、早い時期から造られていたようである。

一九九三年に四川省綿陽市永興鎮双包山で発掘された二号西漢木椁大墓（偏号ＹＳＭ二）から、高さ二八・一センチメートルの黒い漆を重ねて塗った小型の木の人形が発掘されたことが報告されている[9]。この人形の入っていた墓は、漢の武帝の前で文帝か景帝（前一七九—前一四一）の時期のものとされており、人形の特徴は体の上に赤色の線を用いて経脈の経路と経穴に位置が書かれていて、経脈が書かれた最も早い時期の人形であるとされている。昭成観の像と綿陽の銅人は、体の上に赤色の線を用いて経脈を示す等、よく似たものとなっていることを注意しておきたい。

この人形については、先行する明堂、或いは明堂図の発展したものとされているようで、「立体化明堂人形」と呼ぶにふさわしいものであったようだ。

明堂、或いは明堂図であるが、経脈を線で、経穴を点で示した人体図のことである。この明堂図は、その起源をはっきりとしないものの、文献的には東漢の二世紀初頭にまでさかのぼれるとされている。銅人形の存在から見て、少なくとも西漢の初期以前にまでその存在を推測することができよう。この明堂図と後世銅人形と呼ばれるようになる人形との関係については、唐の段成式撰の『酉陽雑俎』に次のような記載が見られる。

成都寶相寺偏院小殿中有菩提像、其塵不集如新塑者。相傳此像初造時、匠人依明堂先具五臓、次四肢百節。将百余年、纖塵不凝焉。

成都の宝相寺の偏院小殿中に菩提像がある。塵が積もらず、新しく塑したもののようである。言い伝えによると、この像が初めて造られたとき、職人が明堂図によって先に五臓をつくり、その後で四肢、百節をつくったという。百余年たつが、細かい塵もつかない[10]。

この像が、夾紵像であるかについての言及はないが、仏教、道教の違いはあるものの、どちらもその宗教施設内に明堂図にもとづいた人体模型の像が置かれていた事実だけはわかる。明堂図に基本的には十二経脈が描かれていたようで、昭成観の夾紵像もそれを外れるものではなかったようだ。ここから見ると、道教、仏教を通じて、寺観に安置する像に当時の医学的知識による人体解剖学的要素を組み込んでいた例は少ない数ではなかったように思われる。

だが、昭成観に置かれていた像に描かれていたのは「十二経脈」とは書かれずに、『道教霊験記』での記述では「縫絳綵爲五臟腸胃喉嚨十二結十二環」となっていた。ここに書かれる「十二結」、「十二環」とは、何を示していたのであろうか。

## (四) 十二結・十二経脈

まず「十二結」とは何であるのかについて考えてみたいのだが、これは道教の胎の思想と深く関係している。そして、さらに明堂図に描かれていた十二経脈についても視野に入れて以下に見ていきたい。

道教に見られる胎の思想とは、東晋の葛洪『抱朴子』に「胞胎之中、已含信道之性（胞胎の中、已に信道之性を含む）」（辨問篇）とあるのに始まる。この世に生を受ける以前、胞胎中にある間に仙道を求めうるかどうかが決まってしまうのであるなら、受胎の過程を生まれた後の修行によって再現し、神仙を目指そうとする思想が六朝期の道教の中に生じた。具体的には、「上清九丹上化胎精中記経」に示される「自分を胞胎状態に戻し、胞胎中にある十月間を自己の力でコントロールすることによって、仙人への道を切り開いていく。それは、まず〝結〟と呼ばれる体内の病根・死根を解き去ってやり、それから自己の〝本真〟〝本元〟を養う」というものである。[11]

上記で触れたように、結とは、体内の病根、死根のことである。十二結とは十二個の結という意味であるが、以下に十二結について触れる幾つかの道教経典を挙げることにしたい。

①「上清太一帝君太丹隠書解胞十二結図訣[12]」

夫人生、由胞胎以自變、稟血精以自成。故既生而胞胎更結、既成而血液不留。不留者、帝君混合、則已留住之矣。胞胎有十二結節、盤固五内滞閼、五内滞礙、結不可解、節不可除。故人之病也、由節滞也。人之死也、由結固也。常以本命若八節日、上請帝君與太一混合、約制百神。而解胞中牢堅之結、盤根之死節也。胞有十二結、内又有十二節。節在結内。人不知解胞節者、亦不免死矣。恒解之者、長生。胞上結、一在泥丸中、二在口中、三在頬中、四在目中、此胞之四結、在上部。

胞中之結、一在五藏中、二在太倉中、三在大腸中、四在小腸中。此胞之四結、在中部。胞下結、一在膀胱中、二在陰中、三在後門中、四在両足中。此胞之四結、在下部。

夫れ人の生まれるや、胞胎以て自ら變じ、血精を稟けて以て自ら成るに由る。故に既に生まれて胞胎結を更ためる。既に成るも血液留まらず、留まらざれば、帝君混合し、則ち已に之に留住せしむ。胞胎に十二結節あり、五内を盤く固め滞り閡せば、五内滞礙し、結解く可からず、節除く可からず。故に人の病は、節の滞るに由る也。人の死は、結の固まるに由る也。常に本命を以て八節日の如くして、上帝君と太一とに請い混合せしめ、百神を約制す。而して胞中の牢堅の結、盤根の死節を解くなり。胞に十二結有り、内に又十二節有り。節は結の内に在り。人の胞節を解くを知らざる者、亦た死を免れず。恒に之を解く者は、長生す。胞の上結、一は泥丸中に在り、二は口中に在り、三は頬中に在り、四は目中に在り。此の胞の四結は、上部に在り。胞の中の結は、五臓中に在り、二は大倉中に在り、三は大腸中に在り、四は小腸中に在り。此の胞の四結は、中部に在り。胞の下結は、一は膀胱中に在り、二は大倉中に在り、三は後門中に在り、四は両足中に在り。此の胞の四結は、下部に在り。

②「上清九丹上化胎精中記経[13]」

凡人生在胞胎之中、皆稟九天之氣、凝精以自成人也。既生而胞中、有十二結節、盤固五内、五内滞閡、結不可解、節不可滅。故人之病、由於節滞也。人之命絶、由於結固也。兆能解於胞中、十二結節、則求死亦不得也。

故人之病、由於節滞也。人之命絶、由於結固也。兆能解於胞中十二結節、則求死亦不得也。

凡そ人生まれて胞胎の中に在れば、皆な九天の氣を稟け、精を凝びて以て自ら人と成る也。既に生れて胞中に十二結節有り、五内を盤く固め、五内滞閡し、結解く可からず、節滅す可からざるなり。故に人の病、節の滞るに由る也。人の命絶えるは、結の固まるに由る也。先を見て能く胞中の十二結節を解けば、則ち死を求めても亦た得ざる也。

これらの記述を見てみると、十二結とは、人が人として存在したことにより宿命的に持たされるものであり、人の病や死の原因を作るものと理解される。ここでは人の存在を母親の胎内に宿る胞衣の段階から考え、最初に存在した瞬間から、胞中に十二結節ができるという。それができると五臓を固め、滞らせてしまう。結はそのままにしているだけでは解きほぐすことができず、節も無ぐすことができないという。だから人の病気とは、節が滞ることから起きるのであり、人の命の途絶えるのは、結が固まることによるのだという。また、胞中の十二結は上結、中結、下結に分かれ、それぞれ、上結は、泥丸中、口中、頬中、目中の四ヶ所に在り。中結は、五臓中、大倉中、大腸中、小腸中の四ヵ所に在り。下結は、膀胱中、大倉中、後門中、両足中の四ヵ所に在りとされている。

また、「結節」は、「結」と「節」に分けて考えられていたもので、人が生まれるにあたって「胞胎」ができる。この「胞」の中に必然的に「結節」ができるのだが、「胞」の中に「十二結」ができ、その中に「十二節」ができるといった関係にあると理解されていたようだ。つまり上結、中結、下結それぞれの四ヵ所ごとに節もあるということになる。

人の病は節が滞るからで、人の死は結が固まるからであるからと考えると、結節を解くことによって人は病や死から免れることができるはずである。このことが「長生不老」に結びつくことになり、道教者にとって最も重要なことになるのだが、この方法については、已に研究があるのでここでは触れない[14]。

この十二結節の考えは、道教者によって独自に生み出されたものとは言いがたいようだ。先行して存在していた

『黄帝内経』中に説かれる十二経脈との関連、つまりは中国伝統医学の継承の中から生じてきているようである。

ここで李某の夾紵像に描かれていたと思われる赤い線について振り返って見てみることにしよう。この赤い線は結節の性格からいって十二結節そのものを示していたのではないといっていいであろう。『黄帝内経』に始まり、中国医学において重要な要素と考えられていた、人体を縦に気血を流していた十二の正経、即ち十二経脈が描かれていて、それがその中に含まれる「十二結節」を暗示していたと考えるべきであろう。

その十二経脈の考えは、周知のように『黄帝内経』に既に見えており、ここに繰り返さないが、その十二経脈に関する記述の中に、既に人の病との関係に触れている。以下に見ていこう。

經脈者、所以能決生死、處百病、調虛實、不可不通。

經脈は、能く生死を決する所以、百病を處し、虛實を調う、通ぜざる可からず(15)。

夫十二經脈者、皆生其病。今夫子獨言五臟。夫十二經脈者、皆絡三百六十五節。節有病必被經脈。經脈之病、皆有虛實。

夫れ十二經脈は、皆その病を生ず。今夫子獨り五臟を言う。夫れ十二經脈は、皆三百六十五節と絡がる。節に病あれば必ず經脈を被う。經脈の病、皆虛實有り(16)。

夫十二經脈者、人之所以生、病之所以成、人之所以治、病之所以起、學之所以始、工之所止、麤之所易、上之所難也。

夫れ十二經脈は、人の生まれる所以、病の成る所以、人の治める所以、止まる所以、病の起こる所以、學の始まる所以、工の止まる所以、麤の易える所以、上の難しとする所以なり(17)。

こうして見てくると、李某の寄進した夾紵像に描かれていた赤い線は、必ずしも十二結節そのものであると理解する必要はなく、十二経脈が描かれていて、先に提示したように、十二結節を見るものに想起させていたと考えてよいであろう。

次に「十二環」について見ていきたい。「十二環」との語彙は「黄庭内景経」や「太上霊宝五符序」に見ることができ、注を参照することで意味の理解は困難ではない。

①「黄庭内景玉経註」若得章第十九　梁丘子註

重中樓閣十二環。

謂喉龍。十二環相重在心上、心爲絳宮、有象樓閣者也。

②「太上霊宝五符序」巻上

十二環樓神十二人、

これを見ると、「十二環」の語は、のど、或いは気管の意と解してよいようである。それが五臓、胃腸、咽喉、十二結と共に赤い線で舌本（舌の根）と結び付けてあったと理解できよう。

この「十二環」の語であるが、一般社会の人々において理解されていたのかについては、疑問を残すものの、語の出所から見て、元来は上清派、霊宝派の道士達に伝えられていた言葉のようである。

## （五）まとめ

ここまで見てきたように、「縫絳綵爲五臟腸胃喉嚨十二結十二環」と昭成観の夾紵像に描き出されていた人体解剖図は、当時の道教者が示していた人体理解を反映したものであった。言葉を換えて言えば、この道教者が持っていた人体理解がどこまで一般社会に理解され広まっていたのかという問いが本章の趣旨であったことから見ると、その像に描かれていた図を提示した側の意図通りに理解されていたかは断言できないが、参拝者はその像を礼拝するたびに像に描かれた人体解剖図を見ることから、内丹の修行を志すものはもちろんのこと、知的領域に縁のないものにとっても、像を眺めるたびに見るのであるから、知らず知らずのうちにも、その図形は印象として残り、そのうちに自分自身の人体と同一化していたのではないかと推測される。結論から言えば、当時の社会に昭成観の夾紵像を内丹の思想を示すものとしては疑問が残るが、病気の起こる原因を示すものとして受け入れる環境は十分にあったといってよいように思われ、それ故に、その像に対する信仰が広まっていったのではないかと思われるのである。

**【注】**

（1）拙稿「『道教霊験記』について」『明海大学外国語学部論集』第八集　一九九五。
（2）『道蔵』洞玄部、記伝類、SN五九〇。
（3）『道蔵』太玄部、SN一〇三二。
（4）『法苑珠林』巻十四
（5）『洛陽伽藍記』巻四城西　永明寺

（6）『朝野僉載』巻五
（7）徐松撰、張穆校補。中華書局、一九八五。
（8）上都昭成観、明皇為昭成太后所立。在頒政里南通坊内。北臨安福門街、与金仙観相対。観有百尺老君像。在層閣之中、坐折三十尺。像設図績、皆呉道子・王仙喬・楊退之親迹。命天下道門、使蕭邈字玄俗為使以董之。閣上觚稜高八尺、雨廓簷雷、去地三十余尺。京師法宇最宏麗。唯玄都観殿可以亞焉。僖宗復長安大駕帰。闕所司、将創衙殿、復舍元旧基、不欲労民之力、選殿宇之高大者、徙而充之、所司奏拆、是廊及閣隕墜。工者十余人死之。時以為霊験、欲奏免之、而竟至摧拆、像露風雨中、是冬復幸陳倉含元之製、亦已罷矣。識者見之、無不痛惜。
（9）馬継興「双包山漢墓出土的針灸経脈漆木人形」『文物』一九九六第四期。
（10）『酉陽雑俎』巻六　芸絶。
（11）胎の思想については加藤千恵「胎の思想」『講座道教』第三巻がある。
（12）『道蔵』正一部、SN一三八四。
（13）『道蔵』正一部、SN一三八二。
（14）注（9）参照。
（15）『霊枢』経脈。
（16）『素問』調経論。
（17）『霊枢』経別篇。

# 第三部　成都と道教

# 第一章　玉局観をめぐる社会と信仰

## （一）はじめに

道教は歴史的社会から現代にいたるまで、中国社会において一つの宗教であると同時に、中国の文化そのものとして、歴代の中国社会の中で、その時代の実相を最も反映していた存在でもあったといえよう。

その視点のもとに道教を教理・教学の面から取り上げるのではなく、中国社会の中で、道教が社会と、そしてそこに生活する人々とどのように関わっていたのかを、人々と道教とが接触する道観という場を通して見ていこうと思っている。だが、このような試みに対して、われわれに残されている資料は、必ずしも多いとはいえないことも事実である。

本章では、唐末五代の道士杜光庭の残した『道教霊験記』(1)に記載される四川省成都市に存在していた玉局観についての話を取り上げ、他の文献とも照合しながら、当時の社会と道観の繋がり、また、人々が信仰を媒介としてどのように道観と繋がりを持っていたのかを考えてみたい(2)。次いで、その道観と人々が、如何に繋がりを持っていたのかという事実から、当時の人々の間で道観を通して成り立っていた道教に対する信仰の様相にも及んでいきたい。

## （二）　玉局観について

『道教霊験記』中に記載される多くの道観の中から、現在の四川省成都市にあった道教史を考える上でも重要な道観となる玉局観を取り上げて、そこから都市と道観、更には人々と道観との観点から見ていこうと思う。その際、意図する目的を明確にするために、記述の中から、以下に示す（A）～（C）の三項目に分けて、注目すべき記述部分を取り出し、分析を進めていくことにしたい。

（A）　場所

その都市の中での具体的な地点を知るだけでなく、どの通りに面していて、その付近には何があり、そこは都市機能の中でどのような性格を持つ地域であるのか等の周囲の状況をも摑まえる。

（B）　宮観及び神像

宮観の内外を含む規模の実態を知る。具体的には、観の内側にある建物、観内に祀られる神像、壁画等象徴的意味を付せられるもの（井戸、石等）の存在をできる限り把握する。

（C）　信仰

その宮観自体に対して、或いは宮観の中にある神像や、そこにあって象徴的な役割を果たしていた存在に対してどのような信仰があったのか。その信仰は社会のどのような階層の人々によって支えられていたのか。そして、人々は、そこに何を願い求めていたのかを示す具体的な記述を集める。

以上の視点で進めていくことにする。

杜光庭の『道教霊験記』中には、玉局観（化）に触れる話が、六話ある。以下に（a）～（f）として、提示することにする。

（a）　成都玉局化洞門石室驗(3)

成都玉局化洞門石室（B）、昔老君降現之時、玉座局脚、從地而湧、老君昇座。傳道既去之後、座隱地中、陷而成穴、遂爲深洞、與青城第五洞天相連（B）。天師以爲玉局上應鬼宿、不宜開穴通氣、將不利分野、乃刻石以閉之、因爲石室。高六七尺、廣一歩、中鏤玄元之像焉（B）。節度使長史章仇兼瓊、開元中、徧修觀宇。崇顕靈迹、欲開洞門、使人究其深淺。發石室之際、晴景雷震、大風伐木、因不敢犯（A）。

成都玉局化の洞門石室。昔老君が降現した時、玉座局脚は地より湧いてきて、老君はその座に昇った。（老君が）伝道して去った後は、座は地中に隠れ、（地は）落ち込んで穴になり、遂に深い洞になった。その洞は青城第五洞天とつながっている。天師は玉局の上は鬼宿にあたっていることから、（地に）穴をあけたままで気を通じさせるのはよくないと考え、刻石でもってこれを塞いで石室にしたのである。（石室は）高さ六、七尺、広さ一歩で、その中には玄元の像を彫ってある。節度使長史章の仇兼瓊は、開元中（七一三―七四三）に隅々まで観の建物を修復し、霊迹を立派に顕彰し、洞門を開こうと思い、人に命じて洞の深さを測らせた。石室を開けたとき、晴れていた空は、にわかに雷が鳴り響き、大風が木をなぎ倒したので、それ以上手をつけることはできなかった。

（b）　玉局化玉像老君驗(4)

玉局化玉像老君、天寶中、觀前江内（A）、往往夜中有光、從水而出。高七八尺、上赤下白、其末如煙。衆人瞻之、以爲有寶器之物、搒擁求訪、又無所見。時明皇幸蜀、夢有聖祖眞容、在江水之中。果有人、因見神光、夜於光處、得玉像老君以進。高餘一尺、天姿瑩潔、其相圓明、殆非人工所製。駕迴留鎭太清宮（B）。其光見處、號爲聖容壩。亦是玉女壩・金沙泉、古跡連接矣。玉像老君、自近年以來、不知所在（B）。

玉局化の玉像の老君。天宝中（七四二―七五六）に、観の前の江の中から、時々夜中に、光が水中から発していた。高さ七、八尺、上は赤く下は白く、その先端は煙のようであった。多くの人がそれを見て、宝器があると思い、すくい上げようと捜し求めたが、誰も見つけたものはいなかった。時に玄宗皇帝が蜀においでになり、夢の中で聖祖が水中にいるのをご覧になった。そのうちにある人が（江の中の）神光を見つけ、光の出る場所から、玉像の老君を見つけて献上した。（老君は）高さ一尺、姿は輝いているが清らかで、その顔は円満で、人が作ったものとは思われないほどであった。（玄宗皇帝は）長安に戻られてから太清宮に安置された。その光が見えたところを聖容壖と呼ぶようになった。そこは玉女壖・金沙泉などの古跡と互いにつながる所である。その玉像の老君であるが、近年ではその所在が確かめられなくなった。

（c）　西王母験[5]

玉局化西王母塑像多年、頃因観宇焼焚、廊屋頽壊（B）、而儀像不損、人稱其靈（C）。居人范彥通忽患風癩、瘡痍既甚、眉鬢漸落。因入觀、於王母前發願（C）。但所疾校損、即竭力修装。是夕夢一玉女、手執花盤、以衣袖拂其身上曰、王母令我救汝、疾即愈矣。數日之間、所疾漸退、瘡腫皆息、眉鬢復生。遂造紗幮装金彩、通檐両間、嚴潔修奉、每月自送香燈（C）。近年方稍不見。觀中三將軍、亦古之所塑（B）。觀因南詔焚焼、屋宇摧盡（B）、而將軍塑像不壞（C）。起観之日、再於其上、構立堂宇（B）。居人閻士林、臥疾月餘、迨將不救夢三將軍、以戟揮其身上、穿一物去（C）。狀如黑犬、自此疾愈。乃拾衣物製紗幮、重加彩繢矣。

玉局化の西王母の塑像はとても古いもので、観の建物が焼けて、廊下の屋根も崩れ落ちてしまったのに、その姿はどこにもきずがなく、人々はみなその霊験をたたえた。近くに住んでいた范彦通という者が、風癩の病に罹り、傷跡はとてもひどく、眉や鬢の気も皆抜け落ちてしまった。そこで観に行って、王母の前で発願し、病で失ったものを元に戻してくれれば、精一杯観の修復に努めると祈った。するとその夜に、一人の玉女が手に花盤を持って現れ、着物の袖で（范彦通）の体を払って「王母の命令で、わたしがお前を救いに来た。病はすぐに癒えるであろう」と言った。数日経つ間に、病はだんだんと遠のいていき、できものは皆消え、眉や鬢の毛も生えてきた。そこで、薄絹を張った窓に金の彩りをつけたものを造り、軒の二つの柱と柱の間に通して、盛大に潔斎をして奉納し、毎月自ら香と灯明をあげに行った。近年になってその姿を見かけなくなった。観の中にある三将軍は、これもまた古い塑像である。観は南詔に攻め込まれて（八二九）、焼かれてしまい、建物は崩れ落ちてしまったが、三将軍の塑像だけは壊れなかった。観を立ち上げる日に、再びその上に建物を構えた。近くに住む闓士林は、病で一月ほど寝込んでしまった。もう助からないと思ったとき、三将軍が戟でその身の上をはらうと、黒犬のような姿をしたものが逃げていった。それから病は癒えた。

（d）　玉局化九海神龍験[6]

玉局化九海神龍、會稽山處士孫立畫也。乾符庚子年九月庚辰、辰時下筆、巳時已畢、蟠拏蹴縮者七十三尺、壁廣一丈八尺許、噴雲鼓波、頗爲奇狀。燕国公劉景宣、因夢神龍降於玉局、遂畫其像。穎川王陳公敬瑄、濬井於其前（B）。遠近居人、時有禱祈者、率言有應（C）。一旦川境亢旱、有一健歩者、恃酒臥於龍前井欄之上。慢罵曰、天旱如此、用汝何爲大石擊盡龍之脚。其痕尚在。既還家足疾、忽甚痛、不可忍。使人焚香告謝、竟不能解。於是數日而殂。

玉局化の九海神龍は、会稽山処士の孫立が画いたものである。乾符庚子の年（八八〇）九月庚辰、辰の時に書き始め、巳の時には已に書き上げていた。（体を）くねらせたり伸ばしたり、（足は）蹴り上げ或いは縮めてとした七十二尺にも達するものであった。（書かれる）壁の広さは一丈八尺ばかりで、噴出した雲の鼓を打って起こしたような波は、頗る奇観を呈していた。燕国公劉景宣が、夢に神龍が玉局に降りたのをみて、その像を描かせたのだった。穎川王陳敬瑄は、井戸をその前に掘った。（その後）あちこちの居人が、時に祈禱する者もいて、願い事に応じてくれるとのことだった。その土地一帯に大ひでりがあった時、一人の足自慢の者がいた。酒に酔った勢いで、劉の前にある井戸の囲いの上に寝転んだうえに、こんなひでりになってしまった。おまえに何ができるというのだと大声で罵り、大きな石を龍の足に打ちつけてしまった。その痕は今でも残っている。（その男が）家に帰ると足に病が出て、忽ち激痛が来て、とうてい我慢できないほどのものであった。（そこで）人に頼んで（神龍に）香を焚いて陳謝してもらったが、その痛みから逃れることはできなかった。そして数日して死んだ。

（e）　龍家樓上孫處士畫天師驗(7)

成都觀街東壁、富商龍家樓、臨大慈寺後門富春巷口。會稽山處士孫遇、嘗借而居焉。每於樓上、延接賓客、而不敢止宿其上。孫頗不信、令僕使三二輩、宿於樓中。夜深皆被拖拽於地上。如是數四、問其僕役、但云、睡覚已在樓下、不知移拽之時、亦無所苦。孫處士自宿樓上、夜深亦聞履屐之聲。若數人俱行、雖呵咄之聲、尚不已。乃粉飾當梯壁一堵圖寫天師眞、自奉香火。由是樓中頓安、可以獨寢。積十餘年、無復驚怖。聞者皆異之（C）。泊樓屬參謀太保李公師泰、欲毀樓遷去。余因請得此壁、移置北帝院中矣（B）。

成都の観街の東壁に、富商龍家の楼があった。（その楼は）大慈寺の後門の富春巷口に面していた。会稽山処士の孫遇が以前そこに仮住まいしていたことがあった。（主人は）常に楼の上で賓客を接待しているのに、夜になるとその楼の上に泊ることはなかった。孫はとても不思議に思い、下働きの者二三人を、楼の中に泊らせた。夜が更けてくると（楼の中で寝ていた者は皆）引きずられて地上に寝ていた。このような事が数回にわたって続いた。その下働きの者に尋ねると、眠っているうちに階下に移されていた。引きずられていたことは覚えていない。苦しいことも何もなかった、と言うだけである。（そこで）孫処士は、自分で楼の上に泊ってみることにした。夜が更けてくると履物の音が聞こえてきて、何人かがいるようであった。（孫処士は）大声でしかりつけたが、その音はやまなかった。（そこで孫処士は）壁を塗りつぶし、はしごをかけて天師像を描いて、香火をあげた。それからは、建物の中はとても安らかになり、独りで寝ることもできるようになった。それから十数年経つが、その後何事も起こらなかった。その話を聞いた者は、誰もが不思議がった。（その後）その楼は持ち主が変わって、節度使の参謀太保李師泰のものとなった。（李は）その楼を壊してほかに移そうとしたので、私（杜光庭）はこの壁をお願いして頂戴し、北帝院の中に移した。

（f）　張部奏天曹錢験　邛州成都奏錢事附[8]

成都張部妻死三年、忽還家下語曰、聖駕在蜀之時、西川進軍、在興平定國寨、以討黄巣。其時隣家馮老人父子二人、差赴軍前、去時留寄物、直三十千、在某處。馮父子歿陣不廻、物已尋破用却、近忽於冥中論理、某被追魂魄對會、經今六年。近奉天曹斷下、云、自是歿陣不歸、非關巨蠹故用、令陪錢三千貫、即得解免。縁蠟月二十五日已後、百司交替、又須停駐經年、其錢須是二十五日已前、就玉局化北帝院天曹庫中送納（B）、一張紙作一貫。其餘庫子門司、本案一一別送、與人間無異。光化三年、蠟月二十三日、就北帝院奏前件錢訖、是夕妻夢中告謝而去（C）。又成都県押司録事姓馮、死已十餘年。其姪爲冥司誤追到縣、馮怒、所追吏放其姪、自縣後門倉院路而還。見路両畔、有舍六十餘間、云、是天曹庫收貯、玉局化所奏錢（C）。又邛州臨邛人、姓張。其夫曾事永平軍、事副使張霖郎中。身歿之後、縣司差其子爲里正。已被追禁、其夫下語於妻、令入府將状投副使郎中、必得解免。到府日、先就玉局化北帝院（B）、奏北斗錢二百千（C）。我於天曹計會、必令判下免之、二百千錢二百紙耳。妻如其言、就化奏錢、復夢其夫、云、事已行矣。明日見副使、果允其訴、則知紙錢所用事、甚昭然矣。冥中之事、與世無異矣。

成都張部の妻が死んで三年たってのちに、突然家に帰ってきて、「皇帝（僖宗）が蜀に来られたとき、西川（蜀）に軍を進めて、興平（陝西省石陽県）に塞を築いて黄巣の軍を討伐した。その時、隣家の馮老人の父子二人が、徴兵されて軍に出頭する前に、その価値は三十千、某所にあると言って、物を預けていった。馮父子は戦で死んで帰ってこなかったので、預かったものを全部使ってしまった。近頃冥中の論理により、わたしは遡って（馮父子の魂魄と）裁判で対決させられた。今から六年も前のことだというのに。近頃天曹の判決が下り、わるものがわざと使ったわけではない。銭三千貫を償えば、免れることができるというものであった。十二月の二十五日以降になると、役人が皆交代してしまい、何事も滞って年を越してしまうので、その銭は二十五日より前に、玉局化北帝院天曹庫に納めなくてはいけない。一枚の紙が一貫に値する。そのほか倉庫の役人、門番達の要求はどれもみな人間界と変わりない」と言った。光化三（昭宗、九〇〇）年十二月二十三日に北帝院で告げられた銭を奏上すると、その日の夜に、妻が夢の中に現れ礼を述べて去った。また、成都県押司録事の姓馮という者、死んでから已に十年経つのに、その姪が冥司に間違えて連れてこられた。馮は怒って、連れてきた役人に姪を解き放させた。（姪は）県の後門倉院路を通って帰っていった。道の両脇を見ると、六十余間もある建物があった。それは天曹庫で玉局化に奏上された銭を収め貯えて置くところと言われた。また、邛州臨邛県（四川省邛崍県）の人、姓は張。その夫は、以前永平軍の副使張霖郎中に使えていた。死後に県の役人はその子を派遣して里正にした。（その子が）牢屋に送られると、夫が妻に（夢の中で）、「役所に行って書状を副使郎中に届けられさえすれば、必ず免れるだろう。役所に行く日に、先に玉局化北帝院に立ち寄り、北斗銭二百千を奏上しろ。わたしは天曹と相談して、必ず判決の下るのを免れさせよう。二百千銭とは二百紙のことだ」と言った。その妻は、言われたとおりに、玉局化に行って銭を奏上すると、また夫が夢に出てきて「もうやることは終えた。あす副使に会えば、期待通りにその願いを許されよう」といった。そこで紙銭が何に用いられたのかが分かった。それはもうとても明らかなことだった。冥中の事も、この世の中と同じなのだ。

## （三）　在りし時の玉局観

前文で見てきたものを前掲した（A）～（C）に分けて、それぞれ取り出して、検討していくことにしよう。

（A）　場所

所在地については、記述が少なく、（b）の話を除くと記述がない。これは当然のことともいえ、霊験を伝える話は、その宮観の近くに住む者か、その宮観をよく知っている者が語り伝えることが多いからで、基本的には場所の説明は省かれることが多い。それでも、（b）話の中から、

ア、玉局化は、江に面してある。

イ、近くに、聖容壛、或いは玉女壛、金沙泉と呼ばれる堰がある。

ことが読み取れる。だが、これだけでは玉局化について、成都の街のどのあたりにあったのかを推定することは難しい。そこで、別の資料を用いて補足していくことにしよう。

玉局化は、元来天師道の二十四治の一つで、「下品八治」の第七治に数えられている。

第七玉局治
在成都南門内、以漢永壽元年正月七日、太上老君乘白鶴來至此坐局脚玉寐、即名玉局治也、治應鬼宿（『雲笈七籤』二十八巻　二十八治　二十四治幷序）

また、『无上秘要』巻二十三　正一炁治品には、

玉局治、上應鬼宿。昔永壽元年、正月七日、太上老君乘白鹿、張天師乘鵠來、此坐局脚玉牀、即名玉局治、在成都南門左。

とある。杜光庭は『洞天福地嶽瀆名山記』[9]の序文に「於成都玉局編録（成都の玉局にて編録す）」と記した上で、

玉局化、五行水、節白露、上應翼宿、乙未、辛未人屬。成都府南一里。一名玉女化。老君、天師永壽元年降此地涌玉局、因名爲名。

としている。

これらの記述を見ると、玉局治の場所について、南門の付近にあることは共通しているものの、具体的な位置については、それぞれに微妙な違いを見せている。これは書き方における基準の違いからきたというより、以下に示すように、唐末以降に城壁の拡張が行われた結果、城壁と城門を基準として見る当時の見方において、都市の中における地図上の位置に違いが出た結果と見てよいと思われる。

唐末に高駢が乾符二年（八七五）に西川節度使として成都に赴任するや、次の年には大規模に城壁を拡張して、都市の面積を広げている。また、後唐天成二年（九二七）には、孟知祥が更に城壁を広げる工事を行い、城市の面積を飛躍的に拡大している。ただ、孟知祥の工事は主に東北から西南方向にかけて、北に向かって行われていたようで、[10]玉局観に直接影響したのは高駢による城壁の拡張の時と思われる。杜光庭が僖宗に従って、黄巣の乱を避け成都に来た時（八八一）には、玉局観の都市上における位置は、以前に較べて変化していたはずである。

玉局観のあった街の南側の地は、唐末以前から新開地として、川をはさんで更に南側に人々が集まってきていた

のだが、その様子が同じく『道教霊験記』の話の中に残されている。「韋公（韋皐、七四五―八〇五）が成都を管理するや、万里橋の南の川向こうに新しい南市を創設した。（そこでは）墳墓が掘り起こされ、切りひらいて街が起こされ、川の南岸は多くの家が建ち並んだ。商店や楼閣が建ち並び、盛んで勢いのある街となった。ところが、いつも日暮になると、人を驚かせることが多く起こった。つぶてが飛び、瓦が投げられ、鬼が哭き狐が鳴くというふうであった(11)」。

この文中に、都市が南に拡張していくときの様子が如実に著わされている。元来の南門より南の地は、それこそ墓を置く程度にしか使っていなかったのが、そこに通りが切り開かれ、最初に人々が居住していき始めたころの状況が如実に描写されている。

なぜ南門から更に先の南の地が開発されていったのであろうか。都市が狭くなったので、拡大されていったというのはその通りなのだが、南門付近の地が南に拡大していったのは、南門付近には川（現在の錦江）が流れていたことが、その大きな理由にあげられよう。川は物資の運搬に大きな便を与えるだけではない。人々に生きるすべをも与える。多くの都市で、何の規制もしないでいると、川の周りに俄仕立ての家が造られ、違法に住み着く人々が出てくることは往々にして見られることである。このような行政の開発に先立って住み着いた人々の増加が、南門から南の地を新たに開発していくきっかけにもなったのではないだろうか。それらの人々もまた、新南市の住民となったであろうことは予測され、唐末以降にその地における信仰の担い手となって新たに登場してくることになったであろうことは想像に難くない。

（B）　宮観及び神像

宮観の建物及びその構造に関しては、

ア、観内に洞門石室があったこと。その石室は青城山の第五洞天と繋がっていて、その上は鬼宿と応じていると考えられていたことから、天師によって刻石で閉じられていたこと。その石室は、高さ六七尺（約一八六・六～二一七・七センチメートル）、広さ一歩（約一五五・五センチメートル）で、正方形の形をしていたこと。〔(a) 話〕

イ、三将軍像を祀った堂宇があったこと。南詔の侵略（太和三年、八二九）によって観は焼かれてしまい、それ以後に、その堂宇は再建されたこと。〔(c) 話〕

ウ、九海神龍の壁画の前に井戸が掘られていたこと。〔(d) 話〕

エ、観内に北帝院があったこと。〔(f) 話〕

が分かる。また、神像に関しては、次のことが分かる。

オ、石室内には、玄元（老君）の像が刻まれてあったこと。〔(a) 話〕

カ、老君の像が観前の川の中から発見されたが、長安の太清宮に運ばれたこと。〔(b) 話〕

キ、西王母の塑像があったが、近年行方がわからなくなっていたこと。〔(c) 話〕

ク、古い三将軍の塑像があったこと。〔(c) 話〕

ケ、富商の龍家の楼から移された壁に描かれた天師の像があったこと。〔(e) 話〕

これだけ見ても、玉局観には多くの塑像、壁画があった様子が想像されてくるのだが、『益州名画録』[12]に、「玉局化壁畫道門尊像甚多、王蜀時修改後、頽損已換。（常燦の項）」とあり、その想像の間違っていないことを立証してくれる。また、

玉局寺（觀？）寫王蜀先主爲使相日眞容、後移在龍興觀天寶院寿昌殿上。（常重胤の項）

素卿所畫《十二仙眞形》十二幀、蜀主躭玩欣賞者久、……于玉局開懸供養。（張素卿の項）

ともあり、前蜀（王蜀）の王建の時に、盛んであった様子もうかがえる。

（C）信仰

次のようなもののあったことが分かる。

ア、石室を開けると、雷が鳴り大風が吹いたとあるように、石室には霊妙なものがあると思われていたこと。〔（a）話〕

イ、観が焼け、西王母の描かれていた廊下の屋根も焼け落ちてしまっているのに、西王母の像にはどこにも傷がなかったことから、霊妙な像として人々に知られるようになったこと。〔（c）話〕

ウ、近くに住んでいた范彦通の風癩の病が、西王母への信仰から癒えたとされるように、玉局観の場を通じて西王母に対する信仰が行われていたこと。また、人々によって香や灯明があげられていたこと。〔（c）話〕

エ、観は南詔の侵攻にあって焼かれたが、三将軍像だけは壊れなかった。観を再建する際に、再びその上に建物を構えたこと。近くに住む閻士林は、病で一月ほど寝込んでしまった。もう助からないと思ったとき、三将軍が戟でその身の上をはらうと、黒犬のような姿をしたものが逃げていった。これから病は癒えたとされる話が伝えられるように、三将軍に対する信仰があったこと。〔（c）話〕

オ、壁画の九海神龍は、願い事に応じてくれるとの信仰が周りに住む者達の間に広がっていたこと。〔（d）話〕

カ、富商龍家の楼から移された壁画の天師像は、魔物を追い払う力があると思われていたこと。〔（e）話〕

キ、死者の世界を支配すると考えられた冥界神に対する信仰があり、玉局化の中にあった北帝院において行われていたこと。天曹庫は、冥界神に所属する庫と考えられていたこと。〔（f）話〕

ここに摘出した唐末時期の玉局観に見られる信仰は、どれもが民間におけるものと考えてよいだろう。南詔の侵攻（太和三年、八二九）を受けて焼けた後に再建された玉局観は、主に一般社会の庶民層の信仰を集めていたようである。

## (四) 玉局観の役割

ここまで唐末から五代期にかけての玉局観を（A）場所、（B）道観と神像、（C）信仰に分けて見てきた。その結果、観内の神像のみならず、壁画にも人々の信仰が生じていたことが見てとれた。しかも、その信仰は病気等の苦しさから助けてほしいといった個人レベルの、であるが故に切実な、いわば庶民の願いといったものであった。玉局観は元来二十四治の一つとして開かれた道観であり、このような民間での信仰を中心にして運営されていた道観ではなかったはずである。このことは杜光庭が『広成集』に、

戸部張相公修遷抜明眞齋詞
上元玉局化衆修黄籙齋詞
周庠員外郎爲母轉經設醮詞
蜀王爲日虧身宮於玉局化醮詞

等の文を残しているのを見ても、道観で行う正式の醮斎が行われていた道観であったことが分かる。

それでは何故、南詔の侵攻後再建されていく玉局観では、民間に広がった信仰の場となっていったのであろうか。

これは上述したように、韋皐（七四五―八〇五）が成都に着任して以降に、成都の街の南側に新南市が開発され新しい住民が住むようになっていったことと無関係ではないだろう。特に再建される過程で、（C）話に見られたように、新しくその地で財をなしたと思われる新興の人々の力が加わっていたことを考えあわせると、来観する人々にも変化があったと見てよいのではないだろうか。

また、玉局観に付設されていたであろう北帝院は、冥界との繋がりを持つ城皇廟と同様の働きを持つものと考えられていたようで、冥界における信仰も集めていたことも見てとれよう。

**【注】**

（1）『道蔵』洞玄部、記伝類、SN五九〇。
（2）『道教霊験記』に記載されている話は、いくつか伝聞や書物からの引用も混じるが、それ以外の部分は杜光庭自ら当地に赴いて取材したもので、話しの中においても、宗教的な奇跡とされる部分を抜いて考えると、社会背景についての記述は、事実そのものが記載されていると考えてよいと思われる。拙稿「『道教霊験記』について」『明海大学外国語学部論集』第八集、一九九五。
（3）『道教霊験記』一二二巻九話（『雲笈七籤』本）
（4）『道教霊験記』六巻四話（『道蔵』本）、一一八巻一〇話　玉局化玉像老君応夢験（『雲笈七籤』本）
（5）『道教霊験記』九巻二話（『道蔵』本）、一一九巻六話　西王母塑像救疾験三将軍附（『雲笈七籤』本）。
（6）『道教霊験記』一二二巻一話（『雲笈七籤』本）。
（7）『道教霊験記』八巻三話（『道蔵』本）
（8）『道教霊験記』一五巻二話、一二一巻五話　張部妻陪銭納天曹庫験（『雲笈七籤』本　）。
（9）『道蔵』洞玄部、記伝類、SN五九九。
（10）四川省文書館編『成都城坊古跡考』四川人民出版社　一九八七。

王文才『成都城坊考』巴蜀書社　一九八六。

(11)『道教霊験記』一五巻八話（『道蔵』本）、一二一巻五話　南康王韋皐修黄籙道場験（『雲笈七籤』本）。

(12) 宋、黄休復撰。四川人民出版社　一九八二。

# 第二章　成都・厳真観と信仰　―厳君平への信仰をめぐって―

## （一）　はじめに

第二章以下では、四川省成都市に古くには存在していたのだが、現在は消滅してしまっている厳真観を取り上げる。厳真観の設立に関して、それに深く関わった厳君平をめぐる信仰の存在を検証し、その発生、展開、及びその発展を追いながら、観の存在と街、また観とそこに住む人々との関連に注意を向けて見ていくことにする。本章では、その発生について中心に取り上げる。

## （二）　厳真観の所在地

道観それ自体を中国に存在する全体として見るにしても、一つ一つ個々の道観に視点を当てて見るにしても、それが何処の、どのような環境の場所にあるのかということは、道観の性格を考え、道教と社会との関連を考える上でとても重要なことである。

都市は漠然と全体で存在しているわけではない。多くの場合、都市の中で一つ一つの地域は、夫々にある特徴をもって、全体の中で実に機能的に存在している。一つのある道観が、都市の中のどの地域に、そして具体的にどの場所に存在しているのかは、その道観の性格を半分以上示しているといってもよいであろう。

厳真観は現存していないので、記録の中からその位置を示す記述を集めて、その位置を推定していくことになるのだが、これが案外厄介な問題となる。

現在成都市の街の中心となる展覧館（元来の宮殿迹）のすぐ西南に人民公園があり、その南側に君平街と名づけられる通りがある。現在の君平街は、一般庶民の日常用品や食品を扱う商店の並んだ、人々で賑わう通りとなっていて、君平との名も人々に馴染み深いものになっている。元来、観の名の謂れとなった厳君平の名に縁を持つ命名で、厳真観の所在地を確かめる重要な手がかりとなるはずであるが、この通りは清初の康熙年間に八旗の駐防地を修築した際に、名前ごと南側に移されて現在に至っているという[1]。改めて観の地を検証しておくことにしよう。

厳真観について、比較的多くの資料を集めているのが明の曹学佺の『蜀中名勝記』と『蜀中広記』の著作である[2]。両本共に「巻一川西道　成都府一」に記載があり、その中から厳真観の位置に関する曹学佺自身の記述、及び彼の引用した文献の中からそれに関する記載を見てみると、

○南門之勝、如石室、石犀、嚴真觀、江瀆池、…

○『益州記』曰、鴈橋東有嚴君平卜處土台、高數丈、

○祝穆『方輿勝覽』云、龜城水中出金雁、因謂之雁橋也。

○宋京「補亡」詩、…　藥鼎空留閉黃壤、前時發掘篆籀新、明水神丹光滉瀁、金雁橋邊臺觀存、

とあるのが見える。

唐・五代の道士杜光庭編纂の『道教霊験記』（『雲笈七籤』巻百二十二）には、次のように記載される[3]。

君平卜肆、即今成都小西門之北、福感寺南、嚴眞觀是也。

また、比較的新しい資料となるが、清の王士禛撰『池北偶談』[4]巻二十五、談異、「支機石」には、「予在成都、見西城石犀寺後、嚴眞觀故址廢圃牆隅」とある。

これらの記述を見ると、厳真観は雁橋（鴈橋、金雁橋）の辺、石犀寺の後にあり、唐代頃には、小西門の北、福感寺の南に位置していたことが分かる。その地域に関しては、南門（『蜀中名勝記』）ともあり、西城（『池北偶談』）とも表記されていたが、どちらの記述も石犀寺と共に記載されていることから、同一の地域をさしていると考えてよいようである。

観の所在していた場所を正確に突き止めるのは、歴史的文献の検証からでも難しいのだが、石犀寺の後にあったことを頼りに、石犀寺の所在から推して考えていくことは出来るようである。

石犀寺は、成都の寺院中においても名刹とされる由緒ある寺であったのだが、清初にすべて壊されてしまったようで、こちらも現存していない。それでも名刹であったことから、元来の地についての考証がなされており、人民公園の北、支機石街の南に東西に走る西勝街がその遺址であるとの指摘がされている。[5]

そこは厳真観に関して、これまで見てきた資料中に示されていた位置と矛盾していないことからも、厳真観も現在の西勝街付近にあったものと考えてよいであろう。

## （三）年中行事と厳真観

観が石犀寺の後にあったというのは、観の存在理由を考える上で、重要なヒントを提供してくれる。

成都で生活する人々の一年を、

成都遊樂之盛、甲於西蜀、蓋地大物繁而俗好娯樂。凡太守歳時宴集、騎従雜沓、車服鮮華、倡優鼓吹、出入擁導、四方奇技玄怪、百變序進於前、以從民樂、歳率有期、謂之故事。

成都の遊楽の盛んなるは、西蜀に甲たり、蓋し地大物繁にして俗娯楽を好む。凡そ太守歳時の宴集、騎従雜沓、車服鮮華、倡優鼓吹、出入擁導、四方奇技玄怪、百変前に序進し、以て民の楽しみに従う、歳率に期有り、之を故事に謂う。

と書き始め、宋代成都での遊楽風俗について詳しい、元の費著の撰とされる『歳時紀麗譜』(6)に依拠して、年中行事を中心に人々が集まっていったと思われる場所を探ってみると、最も頻出するのは大慈寺である。

（正月）二日。出東郊、早宴移忠寺。晩宴大慈寺。…十四、十五、十六三日、皆早宴大慈寺、（二月）八日。觀街藥市。早宴大慈寺之説聽、（三月）二十一日。出大東門、…既又晩宴於大慈寺之設聽。寒食。出大東門。…晩宴大慈寺設聽。

五月五日。宴大慈寺設聽。

七月七日。宴大慈寺設聽。

十八日。大慈寺散盂蘭盆。
八月十五日。中秋玩月。…今宴於大慈寺。
冬至日。宴於大慈寺。后一日、…晩宴大慈寺。

これらの記載を見ても、往事成都の人々の間で娯楽の中心的場所となっていたのは大慈寺の付近で、ほぼ一年を通じて、人々を集めていたと言うことが出来よう。

石犀寺は、宮殿を中心として、その東南に大慈寺が置かれる位置とほぼ対称の位置に置かれていて、同じく『歳時紀麗譜』に、

（正月）二十三日。聖壽寺（石犀寺）前蠶市。張公詠始即寺爲會、使民鬻農器。太守先詣寺之都安王祠奠獻、然後就宴。
（正月）二十三日。聖寿寺（石犀寺）前に蠶市あり。張公詠始めて寺に即して会を為し、民をして農器を鬻らしむ。太守先に寺の都安王祠を詣で奠献し、然る後に宴に就く。

としてその附近には市が開かれていた記載も見られる。文中に聖寿寺とあるのは、石犀寺の別名で、唐初に重建された時に聖寿寺と改名されたことによる。大慈寺附近とはその規模において比較にはならないまでも「使民鬻農器」とあることからも、一般の人々を集めた場所であったようで、一年を通じて人々を常時集める場所になっていたであろうことは想像に難くない。

市の開かれる日には、勿論多くの人々が集まると同時に、臨時の出店もいつもよりは多く見られたであろう。宋

の黄休復撰の『茅亭客話』巻五に、「僞蜀将季延秋門内、嚴眞觀前蠶市、有村夫鬻一蝦蟇（偽蜀の将季延秋の門内、厳真観の蠶市の前、村夫の一蝦蟇を鬻る有り）」などという記事も見られ、さまざまな店が並んでいた様子が窺える。[7]

同じく『歳時紀麗譜』に、「三月三日。出北門、宴學射山。…巫覡賣符於道、游者佩之、以宜蠶辟災（三月三日。北門を出で、学射山に宴す。…巫覡符を道に売り、游者之を佩び、宜蠶を以て災を辟く）」との記事も見られており、いつでもこの三月三日の日とは同様とまではいかなくても、道で符を売るような者、或いは後述するが、厳君平のような道で占う者は一年を通じてどの市においても見かけられたことであろう。

では、厳真観はいつ頃、どのような理由によって置かれたのであろうか。

この問題については、宋の祝穆の撰になる『方輿勝覧』巻五十一、宅舍、君平宅に見える記事がその手がかりを与えてくれる。[8]

在府城西、今爲嚴眞觀、一名君平宅肆。其後有井、名通仙。相傳君平所浚。

府城の西に在り、今の厳真観為り、一名君平宅肆。其の後に井有り、通仙と名づく。相い伝う君平の浚する所と。

また、時代は下るが明の曹学佺の『蜀中広記』に引く『錦里耆旧伝』にも、以下のように見えている。

『錦里耆舊傳』曰、嚴君平宅、卜肆之井、猶存。今爲嚴眞觀。

『錦里耆旧伝』に曰う、厳君平宅、卜肆の井、猶お存す。今の厳真観為りと。

これらの記事から見ると、厳真観は厳君平の旧宅から始まったと思われるのである。そうすると厳真観が置かれたのは、厳君平の没後間もなくとのことになる。また、観が置かれたのは道教側の理由によってではなく、市に集まってきた人々の間で、厳君平の人気が高まり、君平の死後もそれは衰えず、遂に君平が祀られるようになり、その結果、旧君平宅が観となって発展していったと考えてよいように思われる。

では何故、君平が神格化され、その人気が観を置くところまで高まっていったのかとの疑問が出てくるのだが、この点については、君平と道教の結びつきと併せて考えていくことにしたい。

また、厳真観がいつまで存在していたのかについては、はっきりとした年代を明示しがたいが、上掲した清の王士禛撰『池北偶談』の記述から見ると、王士禛の存在した清初の康熙年代頃には、観自体は消滅していたが、跡地は残っているという状態であったことが分かる。厳真観が明代の文人の詩中に見えていることから、観の消滅は、どうも石犀寺とも同じく明末清初の動乱期にあったのではないかと思われる。

## (四)　厳君平の伝

厳君平の伝については、『漢書』王貢両龔鮑伝、第四十二にまとまった記述が見られ、これが後世に様々に語り継がれることになる厳君平の説話の基本的要素になっているようだ。晋の常璩の撰になる四川を含めた西南地方の歴史、地理に関する重要な書である『華陽国志』に見られる記述と併せて見ていきたい。

蜀有嚴君平、皆修身自保、非其服弗服、非其食弗食。……君平卜筮於成都市、以爲卜筮者賤業、而可以惠衆人。

有邪惡非正之問、則依蓍龜爲言利害。與人子言依於孝、與人弟言依於順、與人臣言依於忠、各因勢導之以善、從吾言者、已過半矣。裁日閲數人、得百錢足自養、則閉肆下簾而授老子。博覽亡不通、依老子、嚴周之指著書十餘萬言。楊雄少時從遊學、以而仕京師顯命、數爲朝廷在位賢者稱君平德。杜陵李彊素善雄、久之爲益州牧、喜謂雄曰、吾眞得嚴君平矣。雄曰、君備禮以待之、彼人可見而不可得也。彊心以爲不然。及至蜀、致禮與相見、卒不敢言以爲從事、乃歎曰、楊子雲誠知人。君平年九十餘、遂以其業終、蜀人敬愛、至今稱焉。及雄著書言當世士、稱此二人。其論曰、……蜀嚴湛冥、不作苟見、不治苟得、久幽而不改其操、雖隨、和何以加諸。

（『漢書』王貢両龔鮑伝　第四十二）[9]

蜀に厳君平有り、皆な身を修め自ら保ち、其の服に非ば服せず、其の食に非ば食せず。……君平は成都市に卜筮し、以為く卜筮は賤業なるも、以て衆人を恵む可し。邪悪非正の問い有れば、則ち蓍亀に依りて為に利害を言う。人の子の与に言えば孝に依り、人の弟の与に言えば順に依り、人の臣の与に言えば忠に依り、各々勢に因りて之を導くに善を以てす、吾が言に従う者、已に過半なりと。裁日数人を閲し、百銭を得れば自ら養うに足るとし、則ち肆下の簾を閉じて老子を授く。博覧通ぜざる亡く、老子、厳周の指に依りて書十余万言を著す。楊雄少時に従い遊学し、以て京師に仕えて命を顕す、数々朝廷在位賢者の為に君平の徳を称す。杜陵李彊は素より雄と善し、之を久しくして益州の牧と為る、喜雄に謂いて曰く、吾真に厳君平を得んと。雄曰く、君礼を備えて以て之を待たば、彼の人見う可くも得可からざるなり。彊心に以為く然らずと。蜀に至るに及び、礼を致して与に相い見うも、卒に敢て以て従事と為すと言えず、乃ち歎じて曰う、楊子雲は誠に人を知ると。君平年九十余、遂に其の業を以て終る、蜀人敬愛し、今に至るまで称す。雄書を著すに及びて当世の士を言い、此の二人を称す。其の論に曰う、……蜀厳は湛冥なり、苟くも見るを作さず、苟くも得るを治めず、久幽に其の操を改めず、随、和と雖も何ぞ以て諸に加えんやと。

（『漢書』王貢両龔鮑伝　第四十二）

嚴平恬泊、皓然沈冥

嚴遵、字君平、成都人也。雅性澹泊、學業加妙。專精大易、躭於老莊、常卜筮於市、假著龜以教、與人子卜、教以孝。與人弟卜、教以悌。與人臣卜、教以忠。於是風移俗易、上下茲和。日閲得百錢、即閉肆下簾。授老莊、著指歸、爲道書之宗。楊雄少師之、稱其德。杜陵李強爲益州刺史、謂雄曰、吾眞得君平矣。雄曰、君但可見、不能屈也。強以爲不然、至州、脩禮交遵。遵見之、強服其清高、而不敢屈也。嘆曰、楊子雲眞知人也。年九十卒。雄稱之曰、不慕夷、即由矣。不作苟見、不治苟得、久幽而不改其操、雖隨、和何以加諸。

（巻十　先賢士女総讃　蜀郡士女）[10]

厳平恬泊、皓然沈冥なり。

厳遵、字は君平、成都の人なり。雅性澹泊、学業妙を加う。専ら大易に精しく、老荘に躭け、常に市に卜筮し、著亀に仮りて以て教え、人の子の与に卜せば、教えるに孝を以てす。人の弟の与に卜すれば、教えるに悌を以てす。人の臣の与に卜すれば、教えるに忠を以てす。是に於て風移り俗易り、上下茲和す。日に閲て百銭を得れば、即ち肆下の簾を閉じる。老荘を授けて、指帰を著し、道書の宗と為る。楊雄少くして之を師とし、其の徳を称す。杜陵の李強益州の刺史と為り、雄に謂いて曰く、吾真に君平を得んと。雄曰く、君但だ見う可し、屈する能わざるなりと。強以為く然らずと、州に至り、礼を脩めて遵に交る。遵之と見う、強其の清高なるに服するも、敢て屈せざるなり。嘆じて曰う、楊子雲は真に人を知るなりと。年九十にして卒す。雄之を称して曰う、夷を慕わざるは、即ち由なり。苟も見るを作さず、苟も得るを治めず、久幽に其の操を改めず、随、和と雖も何を以て諸に加えんやと。

（巻十　先賢士女総讃　蜀郡士女）

これを見ると、『漢書』と『華陽国志』の記述は、ほぼ同じ構成要素から成っているのが分かり、『漢書』の編修された建初八（八二）年頃から、『華陽国志』の完成する四世紀半ば頃まで、厳君平に関して社会の中における理解はさほど大きな変化がなかったことが見てとれよう。

以下に検討しようとする厳君平の説話の流伝に関連してくるので、各要素に分けた内容をそれぞれに比較しつつ『漢書』に拠った要約を見ておきたい。

A　着るのにふさわしい服でなければ着ない。食べるにふさわしい食べ物でなければ食べないという風であった。『華陽国志』には記述がない。

B　成都の市で卜筮を生業としていた。卜筮は賤業であるが人々に恵みを与えることが出来る。邪悪で正しくない問いがあっても、蓍亀によって利害を言い、人の子に言うときは、孝によって説き、人の弟に言うときは、順によって説き、人の臣に言うときは、忠によって説いた。それぞれそのときの様子によって善に導いたので、すでに半分の者が私の言葉に従っていると考えていた。一日に数人を見て、百銭の金になるとさっさと引き上げ、老子（老荘）を講じていた。

『華陽国志』は『漢書』に比して記述が簡略になっていて、「従吾言者、已過半矣」に対応する記述がなく、逆に『漢書』には見られない「於是風移俗易、上下茲和」との記述が見えている。

C　博識で何事にも通じていて、老子、荘周の趣意に基づいて十余万言の書を表した。『華陽国志』では、「著指歸、爲道書之宗」として、後世厳遵の著書名として伝えられる『道徳真経指帰』の名が出ている。

D　楊雄が若い時に遊学し、京師で仕官して名を顕したが、しばしば朝廷で位についている賢者たちに君平の徳を称えた。仲の良い杜陵の李彊（強）が、益州の牧となって赴任することになり、君平を配下に使うと宣言するも、会うことは出来るが、従わせることは出来ないといった。果たして其の通りであった。『華陽国志』には記述がない。

E　九十歳で世を去った。蜀の人は彼を敬愛し、今に至っている。『華陽国志』は、「年九十卒」と簡述するのみである。

F　人柄は奥深く、世に名を売ることもせず、寡欲ですごし、其の節操を換えることはなかった。『華陽国志』にも、ほぼ同様の記述がある。

このうち厳君平に対する最も強いイメージを中国社会に与え続けていたのは、B成都市中で卜筮し、百銭を得るとさっさとやめて、あとは老子を講じていたという話で、後世の人々にもそれは継承されていた。

## （五）　仙人厳君平

道教においても、厳君平を仙人の一人として、仙伝の中に取り上げている。これを上で見てきた厳遵の伝に書かれていたことと照らし合わせてみたい。

道教書の中で厳遵の伝について触れるのは、以下のものが挙げられる。

イ、『道学伝』

ロ、『三洞珠嚢』

ハ、『仙伝拾遺』

ニ、『道徳真経広聖義』
ホ、『三洞羣仙録』
ヘ、『玄品録』
ト、『有象列仙全伝』
以下個々に見ていくことにする。

イ、『道学伝』[11]
嚴君平者、名遵、蜀都人也。非其服弗服、非其食弗食。常賣卜成都市、日得百錢、足以自養、則閉肆門、下簾修道。沈深不作苟見、不治苟徳、久幽而不改其操。未嘗仕、年九十餘終於家。從其言者過半也。

厳君平は、名は遵、蜀都の人なり。其の服に非れば服せず、其の食に非れば食せず。常に成都の市に売卜し、日に百銭を得れば、以て自ら養うに足るとし、則ち肆の門を閉じ、簾を下して修道す。沈深して苟も見るを作さず、苟も徳を治めず、久幽に其の操を改めず。未だ嘗て仕えず、年九十余にして家にて終る。其の言に従う者過半なり。

六朝期の撰とされる『道学伝』はBとEとから成っていて、その他に新たに付け加えられたものはないようである。

ロ、『三洞珠囊』巻一救導品[12]
嚴君平者、名遵、蜀都人也。修道自保、與人子依於孝、與人臣言依於忠、與人弟言依於順、各因其發動之以善、蜀中化之從其言者、過半也。
巻二
嚴君平者、名遵、蜀郡人也。非其服弗服、非其食拂食、常賣卜成都市、日得百錢足以自養、則閉肆門下簾、修道沈深、不作苟見、不治苟德、久幽而不改其操、未嘗仕。年九十餘、終于家。
厳君平は、名は遵、蜀都の人なり。修道自保し、人の子の与には孝に依り、人の臣の与には言忠に依り、人の弟の与には言順に依り、各々其の発動の善を以てするに因り、蜀中之を化し其の言に従う者、過半なり。
巻二
厳君平は、名は遵、蜀の郡の人なり。其の服に非ればば服せず、其の食に非れば食せず、常に成都の市に売卜し、日に百銭を得れば以て自ら養うに足るとし、則ち肆の門を閉じ簾を下し、修道沈深して、苟も見るを作さず、苟も徳を治めず、久幽に其の操を改めず、未だ嘗て仕えず。年九十余にして、家にて終る。

唐の王懸河の編集になる『三洞珠囊』の巻一は、Bに基づいたものであり、巻二は、A、B、Eに基づいたもので、そのどちらも新しく付け加えられた様相はない。

ハ、『仙伝拾遺』巻一[13]
嚴遵字君平、蜀郡成都人也。留情黄老、博覽羣書。常以卜筮爲業、與人子言、依于孝、與人弟言、依于悌、與人臣言、依于忠。遵之善屬文、依老子莊生之旨、著書十餘萬言、名曰指歸。後擧家昇天、宅舍亭臺亦隨飛去。
厳遵字は君平、蜀郡成都の人なり。情を黄老に留め、羣書を博覧す。常に卜筮を以て業と為し、人の子の為に言うに、孝に依り、人の弟の与に言うに、悌に依り、人の臣の与に言うに、忠に依る。遵の善く属文するに、老子荘生の旨に依り、著書十余万言、名づけて指帰と曰う。後挙家昇天し、宅舎亭台亦た随いて飛去す。

唐五代期に多くの著作を残した杜光庭の撰に成る『仙伝拾遺』は、基本的にはBとCを要約したものと見ることが出来るが、老子を「黄老」として、「留情黄老、博覽羣書」とのこれまでには見られなかった新しい記述になっているだけでなく、文末に「後擧家昇天、宅舍亭臺亦隨飛去」（後、家を挙げて昇天し、宅舎、亭臺も亦随いて飛去す）として新しい要素が付け加えられている。この記述こそが道教の中において重要な要素であり、仙人の一人となり得たのである。

二、『道徳真経広聖義』巻三十三[14]

嚴仙人者、蜀郡嚴遵、字君平。平常於成都市以卜筮之道、潜化於人、人有不正之問、必以陰陽之理制而止之。日閲百錢而閉肆、下簾以受老子。乃作指歸數萬言、明理國理身之要。

厳仙人とは、蜀郡の厳遵なり、字は君平。平常成都の市に卜筮の道を以てす、人に潜化し、人に不正の問有れば、必ず陰陽の理を以て制して之を止む。日に百銭を閲すれば肆を閉ざし、簾を下して以て老子を受く。乃ち指帰数万言を作り、理国理身の要を明かにす。

『道徳真経広聖義』は杜光庭の著作になり、これも基本的には、BとCを簡略化したものといえるのだが、「人に不正な問いがあれば、必ず陰陽の理で制して之を止む」とあり、「『指歸』數萬言を作り、理國理身の要を明らかにす」などというのは、『道徳真経広聖義』の中に「嚴君平曰」、「嚴君平云」、「嚴仙人曰」などという引用記述のほかに、「嚴君平老子指歸曰」、「嚴君平老君指歸曰」というのも見られていることを併せて考えると、杜光庭自身による『老子指帰』の解釈が付け加えられているものと思われる。

ホ、『三洞羣仙録』巻十七[15]

君平卜筮望之巫醫（『仙伝拾遺』を引く）

君平は卜筮もて之を望む巫医なり（『仙伝拾遺』を引く）

へ、『玄品録』巻一[16]

嚴遵字君平、蜀人也。雅性澹泊、學業加妙、專精大易、耽於老莊。常卜筮於成都市、以爲卜筮者賤業、而可以惠衆人。有邪惡非正之問、則依蓍龜爲言利害。與人子言依於言、與人弟言依於順、與人臣言依於忠、各因勢導之以善、從吾言者、已過半矣。裁日閲數人、得百錢足以自養、則閉肆垂簾而授老子。博覽無不通、依老子莊周之旨、著書十餘萬言。楊雄少時從游學、得君平之道爲多。蜀有富人羅冲者、問君平曰、吾病耳、非不足也。我有餘而子不足、奈何以不足奉有餘。冲曰、吾有萬金、子無儋石、乃云有餘、不亦繆乎。君平曰、不然、吾前宿子家、人定而役役未息、晝夜汲汲、未嘗有足。今我以卜爲業、不下床而子不足耶。冲大慙。君平嘆曰、益我貨者損我神、生我名者殺我身。竟不仕。年九十餘、遂以業終。蜀人敬愛、至今稱焉。有祠在漢州綿竹県。宋紹興封君平爲妙通眞人。

『玄品録』五巻は、元の張雨の撰になり、周から宋までの歴代の「道家者流」の者を、道品、道權、道化、道儒、道術、道隠、道黙、道言、道質、道華の十品に分類して伝を集めたもので、厳遵は道術と冠されている。『玄品録』では、前半部はほとんど『漢書』の記載と重なり、B—C—D（Dについては、楊雄が君平から多くを教わったとあるだけ）と記述が進んで、Eに移る前にこれまでに見ることのなかった次のような話が付け加えられている。

蜀に羅冲という裕福な者がいた。君平にたずねた「あなたはどうして仕えないのか」。君平はそれに答えて「その気がない」と。冲は君平のために車馬衣糧を用意した。君平が「わたしは病んでいるだけで、足らないのではない。わたしには余裕がある。あなたこそが足りないのだ。どうして足りない者が余裕ある者に献上するのかね」と言うと、冲は「わたしは大金持ちなのに、あなたにはわずかな蓄えもない。それなのに余りあると言うのは、誤りじゃないのか」と言った。君平が「違います。わたしが以前あなたの家に泊った時、人々は一所懸命に休む間もなく働き、昼夜汲汲としており、足りてるとはいえないようだった。わたしは今、卜業を生業としているが、ベッドを離れることなくてもお金のほうからやってくるし、厚くほこりのたまった数百の余りもあり、どう使ってよいのかも分からないのだ。これこそわたしに余りがあって、あなたが足りないと言うことではないのかね」と言うと、冲は大いに羞じた。君平は「わたしにお金をもたらす事はわたしの精神を損なうことで、わたしの名を世に示すことはわが身を殺すことだ」と言って、遂に仕えることはしなかった。

この話は、『玄品録』が初出ではない。晋の皇甫謐の撰になる『高士伝』の中にすでに見られている。『高士伝』は古の隠逸の士の伝を記した書で、この頃までには厳君平に対して、それまで無かった逸話も新たに作成されるようになっていたようである。

ここでは、その後に続いて文末にさりげなく置かれる一文「有祠在漢州綿竹県。宋紹興封君平爲妙通眞人」（祠が漢州の綿竹県に置かれていて、宋の紹興（一一三一―一一六二）年間に君平は妙通真人に封じられた）に注目したい。厳君平に対する信仰が存在していたことと、成都市の北に位置する綿竹市において厳君平を祀る祠が存在していたことを示す内容となっているからである。

ト、『有象列仙全傳[17]』

莊君平、福州有道人、嘗與一老叟同室、歳餘告之曰、吾乃漢莊君平也。取一書授之。天明叟出不復歸。視其書、皆修身度世之説。但記其書中有云、事業與功名、不直一杯水。

莊君平、福州有道の人、嘗て一老叟と同室せり、歳余に之に告げて曰く、吾れは乃ち漢の莊君平なりと。一書を取りて之に授く。天明に叟出でて復た帰らず。其の書を視るに、皆修身度世の説なり。但だ其の書中に記有りて云う、事業と功名とは、直に一杯の水ならずと。

莊君平は、後漢の明帝の諱を避けた書き方で厳君平に同じである。[18]厳君平の信仰が南方の地に広がっていった過程が示されたものと考えている。

ここで上掲した君平の伝に戻って、本貫の地を改めて検証してみると、

蜀有嚴君平、（『漢書』）

嚴遵、字君平、成都人也。（『華陽国志』）

嚴遵、字君平、綿竹人也。（『蜀中名勝記』『蜀中広記』）

と時代が下るにつれ、だんだんその地域が詳細な記述となっていることに気付く。これは厳君平に関する細かな事柄も徐々に知られるようになってきたと言えないことも無いが、むしろ後世になればなるほど、厳君平に対して、

当時の社会の要請に応じた新しい厳君平像が付け加えられていった結果と見るのが妥当なのではないだろうか。

さらに『蜀中広記』巻七十一には、

宋楊師嚴眞觀碑略云、君平父名子晞、卜地創觀於武都山陰。開基得碑、乃知古已有上清之號。觀成而君平生、時漢武帝後元元年也。君平長而學道、鍊丹成仙、時成帝和平元年也。伝戴君平創樓以降眞、有眞相焉。歳久樓不復存。大宋紹興已丑、知富順監計洵美率邑士、合力重修。成都塑工雷姓者、遇君平於夢中。起而像之、得其眞形。今羽服而坐於新宮者是也。道傍雙闕曰、蜀荘眞人正名以従其本也。

宋楊師厳真観碑略に云う、君平父の名は子晞、地を卜し武都山の陰に観を創る。基を開くに碑を得る、乃ち古に已に上清の号有るを知る。観成りて君平生る、時に漢武帝後元元年なり。君平長じて道を学び、錬丹して仙と成る、時に成帝の和平元年なり。君平楼を創りて以て真を降すと伝戴す、真相有るなり。歳久しくして楼復た存せず。大宋紹興已丑、知富順監計洵美邑士を率いて、力を合せて重修す。成都の塑工姓雷なる者、君平に夢中に遇う。起きて之を像どり、其の真形を得たり。今羽服して新宮に坐する者是れなり。道傍の雙闕に曰く、蜀の荘真人の正名は以て其の本に従うと。

とあって、これまでには見られなかった要素がぎっしりと詰まった文が見られる。内容を箇条書きにして整理してみると、

a、君平の父の名は子晞といい、地を卜して武都山の陰に観を創った。

b、君平が生まれたのは漢武帝後元元年（八八）で、君平は長じて道を学び、錬丹し仙と成った。

c、君平は楼を創り降真を行った。神相が見られた。

ｄ、雷という姓の工人が、夢で君平に遇い、起きてその像を造った。羽服の坐像であった。

この文は、「宋楊師厳真観碑略」とされるように、これまで見てきた君平の伝の文章とはまったく異なった視点から書かれている特にｃ、ｄに示した要素は、君平を対象にした信仰が行なわれていることを前提とした内容といってよい。宋代頃には厳君平を対象とする信仰は、地域的な信仰から、規模の大きな組織的な信仰へと変化していったと考えられるのである。

ここで厳君平信仰を成り立たせていった要素について考えてみたいのだが、そのキーワードとして、綿竹県と父が観を創ったとされる武都山の陰の地について検討を加えてみたい。

## （六）厳君平信仰の伝播

厳真観中に井戸があったことは、前掲した『錦里耆旧伝』に

　嚴君平宅、卜肆之井、猶存。今爲嚴眞觀。

とあり、『方輿勝覧』に、

　在府城西、今爲嚴真觀、一名君平宅肆。其後有井、名通仙、相傳君平所浚。

とあるのを見てきた。この井戸は、「卜肆之井」であり、「名通仙、相傳君平所浚」でもあることから、厳真観の

存在理由と深く結びついていたものと思われる。

井戸が何故掘られたのかについて、宋郭印の「君平卜臺記」には、次のような話が伝えられている。

眞君姓莊氏、名遵、字君平。蜀隱君子也。事略載漢史、雜見于叢書。異説者尚多弗著。按益州記、漢州雁橋東、有眞君卜臺。高丈餘、有通仙井。眞君常潛迹變通、從井中出、啓肆賣卜。又故老相傳、州治形勢、南高而北下、多火災、眞君鑿井

真君姓は莊氏、名は遵、字は君平。蜀の隠君子なり。事略漢史に載し、叢書に雑見す。異説は尚お多いが著さず。按ずるに益州記に、漢州雁橋の東に、真君卜台有り、高さ丈余、通仙井有り。真君常に潜迹変通し、井中従り出で、肆に啓いて売卜す。又故老相い伝う、州治の形勢、南高而北下る、火災多く、真君井を鑿ると。

この井戸は、「通仙井」と呼ばれ、真君（厳君平）はいつもこの井戸の中に姿を隠していて、井戸の中から現れて売卜に行くといい、土地の形勢が南が高く、北が低いことから火事が多く、そのため真君が井戸を掘ったともいうのである。この記事は時代も下っており、厳君平当時の状況を物語るとはいえないまでも、社会と厳君平、或いは厳君平に対する信仰との関係を反映していると考えてよいであろう。

火事が多いのは、古い時代の都市においては必然のこととはいえ、特に石犀寺、厳真観付近は人の多く集まる盛り場的要素を多く有した地域となっていたことから、建物等も密集していたことも予想され、当然起こりえたことであり、防災を願う守り神のような信仰も要求されていたことであろう。

また、井戸の中から出てきて、市中で売卜をするという記述からは、君平が別の世界に身を置く者と、当時の社会の人々から見られていたことを意味していよう。

このうち、厳君平がいつも井戸の中に入っていくのは、「方輿勝覧」巻五十一、池井、通仙井に

在嚴眞觀、相伝此井與綿竹県君平井相通。往歳有人淘井、得銅錢三徑可二寸、因恍惚不安、復投井中、立愈。或謂是君平擲卦錢也。

厳真観に在り、相い伝う此の井綿竹県の君平井と相い通ずと。往歳有る人井を淘いて、銅銭三を得る徑二寸可かりなり、因りて恍惚安からずに、復た井中に投ずれば、立ちどころに愈ゆ。或るもの謂う是れ君平擲卦の銭なりと。

とあることによって、具体的に説明される。

この井戸は、綿竹県にある君平井と繋がっているというのである。また、以前ある人が井戸を浚うと二寸ばかりの銅銭三枚を見つけた。すると恍惚として気持ちが安らかでなくなったので、井戸の中に投げ返すと、すぐに治った。これが君平の占いに使った銭ではないかという人もいるともいっている。

これは伝の中にも、君平が綿竹の出身であるとあったことを思い起こせばよく、その土地とは深い関係にあったことによっている。また、洞天は仙人と深い関係を持っていると考えられており[19]、井戸を通じて綿竹県と行き来の出来る厳君平は勿論仙人であるということに繋がるのである。

この井戸の繋がりは、更に複雑であったようで、『太平広記』巻三百九十七　斗山観に出『玉堂閒話』唐闕名[20]として、

興元有斗山觀。…斗山一洞、西去二千里、通于青城大面山、又與嚴眞觀井相通、仁裕癸未年、入蜀因謁嚴眞觀、

見斗山詩碑在焉。詰其道流云、不知所來説者無不異之。
興元に斗山観有り。…斗山の一洞、西に去ること二千里、青城大面山に通ず、又厳真観の井とも相い通ずと。
仁裕癸未年、入蜀し因りて厳真観に謁し、斗山詩碑の在るを見る。其の道流に詰す、云う、来る所を知らざるも、説は之に異ならざる無しと。

とも見えている。興元は陝西省との境にある四川省北部の街であるが、そこに斗山観があり、斗山中の一つの洞は、西に二千里離れた青城大面山と通じていて、また厳真観の井戸とも互いに通じているというのである。

この井戸で異なる土地どうしが通じているというのは、とても興味深いことで、具体的に井戸で繋がる土地と土地の間に、交流（情報の交換）が存在していたことを直接意味しているはずである。厳真観（厳君平）の信仰について考えると、綿竹、興元との交流（繋がり）を示す理由は、信仰の中心的な部分がそれらの地域からもたらされたものであったことを意味しているのではないかと考えている。

元来、綿竹、興元を含む四川省北部、いわゆる川北地域は民間での信仰が豊富に存在していた地域でもあった。このような地方の信仰が成都という都市に入っていって定着した一つの例として厳真観（厳君平）の信仰の本質はあったのではないかと思われるのである。

**【注】**

（1）四川省文史館編『成都城坊古蹟考』成都人民出版社、一九八九。

（2）劉知漸点校『蜀中名勝記』重慶出版社、一九八四。『蜀中広記』四庫全書本。曹学佺は、明神宗の万暦四十六年（一六一

八）に『蜀中名勝記』を出版し、その後、自身の蜀に関する著作を『蜀中広記』として集成した（劉知漸点校『蜀中名勝記』前言）。

（3）『道蔵』ＳＮ一〇三二。
（4）中華書局、一九八二。
（5）注1参照。
（6）『巴蜀叢書（第一輯）』巴蜀書社、一九八八。
（7）四庫全書本。
（8）『宋本方輿勝覧』。
（9）中華書局本。
（10）劉彬校注『華陽国志校注』巴蜀書社、一九八四。
（11）陳国符『道蔵源流攷』中華書局、一九八三。
（12）『道蔵』ＳＮ一一三九。
（13）厳一萍撰『道教研究資料　第一輯』芸文印書館、一九七四。
（14）『道蔵』ＳＮ七二五。
（15）『道蔵』ＳＮ一二四八。
（16）厳一萍撰『道教研究資料　第一輯』芸文印書館、一九七四。
（17）王秋桂、李豊楙主編『中国民間信仰資料彙編第一輯』学生書局、一九八九。
（18）明陳耀文撰『天中記』四庫全書本。
（19）杜光庭『洞天福地岳瀆名山記』。『道蔵』ＳＮ五九九。
（20）中華書局、一九六一。

# 第三章　厳君平信仰の伝播とその広がり

## （一）はじめに

厳君平、名は遵、漢の人である。成都の街で占いを生業としていたが、日に百銭を得ると肆を閉じ、簾を下げてしまい、もっぱら『老子』を講じていたと伝えられる人物である。彼の住まいは死後に厳真観と名を変え、信仰を集める場となっていったことを前章で取り上げた。本章では、次いで厳君平の信仰がどのように地域と関連して形成発展していったのかについて、その信仰が成都から周辺地域に伝わる過程に注目して見ていく。

## （二）厳君平信仰とその資料

厳君平の伝については、前章で触れたように『漢書』王貢両龔鮑伝第四十二に、まとまった記述が見られる。ここでの記載後に世に伝えられていく厳君平説話の基本要素となっている。

伝の中では、厳君平が社会における伝統文化を継承しつつ、自分自身の価値観をはっきりと持った人物であったことがいわれている。彼は成都で卜筮を生業とし、卜筮は賤業だが衆人を恵むことができると考え、日に百銭を得ると簾を下げてその日の商売を打ち切ってしまい、『老子』を講授していた日常の生活に触れると共に、十余万言にも及ぶ著書を残し、楊雄らの次の世代を担う人物に影響を与えていった彼の持つもう一面をも紹介されていた。

また、年九十で遷化したが、蜀人は彼を敬愛し、今に至るまで称えられているとの評価も加えられていた。

この伝で伝えられる厳君平の人物像は、後世伝えられる厳君平説話にそのまま継承されていくことになるのだが、中国における人物の伝において重要な要素であるはずの、その人物の出身地や成都で過ごしていたとされる日常生活を離れた時の活動範囲などについては、この伝には不思議なほど触れられていない。これは当時すでに分からなくなっていたか、元来伝えられることのなかった事柄であった故と思われるが、一歩進めて考えると、この語られることのない部分があったことが後の厳君平説話を豊富にしていった原因ともなっているように思える。

事実、後に作制され伝えられる厳君平の伝記には、明の楊慎が『全蜀芸文志』に引く宋の郭印「漢州荘真君卜台記」中に「事略載漢史、雜見於叢書異説者尚多[1]（事略は漢史に載る、叢書に雑見する異説は尚お多し）」と指摘しているように、その出身地や彼が居留したと伝えられる地やそのゆかりの地が「異説」として広がりを見せるようになる。これは厳君平の出身地が厳密にどこであるとの検討を加えていく必要がある問題ではなく、後に増えていったと思われる「異説」そのものが、「眞君靈迹、蜀諸郡皆有之（真君の靈迹、蜀の諸郡に皆な之れ有り）」といわれるように、厳君平の信仰の流伝と広がりを示す興味ある事柄と考えてよいと思われる。

そこで、それらを出生地、居留した土地、ゆかりの地等に分けてその厳君平に関する事柄の広がりを、資料を一つ一つ挙げて見ていくことにしたい。

そこから個々の事柄が、どこから伝わり始めて、どのように広がっていったのかを追いかけることができるのではないかと考えたからである。

## A　出生地

### 1　成都とするもの

①　嚴遵、字君平、成都人也。
『華陽国志』巻十　先賢士女総讃　蜀郡士女
2　綿竹県とするもの
①　宋楊師魯嚴眞觀碑略云、君平父名子晞卜地創觀於武都山陰、開基得碑、乃知古已有上清之號、觀成而君平生、時漢武帝後元元年也。
『蜀中広記』巻七十一
②　嚴遵、字君平、綿竹人。
『蜀中広記』巻四十一
3　證州（邛崍県）とするもの
①　嚴君平故里、〔在州東十五里、地名萬石壩〕
『大清一統志』巻三百十
②　嚴君平故里、〔在州東十五里、地名萬石壩〕
『四川通志』巻二十七
③　保寧府—漢嚴遵字君平、臨卭人。嘗居南部蘭登觀。
『四川通志』巻三十八
④　嚴遵—字君平、本姓莊。避明帝諱改姓嚴。臨邛人。
『四川通志』巻三十八
⑤　嚴遵—臨卭人
『明一統志』巻七十二。巻六十七にも同様な文がある

⑥　嚴遵―字君平、或云廣漢人。
『方輿勝覧』巻五十四。巻五十六にも同様な文がある
⑦　漢嚴君平、一云広漢人。
『記纂淵海』巻十六

ここから見ると、厳君平の出身地として伝えられていたのは、成都、綿竹（武都山は綿竹県にある山、現在は徳陽市政区に属す綿竹市）、邛崍（現在は成都市政区に属す邛崍市）の三カ所であったようだ。ただ、綿竹市は成都市の北に七、八〇キロ、邛崍市は同じく西南方向に六〇キロほどに位置しており、全く成都を離れて対抗的に別の地が示される「異説」ではなく、成都を中心とする文化圏の枠内と考えてよいようだ。これは別稿で示すことになるが、現在まで民間に伝えられている厳君平の説話の収集地が、上記の土地に重なることを考えると、古くは厳君平に対する信仰が行われていた地と考えてよく、これらの地では、その後も人々の間に厳君平の事績に対する評価が高く、長くその関係を大事に言い伝えてきたことを示しているといえよう。

B　厳君平宅

1　成都

①　嚴君平宅、在州西一里、耆舊傳曰、卜肆之井猶存、今爲普賢祠、
『太平寰宇記』巻七十二
②　嚴君平宅、在府城西南隅、即嚴遵賣卜處、
『明一統志』巻六十七

③　嚴君平宅堂里在城都縣、寰宇記在益州西一里、耆舊傳曰、卜肆之井猶存、今爲普賢寺、舊志今名嚴眞觀、中有支機石、元和志君平卜臺在漢州雒縣東一里、寰宇記雁橋東有嚴君平卜處、土臺高數丈

『大清一統志』巻二百九十二

④　嚴君平宅草池在縣西、即君平賣卜處、後爲普賢寺、今名嚴眞觀、内有通仙井、相傳與綿竹縣君平宅井通、昔有人濬井得銅錢三徑可二寸、因恍惚不安、復投井中、立愈、或謂此即君平擲卦錢也

『四川通志』巻二十六

⑤　錦里耆舊傳曰、嚴君平宅、卜肆之井、猶存、今爲嚴真觀、

『蜀中広記』巻一

2　綿竹

①　嚴君平、名遵、臨卭人。武帝時築宅於県之武都山。

『綿竹志』巻二　僑寓伝

厳君平宅については、旧宅そのものが後に厳真観となったとの記録が上記の資料に見られるように広く伝わっていたことから、「異説」として他の地において、厳君平宅が我が地にありとの主張もしにくかったと思われ、綿竹にあったとする『綿竹志』を除くすべての資料が現在の成都市人民公園付近となる旧厳真観の所在していた地を指している。この綿竹を主張する資料の存在はたった一点ではあるが、とても興味ある問題を提出している。この点については後で触れることにする。

C　卜台、卜処

1　成都

①　嚴君平宅、在府城西南隅、即嚴遵賣卜處、

『明一統志』巻六十七

②　嚴君平宅草池在縣西、即君平賣卜處、後爲普賢寺、今名嚴眞觀。

『四川通志』巻二十六

③　猳橋東有嚴君平卜處土台高数丈也、〔益州記〕

『天中記』巻十五

2　広漢

①　君平卜臺、在県東一里。

『元和郡県図志』巻三十一

②　卜臺廣漢郡有嚴君平卜臺〔蜀記〕

『天中記』巻十五

③　廣漢郡有嚴君平卜臺〔蜀記〕

『広博物志』巻三十六

④　洛縣三十郷、漢舊縣屬廣漢郡、後漢置益州、治於洛。晉置新都郡。宋齊爲廣漢郡、垂供二年置漢州、皆治洛縣。…君平卜臺、豫任記云、廣漢郡猳橋東有嚴君平卜處、土台高數丈、

『太平寰宇記』巻七十三　益州

⑤　又漢州東一里有君平臺、

『明一統志』巻六十七

⑥　元和志君平卜臺在漢州雒縣東一里、

『大清一統志』巻二百九十二

3　綿竹県

①　「漢州莊真君卜臺記」　宋　郭印

『全蜀芸文志』巻三十九

卜台、卜処については、成都、広漢（現在は徳陽市政区に属し広漢市。広漢は成都の北東に位置し、四〇数キロの距離）、そして綿竹にあったと伝えられている。このことは、君平の占いが最初に示した『漢書』王貢両襲鮑伝には見られなかった広漢、綿竹の地でも行われていたことを示している。勿論、綿竹、広漢の地は成都から往来可能な地であり、厳君平が時に訪れていたことも考えられないことではないが、『漢書』に書かれていた厳君平の生活が一日百銭を得ると簾を閉じて、『老子』を講じていたと伝えられることを基に考えると、積極的に成都周辺の地域を回って、生活の資を得るために占いを行っていたとは考えにくい。ここでは後述するが、厳君平に対する信仰の広がりを示すものとしてみていきたい。

D　通仙井・賣卜井

1　成都

①　嚴君平宅、在州西一里、耆舊傳曰、卜肆之井猶存、今爲普賢祠、

『太平寰宇記』巻七十二

②　耆舊傳曰、卜肆之井猶存、今爲普賢寺、舊志今名嚴眞觀、

『大清一統志』巻二百九十二

③　今名嚴真觀、内有通仙井、相傳與綿竹縣君平宅井通、昔有人濬井得銅錢三徑可二寸、因恍惚不安、復投井中、立愈、或謂此即君平擲卦錢也、

『四川通志』巻二十六

④　錦里耆舊傳曰、嚴君平宅、卜肆之井、猶存、今爲嚴眞觀、

『蜀中広記』巻一

⑤　通仙井―在嚴眞觀。相傳此井與廣漢綿竹縣君平宅井相通。往歳有人淘井、得銅錢三徑可二寸。因恍惚不安、復投井中立愈。或謂此君平擲卦錢也。

『方輿勝覧』巻五十一

⑥　成都卜肆支機石、即海客攜來、自天河所得、織女令問嚴君平者也。君平卜肆、即今成都小西門之北、福感寺南嚴眞觀是也。有嚴君通仙井、圖經謂之。嚴仙井及支機石存焉。

『雲笈七籤』巻百二十二『道教霊験記』成都卜肆支機石験

⑦　眞君姓莊氏、名遵、字君平、蜀隱君子也。事略載漢史、雜見於叢書。説者尚多弗著。按益州記、漢州鴈橋東、有眞君卜臺、高丈餘。有通仙井、眞君常潜迹變通、時從山中出、啟肆賣卜。

『全蜀芸文志』巻三十九　宋郭印　漢州莊眞君卜臺記

2　崇寧縣

①　賣卜井　在舊崇寧縣西南、乃嚴遵遺跡、

『古今図書集成』方輿彙編　職方典　成都府部

②　賣卜井〔在縣西南十里相傳爲君平遺蹟〕

『四川通志』巻二十六

3　綿竹県

①　井泉七星井［相傳嚴君平鑿如北斗象］

『方輿勝覧』巻五十四　漢州―萌縣、什邡縣、綿竹、徳陽

②　方輿勝覽、成都通仙井在嚴眞觀、相傳此井與綿竹縣君平井相通。往歳有人淘井、得銅錢三徑可二寸。因恍惚不安、復投井中立愈、或謂是君平擲卦錢。岑參詩、君平曾賣卜、卜肆蕪已久、至今杖頭錢、時時地上有、

『蜀中広記』巻六十七

③　通仙井、益州嚴貞觀有通仙井、相傳此井與廣漢綿竹君平宅井相通。有人淘井、得銅錢三徑可二寸。因恍惚不安、復投井中立愈。或云此君平卜卦錢也。

『天中記』巻十

④　通仙井―在嚴眞觀。相傳此井與廣漢綿竹縣君平宅井相通。往歳有人淘井、得銅錢三徑可二寸。因恍惚不安、復投井中立愈。或謂此君平擲卦錢也。

『方輿勝覧』巻五十一

⑤　通僊井―在成都縣。方輿勝覽、在成都縣。嚴眞觀與綿竹縣君平宅井相通。往有洶井得錢三徑可二寸。恍惚不安、因復投於井中。或謂此錢即君平擲卦錢也。

『大清一統志』巻二百九十二

⑥　通仙井―在嚴眞觀。方輿勝覽、與綿竹縣君平宅井相通。昔有人淘井、得三錢徑可二寸。恍惚不安、因復投井中立愈。或謂此錢即君平擲卦錢也。

『四川通志』巻二十三

⑦　益州嚴貞觀有通僊井。相傳此井與廣漢綿竹君平宅井相通。有人淘井、得銅錢三徑可二寸。因恍惚不安、復投井中立愈。或云此君平卜卦錢也。趙汴成都記。

『銭通』巻十九

通仙井・売卜井については、成都の厳真観内、崇寧県及び綿竹県にあったと伝えられている。この内成都厳真観内の井戸と綿竹県の井戸とは底で繋がっていて、厳君平が井戸を使って往来していたとの話が伝えられている。この話を伝える資料を上に列記したが、年代を含めて系統的に並べてみると、宋の祝穆の撰になる『方輿勝覧』が、その最初の出典となっているようだ。だが、この言い伝えはそれ以前よりあったに違いなく、綿竹県を通じて省北部の地域に発生した信仰との繋がりを示したものとして貴重な資料である。

この話は厳君平信仰の成立・伝播を考える上で重要な要素をはらんでいると考えられる。この暗示的に示される二つの地域間における交通の存在は、信仰の流伝の経路を示すものであり、厳君平自身が、あるいは厳君平信仰が、元来四川省北部から当時の大都市であった成都に入ってきた、そのルートを痕跡的に残したものであったのではないかと考えている。(2)

また、井戸自体その中から古い銅銭が出てきて、『方輿勝覧』に「或謂此君平擲卦銭也」と予測されていたように、成都市⑥の資料に示される「支機石」と共に厳君平が占いを行う際にも重要な小道具となっていたようだ。

### E　君平池

#### 1　綿竹県

① 君平池古老傳云、是君平宅陷而成池、
『太平寰宇記』巻七十三

② 君平池在綿竹縣、寰宇記相傳、是君平宅陷而成池、名勝志在武□山下、
『大清一統志』巻三百十三

③ 平池在縣東相傳、嚴君平宅陷而爲池、
『四川通志』巻二十五

④ 又有君平池古老傳云、君平抜宅上昇基陷而成池、
『蜀中広記』巻九

これらの資料中では、宋の楽史撰『太平寰于記』が最も古いのだが、厳君平は自宅もろとも昇仙していて、その跡地が池となったと伝えている。

君平池の存在については、綿竹県に限られていて、他の地域には伝えられていない。『太平寰于記』に始めて見られるこの話だが、「古老伝云」とされており、話の出所は民間での伝承にあると思われるが、道教サイドからも同様な話が記録されるようになってくる。唐末五代期の道士杜光庭の撰になる『仙伝拾遺』巻一に、

嚴遵字君平、蜀郡成都人也。……後挙家昇天、宅舍亭台亦隨飛去。

厳遵字は君平、蜀郡成都の人なり。……後家を挙げて昇天し、宅舎亭台も亦た随いて飛び去る。

とあり、民間に広がっていた厳君平に対しての話を、杜光庭が仙伝の中に取り入れたのであろう。いずれにしても

厳君平は家もろとも昇天したとされる話は、厳君平の遷化からだいぶ時間がたってから語られ始めた話のように思われ、後日、それも厳君平が神格化された以降に生み出された話と見てよいだろう。綿竹での厳君平伝説は、資料の広がりから見て君平池と一緒になって、世の中に流布していたことが読み取れよう。

F　読書台

1　崇寧県

①　嚴君平読書臺〔在県西〕

『四川通志』巻二十六

G　厳君平墓

1　崇寧県

①　嚴君平墓〔在崇寧縣西南二十里〕

『四川通志』巻二十九上

②　嚴君平墓〔在崇慶縣西南一十里〕

『明一統志』巻六十七

③　嚴君平墓〔在崇寧縣西南、元和志在唐昌縣西南十里〕

『大清一統志』巻二百九十二

2　永昌県

①　井東南可五十歩、即君平墓碑、曰、「蜀莊之𡑞」。惜破壊。

『五代詩話』巻五

3　唐昌県

①　嚴君平墓、在縣西南十里

『元和郡県史』巻三十一

厳君平の読書台は崇寧県にもその存在が伝えられ、その墓については、崇寧県、永昌県、そして唐昌県にあることが記録されている。

崇寧県は現在の四川郫県西北唐昌鎮（郫県は成都の北西二十数キロに位置する）。唐昌県は現在の四川郫県西北唐昌鎮であることから「1崇寧縣」と同一の地である。そして永昌県は北宋開宝四年（九六八）に唐昌県が改名されたもので、現在の四川郫県西北唐昌鎮のことである。そして崇寧元年（一一〇二）崇寧県に改めるとあることから、これも「1崇寧縣」と同一の地を指すと思われる。[3] こうしてみると、厳君平の墓は、現在の行政上の地図から見ると四川省成都市政区に属する郫県の西北十数キロに位置する唐昌鎮にあると伝えられていたことが分かる。ただ、2―①で「君平墓碑、曰〝蜀莊之塋〟。惜破壊」とあるように、墓碑は現在にまで伝えられていないようだ。

また、同地には厳君平ゆかりの読書台の地も伝えられている。

これとは別にもう一つ、厳君平の隠居の地として伝えられている地が存在する。

H　隠居の地

1　蘭登山

①　蘭登山―在新井縣東二十里、相傳嚴君平隱居於此

『方輿勝覧』巻六十七　阆州

②　蘭登山、在新井縣東二十里、漢嚴君平隱居于此、有君平洞、君平像、崇福觀、
『輿地紀勝』巻百八十五　利東路　逐州　景物上
③　勝覽云、蘭登山在新井縣東二十里、相傳嚴君平隱居于此、有朝遊蓬漢暮宿蘭登之句、三面峻絶、俯臨西江、
『蜀中広記』巻二十四
④　輿地紀勝云、蘭登山洞中有嚴君平刻像、此山在南部縣西四十里、三面峻拔、俯瞰西河、嚴君平常隱此、後於谷母岩上仙去、曾有朝遊蓬漢暮宿蘭登之句、
『蜀中廣記』巻一〇五
⑤　蘭登山―在南部縣西八十里、三面峻絶、俯臨西江、漢嚴君平嘗隱此山。有君洞、洞有君平像、又有觀曰崇福觀、
『明一統志』巻六十八
⑥　蘭登山在南部縣西八十里、三面峻絶、俯臨西江、輿地紀勝、在新井縣東二十里、相傳嚴君平隱居於此、有君平洞、
『大清一統志』巻二
⑦　蘭登山在縣西八十里、三面峻絶、俯臨西江、漢巖君平隠居于此、有君平洞、洞有君平像、有觀曰崇福、
『四川通志』巻二十三　南部県
⑧　蘭登山、縣西四十里、三面峻抜、俯臨西江。下有洞、相伝漢巖君平隠于此。
『讀史方輿紀要』巻六十八
『輿地紀勝』（宋　王象之撰、南宋末一二二七年頃の成書）、『方輿勝覧』（宋　祝穆の撰　一九三九に成る）による

と、厳君平は利東路逐州新井県（唐武徳元年置、四川南部県西。元至元二〇年廃。南部県は四川省東北部にあり、逐中市の南に位置している）の蘭登山に隠居している。『輿地紀勝』及びそれからの引用とする『蜀中広記』、『明一統志』、『大清一統志』、『四川通志』によると、蘭登山には洞があり、その中には厳君平像が置かれていて、崇福観と呼ばれる道観があるとも記されている。

ただ、ここ蘭登山における厳君平の言い伝えには、これまで必ず付随していた占いをして人々と結びつきがあったという記述が欠けている。

厳君平隠居の地というのは、後日、厳君平との直接の関係があった地とのお墨付きを無理に作り出した感がある。厳君平への信仰が伝わった後で、作り出された言い伝えであるように思われる。

この地に厳君平像があることは、興味深い事実を私たちに想起させる。厳君平信仰は、今まで見てきた成都を中心とする比較的狭い地域に限られていたことから、新たな地域的な広がっていくときに、厳君平のいない厳君平の信仰を具体的に対象化する必要に応じて厳君平の像が求められたのではないかということである。この点については後述する。

これまで見てきた、厳君平ゆかりの地を現在の地名に変換した上、土地ごとにその関連を見てみることにする。

1　成都市

A　出生地

B　厳君平宅

C　卜台・卜処

D　通仙井・売卜井

2　綿竹市
A　出生地
B　厳君平宅
C　卜台・卜処
D　通仙井・売卜井
E　君平池
3　邛崍市
A出生地
4　広漢市
C　卜台・卜処
5　郫県西北唐昌鎮
D　通仙井・売卜井
F　読書台
G　厳君平墓
6　蘭登山（南部県の西）
H　隠居の地

こう見てみると、成都を中心にして放射線状に厳君平にゆかりのある地が広がっていることが改めて確認できよう。ここから見て、厳君平の信仰は、成都、綿竹を中心として周囲に広がる形でその信仰が伝わっていき、定着していったことが推測される。

この中で厳君平信仰の成立に対して重要な地は、これまで見てきたことから成都と綿竹の二つの地域であったといってよいようだ。これまで名前が挙げられたその他の地域は、記録に残すことのなかったそれ以外の地と共に、基本的には信仰の伝播があった地域と考えてよいと思われる。

その中でも、G厳君平墓とH隠居の地の二つは、共に厳君平が社会の表面から消えた後に関連を持った地として、その地の厳君平との関連を主張している。これは現代風の言い方で言うと、互いに晩年の厳君平との結びつきを主張する競合の土地ということになるが、これは、その他の地と比べて、比較的遅く厳君平信仰が伝わり、社会に広がった地と見ていいものと思われる。

## （三）厳君平信仰の広がり

ここまで、厳君平の信仰について可能な限り広く資料を収集した結果、成都、綿竹をその中心として広がりを見せたものとの方向が見えてきたように思われる。だが、綿竹に関しては、もう少し詳細に検討を加えていきたい。綿竹側の資料も検討する必要がある。『〔康熙〕綿竹県志』[4]に時代は下るものの次のような記載が見られる。これは『蜀中広記』にも一部引用されていたが、その全文ではなかった。読みにくい部分が多いのだが、本章に関連の深い部分を以下に示すことにする。

『綿竹県志』巻四
巖仙觀記（漢州志碑、在武都山）宋縣学教諭　楊師魯

（前略）君平父嚴子晞、卜地創觀於武都山陰、開基得碑、乃知古已有上清之號。觀成而君平生、時漢武帝後元元年也。君平修道煉丹、丹成而得僊、時成帝和平元年也。至皇宋紹興、歳久而觀宇摧壊、存者數椽。又爲田家私之。傳載君平創樓以降、有神相焉。木在山也、風雨一夕驟至、水逆行轉於觀門。至今不改其流之逆、今樓亦不復存矣。所存者、君平像。神貌清郁、使人見之、道在目前、曰、黎殲、曰、楊持瞻其像念其師、慨然與道士崇教大師王應先小師崇天冲妙師、邑士而営之。…（中略）…歳己丑　知富順監計洵美與文學楊師魯師邑之士合力以成之、宮廡肅然、雙闕巍然。成都塑工雷其姓也、遇君平於夢中、起而像之、得其眞。今羽服而坐於新宮者是也。…（中略）…道傍雙低曰、蜀莊眞人正名以從其本也。遊者從雙闕徑而行、漢栢叅雲、雁行而立、古意森爽。於蒼翠中、行數百歩憇、歩虚曳杖而入、孰不曰西蜀一洞天耶。栢老而中虚、其間可容六人、圍坐聽琴而較碁。…（中略）…按道藏、君平餌丹以餘粒埋栢樹下、夜或有光、豈丹之神乎。

君平の父名は子晞、地を占って観を武都山の陰に創設した。その場所から碑が出てきて、すでに上清と名付けられた場所だったことが分かった。観ができあがると君平が生まれた。時に漢の武帝後元元年（ＢＣ八八）であった。君平は修道錬丹し、丹を作り上げて仙人となったときは、成帝の和平元年（河平元年？　ＢＣ二八）であった。宋の紹興年間になると、観の建物は壊れ落ちて、たるきがいくつか残っているだけであり、田家の私有のものになっていた。伝えられるところによると、君平が楼を建ててからは、神のすがたが見られたそうである。木は山にあり、ある夜、風雨俄に至り、水は逆行して観門に向かい、今に至るまでその流れを変えていないが、建物は無くなってしまった。残ったのは君平の像だけであった。神像の容貌は痩せて骨張っていて、その像を見ると、道は目の前にあるように感じさせた。（突然）かがり火を増やせ、かがり火を持ってその像を見て師を思えとの声が聞こえた。心に奮い立つものがあり、道士崇教大師王応先、小師崇元冲妙師、そして邑の士と共に再建した。…（中略）…宋の紹興己丑の年（紹興年間に己丑の年はない。紹興は南宋の高宗の年号で一一三一―一一六二）に、富順監（富順県、四川省内江県の南。宋の乾徳二年に富順監となる）の知事計洵美がむらの者を率い、力を合わせて、重修した。成都の像を造る職人で姓を雷という者が、夢の中で君平と出会い、目が覚めてからその姿を像にし、その真形が世に伝わるようになった。いま羽服で新宮に座しているのがそれである。…（中略）…道の傍らの雙闕には、蜀の荘真人はその根源に従って大義名分を明らかにした、とある。訪れた者は、雙闕より道に従って進むと、漢柏が雁の列をなして飛び行くさまのごとく立ち並び、古意森爽である。その緑に包まれた中を数百歩行って休息し、歩虚し杖を頼りにかりの橋を渡って入ると、誰が西蜀第一の洞天といわない者がいるだろうか。年老いた柏の木の中に六人の人を入れることができる空洞があって、座って琴を聴き、将棋を打ったりできる。…（中略）…道蔵によると、君平は丹を練って余った粒を柏の樹の根本に埋めたといわれ、夜になると光を発し、柏の木の間を往来する。丹の神というべきであろう。

この碑文を読むと、厳君平はこの地で生まれ、父厳子晞が建てた観で修道錬丹を行い、仙を得たとされている。前述したように、厳君平信仰となって社会に定着していく信仰の初めは四川省北部地域にあったのではないかと考えているが、父の厳子晞が観を創建したという綿竹がその経由地となっていて、信仰の形成と発展について以下のような図式にして理解することができるように思われる。

| 厳子晞 | → | 綿竹 | → | 厳君平 | → | 各地 |
|---|---|---|---|---|---|---|
| （信仰の萌芽） | | （経由地） | | （成都での信仰） | | （信仰の伝播） |

また、ここの記載には時代が下って宋代になってからの厳君平に対する信仰形態が著されており、その点からも興味深いのだが、多くの部分で古くからの形態をそのまま残していたと考えることはできるであろう。

ここから、その道観に君平の像が伝えられていたこと、そして、宋の紹興己丑の年に観が重修されたときに、新たな君平の像が造られたことに注目していきたいのだが、この点については後日を期したい。

最後に、厳君平の信仰が四川省の枠を超えて広がりを見せていたと思われる事実を示しておくことにしよう。

莊君平

李伯紀丞相少弟李言綸云、福州有道人、無他技、獨傳相神仙之術、曰有道之士、所以異於人者、眼碧色也。嘗於市中見老叟、鬚髪如雪而両臉紅潤、瞳子深碧。竊迹所在、正在一客邸中。明日、徙就之、執弟子禮甚謹、同室而居。凡歳餘、邈然無所契。一夕寒甚、叟起、將便旋、爲棒溺器以進。叟訝其煖、答曰、懼冷氣傷先生、置諸被中爾。叟大感異、曰、吾不知子之有心如此、其可不以実告、吾乃漢莊君平也。行天下千歳矣、未見有如子者。探囊取一書授之、曰、讀此可得道。天明、叟出、遂不歸。其書乃五言詩百篇、皆修身渡世之説、季言頗能誦之。(5)

李伯紀丞相の少弟季言云く、福州に道人有り。他技無くも、独り神仙を相る術を伝う、曰く有道の士、人に異なる所以は、眼碧色なりと。嘗て市中に老叟を見る、鬚髪雪の如く両臉紅潤、瞳子深碧なり。竊に所在を迹つけるに、正に一客邸中に在り。明日、徙りて之に就き、弟子の礼を執ること甚だ謹なり、同室に居す。凡そ歳余、邈然として契る所無し。一夕寒きこと甚し、叟起き、将に便旋せんとす、溺器を棒げて以て進む。叟其の煖かきを訝る、答へて曰く、冷気の先生を傷するを懼れ、諸を被中に置くのみ。叟大いに異を感じ、曰く、吾れ子の有心此くの如くなるを知らず、其れ実を以て告げざる可けんや、吾れ乃ち漢の莊君平なり。天下を行くこと千歳なるも、未だ子の如き者有るを見ずと。囊を探りて一書を取りて之に授けて、曰く、此れを読みて道を得る可しと。天明に、叟出でて、遂に帰らず。其の書乃ち五言詩百篇、皆修身渡世の説なり、季言頗る能く之を誦す。

福州は現在の福建省福州市にあたり、四川省から見て遙か南方の地にまで広がりを見せていたことが示されている。この記載では、「獨傳相神仙之術」を伝えているという一人の老人が、自分は厳君平であると名乗り、千年もの間天下を巡り歩いているといって、思いもかけない心づかいへのお礼に一冊の書物を授けて去ったことが書かれている。この授けたとされる書物に関しても検討すべき事柄ではあるが、これも後日を俟つことにして、ここに見えているのは、中国社会の中で厳君平の名が長く伝えられていることと、厳君平の名をかたりながら諸国を歩いている「道人」がいたということである。

このような「道人」の存在は、その背景としてその社会の中で厳君平の信仰が息づいていたことを物語っていると云うことができよう。

厳君平の信仰は、ここから見ても、爆発的に広まったということはないが、時間をかけてそれぞれの地域社会にゆっくりと広がっていった信仰であり、長く社会の中に継続していた信仰であったと思われる。

【注】

（1）『全蜀芸文志』巻三十九　線装書局　二〇〇三。

（2）本書、第三部第二章成都・厳真観と信仰。

（3）『中国歴史地名大辞典』巍嵩山主編　広東教育出版社　一九九五。以下本稿における歴史地名については本書を参照した。

（4）『［康熙］綿竹県志五巻』（清王謙言纂修　続二巻　清安洪徳、呉一燧撰）本書は北京図書館蔵の善書目録に記載のある書であり、二〇〇四年八月に筆者が直接北京図書館善本資料室にて、同館所蔵のマイクロフィルムから書写してきた。

（5）『夷堅志』夷堅乙志　巻一。中華書局　一九八一。

# 第四章　厳君平の伝説とその信仰

## （一）　はじめに

本章では、第二、三章に続けて、信仰を通した厳君平と民間社会との繋がりに焦点を合わせて、厳君平が民間社会にどのように受け入れられていたのかを考えていく。時代の下る資料にはなるが、社会に伝えられていたと思われる厳君平の民間での伝説を検討することから始めて、民間社会の中において厳君平信仰が長く継続して存在していたと思われることと、そこから見られる信仰の具体的な様相について検討して、その信仰の内容についても併せて考えていくことにする。

## （二）　民間での厳君平信仰

最初に、民間に伝承している説話の内容を検討し、厳君平が具体的に民間社会の中でどのように受け入れられ、またその後も、なぜ時代を超えて継続的に受け入れられ続けていたのか。また、厳君平に対する信仰の民間社会における具体的様相はどのようなものであったのかについて考えていきたい。

現在にもなお成都周辺に厳君平に関する説話が残されている。『成都民間文学集成』（成都民間文学集成編委会、成都人民出版社、一九九一）に五話の民間で採取された説話が紹介されている。採取場所と説話を口述した人物については、簡単な紹介はあるが、それらの説話自体に対して、いつ頃語り始められたものであるのか、また、誰が作ったものであるのかなどについての分析がなされているわけではなく、その成立については分からないままだが、成都、及び周辺地区において厳君平に関しては、長い歴史を通じて人々の間において関心が高かったことと、現在に至るまで人々が厳君平に対する親愛の念を変わらず持ち続けていたことが、ここに現れていると見ることができるであろう。

説話の内容はすべて民間の名もない人々と厳君平とのふれ合いを説くものである。

以下説話のそれぞれを取り上げて検討していきたいのだが、それに先だって、『成都民間文学集成』中に示される説話の採取に関しての記載資料を示しておくことにしたい。講述者については、名前、性別、年齢、職業、学歴の順に記してある。

第一話「成都看戯」（「成都で芝居を見る」）

講述者　　屈欒廷　男　六十歳　農民　私塾

収集地と時間　　一九八七年四月　邛莱県

流伝地区　　邛崍県

第二話「拆字神人」（「文字占いの神人」）

第一話に同じ

第三話「雷轟火焼橋」（「雷とどろいて橋を焼く」）

講述者　　劉万禄　男　六十一歳　退職教師　大学専科

収集地と時間　　一九八六年七月　青白江区

流伝地区　　青白江区（成都市）

第四話　「救清官」（「清廉な役人を救う」）
講述者　　李忠義　男　三十八歳　農民　中学校
収集地と時間　一九八六年一〇月　彭県
流伝地区　　彭県

第五話　「巧算吊壺命」（「吊壺の運命を占う」）
講述者　　雷文雄　男　六十八歳　評書芸人　小学校
収集地と時間　一九八七年四月　西城区文化館
流伝地区　　成都市

これらの説話の採取地についてみると、邛崍県は現在では成都市政区邛崍市となっているが、成都の西南七、八〇キロほどの所に位置する地域であり、青白江区は成都市市轄区の一つで、成都市の中心から北東に三〇キロほどの地域であり、彭県は現在では成都市政区彭州市となっていて、成都より西北に四〇キロほどの地域であり、西城区は現在では青羊区と改名され、成都市内でも西部に位置する成都市城区の一つとなっている。これらの採集地域を見てみても、成都を中心に方向を一定せずに放射線状に広がる地域であることが指摘できる。

これらの地はまた、次に示す成都周辺に広がる厳君平が関連したと伝えられる地と重なり合っており、これらの地において厳君平の伝説が作成され、説話として語り継がれていったことと推測される。(1)

| | | | |
|---|---|---|---|
| A出生地 | 1成都市 | 2綿竹市 | 3邛崍市 |
| B厳君平宅 | 1成都市 | | |
| C卜台・卜処 | 1成都市 | 2広漢市 | 3綿竹市 |

| | | | |
|---|---|---|---|
| D通仙井・売卜井 | 1成都市 | 2郫県西北唐昌鎮 | 3綿竹市 |
| E君平池 | 1綿竹市 | | |
| F読書台 | 1郫県西北唐昌鎮 | | |
| G厳君平墓 | 1郫県西北唐昌鎮 | | |
| H引退の地 | 1南部県の西（蘭登山） | | |

彭州市はこの中に直接その名が見えないが、位置的に見ると通仙井・売卜井、読書台、厳君平墓のあったと伝えられる郫県西北唐昌鎮の北にすぐ隣接している地域であり、厳君平ゆかりの地といってよい。

講述者として紹介される人物について整理して見てみると、以下の表に示すようになる。

| | 性別 | 年齢 | 職業 | 学歴 |
|---|---|---|---|---|
| 第一、二話 | 男 | 六〇 | 農民 | 私塾 |
| 第三話 | 男 | 六一 | 退職教師 | 大学専科 |
| 第四話 | 男 | 三八 | 農民 | 中学校 |
| 第五話 | 男 | 六八 | 評書芸人 | 小学校 |

ここからは講述者のうちの二人が農民であることが目立つが、これは成都郊外の農業地域での採取であるための必然的結果と見られる。これを除くと、少ない資料数ではあるが、全体的にある一定の層の人間に集中しているというような特徴は見あたらない。どちらかというと庶民層を中心とした広範な社会に広がっていたことが反映されているとも言え、逆にそのことを特徴として見ることも可能であろう。それでも、一つだけ特別な意味を持つと思

われることから取り上げておきたいのは、第五話の講述者の職業が「評書芸人」となっていたことである。評書は日本の講談にも比せられる比較的庶民層に支持を受ける語り物であるが、この評書を語る芸人が講述者の一人であったことは興味深い。長く成都付近の人々の間で厳君平の話が語り継がれていることの背景に、評書の演目に取り上げられていたことをうかがわせる。

そのように考えていくと、ここには五つの話のみが収録されているが、これはこの五つの話しか採取することができなかったことを意味するものでは無いと考えてよいであろう。さらに多くの話が採取可能であったことであろう。或いは採取された話のうち厳選された五つの話のみが収録されていたのかもしれない。評書は以前筆者も成都市中の茶館で語られていたのを聞いたことがある。成都方言で語られる話の内容については、ほとんど聞き取れずにその雰囲気と語りの節回しに感心しただけであったが、その時の聴衆はほとんどが老人で、その付近に住む一般の社会の人々であった記憶がある。このような評書の芸人はさらに多くの厳君平と社会との繋がりを示す話を伝え持っていたことと思う。ここに採録されなかった話も別の機会に公開してほしいものだ。

以下、後述の検討のために、この五話の話を和訳して紹介する。(2)

## (三)　民話の中の厳君平

第一話　「成都看戯」（「成都で芝居を見る」）

邛莱県の南君平郷に厳君平先生についてのこのような言い伝えがある。

厳君平先生は当地の厳河湾で生まれた。彼は幼いころから読書と芝居見物が大好きであった。十数歳のころ、一冊の奇書を読み、数年間かけて「算八字」、「測字」、「騰雲駕霧」を会得してしまった。これから後、彼は昼間には道ばたに店を広げて人に「算八字」、「測字」をして、暗くなると成都にいって芝居を見るようになった。彼は芝居を見に行くのはいつも空が暗くなってからであるのに、夜明け前には必ず戻ってきていた。

それが続くと、厳君平は一人で成都にいって芝居を見るのがつまらなくなり、一人の仲間を誘った。誘われた者は、厳君平が空の真っ暗になってから出かけようとするのを見て、ぷんぷん怒りながら大声で、「ついてねえな、成都はあんな遠いのに、おまえさんを待って一緒に行ったら、おそらく芝居どころでなく人影さえ見ることはできないさ」と言った。

厳君平はにこにこして言った。「芝居に間に合わないなどといっているのは誰だい。信じられないのなら、ちょっと行ってみようじゃないか」

「行くなら行こう。さあ行こう」

「慌てない、慌てない。私の服の端を握って。目を開けてはいけないよ。きっと芝居を見終えて早い時間に帰ってこられるだろう」

「わかったよ」

その仲間の者は厳君平の服の端をつかんで、目を閉じると、厳君平がただ訳の分からない言葉を言っているのが聞こえるだけだったが、突然、「いくぞ」と大声で叫ぶと、耳元で風がピューピューと鳴っているのが聞こえた。すこしすると、彼が「止まれ」と叫んだので、目を開けると、本当に成都に着いていた。劇を見終わって帰ってから、連れて行かれた者は、不思議に思って、そのわけを考えて、厳君平にまた連れて行ってくれるよう求めた。次の日、劇を見終えて戻るときに、彼は目をしばらくの間閉じてから、ちょっと目を開けると、ドンという音とともに新津（県）に落っこちて、ちょうど二日目のお昼になって家にたどり着いた。

第二話　「拆字神人」（「文字占いの神人」）

厳君平は成都、彭県一帯で人に算卦、拆字をするのを好んでいた。聞くところによると彼は変わった性格の持ち主で、毎日一六枚の運命判断を占うだけで、一六枚を占い終えると、さらに人が来ようともやめてしまうのだった。ある時、彭県で運命判断の占いをしているとき、ある婦人が続けて何日もやってきたのだが、いつも占ってもらえなかった。その日もその婦人はまた来たのだが、不思議なことに、彼女の順番に近づくと、一六枚の占いがその日もまた終わってしまった。彼女は樹木に寄りかかってため息をはいた。

厳君平は彼女の前まで来て、彼女が手に持っている瓶が酢であるのを見て、その女性に言った。

「帰りなさい。あなたの夫が今日もどってきて、あなたを離縁しようとするだろう。」

その女性は怒って声を震わせながら、

「厳先生笑わせないでください。私たち夫婦はもとよりいい関係です。何の理由もありません。あなたはどんな理由で彼が私を離縁しようとしているなどと言うのですか。」

厳君平は言った。

「今日あなたが立っていた場所と手に提げていたものからです。今日あなたが立っていた場所は間違いだったし、持っていたものも間違っていた。あなたは人で、樹は木のことで、一人と一本の木、合わせれば〝休〟の字である。あなたの夫は当然離縁しようとするだろう。あなたが手に持っていた酢が、離縁の原因で、家の中で嫉妬してあなたをとがめることになる。」

その女性は口からでまかせを言って厳先生をなじり、怒りに声を震わせて行ってしまった。（その女性は）しばらく行ってから、厳先生の占いはこれまでもよく当たっている、まさかとは思うがほんとうに起こるのではないだろうかと考え始め、半信半疑になり、帰りしなに肉や野菜を買い、酒を整えて夫にサービスしてどうなることか見ようと思った。

晩に彼女はいくつかの料理を作り、おいしいお茶を入れ、テーブルに並べ、さらに夫のために箸を取り出してテーブルに置いた。夫が帰ってきてドアの前で呼んだが、夫を喜ばそうとして、かまどを少し掃除していたので、ドアを開けるのが少し遅れた。ドアが開くと、夫はテーブルの上の二膳の箸と並べられた料理とを見て、妻が家で浮気をしていたと考え、注意深く妻の目を見、彼女の様子がおかしいのを見て、浮気をしていたに違いないと思った。夫は気が動転し、自分を笑いものにした妻に何の未練のあるものか、離縁してやると心に思った。妻は夫がじっと自分をにらみつけているので、しばらくは口もきけず、心の中は大荒れで、話はすべてしどろもどろ。夫は妻のこの様子を見て、何も話もせずに、人に離縁書を書かせた。妻はとても驚いて「厳先生の言ったとおりだ」と独り言をつぶやいた。

注・休：やめる、終わるの意味がある。

酢：嫉妬する、やきもちを焼くの意味がある。

第三話　「雷轟火焼橋」（「雷とどろいて橋を焼く」）

ある日、厳君平が広漢の北門で店を広げていると、突然、一人の中年の男が現れ、小さな子供の手を引き、のろのろと歩いてきた。子供はまだ七八歳くらいで、賢そうな様子だが、眉間に青気が浮き出ていた。厳君平はすぐに彼らを呼び止めて、その男に尋ねると、子供は一人息子で、名を黄兆元といい、今日ちょうど八歳になるという。厳君平はその男を傍らに引き寄せていった。

「あなたの息子は九歳までしか生きられないだろう。来年の今日の戌の時に、鬼が訪ねてくるだろう」

黄兆元の父親はひどく驚いて、ドンという音とともに跪いてしまった。

「先生が変えることができるでしょうか。この子は私の命の綱なのです」

厳君平は急いで彼をたすけ起こしていった。

「あわてる必要はない。来年の今日、あなたは朝早いうちに酒と料理を用意し、兆元を連れて鏈子山に行き、一本の古い松の木を見つけると、その下で赤と緑の服を着た二人の老人が将棋を指しているでしょう。赤色を着ているのが南岳菩薩で、緑色を着ているのが東岳菩薩で、人間の生死を掌っている。彼らがちょうど興が乗ってくるのを見計らって、兆元にお盆で酒と料理を押し頂いて近づいて行かせ、声を立てずに碁盤のそばに跪かせなさい。彼ら二人はおなかがすいて、酒と料理を食べることだろう。食べ終えた後に、兆元は彼らの服を引っ張って大声で命乞いをしなさい。そうすれば災い転じて福となるであろう。」

厳君平がこういうと、黄兆元の父親は安心して、兆元を呼んで義理の親子関係を結ばせた。

次の年のこの日になった。黄という姓の男は、子供を連れて鏈子山に行った。その松の木まで数丈の所まで行くと、言われていたとおり二人の老人が木下で碁を打っているのが見えた。男はいそいで息子に言った。

「いそいで酒と料理をお持ちしろ」

黄兆元は酒と料理を押し頂いて、碁盤の横に跪いた。午の時三刻まで待つのは容易ではなかった。二人の老人はお腹がすいてきた、すぐ目の前に酒と料理があるではないか、手当たり次第に手にとって食べ始めた。酒も料理も食べ終わり、碁もたっぷりと打ち終えた。ちょうど腰を上げようとしたとき、黄兆元は二人の服を引っ張りながら叫んだ。

「おじいさん、助けてください」

叫びながら土下座した。

二人の老人はびっくりして、見てみると一人の利口そうな男の子だったので、たずねた。

「名前は何というの。家はどこ。どんな事情で助けを求めているの」

兆元は言った。

「占いの先生から私は九歳までしか生きられないと言われ、今日が私の死ぬ日です」

すぐに赤い服の老人が言った。

「同僚よ、おまえさんの帳簿をめくってみなよ」

緑の服の老人は、承知して生死の帳簿をめくり黄兆元の名を探し当てると、今日が死ぬ日に当たっていた。黄兆元の人に好かれる様子を見、また彼の酒や料理を食べてしまったことを考え、仲間からの取りなしもあったことから、緑の服の老人は筆と硯を取り出して、彼の寿命を付け加えて九十九にした。加えることは加えたものの、厳君平が天の機密を漏らしたことに怒りを感じ、兆元に手を差し出させ、彼の両手の手のひらのそれぞれに〝十〟の字を書いて厳君平への贈り物だとして、手をきつく握らせて、本人にあったら開けと言った。兆元は子供でさらに誠実だったので、父親と一緒に帰ってから急いで義父に会おうとした。

厳君平は東岳菩薩が彼に報復しようとするのを知っていたし、兆元が「掌心雷」を握っているのも心得ていた。兆元が来るのを待たず、黄家に行った。一つの石橋まで来ると、二人は橋を隔てて対面した。この時、厳君平は急ぎ大声で言った。

「兆元、橋を渡ってきてはいけない。急ぎ手を開きなさい」

兆元が手のひらをゆるめると、パッと二筋の光が飛び出し、ドカン炸裂音が響いた。しばらくすると、石橋は烈しい火で真っ黒に焼けこげてしまった。

話によると、その後、黄兆元は本当に九十九歳まで生き、その石橋だが、人々に「火焼橋」と呼ばれるようになったということだ。

第四話　「救清官」（「清廉な役人を救う」）

昔、厳君平という者がいた。彼は小さいときから看相、算命を学び、長じてからはなかなか当たるようになり、やってくる人が多くなった。彼は毎日外をほっつき歩き、家の中は彼の息子一人きりであった。地主の土地を借りて耕し、父と子の生活はどうにか過ごせるといったところであった。その頃、呉学義という県の長官がいた。訴訟を裁くのもとても公平で、人々はみな彼を「呉青天」と呼んでいた。

ある年は日照りで、厳君平の商売も思わしくなく、家に帰ってみると、あに図らんや、彼の子供の借りていた土地からは一粒の収穫すらなかった。地主は人を引き連れてやってきて、彼の家中の物をすべて押収していった。厳君平はひどく腹を立て、加えて帰りしなに風邪を引いてしまってもいたので、病に伏せってしまった。彼は子供を目の前に呼んで言った。

「子供よ、おまえは勤勉で実直だが、ここの地主は悪辣なやつだ。私はもういけない。おまえの面倒を見ることもできない。三日後の牛の時三刻に、おまえはこの訴状を持って、役所の正庁舎の玄関口に行って無実の罪を言い立てて告訴しなさい。おまえの面倒を見てくれる人がいるから」

言い終わると、書き終えた訴状を子供に渡して死んでしまった。

三日たって、子供は父の死に際の言葉を思い起こし、訴状を懐に入れて無実の罪を言い立てた。呉青天はちょうどその時、正庁舎で訴訟を処理していたが、その叫び声を聞いて、すぐに立ち上がって正庁舎の玄関口に来た。厳君平の子供は懐から訴状を取り出して彼に手渡した。呉青天が訴状を受け取った途端に、ガタンという音が聞こえて、役所の棟木が崩れ落ち、中にいた人は皆死んでしまった。

呉青天は我に返ってから、やっと訴状に「私はおまえの命を救うから、おまえは私の子供を救え」と書かれているのを見た。さらに地主が家財を没収した経過が書かれていた。呉青天はやっとどんな事だかわかった。もともと、厳君平が家に帰るとき、ちょうど呉青天が民情を巡察しているのに出会った。彼は指を折って数えて、呉青天がある日の午の時に、屋内で命を落とすかもしれない災禍に出会うことが分った。その日は屋内ではなかったので避けることができたのだが、この青天大人を救おうと心に決めていた。自分自身が戻ってすぐに死んでしまうとは思ってもいなかったのだが、息子が一人になってしまうことから、息子を呉青天に頼んで面倒を見てもらおうと思ったのだった。

呉青天は状況を詳しく訪ねてから、厳君平の息子を養子にし、また、人を遣ってその地主を捕まえてこさせ、厳君平の望みをかなえさせた。呉青天は厳君平が命を救ってくれた恩に感謝するために、彼のために「游魂荘」を建設した。荘の中には彼の像を造り、年の瀬になる度に来て祀った。

第五話　「巧算吊壺命」（「吊壺の運命を占う」）

成都にいまも君平街という通りがある。説によると、当時厳君平がそこに住んでいたといわれている。厳君平は『易経』に対してとても造詣が深く、算命、卜卦どちらもよく当たったので、彼の商売はにぎわっていた。人々はそれぞれどんな事情があるのかにかかわらず、誰もが彼の元へ行って吉凶を占ってもらった。

厳君平の算命には、一つ欠点があった。これまで人の生死を判断しないことであった。どうしてであろうか。彼が分からないというのではなく、彼がいうには、第一には、天の機密を漏らしてはいけないからであり、第二には、人の生死は自分自身の功徳の増減によるのであり、多く徳を積めば長寿になるし、悪いことをすれば命を短くするというのだ。

ある日、何にでも首を突っ込む物好きな者が来た。手には吊壺をぶら下げ、やって来て厳君平に言った。

「私のこの壺の命を占ってください。ぴったり当てたら、あなたに二〇両の銀を差し上げましょう。当たらなかったら、あなたの看板をぶち壊します」

厳君平は言った。

「これは容易なこと。あなたはこの壺を三日後に粉々にするだろう。それも、午の時ちょうどに、粉々になるだろう」

この人は戻ってから、寝台のつめ綿を探して吊壺を包んで、それが粉々になるのをとても恐れた。三日目の朝になって、彼はどこに置いても安心できなくなって、縄を探してきて梁から吊り下げた。上部はマントを手に入れてそれを覆い隠して、瓦が落ちてきてそれを粉々にするのをとても恐れた。地面にはつめ綿を敷いて縄が切れてそれが落ちて壊れるのを恐れた。その後で、彼は椅子を持ってきて吊壺の真下に座って、顔をあげてずっとそれを見つめていた。午の時を過ぎるのを待ってから、出かけて厳君平の出店をたたましてやると心に思った。まもなく午の時になろうとするとき、彼の妻が来てご飯だよと叫んだ。彼は身じろぎもせず、両目で吊壺をしっかりとにらみつけていた。妻は何度も促したが、彼はただ〝もうすぐ午の時が過ぎる、もうすぐ午の時が過ぎる〟と言うだけであった。

彼の妻は、この何日か彼は何を愚かしいまねをしてるのか。吊壺を買ってきてつめ綿で包んでみたり、梁に吊してみたり、一日中じっと見つめているだけで、ご飯も食べようとしないと心に思ったが、考えれば考えるほどいらいらしてきて、こん棒を手に取って一たたきすると吊壺はこなごなになってしまった。時間はちょうど午の時であった。

彼はため息をつきながら言った「今回は安泰だ、安泰だ」

次の日に、彼はきちょうめんに厳君平に二十両の銀を送った。

## （四）　厳君平と占い

第一話では厳君平の占いが、「算八字」、「測字」であり、また「騰雲駕霧」の術を会得していたとする。

ここで描かれる読書と芝居見物が大好きであったとされる厳君平像にも注意を払いたい。ここでいう読書は占いと仙術を会得した修行を指していると思われるが、芝居見物がそれと肩を並べて置かれているのが興味深い。芝居見物は成都周辺ではその社会においてとても盛んな土地柄であり、川劇と称されるこの地域の芝居は中国の地方劇の中でも名高いものがある。現在の川劇の成立は清の雍正、乾隆年間頃にまでしかさかのぼれないようだが、それも当時に伝えられていた四川各地の劇が集められてできたものであることを考えると、劇好きの風土はかなり古くにまで求めることも可能であろう。そうであってもこの話自体は、成都に芝居を見に行くとの設定から、川劇が形成され成都の劇場（現在の錦江劇場）で講演されるようになる以降の状況が反映されていることから、さほど古い伝承によるものではないようである。(3)

第二話は、厳君平の占いがよく当たるという話であるが、言い当てる相手に起こる将来の出来事に対して、厳君平自身の占いによる判断が関連していて、占われた者が厳君平から言われた言葉に対して反応していることによって起こった将来の出来事といった感があり。厳君平の占いは、相手をよく観察し、心の動揺、心に起こる変化等心理学的分析をも導入していたことが見えてくる。

この話では、厳君平の占いは「算卦」、「拆字」としている。「拆字」は、文字を偏、旁、冠、脚などに分解して、そこから吉凶を占う方法であり、この話に出てくる女性の離婚を予言した占いはこの方法によっている。

この話も、その内容からすると、さほど古い時期に作られたものではないように思われる。

第三話は、若死にの相を指摘された子供（黄兆元）が、その父親と共に占者の教えに従って碁を打っている南岳菩薩と東岳菩薩に酒食を供与し、それに気づいた二人の菩薩がやむなくお礼に寿命をのばしてくれるという話で、人の延命に関する説話の中でもとみに人に知られ、多くのこの種の話の基になったと思われる管輅の北斗と南斗の話にその源を持つ話（『捜神記』巻三）である。それでも管輅の話を厳君平に置き換えていることには注目しておく必要があるだろう。管輅は易断の名人として中国社会に広く知られた人物であり、厳君平をそのレベルに同一化しようとのもくろみがあってのことと思われる。

この第三話の特色は、最後の落ちの部分にあって、東岳菩薩が黄兆元の寿命を九十九に書き直した後、人の社会には知られることのない秘密を漏らしたとて、厳君平にお仕置きをあたえようとして、黄兆元の手に十時の印を書き込んで、厳君平にあったら手を開けと言って帰す。黄兆元は生真面目に手を握ったまま厳君平にお礼を言いに行く。仕返しをあらかじめ予測していた厳君平は、橋を挟んで黄兆元を止めてそこで手のひらをあけさせた。すると二筋の雷光と炸裂音が響き渡り、橋が真っ黒に焼けこげてしまい、それからその橋が火焼橋と呼ばれるようになったという話にあるのだが、この話はおそらくその橋の名の由来を伝える別の話が一緒にされてできあがった話と思われ、ことさら地域に結びつきを深くしようとした意図を持って作られていると考えていいであろう。

第四話は、将来の出来事を知る能力を持つ厳君平が、自分の寿命を知り、子供に託して土地の清廉な役人の命を救い、悪徳な地主を訴えて人びとを救ったという話であるが、この話については、話の最後に命を救われた役人が、世を去った厳君平のために「游魂荘」を建設し、その中に彼の像を置き、年の瀬になる度に来て祀ったとあることに注目される。新しい信仰が興る方程式とも言える「施設の設立―像の設置―信仰の開始」が具体的に示されている。厳君平の信仰にはこの中でも、他の民間での信仰とも同様に、像の設置について強い意味合いがあるように思われる。この点については改めて後述することにする。

また、この話の中に示される厳君平の占いの方法は、「看相」、「算命」である。

第五話は、物好きな男との間の壺の運命をめぐる話で、この話でも厳君平は壺の運命を言い当てるのだが、物好きな男が持ち込んだ故に起こった人為的要素の強い話で、この話の焦点は初めに示される以下の部分にあると思われる。

厳君平算命有个毛病、従不断人生死。為啥呢？不是他不知道、他説第一是天機不可泄、第二是人的生死随自己的功徳増減、積徳多寿、作悪短命。

厳君平の算命には、一つ欠点があった。これまで人の生死を判断しないことであった。どうしてであろうか。彼が分からないというのではなく、彼がいうには、第一には、天の機密を漏らしてはいけないからであり、第二には、人の生死は自分自身の功徳の増減によるのであり、多く徳を積めば長寿になるし、悪いことをすれば命を短くするということなのだ。

ここから、厳君平の占いからは生死の判断は除かれていたことが分かる。第一の理由としては、天の機密を漏らさないためとされるが、第三話にその機密を漏らした話が載っている。これは矛盾ということであるよりも、占いを求める者にとって最も切実で、究極とも言える問いは生死に関することであるのは間違いのないところである。その故、管輅の説話が生み出され、そのバリエーションとして多くの占者の名に変えられた話が出てくるのであるが、これはあくまでその願望が形となって作り上げられた話と見るべきである。続いて、第二の理由として、人の生死は自分自身の功徳の増減によるのであり、多く徳を積めば長寿になるし、悪いことをすれば命を短くするというが、これも厳君平に特有の考えではなく、中国社会において普遍的に見ることのできる思想である。ただここで注意してみておきたいのは、このような中国社会に伝統的で普遍的な誰もが当然と考える考え方が厳君平信仰の教えであり、信仰全体の核心をなしていたのではないかと思われることである。この点についても後述することにする。

また、この話で注意を引くのが、わざわざ壺の運命を占わせに来た「ものずきな男」の存在である。彼は余人には意味の感じられない占いごとを携えてやって来て、自分から銀二十両の掛け金を提示し厳君平との対決を図る。結局は厳君平に感服して、その賭金を正直に払っている。この話は、厳君平信仰に土地の富裕な有力者が加わり、援助を与えていくプロセスを暗示的に示しているのかもしれない。

占法について厳君平は、『易経』に造詣が深く、「算命」、「卜卦」がよく当たったとある。

ここで、以上の五つの話に示されていた厳君平の占いの方法、及び術の名称について整理をしておきたい。

| | 占い | 術 |
|---|---|---|
| 第一話 | 算八字、測字 | 騰雲駕霧 |
| 第二話 | 算卦、拆字 | |
| 第三話 | | |
| 第四話 | 算命、看相 | |
| 第五話 | 算命、卜卦 | |

「算八字」は、生まれた年・月・日・時を干支に配して、八字で占う。

「測字」は、文字の偏旁・点画を分解し組み合わせて吉凶を卜する法。人に文字を書かせ、その文字に則して運命を判断すること。

「騰雲駕霧」は、話の中でも示されるように、空を飛ぶ術であろう。

「算卦」は、お御籤に類したものと思われる。

「拆字」は、文字を偏、旁、冠、脚などに分解して、そこから吉凶を占う方法であり、この話に出てくる女性の離婚を予言した占いはこの方法によっている。

「看相」は、人相を見ることであり、人の容貌骨格などを見て、その性質、運命などを判断すること。

「算命」は、その人の生まれた年月日の干支によって、その運命を推測すること。唐の李虚中に始まるという

## （五）厳君平像と信仰

ここで、厳君平の像が厳君平への信仰において、果した役割について考えてみたい。

厳君平への信仰の存在が最初に確かめられる成都での厳真観の設立は、厳君平の生時の居宅が厳真観となっていった経過から見ても、初期の厳真観には、在りし日の厳君平を偲ばせるために、最もふさわしいものとして厳君平の尊像があったのではないかと思われるのだが、これは記録されていないようである。

厳君平の像で、最も早い時期に見られるのは、魏の楊脩が画いたとされる「厳君平像」である（『歴代名画記』巻四）。

楊脩は、字は徳祖、華陰（陝西省華県）の人。曹操の主簿となり、陳思王（曹植）のよき友であったが、曹操によって捕らえられ殺された。

また、唐末の張素卿の画いた厳君平像も人々に知れ渡っていたようだ。

張素卿は簡州開元観に容成子、董仲舒、厳君平、李阿、馬自然、葛玄、長寿仙、黄初平、葛永璝、竇子明、左慈、

蘇軾の十二仙君像を画いた。厳君平の像は「各寫當初賣卜賣藥書符導引時眞、筆蹤灑落、彩畫因循」とあることから見て、売卜図として画かれていたことと思われる。（『益州名画録』巻上）

張素卿は四川簡州（今の四川省簡陽県）の人。幼い頃より孤貧であったが、絵を描くことに才能があった。人に束縛されるのが嫌いで、ついに道士となって、道門の尊像のみを描いた。（『益州名画録』巻上）

張素卿の画いたのは、道門の尊像だけであったとされることからも、厳君平が道教の中での神格としての位置を得ていたといえよう。

そのほか、『蜀中広記』には、多く厳君平像について言及があり、

石恪（字子專、成都人也）に厳君平抜宅升仙図があった。（『蜀中広記』巻一〇六）

州治の名世堂に司馬相如、王褒、揚雄、厳君平、屈原、陳子昂、李太白、蘇子瞻八人が描かれていた。（『蜀中広記』巻二十九）

益州中興寺内の墨池院に前漢の揚子雲、荘君平、李仲元の三賢画像と宋張俞賛があった。出成都文類（『蜀中広記』巻一〇五）

このように厳君平の像については、比較的早くから作成され、道観を初めとする宗教施設の中に祀られ、厳君平像のイメージが伝承されていたことが確かめられるのだが、これらの像の形象を受け継がない厳君平像の存在が見られる。宋の楊師魯による「厳仙観記」（漢州志碑、在武都山）での記載中に「成都塑工雷其姓也、遇君平於夢中、起而像之、得其眞。今羽服而坐於新宮者是也」と見えていたのがそれである。(4)

この像は、伝統的に伝えられていた厳君平の姿を継承したものではないようである。姓を雷という塑像作りが、夢の中で君平と遇い、その姿を像にしたもので、羽服を着た座像であったようだ。これは「坐於新宮者是也」とあることを見ても分かるように、信仰をあつめる道観内に設置され、信仰を具体的に向ける対象とされたものになっ

ていたようである。

厳君平の信仰は、前述したように、その教えは中国社会で過すためのごく常識的な行いを人々に提示することからなっていた。その結果、厳君平の信仰は、厳君平像がそこにありさえすれば、どこにでも地域的に拡大していくことが可能であったのではないだろうか。

厳君平の信仰が四川省の枠を超えて広がりを見せていたのみならず、その教えが伝え広められていたと思われる事柄を伝える資料があった(5)。前章でも取り上げたのだが、厳君平の教えを広げて諸国を歩く「道人」の存在をもう少し掘り下げてみたいので、再度示すことにする。

荘君平

李伯紀丞相の少弟季言云く、福州に道人有り。他技無くも、独り神仙を相る術を伝う、曰く有道の士、人に異なる所以は、眼碧色なりと。嘗て市中に老叟を見る、鬚髪雪の如く両瞼紅潤、瞳子深碧なり。竊に所在を迹つけるに、正に一客邸中に在り。明日、徙りて之に就き、弟子の礼を執ること甚だ謹なり、同室に居す。凡そ歳余、邈然として契る所無し。一夕寒きこと甚し、叟起き、将に便旋せんとす、溺器を棒げて以て進む。叟其の煖かきを訝る、答へて曰く、冷気の先生を傷するを懼れ、諸を被中に置くのみ。叟大いに異を感じ、曰く、吾れ子の有心此くの如くなるを知らず、其れ実を以て告げざる可けんや、吾れ乃ち漢の荘君平なり。天下を行くこと千歳なるも、未だ子の如き者有るを見ずと。嚢を探りて一書を取りて之に授けて、曰く、此れを読みて道を得る可しと。天明に、叟出でて、遂に帰らず。其の書乃ち五言詩百篇、皆修身渡世の説なり、季言頗る能く之を誦す。

福州は現在の福建省福州市にあたり、四川省から見て遙か南方の地にまで広がりを見せていたことが示されている。この記載では、一人の老人が自分は厳君平であると名乗り、一冊の書物を授けて去ったことが書かれている。ここではその書物に注目したい。その書は五言詩百篇からなり、その内容はすべて修身渡世の説であったとのことである。このようにして厳君平の信仰が各地に伝えられていったのであろう。

その書を伝えられた李伯紀はその五言詩を暗唱したようだが、時間と共に忘れてしまい、いまは「事業與功名、不直一杯水」、「独立秋江水」との三句を覚えているにすぎないということが読み取れる。これだけではその教えの内容を具体的に把握することは難しいのだが、「五言詩百篇」との形態は一致しないものの、厳君平の名を冠して、簡略に「修身渡世之説」を掲げているものが残っている。「厳君平座右銘」として伝えられているものがそれである。上掲の三句と重なる句もなく、同じものであるとは言えないが、厳君平の信仰の内容を伝えたものと考えてもいいのではないだろうか。以下に「厳君平座右銘」を示しておくことにする。(6)

夫疾形不能遁影、
大音不能掩響
黙然託蔭、則影響無因、
常體卑弱、則禍患無萠。
口舌者、禍患之門、滅身之斧、
言語者、天命之属、形骸之部。
出失則患入、言失則亡身、
是以聖人當言而懐、

夫れ疾形も影より遁れる能わず、
大音も響きを掩う能わず。
黙然と託蔭すれば、則ち影響因無く、
卑弱を常體とすれば、則ち禍患萠す無し。
口舌は、禍患の門、滅身の斧、
言語は、天命の属、形骸の部。
出失すれば則ち患入り、言失すれば則ち身を亡す、
是を以て聖人は言を當して懐い、

發言而憂、如赴水火、履危臨深、
有不得已、當而後言。
嗜欲者、潰腹之矛、
貨利者、喪身之讐、
嫉癌者、亡軀之害、
讒佞者、刎頸之兵、
殘酷者、絶世之殃、
陷害者、滅嗣之場、
淫戲者、殫家之塹、
嗜酒者、窮餒之藪、
忠孝者、富貴之門、
節儉者、不竭之源。
吾日三省、傳告後嗣、
萬世勿遺。

言を発して憂うること、水火に赴き、危を履み深きに臨むがごとく、
已むを得ざる有りて、當して後言う。
嗜欲は、潰腹の矛、
貨利は、喪身の讐、
嫉癌は、亡軀の害、
讒佞は、刎頸の兵、
残酷は、絶世の殃、
陷害は、滅嗣の場、
淫戲は、殫家の塹、
嗜酒は、窮餒の藪、
忠孝は、富貴の門、
節儉は、不竭の源なり。
吾れ日に三省し、後嗣に傳告す、
萬世遺る勿かれと。

【注】

（1）拙稿「厳君平信仰の伝播と広がり」『福井文雅博士古希記念論集』二〇〇五年三月。

（2）『成都民間文学集成』成都民間文学集成編委会　成都人民出版社　一九九一。
原文を示しておきたいが、枚数に制限もあり省略する。

（3）『四川百科全書』一九九七年一二月　四川辞書出版社。
（4）注（1）参照
（5）注（1）参照
（6）『全蜀芸文志』巻四十四（線装書局　二〇〇三）。『成都文類』巻四十八。

# あとがき

本書は、東洋大学から二〇一二年七月に博士（文学）の学位を授与された学位請求論文『唐代社会と道教』に加筆訂正を施したものである。早急に公開し出版する義務を負いつつ、日々の用件に追われ、しばらくの時間を経たが、上梓して公開の責を果たしたいと思う。

本書所収の論文の原載誌等は以下のとおりである。

第一部　敦煌と道教

第一章　敦煌と道教

「敦煌と道教」『【講座道教】第六巻アジア諸地域と道教』Ⅰ敦煌と道教　第一章　雄山閣　二〇〇一年

第二章　民間信仰と鎮宅神

「敦煌文献より見た唐五代における民間信仰の一側面」『東方宗教』第五十七号　一九八一年

第三章　「董永変文」と道教

未発表。但し、この内の一部分を中国語にて「《董永変文》和道教」との題で『道教神仙信仰研究（下冊）』中華大道文化事業股份有限公司　二〇〇〇年に掲載

第四章　葉法善と葉浄能

「葉法善と葉浄能―唐代道教の一側面―」『日本中国学会報』第三十五集　一九八三年

第五章　道教と唱導―ＢＤ一二一九文書を通して

この内の一部分を、「北京国家図書館蔵ＢＤ一二一九文書について」『応用言語学研究』明海大学大学院応用言語学研究科紀要№十二　二〇一〇年　及び「道教と唱導―ＢＤ一二一九文書の検討から―」『応用言語学研究』明海大学大学院応用言語学研究科紀要№十三　二〇一一年に掲載

第六章　道教と俗講　―北京国家図書館蔵ＢＤ七六二〇文書を中心に―

「道教と俗講　―北京国家図書館蔵ＢＤ七六二〇文書を中心に―」『東方宗教』一一七号　二〇一一年

第二部　蜀地（四川省）と道教

第一章　竇圌山と竇子明（上）

「竇圌山と竇子明　―唐代の民間信仰の成立と道教の関連をめぐって―其一」『明海大学外国語学部論集』第一〇集　一九九八年

第二章　竇圌山と竇子明（下）

「竇圌山と竇子明　―唐代の民間信仰の成立と道教の関連をめぐって―其二」『明海大学外国語学部論集』第一一集　一九九九年

第三章　唐代に見られる救苦天尊信仰

「唐代に見られる救苦天尊信仰について」『東方宗教』第七十三号　一九八九年

第四章　謝自然と道教

「謝自然と道教」『牧尾良海博士頌壽記念論集　中国の宗教・思想と科学』平河出版社　一九八一年

第五章　羅公遠と民間信仰

「羅公遠と民間信仰」『道教と宗教文化』平河出版社　一九八七年

第六章　川主管窺
「川主管窺」『明海大学外国語学部論集』第二集　一九九〇年
第七章　唐五代社会に見られる道教の身体観受容
「唐五代社会に見られる道教の身体観受容―長安昭成観の夾紵像をめぐって―」『東洋学研究　別冊　東洋思想における身心観』　二〇〇三年
第三部　成都と道教
第一章　玉局観をめぐる社会と信仰
「玉局観をめぐる社会と信仰」『宮沢正順博士古希記念　東洋―比較文化論集』青史出版　二〇〇四年
第二章　成都・厳真観と信仰―厳君平への信仰をめぐって―
「成都・厳真観と信仰―厳君平への信仰をめぐって―」『東洋大学中国哲学文学科紀要』第十二号　二〇〇四年
第三章　厳君平信仰の伝播とその広がり
「厳君平信仰の伝播と広がり」『福井文雅博士古希記念論集　アジア文化の思想と儀礼』春秋社　二〇〇五年
第四章　厳君平の伝説と信仰
「厳君平の伝説と信仰」『明海大学外国語学部論集』第十七集　二〇〇五年

今般、出版するにあたって、学位論文として提出したものに、新たに和訳の文を付け加えるなどの補訂を加えたが、全面的な書き直しは行っていない。すでに、学位論文としてまとめる際に、全体としての統一をとるために文の修正、及び部分的な加筆を行っていることから、上記した最初の掲載時と必ずしも同一のものではない。

学位論文として提出したその時点においても考えたことだが、個々の論文を作成する基本となった考えは、今もなお変わっていないことがあり、その意志が全体を通貫し、そのことによって全体が構成できたと思っている。

論文審査に当たられた東洋大学文学部山田利明教授、吉田公平教授、小路口聡教授、高橋継男教授には、深い敬意と感謝とを申し上げる次第である。

はじめて研究に志が芽生えたのは、学部の四年生の時だったと思う。故金岡照光先生の授業に出て感動したことが、そのきっかけとなった。その講義を通して、改めて中国の文学に深い興味を持った。それが大学院進学に繋がり、今日まで薄れることのない思いとして繋がっている。

私にとっては、金岡先生との出会いが、今考えてみても大きな出来事であった。その頃、私の中では、「どう生きていけばいいのか」との戸惑いであり、逡巡する気持ちが外へ向かって行先を探していた。ちょうどその時に、金岡先生と出会い、中国文化に対する魅力を知った。

その年は、たぶん授業に欠かさず出席したと思う。その中で、まだ十分な基礎力のないことに気づいていった。そして、卒業を間近にして、先生に電話をかけた、先生の授業の単位を落としてほしい、もう一年授業に出て学びたい、とそのようなことを伝えたのだと思う。先生から「いいのですか」と言われた。「お願いします」と答えた。学部で五年目を迎えて、金岡先生から許しを得て大学院の授業を聴講した。この年に、先生は始めて大学院の授業の中で、敦煌文学文献の講読を始められた。自分の力では読めなかった。どう読むのかに毎日苦闘した。それでも面白かった。そして翌年に大学院に進んだ。

修士課程に進み、先生の勧める敦煌文学文献の講読の授業を中心に毎日が過ぎた。一つの文、一つの単語（漢字）の意味を数日考えていることもあった。一週間近く考えていることもあったと思う。その思いを持って翌週の講読に出た。先生の授業は、いつも他大学から研究を目指す学生が来ていた。これは刺激になった。内輪の基準ではなく、開かれた場においての水準が求められていたからだった。敦煌文献の講読に対して、先生は容赦なかった。

ただ単に分からないとの言葉は言えなかった。どこまで調べて、どう考えて、どう分からないかを示してから言えということだった。また、世界での研究を絶えず意識しろとおっしゃっていた。その時にテキストに使っていた『敦煌変文集』、『敦煌曲校録』を見ると、その頃のことが思い出される。

修士論文では、王梵志詩の研究を提出したが、その二年はあっという間に過ぎ去ったような気がしている。学んでいた東洋大学大学院文学研究科中国哲学専攻には博士課程がなく、金岡先生に相談し、故吉岡義豊先生のもとで敦煌学と道教学とを併せ学ぼうと大正大学大学院宗教学研究科博士課程に進んだ。そこには金岡先生に教えを受けた先輩の山田利明さんが助手でいることもあっての選択だった。その後、山田先生からは様々なご教示を得て今日に至っている。

吉岡先生の『道蔵』の講読も面白かった。単純なことだが、この場で分からないことは誰にも分からないのだ、ということをはっきり知った。教室には海外からの研究留学者も参加しており、ここが道教学の研究最前線だと分かった。ここでの分からないことを調べ考えることが、そのまま研究となった。

大正大学でも、多くの先生や友人に出会った。風水学の故牧尾良海先生、緯書の故安井香山先生、一緒に授業に出て、必ず帰りに横道にそれて時間を費やす友人の田中文雄氏、古泉（渡会）顕氏、テリー・クリーマン氏である。その後、テリーとは、中国や日本でたびたび会い、研究の遂行を支えあった。

大正大学の博士課程を満期退学して、東洋大学の中国哲学文学科研究室に研究室補助員として二年間勤務し、それから中国四川省成都市にある成都科学技術大学（現四川大学）培訓部に日本語専家として二年と少し滞在した、この時間が私に、今後の研究への大きな可能性を与えてくれた。大学（外事処）の取り計らいもあって、当時外国人には未開放であった地をも含めて、四川省内の多くの道教に関わる土地を訪れることができた。また、初めて敦煌の地を訪れたのも、この期間の内でのことであった。この地で、李鍾泰先生と出会った。李先生は、生意気であった私ととことん付き合ってくれて、温かく見守ってくださった。そして、四川省あるいは成都市のことについて、私の疑問にいつも答えてくださり、そして、美味しい四川料理をご家庭でごちそうしてくださった。

金岡先生から呼ばれて帰国し、明海大学に迎えていただくことになるが、ここでも故賈鳳池先生、林卓司先生、故伊藤虎丸先生、竹田晃先生、小島久代先生、小池生夫先生、故原口庄輔先生、多くの先生からのご教授を賜った。また、明海大学からは、毎年のように宮田特別研究費の交付を受けることができ、地道に研究を続けることができた。

敦煌文学文献の講読は、金岡先生のもとで東洋大学、東洋文化研究所で続けることができた。そんな最中、今考えても残念でならないのだが、先生は還暦を過ぎたばかりの年齢で亡くなられた。不肖の弟子であり続けただけだったが、ここに記して感謝の気持ちを表したいと思う。

明海大学に二〇〇四年四月から二〇〇六年九月まで、金岡先生の下で学んだ後輩である荒見泰史氏（現広島大学）が同僚として在籍していた。この期間は楽しかった。荒見氏がほぼ毎日、私の研究室に来て、現在の敦煌学の最前線を話していた。活発に行われ始めている中国における敦煌学の現況と、今後の敦煌学への展望を私に語ってくれていたことが多かったのだが、この時以来、道教研究に目がいっていたものが、再び敦煌学に目が向いた。現在、荒見氏は広島大学に移っているが、共同での研究を継続し続けている。

これまで多くの先生と多くの友人より様々に学恩を蒙っている。

福井文雅先生、卿希泰先生、故酒井忠夫先生、故宮川尚志先生、中野達先生、小林正美先生、堀池信夫先生。李剛氏、川崎ミチコ氏、柿市里子氏、S・ボーケンカンプ氏、渋谷譽一郎氏、増尾伸一郎氏、そして、一九八四年に当時の道教を学ぶ若手の研究者の卵たちで結成した「道教文化研究会」のメンバーたち。

私にとっての敦煌、道教研究は、いかなる出来事も、人の思いや思想も、その人や人々のいる場とは、無関係ではあり得ないとの考えに立って進めている。その繋がりから見えてくることを大事にして考えを進めている。ある出来事が発生したその場、あるいはその人（人々）がいたその場に立ってみないと、見えてこないものが多いと思うことから、中国では私の研究に関連する多くの場所を訪れた。

この本の中で取り上げた場のほとんどは、私の妻・弥生と一緒に行っている。一人の目では見えないものを、もう一つの目から気づかされたことがなんと多くあったことだろう。その意味では、妻は陰に隠れた共著者といってもいい。その度ごとに繰り返して言ってはいないが、心より感謝している。

私の父母は、すでに鬼籍に入って久しい。父が二〇〇二年の三月に亡くなり、母はそのあくる年の二〇〇三年三月に、ほぼ命日を同じにして亡くなった。仲の良い夫婦だったと思う。小さなときから本を身の回りに置いてくれた。勉強しろとはほとんど言われなかったように覚えている。そして、私には好きなことをさせてくれた。これには感謝している。もう伝えることはできないことなので、ここに書かせていただいて、このあとがきの締めくくりとしたい。

研究過程において、二度にわたる科学研究費の助成を得た。研究成果の一部が含まれていることを明記しておきたい。

この書を形作る過程においては、馬場将三氏の手助けを得た。出版に関しては、東方書店で引き受けていただいた。東方書店の川崎道雄氏、小黒晃子氏には、出版に向かうまでの様々な事柄において大きな助力を得た。深い感謝の意を表すものである。

最後に、本書の出版に当って、明海大学より学術図書出版助成金の交付を受けたことを記しておきたい。

二〇一五年三月

# 参考文献

○敦煌文献

『敦煌宝蔵』黄永武編　一四〇巻、台北、新文豊出版公司、一九八一～一九八六

『俄蔵敦煌文献』①～⑰　上海古籍出版社　一九九二～二〇〇一。

『上海博物館蔵敦煌吐魯番文献』①、②　上海古籍出版社　一九九三。

『北京大学図書館蔵敦煌文献』①、②　上海古籍出版社　一九九五。

『天津市芸術博物館蔵敦煌文献』①～⑦　上海古籍出版社　一九九六～一九九八。

『上海図書館蔵敦煌吐魯番文献』①～④　上海古籍出版社　一九九九。

『甘粛蔵敦煌文献』第一巻～第六巻　甘粛人民出版社　一九九九。

『浙蔵敦煌文献』浙江教育出版社　二〇〇〇。

『国家図書館蔵敦煌遺書』①～継続中　北京国家図書館出版社　二〇〇五～。

『中国書店蔵敦煌文献』中国書店　二〇〇七。

○基本文献及び目録・索引・辞書

『敦煌遺書総目索引』王重民編　商務印書館　一九六二。

『Descriptive Catalogue of the Chinese manuscripts from Tun-huang in the British Museum』Lionel Giles. The Trustees of the British Museum. LONDON　一九五七。

『CATALOGUE DES MANSCRITS CHINOIS DE TOUEN-HOUANG』Ⅰ～Ⅳ　PARIS BIBLIOTHEQUE NA-

TIONALE　一九七〇―一九九〇。

『敦煌出土文学文献分類目録附解説―スタイン本・ペリオ本―』金岡照光　東洋文庫　敦煌文献研究委員会　一九七一。

『敦煌変文集』王重民等編　新華書店　一九五七。

『敦煌変文校注』黄征、張湧泉校注　中華書局　一九九七。

『敦煌変文撰注』項楚　巴蜀書社　一九八九。

『敦煌願文集』黄徵等編校　岳麓書社　一九九五。

『敦煌道経・目録編』大淵忍爾　福武書店　一九七八。

『敦煌道経・図録編』大淵忍爾　福武書店　一九七九。

『敦煌道教文献研究―宗述・目録・索引』王卡　中国社会科学出版社　二〇〇四。

『正統道蔵』藝文印書館　一～六〇巻　一九七七。

『中華道蔵』張継禹主編　全四九冊　華夏出版社　二〇〇四。

『正統道蔵目録索引』施博爾編　芸文印書館　一九七七。

『道教研究資料　第一輯』厳一萍撰　芸文印書館、一九七四。

『道教典籍目録・索引』大淵忍爾、石井昌子編　国書刊行会　一九八八。

『道教関係文献総覧』石田憲司主編　風響社　二〇〇一。

『大正新修大蔵経』八五巻　高楠順次郎　一九三二。

『敦煌変文集口語々彙索引』入矢義高　自印　一九六一。

『敦煌変文字義通釈』蔣礼鴻　上海中華書局一九六〇～増補定本　上海古籍出版社　一九九七。

『仏教語大辞典　縮刷版』中村元　東京書籍　一九八一。
『敦煌学大辞典』季羨林主編　上海辞書出版社　一九九八。

○研究書・その他

『敦煌の文学』金岡照光　大蔵出版　一九七一。
『敦煌の民衆』金岡照光　評論社　一九七二。
『敦煌の絵物語』金岡照光　東方書店　一九八一。
『講座敦煌一巻～九巻』大東出版社　一九八〇～一九九〇.
『講座敦煌　九巻　敦煌の文学文献』金岡照光編　一九九〇。
『講座敦煌　四巻　敦煌と中国道教』金岡照光編　一九八三。
『敦煌文献と中国文学』金岡照光　五曜書房　二〇〇〇。
『続シルクロードと仏教文化』樋口隆康編　一九八〇。
『敦煌文学』上海古籍出版社　一九八〇。
『敦煌変文写本的研究』荒見泰史　中華書局　二〇一〇。
『敦煌講唱文学写本研究』荒見泰史　中華書局　二〇一〇。
『敦煌講経変文研究』羅宗濤　文史哲出版社　一九七二。
『敦煌学海深珠』陳祚龍　台湾商務印書館、一九七九。
『敦煌詩歌導論』項楚　新文豊出版　一九九三。

『道教経典史論』吉岡義豊　国書刊行会　一九五五。
『道教と仏教　第一』吉岡義豊　国書刊行会　一九八〇。
『道教と仏教　第二』吉岡義豊　豊島書房　一九七〇。
『道教と仏教　第三』吉岡義豊　国書刊行会　一九七一。
『道教研究　第三冊』吉岡義豊　豊島書房　一九六八。
『道教研究　第四冊』吉岡義豊　辺境社　一九七一。
『中国宗教史研究　第一』宮川尚志　同朋舎　一九八三。
『六朝史研究　宗教篇』宮川尚志　平楽寺書店　一九六四。
『老子伝説の研究』楠山春樹　創文社　一九七九。
『道家思想と道教』楠山春樹　平河出版社　一九九二。
『初期の道教』大淵忍爾　創文社　一九九一。
『六朝道教史研究』小林正美　創文社　一九九〇。
『隋唐道教思想史研究』砂山稔　平河出版社　一九九〇。
『中国善書の研究』酒井忠夫　国書刊行会　一九七二。
『道教の総合的研究』酒井忠夫編　国書刊行会　一九七七。
『道教・一〜三』福井康順等監修　平河出版社　一九八三。
『道教経典史論』吉岡義豊　国書刊行会　一九五五。
『道教与修道秘義指要』黄公偉　新文豊出版公司　一九八二。
『道教思想史研究』福永光司　岩波書店　一九八七。

『唐初道教思想史研究――「太玄真一本際」の成立と思想』山田俊　平楽寺書店　一九九九。
『中国近世道教の形成』秋月観暎　創文社、一九七八。

『道教論稿』王家祐　巴蜀書社　一九八七。
『杜光庭　道教儀範之研究』周西波　新文豊出版社　二〇〇三。
『道教霊験記考探―経法験證与宣揚―』周西波　文津出版社有限公司　二〇〇九。
『四川道教史話』李遠国　四川人民出版社　一九八五。
『道教と不老長寿の医学』吉元昭治　平河出版社　一九八九。
『増補修訂　道教の歴史と構造』福井文雅　五曜書房　二〇〇〇。
『六朝隋唐仙道類小説研究』李豊楙　学生書局　一九八五。

『地獄変』澤田瑞穂　法蔵館　一九六八。
『仏教と中国文学』澤田瑞穂　国書刊行会　一九七五。
『増補　宝巻の研究』澤田瑞穂　国書刊行会　一九七五。
『鬼趣談義』澤田瑞穂　国書刊行会　一九七六。
『中国の民間信仰』澤田瑞穂　平河出版社　一九八二。
『中国の呪術』澤田瑞穂　平河出版社　一九八四。
『入唐求法巡礼行記校註』白化文等校註　花山文芸出版社　一九九二。
『中国仏教史研究第一』牧田諦亮　大東出版社、一九八一。

『唐代仏教史の研究』道端良秀　法蔵館　一九五七。
『唐代小説の研究』近藤春雄　笠間書院　一九七八。
『唐代文学と仏教の研究』平野顕昭　一九七八。
『唐代社会文化史研究』那波利貞　創文社　一九七四。
『成都城坊古跡考』四川省文書館編　四川人民出版社　一九八七。
『中国の天文暦法』薮内清　平凡社　一九九〇。
『星と東方美術』野尻抱影　恒星社　一九七一。
『中国語歴史文法』太田辰夫　江南書院　一九五八。

『酒井忠夫博士古稀祝賀記念論集――歴史における民衆と文化』国書刊行会　一九八二。
『吉岡博士還暦記念道教研究論集』吉岡義豊博士還暦記念論集刊行会編　国書刊行会　一九七七。

『T'ANG TRANSFORMETION TEXT』Victor H.Mair Council on East Asian Studies Coolidge Hall,Harvard University　一八八九.
Terry F.Kleeman「The LORD(s) OF SICHUAN An Orthodox Regional Cilt」May　一、一九八四。
『Ballads and Stories from Tun-huang』ARTHUR WALEY GEORGE ALLEN AND UNWIN Ltd 一九六〇

参考文献については、単行本の体裁をとるものに限って掲載した。雑誌掲載の論文については、各章の注に記載している。

**著者略歴**

遊佐　昇（ゆさ　のぼる）

1950年生。東洋大学文学部卒業。同大学院修士課程修了。大正大学大学院博士課程単位取得。博士（文学）。東洋大学中国哲学研究室補助員。成都科学技術大学（四川大学）専家。明海大学専任講師等を経て、現在明海大学外国語学部教授。編著書に『中国語発音字典・電碼本』（燎原書店、1984年）、『アジア諸地域と道教』（共編、雄山閣、2001年）等。

唐代社会《とうだいしゃかい》と道教《どうきょう》

二〇一五年三月三一日　初版第一刷発行

著　者●遊佐昇
発行者●山田真史
発行所●株式会社東方書店
東京都千代田区神田神保町一—三　〒一〇一—〇〇五一
電話〇三—三二九四—一〇〇一
営業電話〇三—三九三七—〇三〇〇
装　幀●EBranch 冨澤崇
印刷・製本●株式会社ディグ

定価はカバーに表示してあります


ISBN978-4-497-21501-7　C3014

# 索　　引

## 敦煌文書索引



## 文献名索引

### ア行



### カ行

## サ行

タ行

ナ行



ハ行



マ行



ヤ行



ラ行



## 人名・事項索引

ア



イ